国学新读本

容斋随笔

张富祥 注说

河南大学出版社

国学新读本编辑委员会

总策划 马小泉

主　编 李振宏

编　委 （以姓氏笔画为序）

马小泉　王　健　朱绍侯　刘小敏
李中华　李振宏　苏凤捷　何晓明
张云鹏　张富祥　宋会群　杨天宇
杨寄林　杨朝明　赵国华　郑慧生
姜建设　袁喜生　曹　峰　曹础基
曾振宇　戚良德　龚留柱　熊铁基

目　录

序 …………………………………… 李振宏（1）

《容斋随笔》通说 ……………………………（1）

 一　洪迈的家世和生平 ………………………（1）

 二　《容斋随笔》的写作与流传 ………………（7）

 三　《容斋随笔》的史评和史论 ………………（13）

 四　《容斋随笔》中的当代史料 ………………（21）

 五　《容斋随笔》的文献考证 …………………（28）

 六　初读《容斋随笔》的几点建议 ……………（34）

《容斋随笔》五集总序 …………………………（39）

《容斋随笔》简注 ………………………………（43）

 卷一 ……………………………………………（43）

  欧率更帖 ……………………………………（43）

  罗处士志 ……………………………………（44）

  唐平蛮碑 ……………………………………（45）

  半择迦 ………………………………………（46）

  六十四种恶口 ………………………………（47）

  八月端午 ……………………………………（48）

赞公少公 …………………………………（48）
郭璞葬地 …………………………………（49）
黄鲁直诗 …………………………………（50）
禹治水 ……………………………………（51）
《敕勒歌》…………………………………（51）
浅妄书 ……………………………………（52）
《五臣注文选》……………………………（54）
文烦简有当 ………………………………（55）
地险 ………………………………………（56）
《史记》世次 ………………………………（57）
解释经旨 …………………………………（58）
坤动也刚 …………………………………（59）
乐天侍儿 …………………………………（61）
白公《咏史》………………………………（61）
十年为一秩 ………………………………（62）
裴晋公禊事 ………………………………（63）
"司"字作入声 ……………………………（64）
乐天新居诗 ………………………………（64）
黄纸除书 …………………………………（65）
白用杜句 …………………………………（65）
唐人重服章 ………………………………（66）
诗谶不然 …………………………………（67）
青龙寺诗 …………………………………（68）

卷二 ……………………………………（69）
唐重牡丹 …………………………………（69）
长歌之哀 …………………………………（70）
韦苏州 ……………………………………（71）

古行宫诗 …………………………………（73）

隔是 ……………………………………（73）

张良无后 ………………………………（74）

周亚夫 …………………………………（75）

汉轻族人 ………………………………（75）

漏泄禁中语 ……………………………（76）

田叔 ……………………………………（77）

孟舒 魏尚 ……………………………（78）

秦用他国人 ……………………………（79）

曹参 赵括 ……………………………（80）

信近于义 ………………………………（82）

刚毅近仁 ………………………………（83）

忠恕违道 ………………………………（83）

求为可知 ………………………………（85）

里仁 ……………………………………（85）

汉采众议 ………………………………（86）

汉母后 …………………………………（88）

田千秋 郅恽 …………………………（90）

戾太子 …………………………………（91）

灌夫 任安 ……………………………（92）

单于朝汉 ………………………………（93）

卷三 ………………………………………（94）

进士试题 ………………………………（94）

儒人论佛书 ……………………………（95）

和《归去来》 …………………………（96）

四海一也 ………………………………（97）

李太白 …………………………………（98）

太白《雪谗》……………………………………（ 99 ）
冉有问卫君…………………………………（100）
《商颂》………………………………………（101）
俗语有所本…………………………………（102）
鄱阳学………………………………………（103）
国忌休务……………………………………（104）
汉昭、顺二帝………………………………（105）
三女后之贤…………………………………（106）
贤父兄子弟…………………………………（107）
蔡君谟帖……………………………………（109）
亲王与从官往还……………………………（110）
《三传》记事…………………………………（111）
张嘉贞………………………………………（114）
张九龄作《牛公碑》…………………………（115）
唐人告命……………………………………（116）
典章轻废……………………………………（117）

卷四……………………………………………（119）
张浮休书……………………………………（119）
温公客位榜…………………………………（120）
李颀诗………………………………………（121）
诗中用茱萸字………………………………（122）
鬼宿度河……………………………………（123）
府名军额……………………………………（124）
马融　皇甫规………………………………（125）
孟蜀避唐讳…………………………………（126）
翰苑亲近……………………………………（127）
宁馨　阿堵…………………………………（129）

凤毛 …………………………………… (130)

牛米 …………………………………… (131)

为文矜夸过实 ………………………… (131)

送孟东野序 …………………………… (132)

喷嚏 …………………………………… (133)

野史不可信 …………………………… (134)

谤书 …………………………………… (136)

王文正公 ……………………………… (137)

晋文公 ………………………………… (138)

南夷服诸葛 …………………………… (139)

《二疏赞》 …………………………… (140)

李宓伐南诏 …………………………… (141)

浮梁陶器 ……………………………… (142)

卷五 …………………………………… (144)

汉唐八相 ……………………………… (144)

六卦有坎 ……………………………… (145)

晋之亡与秦隋异 ……………………… (145)

上官桀 ………………………………… (146)

金日磾 ………………………………… (147)

汉宣帝忌昌邑王 ……………………… (148)

平津侯 ………………………………… (148)

韩信 周瑜 …………………………… (149)

汉武赏功明白 ………………………… (150)

周召房杜 ……………………………… (151)

三代书同文 …………………………… (152)

周世中国地 …………………………… (153)

李后主 梁武帝 ……………………… (154)

诗什 …………………………………… (155)

《易举正》 ………………………………… (155)

其惟圣人乎 ……………………………… (158)

《易·说卦》 ……………………………… (158)

元二之灾 ………………………………… (159)

圣人污 …………………………………… (161)

廿卅卌字 ………………………………… (163)

字省文 …………………………………… (164)

负剑辟咡 ………………………………… (164)

国初人至诚 ……………………………… (165)

史馆 玉牒所 …………………………… (166)

稗沙门 …………………………………… (167)

卷六 ……………………………………… (169)

建武中元 ………………………………… (169)

带职人转官 ……………………………… (170)

上下四方 ………………………………… (172)

魏相 萧望之 …………………………… (173)

姓氏不可考 ……………………………… (174)

畏无难 …………………………………… (175)

绿竹青青 ………………………………… (176)

孔子欲讨齐 ……………………………… (177)

韩退之 …………………………………… (178)

诞节受贺 ………………………………… (180)

《左氏》书事 …………………………… (181)

狐突言词有味 …………………………… (182)

宣发 ……………………………………… (183)

郕文公 楚昭王 ………………………… (184)

杜悰 …………………………………………… (185)

　　《唐书·世系表》 ……………………………… (187)

　　鲁昭公 …………………………………………… (188)

　　州县失故名 ……………………………………… (189)

　　严州当为庄 ……………………………………… (190)

卷七 …………………………………………………… (191)

　　孟子书百里奚 …………………………………… (191)

　　韩、柳为文之旨 ………………………………… (192)

　　李习之论文 ……………………………………… (193)

　　魏郑公谏语 ……………………………………… (194)

　　虞世南 …………………………………………… (195)

　　《七发》 ………………………………………… (195)

　　将军官称 ………………………………………… (196)

　　北道主人 ………………………………………… (197)

　　洛中盱江八贤 …………………………………… (198)

　　王导小名 ………………………………………… (200)

　　《汉书》用字 …………………………………… (201)

　　姜嫄　简狄 ……………………………………… (202)

　　羌庆同音 ………………………………………… (203)

　　佐命元臣 ………………………………………… (204)

　　名世英宰 ………………………………………… (207)

　　《檀弓》误字 …………………………………… (208)

　　薛能诗 …………………………………………… (209)

　　汉晋太常 ………………………………………… (211)

卷八 …………………………………………………… (213)

　　诸葛公 …………………………………………… (213)

　　沐浴佩玉 ………………………………………… (215)

《谈丛》失实 …………………………………… (215)

石砮 …………………………………………… (218)

陶渊明 ………………………………………… (219)

东晋将相 ……………………………………… (220)

赏鱼袋 ………………………………………… (222)

浯溪留题 ……………………………………… (223)

皇甫湜诗 ……………………………………… (224)

人物以义为名 ………………………………… (225)

人君寿考 ……………………………………… (225)

韩文公佚事 …………………………………… (226)

论韩公文 ……………………………………… (228)

治生从宦 ……………………………………… (232)

真宗末年 ……………………………………… (232)

卷九 …………………………………………… (235)

霍光赏功 ……………………………………… (235)

尺棰取半 ……………………………………… (236)

汉文失材 ……………………………………… (236)

陈轸之说疏 …………………………………… (237)

颜率儿童之见 ………………………………… (238)

皇甫湜正闰论 ………………………………… (239)

简师之贤 ……………………………………… (241)

老人推恩 ……………………………………… (242)

唐三杰 ………………………………………… (243)

忠义出天资 …………………………………… (243)

刘歆不孝 ……………………………………… (245)

汉法恶诞谩 …………………………………… (245)

汉官名 ………………………………………… (247)

五胡乱华……………………………………（247）

石宣为彗……………………………………（248）

三公改他官…………………………………（249）

带职致仕……………………………………（250）

朋友之义……………………………………（251）

高科得人……………………………………（251）

辛庆忌………………………………………（253）

楚怀王………………………………………（254）

范增非人杰…………………………………（255）

翰苑故事……………………………………（256）

唐扬州之盛…………………………………（257）

张祜诗………………………………………（258）

古人无忌讳…………………………………（259）

宰我不诈……………………………………（260）

李益、卢纶诗………………………………（261）

卷十……………………………………………（263）

杨彪　陈群…………………………………（263）

袁盎　温峤…………………………………（264）

日饮亡何……………………………………（265）

爱盎小人……………………………………（266）

唐书判………………………………………（267）

古彝器………………………………………（268）

玉蘂　杜鹃…………………………………（269）

礼寺失职……………………………………（270）

徐凝诗………………………………………（272）

梅花横参……………………………………（273）

致仕之失……………………………………（274）

南班宗室…………………………………………（277）

省郎称谓…………………………………………（277）

水衡都尉二事……………………………………（279）

程婴　杵臼………………………………………（280）

战国自取亡………………………………………（281）

临敌易将…………………………………………（282）

司空表圣诗………………………………………（283）

汉丞相……………………………………………（284）

册礼不讲…………………………………………（285）

卷十一 ………………………………………………（286）

将帅贪功…………………………………………（286）

汉二帝治盗………………………………………（287）

汉唐封禅…………………………………………（288）

汉《封禅记》……………………………………（290）

杨虞卿……………………………………………（292）

《屯》《蒙》二卦………………………………（293）

汉诽谤法…………………………………………（294）

谊、向触讳………………………………………（295）

小贞大贞…………………………………………（297）

唐诗戏语…………………………………………（298）

何进　高叡………………………………………（299）

南乡掾史…………………………………………（300）

汉景帝忍杀………………………………………（301）

燕昭、汉光武之明………………………………（303）

《周南》《召南》………………………………（304）

《易》中爻………………………………………（305）

卷十二 ………………………………………………（306）

利涉大川 …………………………………………… (306)

光武弃冯衍 ………………………………………… (307)

恭、显议萧望之 …………………………………… (308)

晁错　张汤 ………………………………………… (309)

逸《诗》《书》 …………………………………… (310)

刑罚四卦 …………………………………………… (311)

巽为鱼 ……………………………………………… (311)

三省长官 …………………………………………… (312)

王珪　李靖 ………………………………………… (313)

虎夔藩 ……………………………………………… (316)

曹操用人 …………………………………………… (318)

汉士择所从 ………………………………………… (320)

刘公荣 ……………………………………………… (321)

元丰官制 …………………………………………… (322)

耳、余、袁、刘 …………………………………… (323)

周、汉存国 ………………………………………… (324)

曹操杀杨脩 ………………………………………… (326)

古人重国体 ………………………………………… (327)

卷十三 ………………………………………………… (331)

谏说之难 …………………………………………… (331)

韩馥　刘璋 ………………………………………… (333)

萧、房知人 ………………………………………… (334)

俞似诗 ……………………………………………… (335)

吴激小词 …………………………………………… (336)

君子为国 …………………………………………… (337)

兑为羊 ……………………………………………… (338)

晏子　扬雄 ………………………………………… (339)

一以贯之……………………………………………（340）

裴潜　陆俟…………………………………………（342）

拔亡为存……………………………………………（343）

孙吴四英将…………………………………………（344）

东坡《罗浮》诗……………………………………（345）

魏明帝容谏…………………………………………（349）

汉世谋于众…………………………………………（349）

国朝会要……………………………………………（351）

孙膑减灶……………………………………………（352）

虫鸟之智……………………………………………（353）

卷十四 ………………………………………………（355）

张文潜论诗…………………………………………（355）

汉祖三诈……………………………………………（356）

有心避祸……………………………………………（356）

《蹇》《解》之险…………………………………（358）

士之处世……………………………………………（359）

张全义治洛…………………………………………（360）

《博古图》…………………………………………（361）

士大夫论利害………………………………………（364）

舒元舆文……………………………………………（365）

绝唱不可和…………………………………………（366）

赠典轻重……………………………………………（367）

《扬之水》…………………………………………（368）

李陵诗………………………………………………（369）

大曲《伊》《凉》…………………………………（370）

元次山《元子》……………………………………（372）

次山谢表……………………………………………（374）

光武仁君……………………………………（376）

卷十五……………………………………………（377）
　　张文潜哦苏杜诗…………………………（377）
　　任安　田仁………………………………（378）
　　杜延年　杜钦……………………………（379）
　　范晔作史…………………………………（380）
　　唐诗人名不显者…………………………（381）
　　苏子由诗…………………………………（382）
　　呼君为尔汝………………………………（382）
　　世事不可料………………………………（384）
　　蔡君谟帖语………………………………（385）
　　孔氏《野史》……………………………（386）
　　有若………………………………………（389）
　　张天觉为人………………………………（390）
　　为文论事…………………………………（392）
　　《连昌宫词》……………………………（393）
　　二士共谈…………………………………（394）
　　张子韶祭文………………………………（395）
　　京师老吏…………………………………（396）
　　曹操　唐庄宗……………………………（397）
　　云中守魏尚………………………………（398）

卷十六……………………………………………（400）
　　文章小伎…………………………………（400）
　　三长月……………………………………（401）
　　兄弟直西垣………………………………（404）
　　《续树萱录》……………………………（405）
　　馆职名存…………………………………（406）

南宫适 …………………………………………………… (407)

吴王殿 …………………………………………………… (409)

王卫尉 …………………………………………………… (410)

前代为监 ………………………………………………… (411)

治盗法不同 ……………………………………………… (412)

和诗当和意 ……………………………………………… (414)

稷有天下 ………………………………………………… (414)

一世人材 ………………………………………………… (415)

王逢原 …………………………………………………… (416)

吏文可笑 ………………………………………………… (417)

靖康时事 ………………………………………………… (418)

并韶 ……………………………………………………… (420)

谶纬之学 ………………………………………………… (420)

真假皆妄 ………………………………………………… (423)

参考书目 ……………………………………………………… (424)

序

最近一些年来,一股"国学热"的思潮强劲涌动,在文化学界以至于整个社会上,引起了强烈反响。为什么在这样一个社会的大变革时代,在从传统社会向现代社会的转型期,最为传统的国学,却能引起国人的极大兴趣,这的确是一个值得思考和研究的问题。

"国学"作为一个学术文化概念,产生于近代。从渊源上讲,"国学"概念的产生,与"国粹"有些关联,并且是从对抗西学侵入的角度提出来的。今天,中华民族早已是一个独立于世界民族之林的自立自强的民族,全球经济一体化所带来的世界文化的汇合与交融,也早已是历史发展的必然趋势,而在这样的历史大势中,却会有"国学热"的产生,乍一看来,确有不可思议之处。但实际上,国学的当代走红,则与我们今天所处的历史时代有着一定的关系。

随着改革开放的迅速推进,随着市场经济的强劲发展,传统道德受到了强烈冲击,传统文化与现代文化观念的碰撞也日益强烈。于是,如何看待传统文化的问题,就严峻地提到了国人的面前。传统文化的出路何在,它从何而来,要走向何方,如何对之进行价值重估,一切关心文化问题、有着强烈历史责任感的人们,无不把关注的目光投向中国的传统学术。当然,也不排除一些对改革开放和市场经济所带来的冲击无法理解和接受,对现代经济发展对传统道德的亵渎强烈抗议的人们,自然而然地发出向传统文化复归而倡导国学的呼声。总之,不论是出于积极的思考,还是抱着一种向后看的心态,对国学的重视则成了最近十多年来一种普遍的文化选择。

于是,对待"国学热"就需要有一个分析的态度。对于任何一个民族的发展来说,传统文化都是其牢固的根基,是其一切历史的出发点,摒弃传统、甚至全盘否定传统文化,都是幼稚可笑的,不可取的。但一遇到问题就求助于传统,甚至一味狂热地提倡向传统复归,也是走不通的,过去那句常说的"倒退是没有出路的"话,虽说不是什么至理名言,却也还是有些道理的。这些年来,一些地方出现的中小学生、甚至幼儿园小朋友的读经热,就是一种值得注意的倾向。国学,毕竟是一种学术,需要有一定的文化基础,有一定的分析批判能力,才能对之进行识读、鉴别而决定其取舍。所以,严格地说,对于国学,尤其是经学,在当代中国,需要的是研究以及在此基础上的批判继承,而不是再像传统社会中那样采取唱诗班的方式,对青少年一代进行无分析地灌输。因此,如何弘扬传统文化,就是一个需要思考的问题。

正是基于以上考虑,为着弘扬优秀传统文化的需要,也为着对社会上盲目崇尚读经的风气有所引导,我们组织了这套"国学新读本"丛书,选择一些在中国传统文化中影响较大的国学典籍,对之进行简明扼要的注释,然后在读本前边,用较大篇幅解读该典籍的基本思想文化内涵,评述其在中国文化史上的地位和影响,并对如何阅读该典籍做出读书方法上的引导。通过这样一个较为翔实的导读内容,以批判分析的态度,给青年人的国学典籍阅读提供一个健康的思想导向。根据这样的宗旨,这套丛书,在大的结构上,每本都分为"通说"和"简注"两个部分,"通说"是导读的性质,"简注"在于疏通文字,希望这样的安排,能够为青年朋友和一般社会读者提供一个国学入门的向导。果能如此,也就实现了撰著者和出版者的愿望。

国学所以是国学,就在于它是我们祖国优秀民族文化和民族精神的载体。在这些国学典籍中,包含着民族文化的基因,蕴藏着民族精神的范型。衷心期待这套丛书能够成为广大读者学习国学精华、体认民族精神、继承祖国优秀文化遗产的良师益友。

李振宏
2008 年 2 月 28 日

《容斋随笔》通说

中国古代偏重于文史杂说与考证性质的学术著作，多是以随笔札记的形式组织起来的，到两宋时期数量大增。宋人的这类著作，现存者还有好几百种，其中最负盛名的，莫过于北宋沈括的《梦溪笔谈》、南宋洪迈的《容斋随笔》与王应麟的《困学纪闻》，历来号称宋代考据笔记的三大名著。三书的写作依次相隔百年左右，著述风格有同有异。大要言之，《笔谈》最重实证，《纪闻》深入浅出，《随笔》则更像读书笔记。清人特重经学考据，或推尚《纪闻》为第一；近世则更关注科学原委，《笔谈》的地位升至无比；相对来说，《随笔》出入于二者之间，更便观览一些。三者声誉实不相上下，皆为宗工巨儒之作，至今仍拥有广泛的读者，使用率也一如既往，有增无减。

一　洪迈的家世和生平

宋人所称的"鄱阳洪氏"，通常是指以南宋名臣洪皓及其三子洪适、洪遵、洪迈为代表的家族。这一家族的历史可以上溯到唐代乃至更早，但不甚可考。大抵唐时其先人原居于泗州盱眙（今江苏盱眙），后来徙居歙州（今安徽歙县），唐末又避乱迁至饶州乐平（今江西乐平），到洪皓这一辈始定居鄱阳（今江西鄱阳）。由于唐宋时饶州治鄱阳，而乐平亦属饶州，所以洪氏自言故籍往往只称饶州，如《容斋随笔》中即称"吾乡饶州"。

洪皓（1088－1155），字光弼，北宋政和五年（1115）进士。《宋史》本传载其"少有奇节，慷慨有经略四方志"，登第后曾拒与权臣王黼、朱勔通婚。宣和中调秀州司录，遇大水患，以发廪救灾自任，乃至劝说太守截留纲运官米赈民，时号"洪佛子"。靖康之变后，南宋甫欲渡江，他便上书谏高宗缓移跸金陵，建炎三年（1129），高宗接见了他，特命其超迁阶官五级，以徽猷阁待制假礼部尚书出使金朝。行至太原，金人逼使仕刘豫伪政权，他坚拒不从，几至被害。旋被流放冷山（今黑龙江五常与吉林舒兰交接地方），多年穴居，备尝艰苦，始终不忘使命，不受金人官职。他有一首《临江仙》词这样写道：

冷落天涯今一纪，谁怜万里无家。三闾憔悴赋怀沙。思亲增怅望，吊影觉敧斜。　兀坐书堂真可怪，销忧殢酒难赊。因人成事耻矜夸。何时还使节，踏雪看梅花。

他后来为金人所敬，徙燕京（今北京），又曾屡次派人入宋，密送北方情报及请兴师北伐。洪皓留金凡十五年，至绍兴十三年（1143），始得乘机脱北南归。

洪皓回临安后，以忠义气节名闻天下，除徽猷阁直学士兼权直学士院。然仅数月即为秦桧所忌，罢守乡郡，回到饶州；绍兴十七年（1147），又被加以"欺世飞语"的罪名，责授濠州团练副使，谪于岭南，安置英州（今广东英德）。自此贬窜九年，至绍兴二十五年（1155），方得旨复为左朝奉郎、主管台州崇道观，内徙袁州（今江西宜春），而不幸于秦桧死去的前几天，道行至南雄州（今广东南雄）而病逝。朝廷叹惜其卒，赠以敷文阁直学士之职，久之又复徽猷阁直学士,谥忠宣。洪皓平生著述多已散佚,今仅存《鄱阳集》四卷和《松漠纪闻》一卷,另有《金国文具录》一篇。《松漠纪闻》乃其留北时所记金国杂事的追忆,后经洪适校刊,洪遵作补,至今仍为研究金史的参考资料书。

洪皓有子八人,分名适、遵、迈、遂、逊、邈、邃、迅。除幼子迅未仕外,余皆历仕途,而以适、遵、迈最显。鄱阳洪氏从此成为南宋最有名望的家族之一,这不仅是因为洪氏父子四人政治地位的提升,同时也出于他们在学术史上的杰出成就。

洪适(1117—1184),初名造,后改名适(kuò),字景伯,还在其父出使北方时,已以十三岁年龄承担起家事,恩补修职郎。绍兴十二年(1142),与弟洪遵同中博学宏词科,高宗以其能自立,直除敕令所删定官,改秘书省正字。甫数月,即因其忤秦桧而出为台州通判,其父谪英州时又被论罢。直到父亲过世服阕后,方起知荆门军,又改知徽州,历江东提举、户部郎中。孝宗即位,擢司农少卿,转太常少卿兼权直学士院,除中书舍人。乾道元年(1165)迁翰林学士,仍兼中书舍人,并掌内外制。此后不足半年时间,复连拜签书枢密院事、参知政事而遽升至宰相,时年四十八。然在相位仅数月而罢。稍后又起知绍兴府兼安抚使,居数年而再奉祠。自是家居十六年,以著述吟咏自娱,自号盘洲老人。兄弟鼎立,子孙森然,为时人所荣。封魏国公,卒年六十八,恰与其父同寿,谥文惠。洪适在政治上的待遇,与其父不死于敌国而死于谗奸的家庭背景是有关系的,但洪适主要还是以自立的才能官至高位,《宋史》本传亦特别指出他以"文学闻望"见知于人主。其著作今有《盘洲文集》八十卷传世,而尤以金石学大著《隶释》二十七卷、《隶续》二十一卷为世所重,二书在当时已与欧阳修的《集古录》和赵明诚的《金石录》齐名。

洪遵(1120—1174),字景严,史称其自儿时即端重如成人,好学寒暑不辍。以父荫补承务郎，与兄适同试博学宏词科而中魁，赐进士出身，高宗特授以秘书省正字。洪遵为人恬然不附丽，在其父被黜时出历数州通判，后复入为正字，兼权直学士院。闻父死，免丧召对，极陈父之冤，以修起居注拜起居舍人，转起居郎兼权枢密院都承旨。绍兴二十九年(1159)迁中书舍人，次年以翰林学士试吏部侍郎，又兼权吏部尚书，旋以徽猷阁直学士奉祠。孝宗即位，拜翰林学士承旨兼侍读。隆兴元年(1163)拜同知枢密院事，未几又奉祠。乾道六年(1170)起知信州，又徙知太平州、建康府。淳熙元年以提举洞霄宫卒，谥文安，赠太师。洪遵平生博学强记，涉猎甚广，著述宏富，今存者仍有《洪文安公遗集》一卷、《翰苑遗事》一卷、《泉志》十五卷、《洪氏集验方》五卷等。《泉志》一书为钱币考古的名著。

洪迈(1123—1202)，字景卢(载籍或作景庐)，在其父使北时才六七岁，而为学的天赋不亚于父兄。《宋史》本传说他"幼读书，日数千言，一过目辄不忘，博极载籍，虽稗官虞初、释老傍行，靡不涉猎"，这可以看成是他终生治学尚博通的一个起点。绍兴十二年(1142)，他随二兄一起参加博学宏词科考试，二兄皆高中，唯独他落选，但三年后再试，同样高中，于是当下大科，一门"三洪"，名满天下。中第后先授两浙转运司干办公事，人为敕令所删定官，而在其父忤秦桧投闲后亦被排斥，添差福州教授，不过他旋即回饶州侍奉父母，至绍兴十九年(1149)始赴教授之任。绍兴二十八年除校书郎，历迁吏部、礼部员外郎，又授枢密院检详诸房文字，迁左司员外郎。绍兴三十二年(1162)假翰林学士名义出使金国，以不愿屈从金人行陪臣礼，为正欲议和的金世宗所不满，回国后被劾罢。隆兴元年(1163)起知泉州，乾道二年(1166)复知吉州，以入对除起居舍人，次年迁起居郎，拜中书舍人兼侍读直学士院。后历知赣州、建宁府(今福建建瓯)、婺州(今浙江金华)，所至皆有政绩。淳熙十三年(1186)以敷文阁直学士兼直院拜翰林学士,淳熙十五年差知镇江府。光宗绍熙元年(1190)进焕章阁学士知绍兴府,但次年即上章告老,复进龙图阁学士。寻以端明殿学士致仕,优游从事著述。卒,赠光禄大夫,谥文敏。

洪迈不像他的二位兄长那样在仕途上受到眷顾,而是更多地以学术见知。如《宋史》本传所说:"迈兄弟皆以文章取盛名,跻贵显,迈尤以博洽受知孝宗,谓其文备众体。"这也是他屡次被赋予编修国史重任的缘由。绍兴二十八年(1158)七月,朝廷诏复置国史院,配置修国史一人、同修国史一人、编修官二人,纂修北宋神宗、哲宗、徽宗三朝的国史,后来加钦宗朝而成为《四朝国史》或《四朝正史》。洪迈于绍兴二十九年四月以校书郎兼国史院编修官,三十年以礼部员外郎再兼,直到三十二年八月罢去。当时纂修官多人,以洪迈在馆时间最长,实际已成为起草编写的主力。至乾道二年(1166)闰九月,神、哲、徽三朝的本纪部分三十卷完成进上,十月洪迈即以起居舍人兼实录院同修撰,十二月又兼同修国史,开始主持编修钦宗朝国史。乾道三年五月,国史院上《哲宗皇帝宝训》六十卷,次年四月实录院上《钦宗皇帝实录》四十卷并《钦宗纪》,即是这时洪迈主修的成果。自乾道三年八月至乾道六年六月间,李焘先后以兵部、礼部员外郎及秘书少监兼国史院编修官,接续洪迈的编写工作,开始组织《四朝国史》的志书部分;淳熙三年(1176),李焘复以秘书监及礼部侍郎兼同修国史,至七年十二月而完成《四朝正史志》一百八十卷进上。淳熙十年(1183)六月,李焘以敷文阁直学士提举佑神观兼同修国史,着手组织诸朝的传记部分,但逾年即去世。淳熙十二年六月以洪迈为敷文阁待制提举佑神观兼同修国史接手继修。次年九月,洪迈复以翰林学士兼修国史,并于当年十一月进上《四朝国史列传》一百三十五卷。至此,这部《四朝国史》才算全部完成,时距初修已达二十九年,可说是始于洪迈而成于洪迈。所以《容斋三笔·四朝史志》条云："《四朝国史》本纪,皆迈为编修官日所作;至于淳熙乙巳(1185)、丙午(1186),又成列传百三十五卷。惟志二百卷,多出李焘之手。"

洪迈在完成这部《四朝国史》后,还曾请准孝宗,欲以此书辑合北宋时已完成的太祖、太宗、真宗《三朝国史》和仁宗、英宗《两朝国史》为一部,通纂为《九朝国史》,然后仅成《太祖太宗本纪》三十五卷而罢。后来洪迈又曾汇集《哲宗宝训》《钦宗宝训》《高宗圣政》《高宗宝训》《孝宗宝训》为一书。虽受纂修国史的限制,沉浸于史学数十年,但其学所及并不限于当代史事。因此《宋史》本传又说："迈考阅典故,渔猎经史,极鬼神事物之变,手书《资治通鉴》凡三。"以《通鉴》篇幅之巨,而能手抄三遍,必不只是少年时事。其平生所著述,见于《宋史·艺文志》等著录的约有四十余种,其中《节资治通鉴》一百五十卷及由《经子法语》开始的《春秋左氏传法语》《史记法语》《前汉法语》《后汉精语》《三国志精语》《晋书精语》《南史精语》《唐书精语》等系列作品,都是典型的史抄之书;另外一些杂纂之书,如《记绍兴以来所见》《接伴杂录》《乾道同符贞观录》《会稽和买事宜录》《钞节孝语录》《次李翰蒙求》等,也主要与史学有关系。其文集有《野处猥稿》一百零四卷、《赘稿》三十八卷、《琼野录》三卷,别有《词科进卷》六卷及洪氏后人纂其三兄弟所草朝廷文件汇编《三洪制稿》六十二卷。以上著述基本上都已散佚,尤其是其诗文集的散佚已无可弥补,现在仅存的诗集《野处类稿》二卷则大成问题,或被视为伪书。

其实,洪迈的学术生涯除纂修官书外,私人治学最用功力的还是《容斋随笔》《夷坚志》《万首唐人绝句》三大书。《夷坚志》是规模宏大的志怪小说集,《万首唐人绝句》为唐人绝句诗的集成式存录,性质皆与《容斋随笔》不同,但在各自的领域内都卓荦可称丰碑。而这三部书现在都还存世,这里仅专谈《容斋随笔》。

二 《容斋随笔》的写作与流传

《容斋随笔》一书,共分五编,计有《随笔》(下为方便区分而称《初笔》)《续笔》《三笔》《四笔》各十六卷及《五笔》十卷。全书累计达七十四卷,在现存的宋人学术笔记作品中是篇幅最大的一部。其《五笔》原先也是准备撰辑为十六卷的,但因作者物故而中止,最终全书较原计划的八十卷短缺了六卷。

此书的撰写和编集,据作者自序,可以推知其最初属笔约在隆兴元年(1163),至淳熙七年(1180)《初笔》结稿,绍熙三年(1192)《续笔》定编,越五年《三笔》撰毕,又次年而《四笔》纂成,下至嘉泰二年(1202)作者去世,前后已及四十年。也就是说,作者大约从四十岁开始创作此书,直到八十岁时去世,整个后半生的许多时光都耗费在这部最具学术功底的著作上面了。

该书命名为《容斋随笔》,而"容斋"之名,也许不只是斋居而宽容的意思,所谓"聊逍遥兮容与",用以况指游走于文字之间的雍容自得,不急不躁,也是饶有兴味。至于"随笔"一词,大概很早就是口语化的,只是唐以前还很少见于书面,而到两宋之际已开始被用作书名,洪迈是较早使用的学者之一。其《初笔序》即是解释书名的,而只有短短的几十个字:

予老去习懒,读书不多,意之所之,随即纪录。因其先后,无复诠次,故目之曰《随笔》。淳熙庚子,鄱阳洪景卢。

这是对"随笔"一词的最直截了当的解释,也反映出本书是一部典型的读书笔记。古时名家著书,率皆不自宣扬,故其自序亦简括如此。然意到语足即止,不多费笔墨,正为札记文字的基本风格。

《初笔》始成,即已在婺州付梓。洪迈在《续笔序》中说:

是书先已成十六卷。淳熙十四年八月在禁林日,入侍至尊寿皇圣帝清闲之燕,圣语忽云:"近见甚斋随笔。"迈竦而对曰:"是臣所著《容斋随笔》,无足采者。"上曰:"煞有好议论。"迈起谢,退而询之,乃婺女所刻,贾人贩鬻于书坊中,贵人买以入,遂尘乙览。书生遭遇,可谓至荣,因复袠臆说缀于后。惧与前书相乱,故别以一二数而目曰续,亦十六卷云。绍熙三年三月十日迈序。

古时以婺州之地当婺女星之分野,故俗又称婺州为婺女。洪迈于淳熙十一年(1184)知婺州,估计本书《初笔》即是在他任内由郡斋刊刻的,而为书商所贩卖,宫廷中人买得,遂献于孝宗。学者私著而为皇帝所称许,自是无上荣誉,由此亦可见其书甫问世即为朝野所重。

因乾道、淳熙间洪迈在官修史的任务重,《初笔》《续笔》的成书时间还较长,而其《续笔序》已写于自绍兴知府退闲之后,所以《三笔》《四笔》乃至《五笔》都成书甚速。后来何异的《五集总序》也说,其书"太半出于浙东归休之后"。既已归休,其心绪自然不同于前,因而《三笔序》便文字稍长,而于著书的情怀有所交代。这里也不妨引录如下:

王右将军逸少,晋、宋间第一流人也。遗情轩冕,摆落世故,盖其生平雅怀,自去会稽内史,遂不肯复出。自誓于父母墓下,词致确苦,予味其言而深悲之。又读所与谢万石书云:"坐而获逸,遂其宿心。比尝与安石东游山海,颐养闲暇之余,欲与亲故时共欢宴,衔杯引满,语田里所行,故以为抚掌之资,其为得意可胜言邪?常依依陆贾、班嗣之处世,老夫志愿尽于此也。"案是时逸少春秋才五十余耳,史氏不能赏取其高,乃屑屑以坐王怀祖之故,待之浅矣。予亦从会稽解组还里,于今六年,仰瞻昔贤,犹驽骞之视天骥,本非伦儗,而年龄之运,逾七望八,法当挂神虎之衣冠,无假于誓墓也。幸方寸未渠昏,于宽闲寂寞之滨、穷胜乐时之暇,时时捉笔据几,随所趣而志之,虽无甚奇论,然意到即就,亦殊自喜。于是《容斋三笔》成累月矣,稚子云不可无序引,因摅写所怀,并发逸少之孤标,破《晋史》之妄,以诏儿侄,冀为《四笔》他日嘉话。庆元二年六月晦日序。

中国古代士大夫从来不乏隐退情结,常以去官之后能够穷胜乐时、颐养天年为幸事。远的不说,洪适晚年自号盘洲老人,以优游的著述、自在的吟咏和完满的家庭为时人所慕,便是洪迈身边最切近的事。洪迈也是做过绍兴知府的,推而遐想,东晋名士王羲之可称是由会稽解组的"第一流人",所以《容斋三笔序》述之。《晋书·王羲之传》以为王羲之的退隐是由于官场的复杂关系,洪迈则以为"遗情轩冕,摆落世故"本为羲之的"生平雅怀",无须功利地看待他。这所反映的当然还是洪迈本人晚年的思想,"逾七望八"之人已很难再有政治上的追求了。但与此相联结的,却还有学术上的抱负,这抱负是不会随着他的致仕而消散的,反而使他的治学进入总结的时段。《容斋四笔序》便谈到:

始予作《容斋随笔》,首尾十八年,《续笔》十三年,《三笔》五年,而《四笔》之成,不费一岁。身益老而著书益速,盖有其说。曩自越府归,谢绝外事,独弄笔纪述之习,不可扫除,故搜采异闻,但绪《夷坚》诸志,于议论雌黄,不复关抱。而稚子槭每见《夷坚》满纸,辄曰:"《随笔》《夷坚》,皆大人素所游戏。今《随笔》不加益,不应厚于彼而薄于此也。"日日立案旁,必俟草一则乃退。重逆其意,则哀所忆而书之。槭嗜读书,虽就寝,犹置一编枕畔,旦则与之俱兴。而天啬其付,年且弱冠,聪明殊未开。以彼其勤,殆必有日。丈夫爱怜少子,此乎见之,于是占抒为序,并奖其志云。庆元三年九月二十四日序。

一方面是数百卷《夷坚志》的编纂时不我待,另一方面是《随笔》的写作也要继续下去。爱子之心只是促成因素之一,然原其始而要其终,关键仍在洪迈后半生以《随笔》为其深广学问的出口,志在为后人留下这样一部可贵的文献遗产。

《容斋随笔》自问世以来即广为流传,刊刻不断。洪迈去世十年后,也即他早年出守赣州四十余年后,他的从孙洪伋又到赣州为官,遂于宁宗嘉定五年(1212)将《容斋随笔》共五编合刻于郡斋,并请名家何异为之序,是为本书最早的合刻本,后世习称章贡本。嘉定十六年(1223),洪伋知建宁军府事时复刻此书,因而又有建宁本。下至理宗绍定二年(1229),临川周瑾以章贡本岁久字漫而不可复辨,于是参校建宁本重为锓梓,后被称为绍定本。这样,如果不计原先婺州所刻的《初笔》,其全书便至少有了三种宋刻本;而南宋时私家书铺所刻又不知凡几,如清初官修的《天禄琳琅书目》著录"《容斋三笔》一函四册",其提要便说"目录后记临安府鞔鼓桥南河西岸陈宅书籍铺印",并录乾隆御题谓之"真宋锓"。明人据宋刻翻雕者颇多,弘治间已有无锡华氏会通馆铜活字本及河南巡按李瀚的刊本。崇祯三年(1630),嘉定藏书名家马元调会合数种宋、明刻本严加校核刊行,后来成为不少批校及传刻本的底本。清初康熙年间,洪迈的裔孙洪璟重修马元调刊本印行;乾隆、同治及光绪年间,苏州席氏扫叶山房及洪氏后人所刊亦皆依据马本精校。《四库全书》据当时内府所藏收录,而于《初笔》卷九缺去了《五胡乱华》与《石宣为彗》两条,当因避讳所致。近世通行的《四部丛刊续编》本贵其初刻,然完整的宋刻本已不可见,因而据宋刻残卷及明代印本补衲拼凑,影印问世。其《初笔》《续笔》为宋刻章贡本,《三笔》《四笔》《五笔》为明弘治会通馆铜活字本,但《四笔》的卷一至卷五出自北平图书馆所藏的另一种宋刊本(在嘉定、绍定后)。现时新版的《容斋随笔》,版本依据及整理方法不一,而缘于出版家的青睐,仍在不断增多。

《容斋随笔》的写作,总体特点是以考据和叙事、说理相结合,取材广泛,撰述自由,联系实际,不拘类例,所考和所记多能反映作者的学术专长,精诣独到之处皆自出心得,适合各方面读者的检阅。所以历来刻书家、学术家的评说,也都首先以精博言之,不吝推崇之辞。宋刻章贡本的何异总序,已称其书"可以稽典故,可以广见闻,可以证讹谬,可以膏笔端,实为儒生进学之地";丘楯的跋语又形容"其为书也,阴阳象纬,是钩是索,经籍传注,是纠是砭,古事于我乎发扬,古人于我乎品藻,正讹考异,核伪剖微;若典故沿革,若姓族谱牒,文有町畦,诗有胎骨,源而委,叶而根,下逮仙梵医数,亦时罔罗,为之量齐,千汇万状,而道以贯之,卒归乎一也。圭璋璧琮,旅陈位置,而犀象珠贝、钟磬彝鬲,又错其中、丽其侧也"。建宁本的洪伋题识则平实言之,谓其叔祖之书"考核经史,捃摭典故,参订品藻,精审该洽,学士大夫争欲传袭"。明人李瀚也在序中云:

> 书必符乎名教,君子有所取,而读者要非无益之言也……文敏公洪景卢,博洽通儒,为宋学士,出镇浙东,归自越府,谢绝外事,聚天下之书而遍阅之。搜悉异闻,考核经史,捃拾典故,值言之最者必札之,遇事之奇者必摘之,虽诗词文翰,历诚卜医,钩纂不遗,从而评之。参订品藻,论议雌黄,或加以辩证,或系以赞繇,天下事为,寓以正理,殆将毕载……可劝可戒,可喜可愕,可以广见闻,可以证讹谬,可以祛疑贰,其于世教未尝无所裨补。予得而览之,大豁襟抱,洞归正理,如跻明堂,而胸中楼阁四通八达也。

丘楯和李瀚的话都强调了著书言理、文以载道的宗旨,已稍具理学的色彩。大凡好书,总是要说道理的,无论怎样"千汇万状",若不能"洞归正理",有补于世教,则将不免失于堆砌,削弱考据的功用,虽然这并不排斥各种专门性的考据。

明末马元调曾引其师说,谓《容斋随笔》"考据精确,议论高简",又谓"考据议论之书,莫备于两宋,然北则三刘、沈括,南则文敏兄弟,欧、曾辈似不及也"(见《重刻容斋随笔纪事》)。这里连及欧阳修、曾巩的一语,应该大致是合乎实际的。其实还在北宋末,学者中间已有此议论,如黄伯思的《东观余论·论灵台碑》就说过:"大凡考校往古事迹,先须熟读强记,遇事加之精审,绝无疏略。欧阳公《集古》,其文章冠世,后人岂可歧及,然大要在考校而非所长,是可叹也。"这话主要是就刘敞、欧阳修等人考释古器物铭文,好以铭文中的人名附会典籍中的人物而言的,此乃北宋金石学兴起时的一个通病,也显示出文章家与考据家的区别。此风到沈括的《梦溪笔谈》为之一变,下至洪迈的《容斋随笔》及诸多同类型的书籍问世,则考据之学日趋成熟,已开清人大兴考据的先河。

《容斋随笔》全书文字的编排,大抵以写作时间为序,而不以内容分类。凡所札记,据事立条,每条皆有题目,各自成篇,极便省览。篇幅多少不等,短者只有几十字,最长者则达将近三千言。自《初笔》至《五笔》,共录一千二百二十条,总字数超过五十万言。若依内容粗略划分,其中大致可归入诗话的部分超过一百二十条,约占全书总条数的十分之一;名物训诂的部分,包括人名、物名、词语、方言的训释和考辨等,约在百条左右;专题性的文献考证,包括经学释义及各类文献的介绍、校勘、考证、辨伪、纠谬等,也有一百二十余条;杂谈风俗、掌故的部分,可得五十余条;在其余条目,约占全书的十之六七,几乎皆可归入史事杂记与考证的范畴。由于洪迈曾长时间担任史官,其生平特长于史学,因而其书亦以有关史事的札记为多。这部分内容,最多的是历史人物事迹的集录、辨证、比较和评价,其次是历代典章制度特别是官制源流及相关故实的摘抉发覆和辨订,再就是以科举制度为主的文化史料的考察,涉及经济史料及天文、地理的条目相对较少。各部分都不是互不关联的,而融汇全书的主要是史学;考证的重点是《史记》《汉书》《后汉书》等宋以前正史的记载,对当代编纂的《新唐书》和《资治通鉴》亦多所辨误。其诗话部分谈唐诗特多,几乎每卷皆有,这显然与作者多年编集《万首唐人绝句》的工作有关,但也多是以诗证史,少有纯文学的讨论。下面就洪迈的议论及书中关涉史学与文献学的内容略作分析。

三 《容斋随笔》的史评和史论

洪迈自谓《容斋随笔》为"议论雌黄"之书,是以议论为主导的,亦即以札记的形式兼评各种事体,以阐明自己的心得和意见。如上所说,由于作者主要是一位史学家,因而书中的议论也以关乎史学评论的内容为最多,更须重点关注。

一般地说,本书史评、史论的基本写法是排比史事,系以论断,或寓论断于叙事之中。又由于是随笔性质的,其所有论断或评价性的语句都简明扼要,绝无长篇大论。语短而精,见识超卓,乃为得体,故前人谓之"高简"。作者的评价观念和指导意识,还是传统的儒家思想,但已包含了宋代新儒家的理念。具体的表述,如颂明君,倡仁道,表贤臣,斥奸佞,赞治行,揭弊政,明正理,重借鉴,等等,皆承传统史学,一归于经世之旨。其最大特点是就事论事,实事求是,以事言理,无征不信,于正面人物不避其曾有的负面表现,于反面人物亦不没其或存的合理行为,具体事例皆辩证地看待,论说力求合乎历史实际,既不溢于事之外,也不违于理之中。譬如对于汉文帝,《三笔》卷十一《汉文帝不用兵》条即是正面的评价:

《史记·律书》云:"高祖厌苦军事……偃武休息……孝文即位,将军陈武等议曰:'南越、朝鲜……拥兵阻阸,选蠕观望……宜及士民乐用,征讨逆党,以一封疆。'孝文曰:'朕能任衣冠,念不到此。会吕氏之乱……误居正位,常战战栗栗,恐事之不终。且兵凶器,虽克所愿,动亦耗病,谓百姓远方何?今匈奴内侵,边吏无功,边民父子荷兵日久,朕常为动心伤痛,无日忘之……愿且坚边设候,结和通使,休宁北陲,为功多矣。且无议军。'故百姓无内外之繇,得息肩于田亩,天下富盛,粟至十余钱。"予谓孝文之仁德如此,与武帝黩武穷兵,为霄壤不侔矣。然《班史》略不及此事,《资治通鉴》亦不编入,使其事不甚暴白,惜哉!

汉文帝完全承续了高祖刘邦"与民休息"的国策,开创后世所称的"文景之治",不轻易用兵是重要前提之一。《续笔》卷三《汉文帝受言》条,则通过民女缇萦上书及废除肉刑之例,揭示了文帝善于纳谏而顺从民意的治政风范,是为造就安定局面的又一重大因素。而《初笔》卷九《汉文失材》条,同时指出了文帝在用人问题上的局限:

汉文帝见李广曰:"惜广不逢时。令当高祖世,万户侯岂足道哉?"贾山上书言治乱之道,借秦为喻,其言忠正明白,不下贾谊,曾不得一官,史臣犹赞美文帝以为山言多激切,终不加罚,所以广谏争之路。观此二事,失材多矣。吴、楚反时,李广以都尉战昌邑下显名,以梁王授广将军印,故赏不行。武帝时五为将军击匈奴,无尺寸功,至不得其死。三朝不遇,命也夫!

评价历史人物有不同的规则,综合的论断多重视人物的整体历史贡献,但这不妨碍对具体事项的具体分析。札记之书多是具象的议论,正反两面的分析便显得亲近切实。

"文景之治"的出现有其历史大背景,汉景帝亦曾做出贡献。但洪迈对景帝颇多微词,主要是不满于他的为人之残忍。《初笔》

卷十一《汉景帝忍杀》条即云：

> 汉景帝恭俭爱民，上继文帝，故亦称为贤君。考其天资，则刻戾忍杀之人耳。自在东宫时，因博戏杀吴太子，以起老濞之怨。即位之后，不思罪己，一旦于三郡中而削其二，以速兵端。正信用晁错，付以国事，及爰盎之说行，但请斩错而已，帝令有司劾错以大逆，遂父母妻子同产皆弃市。七国之役，下诏以深入多杀为功，比三百石以上皆杀，无有所置，敢有议诏及不如诏者皆要斩。周亚夫以功为丞相，坐争封匈奴降将事病免，心恶之，赐食不置箸，叱之使起，昧于敬礼大臣之义，卒以非罪置之死，悲哉！光武遣冯异征赤眉，敕之曰："征伐非必略地屠城，要在平定安集之耳。诸将非不健斗，然好虏掠，卿本能御吏士，念自修敕，无为郡县所苦。"光武此言，视景帝诏书为不侔矣。

汉景帝任意杀人，后来武帝尤甚，这与洪迈所在的赵宋不杀士大夫的约定不可同日而语。北宋庆历中，有文臣得罪，大臣富弼议欲诛之，范仲淹认为"事有可恕，戮之非法意"，且言"轻导人主以诛戮臣下，他日手滑，虽吾辈亦未敢自保"。宋人言此甚多，《续资治通鉴长编》庆历三年有详细的记录。洪迈屡提及汉景帝忍杀，大约也与此有关系。《续笔》卷九《汉景帝》又说：

> 汉景帝为人，甚有可议。晁错为内史，门东出不便，更穿一门南出。南出者，太上皇庙壖垣也。丞相申屠嘉闻错穿宗庙垣，为奏请诛错。错恐，夜入宫上谒，自归。上至朝，嘉请诛错，上曰："错所穿非真庙垣，乃外壖垣，且又我使为之，错无罪。"临江王荣以皇太子废为王，坐侵太宗庙壖地为宫，诣中尉府对簿责讯，王遂自杀。两者均为侵宗庙，荣以废黜失宠，至于杀之；错方贵幸，故略不问罪，其不公不慈如此！及用爰盎一言，错即夷族，其寡恩忍杀复如此！

这样的指责，虽英主贤君亦不避，反映出史家治史求实的态度。

《容斋随笔》论历史人物，大量使用比较的方法，有不少条目是以并列的人名为标题的，皆各举其行实，以见其品格谋略之高下。大抵一事一议，连类而及，或较其异同，或言其共性，虽不求全，而亦可窥见人事举措的真面貌。如《三笔》卷七《光武、苻坚》条，叙东汉光武帝始以"百姓怨气满腹"而拒封禅，终因信谶纬之书而行封禅，自相矛盾；北朝苻坚始则禁谶纬之学甚严，而终亦自读其书，以此丧身亡国。这类条目多着眼于人物的识见，而背后隐藏的则是对治道的批判及鉴戒史观。其《续笔》卷十四《陈涉不可轻》条是值得注意的：

《扬子法言》："或问'陈胜、吴广曰乱'，曰：'不若是，则秦不亡。'曰：'亡秦乎？恐秦未亡而先亡矣。'"李轨以为"轻用其身而要乎非命之运，不足为福先，适足以为祸始"。予谓不然。秦以无道毒天下，六王皆万乘之国，相踵灭亡，岂无孝子慈孙、故家遗俗，皆奉头鼠伏，自张良狙击之外，更无一人敢西向窥其锋者。陈胜出于戍卒，一旦奋发不顾，海内豪杰之士乃始云合响应，并起而诛之。数月之间，一战失利，不幸陨命于御者之手，身虽已死，其所置遣侯王将相竟亡秦。项氏之起江东，亦矫称陈王之令而度江，秦之社稷为墟，谁之力也？且其称王之初，万事草创，能从陈余之言，迎孔子之孙鲋为博士，至尊为太师，所与谋议，皆非庸人。崛起者可及此，其志岂小小者哉？汉高帝为之置守冢于砀，血食二百年乃绝。子云指以为乱，何耶？若乃杀吴广，诛故人，寡恩忘旧，无帝王之度，此其所以败也。

这种看法与司马迁将陈涉列入《史记》的世家部分是相通的，在今不必看作是对农民起义领袖的肯定，理应重视的还是评价历史人物的客观态度。

《容斋随笔》言治道,不是仅就太平盛世发论,对乱世之臣的治理措施亦给以足够的重视。这方面最典型的条目是《初笔》卷十四《张全义治洛》:

> 唐洛阳经黄巢之乱,城无居人,县邑荒圮,仅能筑三小城,又遭李罕之争夺,但遗余堵而已。张全义招怀理葺,复为壮藩。《五代史》于《全义传》书之甚略,《资治通鉴》虽稍详,亦不能尽。辄采张文定公所著《搢绅旧闻记》,芟取其要而载于此。曰:
>
> 今荆襄、淮、沔创痍之余,绵地数千里,长民之官用守边保障之劳,超阶擢职不知几何人,其真能髣髴全义所为者,吾未见其人也。岂局于文法讥议,有所制而不得骋乎?全义始至洛,于麾下百人中,选可使者十八人,命之曰屯将,人给一旗一牓,于旧十八县中,令招农户自耕种,流民渐归。又选可使者十八人,命之曰屯副,民之来者绥抚之,除杀人者死,余但加杖,无重刑,无租税,归者渐众。又选谙书计者十八人,命之曰屯判官。不一二年,每屯户至数千。于农隙时,选丁夫教以弓矢枪剑,为坐作进退之法,行之一二年,得丁夫二万余人,有盗贼实时擒捕。关市之赋,迨于无籍。刑宽事简,远近趋之如市,五年之内,号为富庶。于是奏每县除令簿主之。喜民力耕织者,知某家蚕麦善,必至其家,悉召老幼,亲慰劳之,赐以酒食茶綵,遗之布衫裙袴,喜动颜色。见稼田中无草者,必下马观之,召田主赐衣服;若禾下有草,耕地不熟,则集众决责之。或诉以阙牛,则召责其邻伍曰:"此少人牛,何不众助?"自是民以耕桑为务,家家有蓄积,水旱无饥人。在任四十余年,至今庙食。
>
> 呜呼!今之君子,其亦肯以全义之心施诸人乎?

张全义其人,始为唐末黄巾起义军属官,后辗转于军阀之间,终投后梁朱温,继又仕后唐为大官。他不是完人,但他为河南尹时的治绩却名留史册,尤赖洪迈的表彰而昭昭于后世。洪迈著史,格外注重贤臣治绩史料的保存,《随笔》此条亦出于此意。

世之治乱,关乎古代史学上影响甚大的所谓"正统"观念,亦即所谓"正闰"史观。这类观念在先秦时就已经萌芽,以后历世不绝,至宋代更成为学者争议的大题目。洪迈对此也有自己的看法,其《初笔》卷九《皇甫湜正闰论》云:

> 晋魏以来,正闰之说纷纷,前人论之多矣。盖以宋继晋,则至陈而无所终;由隋而推之,为周为魏,则上无所起。故司马公于《通鉴》取南朝承晋,讫于陈亡,然后系之隋开皇九年,姑藉其年以纪事,无所抑扬也。唯皇甫湜之论不然,曰:"晋之南迁,与平王避戎之事同,而元魏种实匈奴,自为中国之位号。谓之灭邪?晋实未改;谓之禅耶?已无所传。而往之著书者有帝元,今之为录者皆闰晋,失之远矣。晋为宋,宋为齐,齐为梁,江陵之灭则为周矣,陈氏自树而夺,无容于言。故自唐推而上,唐受之隋,隋得之周,周取之梁,推梁而上以至于尧、舜,为得天下统,则陈僭于南,元闰于北,其不昭昭乎?"此说亦有理。然予复考之,灭梁江陵者,魏文帝也,时岁在甲戌;又三年丁丑,周乃代魏,不得云江陵之灭则为周也。

中国古代政权的更革转移,或一统,或分裂,情形非常复杂,就其实质而言,很难说有什么"正统"与非"正统"之别。所谓"正统""闰位"之类,毋乃是伪命题,并不符合客观的历史主义。从洪迈的表述来看,他是同意司马光在《资治通鉴》中所表达的意见的,并不主张主观地区分"正闰",史学上使用各朝的年号,也不过是"姑藉其年以纪事",而不必有所抑扬。在《容斋随笔》中,虽亦不免有华夷之分的文字,但也不见有否定割据政权历史存在的说法。

《初笔》卷五《晋之亡与秦隋异》条，论及中国古代统一与分裂的形势，也与"正统"问题有关系。其文云：

> 自尧、舜及今，天下裂而复合者四：周之末为七战国，秦合之；汉之末分为三国，晋合之；晋之乱分为十余国，争战三百年，隋合之；唐之后又分为八九国，本朝合之。然秦始皇一传而为胡亥，晋武帝一传而为惠帝，隋文帝一传而为炀帝，皆破亡其社稷；独本朝九传百七十年，乃不幸有靖康之祸，盖三代以下治安所无也。秦、晋、隋皆相似，然秦、隋一亡即扫地；晋之东虽曰"牛继马后"，终为守司马氏之祀，亦百有余年。盖秦、隋毒流四海，天实诛之；晋之八王擅兵，孽后盗政，皆本于惠帝昏蒙，非得罪于民，故其亡也，与秦、隋独异。

在洪迈看来，中国的统一在赵宋以前，除传说的尧舜时代之外，朝代的转移有三种类型：周、汉、唐属于久合而分，秦、隋则一传即亡，西晋、北宋则亡而复兴又存亡继绝。他所关注的是秦、隋皆因大失民心而短命，西晋则亡于惠帝之昏蒙与八王之乱，故得在渡江之后重建，是谓"晋之亡与秦隋异"。其实其真正想说的是晋与宋相似，各有南北之分，而北宋亡于异族，又与晋不同，是谓"不幸有靖康之祸，盖三代以下治安所无"。其言外之意，北宋末年徽宗之荒耽败政及"六贼"之乱国，又较西晋帝后之昏聩为害更甚，故北宋之亡也更为酷烈。此亦即《初笔》卷十六《靖康时事》条所言，"窃痛一时之祸，以堂堂大邦，中外之兵数十万，曾不能北向发一矢，获一胡，端坐都城，束手就毙"之意。

中国古代观念和法理上的华夏世界，是将日月所照的"天下"之地都包括在内的，如周人所说的"普天之下，莫非王土；率土之滨，莫非王臣"。但在事实的层面上，中原王朝所领有的区域并没有那么大。洪迈的《初笔》卷五《周世中国地》说：

> 成周之世，中国之地最狭。以今地里考之，吴、越、楚、蜀、

闽皆为蛮,淮南为群舒,秦为戎,河北真定中山之境乃鲜虞、肥、鼓国。河东之境,有赤狄、甲氏、留吁、铎辰、潞国。洛阳为王城,而有杨拒、泉皋、蛮氏、陆浑伊雒之戎。京东有莱、牟、介、莒,皆夷也。杞都雍丘,今汴之属邑,亦用夷礼。邾近于鲁,亦曰夷。其中国者,独晋、卫、齐、鲁、宋、郑、陈、许而已,通不过数十州,盖于天下特五分之一耳。

这是狭义的理解,是将传统上所称的蛮夷戎狄之国都排除在中国(即华夏)之外的。但到春秋时期,广义的中国实指日趋成熟的华夏文化共同体,是覆盖黄河流域及其周边地区所有插花居住的各民族在内的,故《春秋》之义有"夷狄而中国则中国之,中国而夷狄则夷狄之"的说法,或称"既不善则夷狄之,既善则中国之",文化上的归属远大于种族上的差异。洪迈的理解有一点是合理的,即华夏文化区是随民族融合而不断演进的,故所称蛮夷戎狄之国后来也都化入中国之境。

洪迈的"四海"观念也值得注意。其《初笔》卷三《四海一也》条说:

> 海一而已。地之势西北高而东南下,所谓东、北、南三海,其实一也。北至于青沧则云北海,南至于交广则云南海,东渐吴越则云东海,无由有所谓西海者。《诗》《书》《礼》经所载四海,盖引类而言之。汉《西域传》所云蒲昌海,疑亦渟居一泽尔。班超遣甘英往条支,临大海,盖即南海之西云。

这已很类似现代的世界地理观念。所谓北海、东海、南海,其实就是一个大海的北部、东部、南部水域;西海是不存在的,如蒲昌海之类不过是内陆湖,甘英所见的大海(波斯湾)应该就是南海西部(印度洋)的水域。合观洪迈的历史观与世界观,都具有一种开放的性格,而不甚拘于传统的论说。

四 《容斋随笔》中的当代史料

《容斋随笔》兼考经、史、子、集之学,也有一些记事条目,其中有不少当代史料,或出于官府文献,或得自亲历见闻,有许多细节可以弥补正史记载的缺略。如《续笔》卷四《宣和冗官》条记载:

> 宣和元年,蔡京将去相位,臣僚方疏官僚冗滥之敝,大略云:自去年七月至今年三月,迁官论赏者五千余人,如辰州招弓弩手而枢密院支差房推恩者八十四人,兖州升为府而三省兵房推恩者三百三十六人,至有入仕才二年而转十官者。今吏部两选,朝奉大夫至朝请大夫六百五十五员,横行右武大夫至通侍二百二十九员,修武郎至武功大夫六千九百九十一员,小使臣二万三千七百余员,选人一万六千五百余员,吏员猥冗,差注不行。诏三省、枢密院,令遵守成法。然此诏以四月庚子下,而明日辛丑,以赏西陲诛讨之功,太师蔡京、宰相余深、王黼、知枢密院邓洵武各与一子官,执政皆迁秩。天子命令如是,即日废格之,京之罪恶至矣。

北宋官爵冗滥之弊,至徽宗朝蔡京等当政时达到极致。从本条所保存的数字来看,宣和初,在半年多的时间内不但迁官论赏者即达五千余人,吏部两选(文选与武选)的人员,自选人以上也达四万八千余人,以致"吏员猥冗,差注不行",可供注授差遣的名阙根本不能容纳。朝廷名义上亦欲抑制官爵的滥赏,而诏书始下,却又滥赏如故。《四笔》卷十五《讨论滥赏词》条还记有当时滥赏的名目数十项,以致不胜觑缕。其文云:

> 东坡公《行香子》小词云:"清夜无尘,月色如银。酒斟时,须满十分。浮名浮利,休苦劳神。叹隙中驹,石中火,梦中身。虽抱文章,开口谁亲?且陶陶,乐尽天真。不如归去,作个闲

人。对一张琴,一壶酒,一溪云。"绍兴初,范觉民为相,以自崇宁以来创立法度,例有泛赏,如学校、茶盐、钱币、保伍、农田、居养、安济、寺观、开封大理狱空、四方边事、御前内外诸司编敕、会要、学制、礼制、道史等书局,掖庭编泽、行幸曲恩、诸色营缮、河埽功役、采石木植、花石等纲、祥瑞礼乐、两城所公田、伎术伶优、三山永桥明堂、西内八宝玄圭,种种滥赏,不可胜述;其曰应奉有劳、献颂可采、职事修举、特授特转者,又皆无名直与;及白身补官、选人改官、职名碍格、非随龙而依随龙人、非战功而依战功人等,每事各为一项,建议讨论。又行下吏部,若该载未尽名色,并合取朝廷指挥,临时参酌,追夺事件遂为画一规式,有至夺十五官者。虽公论当然,而失职者胥动造谤,浮议蜂起。无名子因改坡语云:"清要无因,举选艰辛。系书钱,须要十分。浮名浮利,虚苦劳神。叹旅中愁,心中闷,部中身。虽抱文章,苦苦推寻。更休说,谁假谁真。不如归去,作个齐民。免一回来,一回讨,一回论。"至大字书写,贴于内前墙上,逻者得之以闻。是时伪齐刘豫方盗据河南,朝论虑或摇人心,亟罢讨论之举。范公用是为台谏所攻,今章且叟奏稿中正载弹疏,竟去相位云。

文中自"例有泛赏"以下所列举的,都是北宋末蔡京等人当政时,打着创立法度的旗号以售其奸,而无节制地推恩行赏的名目。其时一切事务,凡涉改法、编书、皇帝行幸、应奉工役等等,几乎无不行赏,而赏赐方式又种种不一。南宋绍兴初,宰相范宗尹(觉民)建议将崇宁、大观以来所有因滥赏而转官、减年者,一切厘正,没收其付身文件,不许收用,凡应追夺冒滥官位的,皆依规定一例追夺。然士人得官本不易,其既得利益者便一时谤议蜂起,最终范宗尹被弹劾,高宗遂下令停止讨论。范宗尹的罢相还有更复杂的原因,此事不过是因素之一。此类材料,在现存《宋史》中皆语焉不详,多可借洪迈的记录作参证。

《初笔》卷十六《馆职名存》条,同样典型地反映出北宋末冗官败政的积弊:

> 国朝馆阁之选,皆天下英俊,然必试而后命,一经此职,遂为名流。其高者曰集贤殿修撰、史馆修撰、直龙图阁、直昭文馆、史馆、集贤院、秘阁,次曰集贤、秘阁校理,官卑者曰馆阁校勘、史馆检讨,均谓之馆职……中外皆称为学士。及元丰官制行,凡带职者皆迁一官而罢之,而置秘书省官,大抵与职事官等,反为留滞。政和以后,增修撰、直阁贴职为九等,于是材能治办之吏、贵游乳臭之子车载斗量,其名益轻。

北宋承平之时,馆阁本为朝廷储才之地,名流荟萃,除授之际,慎重其事,凡入职者,皆须考试,俗以入馆比为"登瀛洲",往往不数年即至卿相之位。元丰改制以后,秘书省取代崇文院,变为政府的职事机构,其贴职皆罢去。而到北宋末年,不但秘书省成为纨绔子弟钻营角逐的场所,贴职也增至九等,大批不学无术之辈亦跻身馆职之列,以致"车载斗量",其名位已全然不为世人所重。《四笔》卷一《三馆秘阁》条,亦谓其时馆职"以处大臣子弟姻戚,其滥及于钱谷文俗吏,士大夫不复贵重"。宣和三年(1121),宋徽宗因臣下屡奏秘书省官员的冗滥而生厌,曾诏其职事官除监、少外,定为十八员,以仿唐"登瀛"之数,其溢员皆外补。然其时朝政败坏已不可救药,所有这类措施不过一纸空文而已,况且以他官带馆职者例加除授,不过是身份的象征,更难以仅按馆职的本分去看待。一向号称清切贵重的馆职尚且如此,其他官职可知。如《三笔》卷十六《医职冗滥》条,言及神宗时医官定额仅为四员,而宣和中自和安大夫至翰林医官竟达一百一十七人,若直局至祗候都算上,则多达一千零九十八人,冗滥之程度登峰造极。《三笔》卷七《冗滥除官》条,历数汉以来"灶下养,中郎将,烂羊头,关内侯"等谚语,谓"人奴腰金曳紫者，盖不难致也"，恐怕正是北宋末年状况的写照。

与指斥宋代冗官相关联的条目，在《容斋随笔》中还所在多有。如《三笔》卷七《宗室补官》条谈及南宋前期"皇族得官，不可以数计"，也有具体的数字为据。《四笔》卷四《今日官冗》条则又存录了光宗、宁宗之际吏部四选的员数：绍熙二年（1191）"共三万三千五百十六员，冗倍于国朝全盛之际"；至庆元二年（1196）又增万余员，通计"无虑四万三千员"。洪迈因此有"病在膏肓"之叹，谓虽使扁鹊持上池良药亦救之无及。至于论及士大夫风俗，《四笔》卷三的《实年官年》条则更常为后人所道及。其文云：

> 士大夫叙官阀，有所谓实年、官年两说，前此未尝见于官文书。大抵布衣应举，必减岁数，盖少壮者欲藉此为求昏地；不幸潦倒场屋，勉从特恩，则年未六十，始许入仕，不得不豫为之图。至公卿任子，欲其早列仕籍，或正在童孺，故率增抬庚甲，有至数岁者。然守义之士，犹曰儿曹甫策名委质，而父祖先导之以挟诈欺君，不可也。比者以朝臣屡言，年及七十者不许任监司郡守，搢绅多不自安，争引年以决去就。江东提刑李信甫虽春秋过七十，而官年损其五，坚乞致仕，有旨，官年未及，与之外祠。知房州章駬六十八岁，而官年增其三，亦求罢去，诸司以其精力未衰，援实为请，有旨，听终任。知严州秦焴乞祠之疏，曰实年六十五，而官年已逾七十，遂得去。齐庆胄宁国乞归，亦曰实年七十，而官年六十七。于是实年、官年之字形于制书，播告中外，是君臣上下公相为欺也。掌故之野甚矣，此岂可纪于史录哉！

士大夫在仕宦年龄上弄虚作假，几乎是古今通例，而以"实年""官年"之辞形于朝廷的制书，公然播告于中外，以上下相欺为正当的公事，还着实是少见的。至于将此记录于国史，就真可称是"掌故之野甚矣"！

《容斋随笔》中对当代政治腐败的批评不一而足,尤其对真宗伪造"天书"的迷信活动屡有抨击。《初笔》卷四《王文正公》条指斥真宗朝宰相王旦于"天书"事"无一不预","虽持身公清,无一可议,然特张禹、孔光、胡广之流",不过是固位自保;同卷《谤书》条又批评《真宗实录》"载崇奉宫庙、祥云、芝鹤唯恐不详,遂为信史之累",乃径谓之为"谤书"。《三笔》卷十一《宫室土木》条更详细揭露当时兴建玉清昭应宫的挥霍说:

> 大中祥符间,奸佞之臣罔真宗以符瑞,大兴土木之役,以为道宫。玉清昭应之建,丁谓为修宫使,凡役工,日至三四万。所用有秦、陇、岐、同之松,岚、石、汾阴之柏,潭、衡、道、永、鼎、吉之梌枏楮,温、台、衢、吉之榰,永、澧、处之槻樟,潭、柳、明、越之杉,郑、淄之青石,衡州之碧石,莱州之白石,绛州之斑石,吴越之奇石,洛水之石卵,宜圣库之银朱,桂州之丹砂,河南之赭土,衢州之朱土,梓、信之石青石碌,磁、相之黛,秦、阶之雌黄,广州之藤黄,孟、泽之槐华,虢州之铅丹,信州之土黄,河南之胡粉,卫州之白垩,郓州之蚌粉,兖、泽之墨,归、歙之漆,莱芜、兴国之铁。其木、石皆遣所在官部兵民,入山谷伐取;又于京师置局,化铜为鍮,治金薄锻铁以给用。凡东西三百一十步,南北百四十三步,地多黑土,疏恶于京东,北取良土易之,自三尺至一丈有六等。起二年四月,至七年十一月宫成,总二千六百一十区……沈括《笔谈》云温州雁荡山前世人所不见,故谢灵运为太守未尝游历,因昭应宫采木深入穷山,此境始露于外,他可知矣。

这类材料当都是实录,非有夸张,虽罗列琐细,而愈见其事之奢靡与"天书"迷信的荒唐。

《随笔》于蔡京等人的误国罪行随文言及,抨击亦特多。其《三笔》卷十三《政和宫室》条有云:

自汉以来，宫室土木之盛，如汉武之甘泉、建章，陈后主之临春、结绮，隋炀帝之洛阳、江都，唐明皇之华清、连昌，已载史策。国朝祥符中，奸臣导谀为玉清昭应、会灵、祥源诸宫，议者固以崇侈劳费为戒，然未有若政和蔡京所为也。京既固位窃国政，招大珰童贯、杨戬、贾详、蓝从熙、何欣五人分任其事，于是始作延福宫，有穆清、成平、会宁、睿谟、凝和、昆玉、群玉七殿。东边有蕙馥、报琼、蟠桃、春锦、迭琼、芬芳、丽玉、寒香、拂云、偃盖、翠葆、铅英、云锦、兰熏、摘金十五阁，西边有繁英、雪香、披芳、铅华、琼华、文绮、绛萼、秾华、绿绮、瑶碧、清音、秋香、丛玉、扶玉、绛云亦十五阁。又叠石为山，建明春阁，其高十一丈；宴春阁，广十二丈。凿圆池为海，横四百尺，纵二百六十七尺；鹤庄、鹿砦、孔翠诸栅，蹄尾以数千计。五人者，各自为制度，不相沿袭，争以华靡相夸胜，故名延福五位。其后复营万岁山、艮岳山，周十余里，最高一峰九十尺，亭堂楼馆不可殚记。

此种列举式的文字，与《宫室土木》条异曲同工。其《续笔》卷十五《紫阁山村诗》条又揭露当时的花石纲说：

宣和间，朱勔挟花石进奉之名以固宠规利，东南部使者、郡守多出其门。如徐铸、应安道、王仲闳辈济其恶，豪夺渔取，士民家一石一木稍堪玩，即领健卒直入其家，用黄封表志而未即取，护视微不谨，则被以大不恭罪；及发行，必撤屋决墙而出，人有一物小异，共指为不祥，唯恐芟夷之不速。杨戬、李彦创汝州西城所，任辉彦、李士涣、王浒、毛孝立之徒亦助之，发物供奉，大抵类勔，而又有甚焉者。

这些有本有末的叙述，都可与史传互参。

《容斋随笔》所存作者亲历见闻的史料有独到的价值。如《三笔》卷三《黔黎遭兵之苦》条记靖康之变后陷于金人的"帝子王孙、宦门仕族"的悲惨境遇,原出于洪皓的口述,而《松漠记闻》未载;卷六《蕨萁养人》条记绍熙四年(1193)饶州大旱,数千村民争掘百余里大山中的蕨萁根茎为食,是具体而微的灾荒史料;卷十《禁中文书》条自述承当朝廷机密文件的起草与进奏经过,可见禁廷事项保密之严;卷十二《兼中书令》条自述对官爵除拜的议论,可见作者对当代官制的精熟;卷十四《官会折阅》条自述与孝宗对纸币源流利弊的讨论,则有经济史上的意义。作者重视乡里故实,《四笔》卷五《饶州风俗》条是格外值得留意的:

> 嘉祐中,吴孝宗子经者作《余干县学记》云:"古者江南,不能与中土等。宋受天命,然后七闽、二浙与江之西东,冠带诗书,翕然大肆,人才之盛,遂甲于天下。江南既为天下甲,而饶人喜事,又甲于江南。盖饶之为州,壤土肥而养生之物多,其民家富而户美,蓄百金者不在富人之列。又当宽平无事之际,而天性好善,为父兄者以其子与弟不文为咎,为母妻者以其子与夫不学为辱,其美如此。"予观今之饶民,所谓家富户美,了非昔时;而高甍巨栋、连阡亘陌者,又皆数十年来寓公所擅,而好善为学,亦不尽如吴记所言。故录其语,以寄一叹。

南宋时期江南的开发,是中国文化重心南迁的一大契机,所以有宋一代,江南经济文化在总体上已呈超越北方之势。自北宋庆历以后,天下兴学,所谓"天子重英豪,文章教尔曹,万般皆下品,惟有读书高",中国古代重视读书的风气是伴随宋代科举事业的开放才真正开始普及到民间的。江南经济既趋向发达,文化事业亦渐至引领天下,以致科举取士的人数南升北降,大批精英出自南方,此即《余干县学记》所称"七闽、二浙与江之西东,冠带诗书,翕然大肆,人才之盛,遂甲于天下"。其言虽出于对乡邦文化的称扬,而所说"为父兄者以其子与弟不文为咎,为母妻者以其子与夫不学为辱",正可为当时科举发达地区的读书风气之盛作一注脚。《随笔》

所保存的这段记载,是研究宋代文化史的很好的材料。

五 《容斋随笔》的文献考证

文献考证是《容斋随笔》中的突出内容之一。宽泛地讲,如果把全书看成是一部读书笔记,那么它的绝大多数条目就都是与文献考证相关联的,但有些专书专考或专文专辨的条目仍可另外看待。

专书专考的条目主于辨伪与纠谬,其中特别是对当时所传近世史料书的考证颇为醒目。如《初笔》卷一《浅妄书》条云:

> 俗间所传浅妄之书,如所谓《云仙散录》《老杜事实》《开元天宝遗事》之属,皆绝可笑。然士大夫或信之,至以《老杜事实》为东坡所作者,今蜀本刻杜集,遂以入注。孔传《续六帖》,采掇唐事殊有工,而悉载《云仙录》中事,自秽其书。《开元遗事》托云王仁裕所著,仁裕五代时人,虽文章乏气骨,恐不至此。姑析其数端以为笑。
>
> 其一云:"姚元崇开元初作翰林学士,有步辇之召。"按元崇自武后时已为宰相,及开元初三入辅矣。
>
> 其二云:"郭元振少时美风姿,宰相张嘉贞欲纳为婿,遂牵红丝线,得第二女,果随夫贵达。"按元振为睿宗宰相,明皇初年即贬死,后十年嘉贞方作相。
>
> 其三云:"杨国忠盛时,朝之文武争附之以求富贵,惟张九龄未尝及门。"按九龄去相位十年,国忠方得官耳。
>
> 其四云:"张九龄览苏颋文卷,谓为文阵之雄师。"按颋为相时,九龄元未达也。
>
> 此皆显显可言者,固浅陋不足攻,然颇能疑误后生也。惟张象指杨国忠为冰山事,《资治通鉴》亦取之,不知别有何据。

近岁兴化军学刊《遗事》，南剑州学刊《散录》，皆可毁。

本条所称的几种浅妄书，都涉及唐、五代时的一些逸闻轶事，问题很多，过去往往以为是伪书。洪迈特以《开元天宝遗事》为例，但举出数人之事，皆证之以宰相除罢始末，即已尽显耳食史料之流弊。类似的条目，如《初笔》卷四《野史不可信》条考《东轩笔录》之不可信，卷八《谈丛失实》条考《后山谈丛》之失实，卷十五《孔氏野史》条考其书之谬妄，《四笔》卷九《蒋魏公逸史》条考其书之记事多误等，皆关涉当代史事，辨析甚精。

《容斋随笔》中的古籍考辨，如《初笔》卷一《五臣文选注》条指摘其所注之荒陋，《续笔》卷十四《尹文子》条谓其传世本"盖晋宋时衲人所作"，同卷《姓源韵谱》条批评其书和《元和姓纂》一样"诞妄最多"，《三笔》卷十《孔丛子》条疑其书为"齐梁以来好事者所作"等，也都别具见解。《初笔》卷十四《博古图》条是反映宋人对金石学的新认识的，其文如下：

> 政和、宣和间，朝廷置书局以数十，计其荒陋而可笑者，莫若《博古图》。予比得汉匜，因取一册读之，发书捧腹之余，聊识数事于此。
>
> 父癸匜之铭曰"爵方父癸"，则为之说曰："周之君臣，其有癸号者，惟齐之四世有癸公。癸公之子曰哀公，然则作是器也，其在哀公之时欤？故铭曰父癸者此也。"夫以十干为号，及称父甲、父丁、父癸之类，夏、商皆然，编图者固知之矣。独于此器，表为周物，且以为癸公之子称其父，其可笑一也。
>
> 周义母匜之铭曰"仲姞义母作"，则为之说曰："晋文公杜祁让偪姞而已次之，赵孟云母义子贵，正谓杜祁。则所谓仲姞者，自名也；义母者，襄公谓杜祁也。"夫周世姞姓女多矣，安知此为偪姞？杜祁但让之在上，岂可便为母哉？既言仲姞自名，又以为襄公为杜祁所作，然则为谁之物哉？其可笑二也。

汉注水匜之铭曰"始建国元年正月癸酉朔日制",则为之说曰:"汉初始元年十二月改为建国,此言元年正月者,当是明年也。"按《汉书》,王莽以初始元年十二月癸酉朔日窃即真位,遂以其日为始建国元年正月,安有明年却称元年之理?其可笑三也。

楚姬盘之铭曰"齐侯作楚姬宝盘",则为之说曰:"楚与齐从亲在齐愍王之时,所谓齐侯则愍王也。周末诸侯自王,而称侯以铭器,尚知止乎礼义也。"夫齐、楚之为国各数百年,岂必当愍王时从亲乎?且愍王在齐诸王中最为骄暴,尝称东帝,岂有肯自称侯之理?其可笑四也。

汉梁山鍋之铭曰"梁山铜造",则为之说曰:"梁山铜者,纪其所贡之地。梁孝王依山鼓铸,为国之富,则铜有自来矣。"夫即山铸钱,乃吴王濞耳。梁山自是山名,属冯翊夏阳县,于梁国何预焉?其可笑五也。

观此数说,他可知矣。

古器物之学到北宋末年趋向成熟,其器物之定名、形制之摹画、铭文之隶定及著录的系统性等,都达到极高的水平,官修的《博古图》是集成性的代表作品。但这类作品对铭文内容的诠释,特别是对其中人物的考求,还处在初步的阶段,率多附会,故洪迈谓之"荒陋而可笑"。前已指出,自欧阳修等人以来,此种附会即为古器物考古之学的通病之一,而到南宋时已有所改进,洪迈的检视可以反映宋代金石学的发展过程。

文献考证涉及校勘、版本等传统学问。《容斋随笔》中这方面最为精到的例子,莫如《四笔》卷二《抄传文书之误》条所记:

今代所传文书,笔吏不谨,至于成行脱漏。予在三馆,假庾自直《类文》,先以正本点检,中有数卷皆以后板为前。予令书库整顿,然后录之,他多类此。周益公以《苏魏公集》付太平州镂板,亦先为勘校。其所作《东山长老语录序》云:"侧定政宗,无用所以为用;因蹄得兔,忘言而后可言。"以上一句不明白,又与下不对,折简来问。予忆《庄子》曰:"地非不广且大也,人之所用容足尔。然而厕足而垫之致黄泉,知无用而后可以言用矣。"始验"侧定政宗"当是"厕足致泉",正与下文相应,四字皆误也。因记曾纮所书陶渊明《读山海经》诗云:"形夭无千岁,猛志固常在。"疑上下文义若不贯,遂取《山海经》参校,则云刑天兽名也,口中好衔干戚而舞,乃知是"刑天舞干戚",故与下句相应,五字皆讹。以语友人岑公休、晁之道,皆抚掌惊叹,亟取所藏本是正之。

此所谓"抄传文书",实际指的是古籍的传录。宋代馆阁校书,定本之后精心誊录制作,自是力求谨严,而仍错误难免。南宋宰相周必大是学问大家和古籍校勘的高手,而也有解决不了的问题。《随笔》此例校定"侧定政宗"为"厕足致泉"之误,"形夭无千岁"为"刑天舞干戚"之讹,确是惊人的发现,堪称校勘学上绝佳的范例,而所示理路又足可为学者的进学之阶。现存《苏魏公集》当即出自宋版书,"厕足致泉"不作"侧定政宗",或是已采取了洪迈的意见。

官府文书出现误字,往往会酿成大错,洪迈对此也有体会。其《三笔》卷四《宣告错误》条记载:

> 士大夫告命间有错误,如文官则犹能自言,书铺亦不敢大有邀索。独右列为可怜,而军伍中出身者尤甚。予检详密院诸房日,有泾原副都军头乞换授,而所持宣内添注副字,为房吏所沮。都头者不能自明,两枢密以事见付。予视所添字与正文一体,以白两枢曰:"使诉者为奸,当妄增品级,不应肯以都头而自降为副,其为写宣房之失无可疑也。"枢以为然,乃为改正。武翼郎李青当磨勘,尚左验其文书,其始为"大李青",吏以为冒冒,青无词以答。周茂振权尚书,阅其告命十余通,

其一告前云"大李青",而告身误去"大"字,故后者相承,只云"李青",即日放行迁秩,且给公据付之。两人者几因于吏手,幸而获直,用是以知枉郁不伸者多矣。

告命即委任状,宋代文官的告命,是由中书省牒送申明皇帝敕命的制词到尚书省,然后由尚书省付吏部符下官告院,依据委任官职的等级,并录制词和告词,按不同的规格制作而成;武官的告命则要经过枢密院。这里所举的两例,一是副都头添差都头,只因所持文件的官衔上有一"副"字,吏人便不给办理添差都头的告命;一是武翼郎李青的告命上原写作"大李青"以别于另一"小李青",只因后来的告身误去"大"字,吏人遂以为是冒名顶替。这类实例不关乎古籍校勘,然原理却无不同。

《容斋随笔》中对单篇文字的考察详略不一,例证不胜枚举。而有些不止于字句上的比勘,更多的还是内容上的审视,且常以多种资料作比较研究。如《三笔》卷五《张咏传》条:

> 张忠定公咏为一代伟人,而治蜀之绩尤为超卓。然《实录》所载了不及之,但云出知益州,就加兵部郎中,入为户部;后马知节自益徙延,难其代,朝廷以咏前在蜀,寇攘之后,安集有劳,为政明肃,远民便之,故特命再任而已。《国史》本传略同,而增书促招安、使上官正出兵一事。皆诋其知陈州营产业,且与周渭、梁鼎辈五人同传,殊失之也。韩魏公作公《神道碑》云:"公以魁奇豪杰之才,逢时自奋,智略神出,勋业赫赫,震暴当世,诚一世伟人。"道州所刻帖,有公与潭牧书一纸,王荆公跋其后云:"忠定公殁久矣,而士大夫至今称之,岂不以刚毅正直,有劳于世,若公者少歟?"文潞公云:"予尝守蜀,睹忠定之像,遗爱在民,钦服已甚。"黄诰云:"公风烈如此,而不至于宰相。然有忠定之才,而无宰相之位,于公何损?有宰相之位,而无忠定之才,于宰相何益?公虽老死,安肯以此易彼

哉?"观四人之言,史氏发潜德之幽光为有负矣。

张咏为北宋名臣,现今《宋史·张咏传》之文仍大致如《随笔》此条所记。想来洪迈慕其为人,若其《九朝国史》得以成编,必将对张咏本传别加改写,增添史料而成另一种模样。

像《容斋随笔》这样的笔记作品,大都掌故联翩,其实都是以考镜源流的文献互证为基础的。即使一些日常习见的社会生活现象,一经大家手笔的联络解说,也往往会在不经意间引人省思,启人心智。如《初笔》卷四《嚏喷》条云:

> 今人嚏喷不止者,必喋唾祝云"有人说我",妇人尤甚。予按《终风》诗:"寤言不寐,愿言则嚏。"郑氏笺云:"我其忧悼而不能寐,女思我心如是,我则嚏也。今俗人嚏云人道我,此古之遗语也。"乃知此风自古以来有之。

"此风"不仅自古有之,而且绵延数千年,至今也还无所改变。这便使人想到民族文化共同体的维系自有其内在的传统,即使是惰性的传统,也不能专靠人工的祛除,优秀的文化传统更须发扬光大。《四笔》卷九《蓝尾酒》条释"蓝尾",大概是说饮酒要请主人先饮,自己最后饮,以示谦敬,这又涉及酒风问题。《四笔》卷十《斯须之敬》条则又谈及酒宴的座次问题:

> 今公私宴会,称与主人对席者曰席面,古者谓之宾、谓之客是已……乾道二年十一月,薛季益以权工部侍郎受命使金国,侍从共饯之于吏部尚书厅,陈应求主席,自六部长贰之外,两省官皆预。凡会者十二人,薛在部位最下,应求揖之为客,辞不就,曰:"常时固自有次第,奈何今日不然?"诸公言此席正为侍郎设,何辞之为? 薛终不可。予时为右史,最居末坐,给事中王日严予曰:"景卢能仓卒间应对,愿出一转语折衷之。"予笑谓薛曰:"孟子不云乎,'庸敬在兄,斯须之敬在乡人'。侍郎姑处斯须之敬可也,明日以往,不妨复如常时。"薛

无以对，诸公皆称善，遂就席。

这样的场面在今天也还是常见的，只不过把宾位移至主位左右了，"席面"反成陪位。洪迈有博学根底，善于仓促应对，读此条亦可增加一种知识。

六　初读《容斋随笔》的几点建议

大凡笔记体裁的杂考之书，因其内容无所不包，细大精粗兼容，旧时往往视为仅供茶余饭后猎取谈资的消遣之作。实则一部好的笔记，不但要有较高的资料价值，而且要能够写得亦庄亦谐，活泼生动，寓知识于兴味之中，使人爱读、恋读，多方面受益。而欲臻此境地，则非有博通淹贯的学识不可，故历代一些大学问家往往以数十年精力倾注于此。《容斋随笔》即是这样的作品，其取精用宏、考核缜密之处高人一等，足以与于文献名著之列。既是名著，其用自非一般，而大家手笔，独成一格，要读好用好也不容易，特别是对初学者而言，窒碍难通之处几乎比比皆是。在此不避谫陋，仅就本书提几点初读的建议。

一曰存心。读书是要用心的，不用心不如不读。通常所说的用心，或指用力，或指专一，多强调恒心，自然是必须的。这里想说的是，读书、知书应该先存着一份恭敬达理之心，或说是一种尚德的心态，即通过读书以明正理、养德性，这才是治身的根本。古人讲"圣人用心，杖性依神，相扶而得终始"（《淮南子·俶真训》），也包含了这个意思。如《容斋随笔》，前人通视为议论之书，故谓之参核品藻，"洞归正理"，即是处处讲道理的。所讲的道理，有政治上的，有学术上的，有社会生活和风俗上的，层次不同，有大有小，而无不与处世为人相联系，所以阅读时应该首先要留意于此。名家著书，常是撇开利害关系，追求以理服人的，非理不言，碍理不书，信之以事，格之以理。理随时移世易，虽称无不变之理，而正理之要，古今相通，只要不作偏颇的解释，用之可不失其效。一个"理"字，在《容斋随笔》中出现百余次，或称"有理""成理""达理""天理"等，或称"无理""非理""害理""悖理"等，无非质之于通行的正当道理。读之而能明其理，得其要，豁开思路，有心向善，自觉受益匪浅，有助于自立成人，才算真正有收获。尤其要能够理会古人、同情古人，而不可随处以自出胸臆的偏执之理、功利之论，立意反驳古人，把读书变成辩论，那样会鲜有入情入理的心得体会。

二曰求通。读书求通是常理，最初步的要求是能够看懂，切忌囫囵吞枣。阅读《容斋随笔》的最大难处，在于他条列篇分，文简而事繁。书中的事目，基本上都是援引多种资料写成的，引用皆甚简括，而于所涉及的书籍、人物、史实、制度、典故、术语等又极少有解释，这对专业工作者也会造成困难，而对初学者困难就更大。尽管如此，通读此书时，最好还是能够看一条通一条，不要轻易放过。遇到引用不易懂之处，最好能先查原文，弄通其本意，然后斟酌作者的用意，明白该条的中心意义。暂时不懂的可以放一放，但要勤思索，求解决，不能老是搁此就彼，使不懂之处越积越多。读书提倡少而精，禁忌求快贪多。特别是像《随笔》这类性质的书，通一条是一条，更不必要求全都弄通。当然，这里所谓求通也是相对的，不是要求初学者以做学问的方式去阅读，对每句每词都检视一番，非要弄个水落石出不可；只要能大体通其意，在理解上无障碍，也就不必作繁琐的考证。其书各条之间是独立的，皆依写作时间摆下来，内容不相连贯，所以一条一条弄通是阅读全书的基础。这样，也就不必要求瞻前顾后，贯通全书来读。贯通全书的研究是另一种工作，初学者可以忽略，若有余力则可为之。

三曰尽兴。这是读书的兴趣问题，也是方法问题。读书若能够乘兴而来，尽兴而去，去而复来，时时尽兴，自会取得更好的效果。前面谈到,如《容斋随笔》这类书,未可仅视为消遣之作,但翻阅好书,得其雅致,也确有愉悦身心的作用。兴趣随人,萝卜白菜,各有所爱,读《随笔》因之可以分类挑选阅览,随心所欲,以求尽兴。譬如爱其诗话,便可集中来读,兴致之起,以至非读完不可,那就进入贯通的境界了,所以前人已有专门的《容斋诗话》编成。如对《随笔》中有关士大夫风俗或民风民俗的材料感兴趣,也不妨各自收拢来通看,若能讨究一番,想来也会有新的发现。《随笔》全书的内容,事实上可以按读者的兴趣分类,不拘类别条目的多少,只要便于阅读,怎么归拢都可以,要在各尽其兴,各适所用。本文前述的几个部分,侧重于史学与文献学,而其中也有许多细目是可以再分的。综述《容斋随笔》,要想括尽其所有条目是不可能的,只不过就各自的专业方向和理解,有重点地说说而已,真正有效的读法只在读者的心中。

四曰善疑。读书有疑是正常的,从来学者著书,都不可能完全没有问题,即使大智的通人也无法穷尽所有的知识。《容斋随笔》中也不免有考证不周之处,如《初笔》卷八《赏鱼袋》条,谓其名"不可晓,他处未之见",就是失考的。后来作者在《四笔》卷十《赏鱼袋出处》条,吸取学者的意见,据宋人所编《唐职林》作了补证,谓"赏鱼袋"三字明见于该书所引开元敕。然《唐职林》仍不是原始资料,此开元敕实见于《唐会要》,杜佑《通典》亦载之。清初《四库全书总目》还举有两例:一是《三笔》卷十三《再书〈博古图〉》条,指《博古图》解释"周云雷磬"所引《春秋》"鲁饥,臧文仲以玉磬告籴于齐"之文不确,谓《春秋》只说"臧孙辰告籴于齐",《左传》亦无"玉磬"之说,而不知其说出自《国语》;二是《四笔》卷二《范晔〈汉志〉》条,谈及南朝刘昭的《后汉书补注》,不知刘昭为何代人,亦不知所补的志书部分出自司马彪的《续汉书》,均属失检。这一类的问题,在《容斋随笔》全书中很少见,只是细枝末叶,不必苛求,亦无害于全书征文考献的总体成就，但在阅读时，最好也能留意，适当查对，尽量避免以讹传讹。

古籍中有些不易通读的文字，过去多有争议，而洪迈的校订也不一定都可从。如《初笔》卷七《〈檀弓〉误字》条，他所提出的改字意见，就还是要商量的。还有些文化史上从来难以解决的问题，洪迈有时也很迷茫，找不到清晰的解决办法。如《随笔》卷六《姓氏不可考》条说：" 姓氏所出，后世茫不可考，不过证以史传，然要为难晓。" 此所谓"难晓"，主要是就先秦姓氏而言的。特别是对上古时以甲乙丙丁等十干符号为名号的制度，如商王的太乙、小甲、仲丁之类，过去学术界可说还都一片茫然。洪迈在《再书〈博古图〉》条中谈及，"以十干为名，商人无贵贱皆同"，这是没有疑问的，但他也并不清楚古人为什么会有这种名号。现在的研究表明，这种命名风俗是与上古母系社会的姓氏制度有关系的，其根源就在西周以前曾经长期延续从母姓的传统，如果混淆了母系之姓与父系之姓，对姓氏制度的解说也必将发生混乱。或者换句话说，其中难晓的症结就在先秦"妇人称姓，男子称氏"，姓从母系，氏从父系，姓和氏还是两分的，与秦汉以来的姓氏合一不同。洪迈对上古姓氏的不少举例以及后人的许多解释之所以不正确，要害就在混同了母系之姓与父系之姓，未能考明姓氏制度演变的源流。像这类问题，古人有疑，现在仍可存疑，但若试图解决疑点，则须有理有据，未可止于推测。

此次对《容斋随笔》的注说，限于篇幅，只选了其《初笔》部分，以为初学的读本。为了相对保存原著的完整性，《初笔》全录，所有条目和文字不加删节。底本用的是《四部丛刊续编》原版线装影印本，对校了《四库全书》本，并参照了上海古籍出版社2014年新出的点校本。书首何异的总序是底本原有的，今亦录入，并作了注释，底本《五笔》后原附的几种序跋则未录。所有注释都从简，以能明了文意为准，并尽量减少引证。由于原著中有大量人名、地名、职官名等，多重复出现，注释时尽可能注在首次出现时，后面不再互见，而为便利阅读，也保留了少量互见语句。字词也作同样的处理。注书是极难的事，本书不妥之处，还请读者不吝批评。

2015 年秋初稿
2017 年春修订

《容斋随笔》五集总序①

知赣州寺簿洪公伋以书来曰②:"从祖文敏公由右史③出守是邦,今四十余年矣,伋何幸远继其后!官闲无事,取文敏随笔纪录,自一至四各十六卷,五则绝笔之书,仅有十卷,悉锓木于郡斋,用以示邦人焉。想像抵掌风流④,宛然如在,公其为我识之。"

仆顷备数宪幕⑤,留赣二年。至之日,文敏去才旬月⑥,不及识也。而经行之地⑦,笔墨飞动⑧,人诵其书,家有其像,平易近民之政,悉能言之。有诉不平者,如诉之于其父;而谒⑨其所欲者,如谒之于其母。后十五年,文敏为翰苑出镇浙东⑩,仆适后至⑪,滥吹朝列⑫,相隔又旬月,竟不及识。而与其子太社樟⑬、其孙参军偃⑭相从⑮甚久,得其文愈多,而所谓《随笔》者仅见一二。今所有太半出于浙东归休之后,宜其不尽见也。可以稽典故,可以广见闻,可以证讹谬,可以膏笔端⑯,实为儒生进学之地,何止慰赣人去后之思!

仆又尝风陈日华⑰,尽得《夷坚》十志与《支志》《三志》

及《四志》之二,共三百二十卷,就摘其间诗词、杂著、药饵、符咒之属,以类相从,编刻于湖阴之计台⑱,疏为十卷⑲,览者便之。仆因此搜索《志》中,欲取其不涉神怪,近于人事,资鉴戒而佐辩博,非《夷坚》所宜收者,别为一书,亦可得十卷⑳。俟其成也,规㉑以附刻于章贡㉒,可乎?

寺簿方以课最㉓,就持宪节㉔,威行溪洞㉕,折其萌芽㉖,民实阴受其赐。愿少留于此,他日有余力,则经纪文敏之家㉗。子孙未振㉘,家集大全恐驯致散失,再为收拾实难。今《盘洲》《小隐》㉙二集,士夫珍藏墨本已久,独《野处》㉚未焉。寺簿推广《随笔》之用心,愿有以亟㉛图之可也。

嘉定壬申仲冬初吉,宝谟阁直学士、大中大夫、提举隆兴府玉隆万寿宫临川何异谨序。

[注释]①此序为宋刻本原序,南宋宁宗嘉定五年(1212)何异撰。异字同叔,绍兴二十四年(1154)进士,调石城主簿,历两任。淳熙中知萍乡县,以政绩闻,转国子监主簿,迁丞。绍熙间擢监察御史,改右正言,出为湖南转运判官,摄帅事,寻为浙西提点刑狱。召入为太常少卿,庆元四年(1198)迁秘书监,进权礼部侍郎,以忤韩侂胄,被列入伪学籍劾罢。久之,予祠官,起知夔州兼本路安抚使,复以言事奉祠去。嘉定初召为刑部侍郎,次年权工部尚书,以宝谟阁学士致仕,卒年八十一。原有《月湖诗集》《月湖信笔》传世,已佚;所撰《中兴百官题名》达五十卷,今仍存数种。 ②知赣州寺簿洪公伋:即洪伋。字子中,洪适孙,洪迈从孙。早年为荆门军签判、荆湖南路提举茶盐司干办公事,除太常寺太社令,转大理寺主簿,出知临江军(治今江西樟树市临江镇)。嘉定六年(1213)迁知广州,后历知建宁、宁国二府。按:《江西通志》载洪伋曾知临江军,未载其知赣州,与本序所言不同。疑洪伋曾以知临江军兼理赣州事。 ③右史:指史官。洪迈于乾道二年(1166)复以起居舍人、直学士院参

史事,除同修国史、实录院同修撰;次年除中书舍人,仍兼史职;四年加太中大夫、集贤殿修撰,六年出知赣州,下至洪伋请何异作序的嘉定五年已四十余年。 ④抵掌风流:指洪迈著书时与士大夫抵掌倾谈的雅致。 ⑤仆倾备数宪幕:仆,何异自称。顷,曾经。备数宪幕,谦称曾为提点刑狱司(俗称宪司)幕职官。按:以下书时日考之,此为何异早年事,而史书未见载其曾为江西提刑司属官。疑何异再任石城主簿时,曾临时供职江西提刑司幕下(南宋绍兴后石城县属赣州)。 ⑥去才旬月:指洪迈自知赣州离任才个把月时间,亦即何异始至赣州之时日。按:史载洪迈由知赣州改知建宁府,未详具体年月。考此序上云何异在洪迈去后"留赣二年",下又云十五年后洪迈"出镇浙东",前后凡十七年;而《宋史·洪迈传》谓其淳熙十三年拜翰林学士,"绍熙改元(1190),进焕章阁学士知绍兴府",则其自赣州离任当在乾道八年(1172)或九年。 ⑦经行之地:指何异在赣州时所到之地。 ⑧笔墨飞动:指洪迈知赣州时所留公文笔迹之书法。 ⑨谒:干谒,请求。 ⑩翰苑出镇浙东:翰苑,翰林学士院别称,此代指翰林学士。出镇浙东,指其出知绍兴府事。因知府总领一方军政事务,故曰"镇"。 ⑪适后至:指何异由浙西提点刑狱入朝为太常少卿,恰在洪迈出知绍兴府之后,未能同时在朝为官。 ⑫滥吹朝列:谦称自己忝列朝官。滥吹,用滥竽充数典故。 ⑬太社样:洪迈之子洪样。其名一作"梓",庆元中为太社令。 ⑭参军偓:洪迈之孙洪偓,履历未详,著有《五朝史述论》。参军,"参军事"的简称,宋代散官名,无执掌。 ⑮相从:指交往。 ⑯膏笔端:有助于作文和著述之意。膏,润泽。 ⑰风陈日华:风,读作"讽",规劝、建议。陈日华:即陈晔。字日华,北宋仁宗时枢密直学士陈襄从曾孙,南宋宁宗嘉泰初曾任四川财赋总领。按:"风陈日华"四字,《四库全书》本作"于陈日华晔"五字。 ⑱湖阴之计台:指朝廷财政机构三司在荆湖南路的派出机构。湖阴,犹湖南,古人称水之南曰阴。宋时荆湖南路治潭州(今湖南长沙)。 ⑲疏为十卷:《直斋书录解题》著录陈晔《夷坚志类编》作三卷,当是重刻本已合并其卷次。 ⑳可得十卷:其书未见著录,或未成编。 ㉑规:谋求,打算。 ㉒章贡:地名,即今赣州章贡区(宋时为州治)。 ㉓寺簿方以课最:寺簿,指洪伋。课最,指政绩考核最优。 ㉔就持宪节:指兼任本路提点刑狱事。 ㉕溪洞:指当地少数民族聚居地区。 ㉖折其萌芽:意指遏制少数民族的反叛于萌芽状态中。　㉗经纪文敏之家:意指整理洪迈的家传文稿。　㉘子孙未振:意指洪氏子孙若不加整理。振,整治,整顿。　㉙《盘洲》《小隐》:即洪适《盘洲集》与洪遵《小隐集》。前者八十卷,今有传本;后者七十卷,未见传本。　㉚《野处》:指洪迈文集。《宋史·艺文志》著录洪迈《野处猥稿》一百零四卷,已佚,今仅存不完整诗集《野处类稿》二卷,或以为是伪书。　㉛亟(jí):急。

《容斋随笔》简注

卷一

予老去习懒,读书不多,意之所之,随即纪录。因其后先,无复诠次,故目之曰《随笔》。淳熙庚子,鄱阳洪迈景卢。

欧率更帖

《临川石刻杂法帖》①一卷,载欧阳率更②一帖云:"年二十余至鄱阳,地沃土平,饮食丰贱③,众士往往凑聚,每日赏华④,恣口所须⑤。其二张⑥才华议论,一时俊杰;殷、薛二侯,故不可言;戴君国士,出言便是月旦⑦;萧中郎颇纵放诞,亦有雅致。彭君摛藻⑧,特有自然,至如《阁山神》诗⑨,先辈亦不能加。此数子遂无一在,殊使痛心。"兹盖吾乡故实也。⑩

[注释]①《临川石刻杂法帖》:当是集录临川境内名家书法墨迹碑刻拓本的作品,未见他书著录。 ②欧阳率更:即唐初著名书法家欧阳询(557—641)。字信本,由南朝入隋、唐,唐太宗贞观初官至太子率更令。 ③丰贱:物丰而价廉。 ④赏华:即"赏花",代指士大夫赏景游宴。 ⑤恣口所须:任意满足其口腹所需。 ⑥二张:当是指南朝书法家张正见、张克见,二人书法皆善行草(见《书史会要》)。张正见,字见颐,一作见赜,《陈书》有传,官至尚书度支郎。张克见履历未详。按:此帖所述为南朝陈宣帝太建年间事,下文所称殷、薛二侯及戴君、萧中郎皆未详确指何人。 ⑦月旦:指品评人物。 ⑧彭君摛藻:彭君,疑指张正见。其人梁末曾为彭泽令,国乱,避地于匡俗山(今江西庐山)。摛藻,铺陈辞藻,指构诗作赋。《陈书》本传谓正见"五言诗尤善,大行于世"。 ⑨《阁山神》诗:疑指张正见《游匡山简寂馆》诗(见《江西通志》)。诗云:"三梁硱本绝,千仞路犹通。即此神山内,银牓映仙宫。镜似临峰月,流如饮涧虹。幽桂无斜影,深松有劲风。惟当远人望,知在白云中。" ⑩按:此条所述欧帖或疑非真。朱熹曾称"洪景卢《随笔》中辨得数种伪书皆是,但首卷载欧帖事却恐非实"(《朱子语类》卷一三八),盖疑此帖不出于欧阳询手书真迹。

罗处士志

襄阳有《隋处士罗君①墓志》,曰:"君讳靖,字礼,襄阳广昌人。高祖长卿,齐饶州刺史。曾祖宏智,梁殿中将军。祖养,父靖,学优不仕,有名当代。"碑字画劲楷②,类褚河南③,然父子皆名靖,为不可晓。拓拔魏安同④,父名屈,同之长子亦名屈,祖孙同名。胡人无足言者,但罗君不应尔也⑤。

[注释]①处士罗君:指罗姓布衣士人。据南宋赵彦卫《云麓漫钞》卷六

所记,罗氏墓志原载其名靖,字礼,卒于隋仁寿四年(604),年三十一。　②劲楷:指遒劲有力的楷书。　③褚河南:即唐初书法家褚遂良(596—659)。字登善,官至宰相,封河南郡公。　④安同:北魏开国功臣。官至征东大将军、冀、青二州刺史,封高阳公,《魏书》有传。其先祖本为安息国王子,汉时入中国,遂称安姓。　⑤按:此条所记罗靖墓志,宋人有不同理解。赵彦卫以为罗靖墓碑本为其嗣子所立,碑文所述高祖、曾祖、祖、父乃就立碑者而言,且称其父为"君",皆不合于碑志书法,故致后人误以为罗氏父子同名。尔:如此。

唐平蛮碑

成都有唐《平南蛮碑》,开元十九年剑南节度副大使张敬忠①所立。时南蛮大酋长、染浪州②刺史杨盛颠为边患,明皇遣内常侍高守信③为南道招慰处置使以讨之,拔其九城。此事新、旧《唐书》及野史皆不载。肃宗以鱼朝恩④为观军容处置使,宪宗用吐突承璀⑤为招讨使,议者讥其以中人⑥主兵柄,不知明皇用守信盖有以启之也。裴光庭、萧嵩时为相,无足责者⑦。杨氏苗裔,至今犹连"晟"字⑧云。

[注释]①张敬忠:唐中宗至玄宗时官员。中宗时历监察御史,迁吏部郎中,玄宗开元中累拜平卢节度使及河西节度使兼营田使、经略使,后以左散骑常侍为益州大都督府长史、剑南道节度副使及大使,并摄御史中丞及本道采访、经略大使。　②染浪州:载籍又称"乐浪州""浪川州",《新唐书·地理志》只称"浪州"。疑"染"字为繁体"乐"字之讹,清人叶奕苞《金石録补》卷十三《唐平蛮碑》条亦引作"乐浪州"。其地为唐代剑南道茂州都督府所属羁縻州,在今四川凉山彝族自治州西南部。　③内常侍高守信:唐玄宗时宦官,载籍录其爵称为"朝议郎行内谒者监上柱国"。按:内常侍为唐代宦官机构内侍省

官名,官品为正五品下,低于内侍。德宗以后,内侍多掌禁兵,其外出领兵者则称观军容使、宣慰使等。 ④鱼朝恩(722—770):唐玄宗、肃宗、代宗三朝宦官。势盛时总领禁兵,操弄朝政,后被处死。 ⑤吐突承璀(?—820):唐宪宗时内常侍,元和末以宪宗暴卒被杀。 ⑥中人:指宦官。 ⑦句意指裴、萧皆为贤相,以宦官领兵尚可控制,无足责备。裴光庭(678—733)、萧嵩(668—749):皆开元间宰相。 ⑧犹连"晟"字:此指杨氏后裔行用一种联名制,在姓名中都加"晟"字。按:史载唐初杨氏首领有杨盛、杨承颠、杨盛颠,未详是否传写不同。唐末苗峒首领有杨晟,以反叛被杀。宋代杨氏后裔则率称"杨晟某",如杨晟台、杨晟秀等,史籍所见极多。疑其俗可追溯至唐初,或《平南蛮碑》中"盛"原作"晟",或"盛""晟"可通用。

半 择 迦

《大般若经》①云:梵言扇㨖半择迦②,唐言黄门③。其类有五:一曰半择迦,总名也,有男根用而不生子④;二曰伊利沙半择迦,此云妬,谓他行欲即发,不见即无,亦具男根而不生子⑤;三曰扇㨖半择迦,谓本来男根不满,亦不能生子⑥;四曰博乂半择迦,谓半月能男,半月不能男⑦;五曰留拏半择迦,此云割,谓被割刑者⑧。此五种黄门,名为人中恶趣受身处⑨。㨖,音丑皆反⑩。

[注释]①《大般若经》:佛教经典。全称《大般若波罗蜜多经》,简称《般若经》。唐玄奘译,为宣说诸法皆空之义的大乘般若类经典的汇编,共600卷。般若,音 bō rě ②扇㨖半择迦:古印度语词 sandha-pandaka 的音译,或省译般咤、般荼迦等,统指男根不全。各种佛书言其类别有不同称呼,《阿毗达摩俱舍论》分为本性扇㨖、损坏扇㨖、嫉妒半择迦、半月半择迦、灌洒半择迦五种,《瑜伽师地论》则分为全分半择迦、一分半择迦、损害半择迦三种。依

教律规定,凡称扇㨝或半择迦者,皆不得出家受具足戒。　③唐言黄门:指汉译所称,实以宦官之称喻不生育。佛教戒律书《四分律》分为生黄门、犍黄门、妒黄门、变黄门、半月黄门五种。　④此句指天生男根不全者,即"本性扇㨝"、"全分半择迦"或"生黄门"。佛书他载或谓"黄门者,为男根不备,设有备者亦不能生子",或谓"天生本无男根,设有,如婴儿微小,不能行欲",皆指男性外生殖器发育不全言之。　⑤此句指中医学上所称的"缩阳症"。佛书他载或谓"见他行欲,或见女根,心思欲,车(髋部)即有根生,不见即缩在胇(膀胱)中如女"。凡见他人行欲而起淫心时方生男根者称"妒黄门",行淫时失男根者称"变黄门"。　⑥此句当是指先天性的勃起功能障碍。有障碍则阳物不能勃起,不能勃起即不觉胀满,故谓之"男根不满"。或亦兼指早泄等。　⑦此句指两性畸形人。佛书他载或谓"半月能男,半月作女",即"半月半择迦"或"半月黄门"。按:以上二、三、四种,亦总称"一分半择迦"。　⑧此句指被阉割者,即"损害半择迦"或"犍黄门",包括阴茎、睾丸并去及只去睾丸者。　⑨恶趣受身处:意指托生于恶道。佛教以地狱、饿鬼、畜生为"三恶趣",又称"三恶道",以为一切众生造作恶业即生其处。趣,读作"趋","恶趣"犹言以罪业坏身者所趋之途之地。　⑩丑皆反:此为"㨝"字注音。《一切经音义》又注作勅佳反、勅加反、丑加反、坼家反、拆迦反等,"㨝"字又或写作"侘(chà)"、"掴(guāi)"等,今一般注音作 chuāi。按此类旧注,似可读作 chāi 或 chā。"㨝"为古俗字,若按《说文》类古字书,亦可读作 chī。

六十四种恶口

《大集经》①载六十四种恶口之业,曰粗语、软语、非时语、妄语、漏语、大语、高语、轻语、破语、不了语、散语、低语、仰语、错语、恶语、畏语、吃语、净语、谄语、诳语、恼语、怯语、邪语、罪语、哑语、入语、烧语、地语、狱语、虚语、慢语、不爱语、说罪咎语、失语、别离语、利害语、两舌语、无义语、无护语、喜语、狂语、杀语、害语、系语、闲语、缚语、打语、歌语、非法语、自赞叹语、说他过语、说三宝②语。

[**注释**]①《大集经》:为大乘汉传佛教的重要经典,共六十卷。因为是由时代不同的多种译述辑成,故称"大集经"。　②三宝:佛教称佛、法、僧为三宝。

八月端午

唐玄宗以八月五日生,以其日为千秋节。张说①上《大衍历》,序云"谨以开元十六年八月端午②赤光照室之夜献之"。《唐类表》有宋璟《请以八月五日为千秋节表》③,云"月惟仲秋,日在端午④"。然则凡月之五日,皆可称端午也。

[**注释**]①张说(yuè)(667—730):字道济,一字说之,唐玄宗时宰相,主持修《大衍历》,僧一行制定。　②端午:张说《大衍历序》原作"端五",见清修《全唐文》。古人以每月初一为"端",初二即称"端二",依次则初五为"端五"。因旧时以初五为午日,故"端五"又转写作"端午";又因五月亦称午月,则五月五日为"重五",俗间以为仲夏登高的节日,遂使"端午"渐成"重五"的别称,进而固化为今所称端午节。　③此处所揭上表,亦见于《全唐文》,首谓"左丞相臣说、右丞相臣璟等言"。《唐类表》,集唐人表、章、笺、启、露布等分类编纂的书,原有五十卷,唐元和宰相李吉甫主持编定,已散佚。宋璟(663—738),唐玄宗时宰相。　④端午:《全唐文》所载亦作"端五"。

赞公少公

唐人呼县令为明府,丞为赞府,尉为少府。《李太白集》有《饯阳曲王赞公、贾少公、石艾尹少公序》①,盖阳曲丞尉、石艾尉也②。赞公、少公之语益奇③。

[注释]①此序标题,传世《李太白集》作《秋日于太原南栅饯阳曲王赞公、贾少公、石艾尹少公应举赴上都序》。饯,饯行,设酒食送行。　②此句指李白所称的王赞公与贾少公分为阳曲县丞、县尉,尹少公为石艾县尉。盖俗间以县丞为县令之佐,故称"赞府";县尉为次佐,故称"少府"。阳曲县,今属山西太原市;石艾县,唐天宝初改名广阳县,治今山西昔阳县广阳村。　③益奇:意指县丞、县尉而称"公",比之县令称"明府"更奇特。

郭璞葬地

《世说》①:"郭景纯②过江,居于暨阳③,墓④去水不盈百步,时人以为近水。景纯曰:'将当为陆。'今沙涨,去墓数十里,皆为桑田。"此说盖以郭为先知也。世传《锦囊葬经》⑤为郭所著,行山卜宅兆⑥者,印为元龟⑦。然郭能知水之为陆,独不能卜吉以免其非命乎?厕上衔刀之见⑧浅矣。

[注释]①《世说》:即南朝刘义庆《世说新语》。此所述故事见该书《术解》篇。　②郭景纯:即郭璞(276-324),字景纯,东晋著名学者,河东闻喜(今属山西)人,西晋末避地东南。后以尚书郎出为大将军王敦记室参军,因劝阻王敦篡位而遇害。　③暨阳:即今江苏江阴。　④墓:指其家庭墓地。　⑤《锦囊葬经》:又称《锦囊经》或《葬经》《葬书》,古时流传的一种看墓葬风水的书。相传郭璞曾为之作注,但今所传者有八篇,为唐人注本。俗间又有简抄改作的《葬经》。　⑥宅兆:指墓地兆域,即墓地。　⑦印为元龟:印制以为指导书。元龟,本指占卜所用的大龟板,引申为奉为圭臬的文字。　⑧厕上

衔刀之见:相传郭璞与桓彝友善,有一次桓彝造访郭璞,正碰上郭璞上厕所,遂偷窥之,见郭璞裸身被发,衔刀设酒,不知其作何法术。及郭璞发现桓彝,大惊,以为两人都将有灾祸。事见《晋书·郭璞传》。句意指郭璞能预知水地将变为陆地,却不能占卜吉凶以自免杀身之祸,故谓之预见浅薄。

黄鲁直①诗

徐陵②《鸳鸯赋》云:"山鸡映水那相得,孤鸾照镜不成双。天下真成长会合,无胜比翼两鸳鸯。"黄鲁直《题画睡鸭》曰:"山鸡照影空自爱,孤鸾舞镜不作双。天下真成长会合,两凫相倚睡秋江。"全用徐语点化之,末句尤精工。又有《黔南十绝》,尽取白乐天③语,其七篇全用之,其三篇颇有改易处。乐天《寄行简》诗凡八韵,后四韵云:"相去六千里,地绝天邈然。十书九不达,何以开忧颜!渴人多梦饮,饥人多梦餐。春来梦何处,合眼到东川。"鲁直翦④为两首,其一云:"相望六千里,天地隔江山。十书九不到,何用一开颜?"其二云:"病人多梦医,囚人多梦赦。如何春来梦,合眼在乡社?"乐天《岁晚》诗七韵,首句云:"霜降水返壑,风落木归山。冉冉岁将晏,物皆复本源。"鲁直改后两句七字,作"冉冉岁华晚,昆虫皆闭关"。

[注释]①黄鲁直:即黄庭坚(1045—1105),字鲁直,号山谷道人,为北宋后期江西诗派代表诗人。　②徐陵(507—583):字孝穆,南朝梁陈间诗人、骈文家。　③白乐天:即唐代大诗人白居易(772—846),字乐天,号香山居士。累官翰林学士,曾被贬为江州(今江西九江)司马,晚年官至太子少傅。　④翦:剪截整饬。

禹治水

《禹贡》①叙治水,以冀、兖、青、徐、扬、荆、豫、梁、雍为次。考地理言之,豫居九州中,与兖、徐接境,何为自徐之②扬,顾③以豫为后乎?盖禹顺五行而治之耳。冀为帝都④,既在所先,而地居北方,实于五行为水⑤。水生木,木东方也,故次之以兖、青、徐。木生火,火南方也,故次之以扬、荆。火生土,土中央也,故次之以豫。土生金,金西方也,故终于梁、雍。所谓"彝伦攸叙"⑥者此也,与鲧之"汩陈五行"⑦相去远矣。此说予得之魏几道⑧。

[注释]①《禹贡》:《尚书》中的一篇,为最早记载我国古代地理的专门著作。依托于大禹治水的传说,将早期中国的疆土划分为九州,分别记录其山川、土壤、物产及贡赋等情况。 ②之:至。 ③顾:反。 ④冀为帝都:传说冀州为尧建都之地。 ⑤于五行为水:按五行说,水、火、木、金、土分别对应于北、南、东、西、中。下述九州即以冀属北,兖、青、徐属东,扬、荆属南,豫属中,梁、雍属西。 ⑥彝伦攸叙:语出《尚书·洪范传》,原意指大禹治水,上天赐以九类大法,使人间秩序得以治理。 ⑦汩陈五行:亦出《洪范传》,意谓鲧在禹之前治水失败,把水、火、木、金、土五行的次序都搞乱了。汩,乱。 ⑧魏几道:即魏志,字几道,南宋绍兴初年进士,历官祠部员外郎。

《敕勒歌》

鲁直《题阳关图》诗云:"想得阳关更西路,北风低草见牛羊。"又集中有《书韦深道诸帖》①云:"斛律明月②,胡儿也,不以文章显。老胡以重兵困敕勒川③,召明月作歌以排闷,仓卒④之间,语奇壮如此,盖率意道事实耳。"予按古乐府有《敕勒歌》,以为齐高欢攻周玉壁而败⑤,恚愤疾发,使斛律金唱《敕勒》,欢自和之⑥。其歌本鲜卑语,词曰:"敕勒川,阴山下,天似穹庐,笼罩四野。天苍苍,野茫茫,风吹草低见牛羊。"鲁直所题及诗中所用,盖此也,但误以斛律金为明月。明月名光,金之子也。欢败于玉壁,亦非困于敕勒川。

[注释]①《书韦深道诸帖》:见黄庭坚《山谷外集》。韦深道,即韦许。字深道,两宋之际芜湖人,隐居不仕,一时名士多与之游。　②斛律明月:即斛律光(515—572),字明月,高车族,斛律金之子。为北齐名将,官至丞相。③老胡以重兵困敕勒川:老胡,指斛律金(488—567)。北魏、东魏大将,北齐时官至丞相。敕勒川:指北朝时敕勒族(又称赤勒、铁勒、高车、狄历等)活动的漠南草原地区。　④仓卒:同"仓猝"。　⑤高欢攻周玉壁而败:高欢(496—547),鲜卑化汉人,东魏时为大丞相。其子高洋建立北齐后,被追尊为太祖献武帝。玉壁,地名,在今山西稷山县西南。公元546年,高欢率东魏大军围攻西魏(北周前身)守兵于此,苦战近两月,不克,败归。　⑥欢自和之:事亦见《资治通鉴》南梁中大通十一年(546)。

浅　妄　书

俗间所传浅妄之书,如所谓《云仙散录》①《老杜事实》②《开元天宝遗事》③之属,皆绝可笑。然士大夫或信之,至以《老杜事实》为东坡所作者,今蜀本刻杜集遂以入注。孔传《续六帖》④,采摭唐事殊有工⑤,而悉载《云仙录》中事，自秽其书。《开天遗事》托云王仁裕所著，仁裕五代时人，虽文章乏气骨，恐不至此。姑析其数端以为笑。

其一云："姚元崇⑥开元初作翰林学士，有步辇⑦之召。"按元崇自武后时已为宰相，及开元初三入辅矣。

其二云："郭元振⑧少时美风姿，宰相张嘉贞⑨欲纳为婿，遂牵红丝线⑩，得第三女，果随夫贵达。"按元振为睿宗宰相，明皇初年即贬死，后十年嘉贞方作相。

其三云："杨国忠⑪盛时，朝之文武争附之以求富贵，惟张九龄⑫未尝及门。"按九龄去相位十年，国忠方得官耳。

其四云："张九龄览苏颋⑬文卷，谓为文阵之雄师⑭。"按颋为相时，九龄元未达也。

此皆显显可言者，固鄙浅不足攻，然颇能疑误后生也。惟张彖⑮指杨国忠为冰山事，《资治通鉴》亦取之，不知别有何据。近岁兴化军学刊《遗事》，南剑州学刊《散录》，皆可毁。

[注释]①《云仙散录》：又称《云仙杂记》。撮录唐、五代时异闻，内容驳杂多舛。旧题后唐冯贽撰，不可考。　②《老杜事实》：记杜甫事，托名苏轼所作，治杜诗者或谓之无一事可据。　③《开元天宝遗事》：简称《开天遗事》。旧题王仁裕撰，所记多宫中旧事及奇异物品。王仁裕(880—956)，字德辇，唐末入蜀，蜀亡后又历仕后唐至后周，官至翰林学士。　④《续六帖》：又称《后六帖》，续唐代白居易所辑《白氏六帖事类集》的类书，宋代孔传作。原为三十卷，后世与白氏之书合为一编，又总厘为一百卷，未详出何人。孔传，字世文，孔子五十世孙，南宋初屡历知州，官至中散大夫。　⑤工：疑当作"功"。古时二字可通假。　⑥姚元崇：即姚崇(650—721)。本名元崇，字符之，后避唐开

元年号之讳而单名崇。历为武周、中宗、睿宗、玄宗四朝宰相。　⑦步辇：指皇帝所用的轿子。玄宗以此召姚崇入相，为特示其优遇。　⑧郭元振（656－713）：名震，字符振，唐睿宗景云间及玄宗开元初为宰相，以事得罪玄宗，病死于流放途中。　⑨张嘉贞（666－729）：名嘉贞，字亦嘉贞，开元八年（720）拜相。　⑩牵红丝线：相传张嘉贞有五女，择婿时命各持一红丝线，而使郭元振隔帐幕牵其一，结果得第三女，大有姿色。　⑪杨国忠（？－756）：杨贵妃族兄。恃杨贵妃之宠把持朝政，导致安史之乱，在簇拥玄宗西逃时为兵变所杀。⑫张九龄（678－740）：字子寿，开元二十一年（733）拜相，二十四年罢相。⑬苏颋（670－727）：字廷硕，开元四年（716）拜相。　⑭雄师：即"雄狮"。⑮张彖：相传为天宝间进士，授华阴主簿，以不得志而弃官归隐。尝称杨国忠为冰山，皎日一出则误人后。

《五臣注文选》①

东坡②诋《五臣注文选》，以为荒陋。予观《选》中谢玄晖和王融诗③云："阽危赖宗衮④，微管寄明牧⑤。"正谓谢安、谢玄。安石于玄晖为远祖，以其为相，故曰宗衮。而李周翰注云："宗衮谓王导⑥。导与融同宗，言晋国临危，赖王导而破苻坚。牧谓谢玄，亦同破坚者。"夫以宗衮为王导，固可笑，然犹以和王融之故，微为有说；至以导为与谢玄同破苻坚，乃是全不知有史策⑦而狂妄注书，所谓小儿强解事也。唯李善⑧注得之。

[注释]①《五臣注文选》：南朝梁昭明太子萧统所编《文选》的注本，唐开元间吕延济、刘良、张铣、吕向、李周翰同注。后世并李善注合刊，称《六臣注文选》。　②东坡：即苏轼（1037－1101），字子瞻，号东坡居士，北宋哲宗时官至礼部尚书。　③按：此所叙谢玄晖和王融诗，《文选》原题《和王著作八公山

诗》。谢玄晖：即谢朓(464—499)，字玄晖，谢安五世从孙，南朝著名诗人。因在南齐时曾任宣城太守，世称谢宣城。王融(467—493)：字符长，王导六世从孙。南齐时官至中书郎，以拥立竟陵王事下狱死。　④阽危赖宗衮：阽危，危险。阽(diàn)，通"坫"，古时有"坫"字之义。《尔雅·释宫》："坫谓之坫。坫，毁也。"盖以坛台坍塌喻危险。此指国危。宗衮，指同宗居高位者。衮，本指天子及王公的礼服，此喻高位。李善注："宗衮，谢安也。"谢安(320—385)，字安石，号东山，东晋孝武帝时为宰相。太元八年(383)淝水之战，以运筹帷幄，大败南下攻晋的前秦苻坚兵。　⑤微管寄明牧：微管，用《论语》"微管仲，吾其被发左衽矣"典故，喻指外族入侵时的危险。寄：托。明牧：指贤能的太守。李善注："明牧，谢玄也。"谢玄，字幼度，谢安侄，淝水之战时为前锋都督。⑥王导(276—339)：字茂弘，东晋初宰相。　⑦史策：同"史册"，即史书。⑧李善(？—689)：武则天时曾为崇贤馆直学士，晚年以教授诸生为业，尤以《文选》学著称，世传其《文选》注本。

文烦简有当

欧阳公《进新唐书表》①曰："其事则增于前，其文则省于旧。"夫文贵于达而已，繁与省各有当也。《史记·卫青传》："校尉李朔、校尉赵不虞、校尉公孙戎奴，各三从大将军获王②，以千三百户封朔为涉轵侯，以千三百户封不虞为随成侯，以千三百户封戎奴为从平侯。"《前汉书》但云："校尉李朔、赵不虞、公孙戎奴各三从大将军，封朔为涉轵侯、不虞为随成侯、戎奴为从平侯。"比于《史记》五十八字中省二十三字，然不若《史记》为朴赡③可喜。

[注释]①欧阳公《进新唐书表》：欧阳公，即欧阳修(1007—1072)，字永叔，北宋仁宗末至英宗初官至参知政事，曾以翰林学士主修《新唐书》。按：

《进新唐书表》领衔署名者为当时宰相曾公亮,非欧阳修,此以表文的实际撰写者言之。　②大将军获王:大将军,指卫青(？—前106),字仲卿,汉武帝时名将,官至大司马大将军。获王:指俘获匈奴右贤王。　③朴赡:朴实完满。

地　险

古今言地险者,以谓函秦宅关河之胜①,齐负海岱②,赵、魏据大河,晋表里河山,蜀有剑门、瞿唐之阻③,楚国方城以为城、汉水以为池④,吴长江万里兼五湖⑤之固,皆足以立国。唯宋、卫之郊,四通五达⑥,无一险可恃。然东汉之末,袁绍跨有青、冀、幽、并四州,韩遂、马腾辈分据关中,刘璋擅蜀,刘表居荆州,吕布盗徐,袁术包南阳、寿春,孙策取江东,天下形胜尽矣。曹操晚得兖州,倔强其间,终之夷群雄,覆汉祚⑦,议者尚以为操挟天子以自重,故能成功。而唐僖、昭之时,方镇擅地,王氏⑧有赵百年,罗洪信⑨在魏,刘仁恭在燕,李克用在河东,王重荣在蒲,朱宣、朱瑾在兖、郓,时溥在徐,王敬武在淄、青,杨行密在淮南,王建在蜀;天子都长安,凤翔、邠、华三镇鼎立为梗,李茂贞、韩建皆尝劫迁乘舆⑩;而朱温区区以汴、宋、亳、颍巑然中居⑪,及其得志,乃与操等⑫。以"在德不在险"⑬为言,则操、温之"德"又可见矣。

[注释]①函秦宅关河之胜:指汉以前故秦国所据函谷关(在今河南灵宝市北)以西形胜之地。函秦,古地域名,近于后世所称关中;亦代指秦国。宅,古指建都,犹言据有。关河之胜,即关塞山河形胜之地。《史记·苏秦列传》:

"秦四塞之国,被山带渭,东有关河,西有汉中。"张守节《正义》:"东有黄河,有函谷、蒲津、龙门、合河等关,南有南山及武关、峣关,西有大陇山及陇山关、大震、乌兰等关,北有黄河、南塞,是四塞之国也。" ②负海岱:指背靠大海及泰岳山区。 ③剑门、瞿唐之阻:指自剑门关(在今四川剑阁县境)以至长江三峡的险阻。 ④按:《史记·齐太公世家》:"楚方城以为城,江汉以为沟。"裴骃《集解》引韦昭曰:"方城,楚北之阨塞。"又引杜预曰:"方城山在南阳,叶县南是也。"司马贞《索隐》引《汉书·地理志》:叶县南"有长城,号曰方城"。今河南叶县西南即方城县。 ⑤五湖:泛指以太湖为主的吴越湖泊地区。 ⑥四通五达:犹今言"四通八达"。《汉书·郦陆朱刘叔孙传》注引如淳曰:"四面往来通之,并数中央,凡五达也。" ⑦夷群雄,覆汉祚:消灭群起的割据势力,颠覆东汉王朝。夷,平。 ⑧王氏:指唐时河北割据势力王武俊(735—801)及其养子王廷凑家族,见新、旧《唐书》二人本传。武俊,契丹族;廷凑,回纥族。按:以下所述诸人,皆为唐末藩镇首领,至朱温建后梁而唐亡。 ⑨罗洪信:史传"洪"作"弘",宋刻本避太祖之父弘殷名讳改。 ⑩劫迁乘舆:指劫持皇帝而逼其迁徙。史载唐昭宗乾宁二年(895),李茂贞攻入长安,昭宗被迫避难于华州而依从韩建。 ⑪巀然中居:指岿然特立于中原本土。巀(jié)然,犹"岿然",高大独立之貌。 ⑫与操等:指朱温与曹操一样"挟天子以令诸侯"。 ⑬在德不在险:语出《说苑·贵德》:"魏武侯浮西河而下中流,顾谓吴起曰:'美哉乎!河山之固也。此魏国之宝也。'吴起对曰:'在德不在险。'……若君不修德,船中之人尽敌国也。"

《史记》世次

《史记》所纪帝王世次,最为不可考信。且以稷、契①论之,二人皆帝喾子,同仕于唐、虞。契之后为商,自契至成汤凡十三世,历五百余年②;稷之后为周,自稷至武王凡十五世,历千一百余年③。王季盖与汤为兄弟④,而世之相去六百年⑤,既已可疑,则周之先十五世,须每世皆在位七八十年,又皆暮年所生嗣君乃合此数,则其所享寿皆当过百年乃可。其为漫诞不稽,无足疑者。《国语》所载太子晋之言曰:"自后稷之始基靖民,十五王而文始平之。"⑥皆不然也⑦。

[注释]①稷、契:传说中的周人始祖和商人始祖。《史记》所记从传说,以为二人皆是五帝时代帝喾之子。《尚书》记载二人俱为唐尧、虞舜时大臣。②五百余年:今本《竹书纪年》记载夏朝共历四百七十一年,则自契为尧臣至成汤建商即有五百余年。③千一百余年:今本《竹书纪年》记载商朝共历五百零八年,则自稷为尧臣至武王建周即有一千一百余年。④王季盖与汤为兄弟:按洪迈所推,契至成汤凡十三世,稷至王季亦十三世,故谓二人为兄弟。王季,即季历,周文王之父、武王之祖。兄弟,指平辈。⑤六百年:按今本《竹书纪年》所记,夏桀十五年为汤元年(约前1551),王季死于商王文丁十一年(约前1090),则相去有五百年左右。⑥此语见于《国语·周语下》。太子晋,周灵王太子。始基靖民,即始建立基业而治民。文始平之,指文王始筹划灭商而平定天下。⑦按:此条实疑周族之年代远较夏、商为晚。依史籍所载周人世系考之,自其第一代祖弃(姜嫄之子、不窋之父)以至周文王凡十五世,则弃之年代至多可溯至夏、商交替之际。盖周人以后稷为上古农官之名,遂神化本族之远祖为尧、舜之臣,以其与夏禹、商契并驾;又因上古官职名号可世袭传承,故周人又称弃亦为后稷。后世只以后稷为弃之名号,则其时代固不可上溯到史前。

解释经旨

解释经旨,贵于简明,惟孟子独然。其称《公刘》之诗"乃积乃仓,乃裹糇粮,于橐于囊,思戢用光;弓矢斯张,干戈戚扬,爰方启行"①,而释之之词,但云"故居者有积仓,行者有裹粮也,然后可以爰方启行"。其称《烝民》之诗"天生烝民,有物有则,民之秉夷,好是懿德"②,而引孔子之语以释之,但曰"故有物必有则,民之秉夷也,故好是懿德"。用两"故"字,一"必"字,一"也"字,而四句之义昭然。彼训"曰若稽古"三万言③,真可覆酱瓿也④。

[注释]①此所引诗句,意指装好仓廪的粮食,准备好各种兵器,乃启行前往新居之地。《公刘》,《诗经·大雅》诗篇,写周祖公刘率族人由邰(在今陕西武功县境)迁豳(在今陕西旬邑一带)以开疆创业之事。餱粮,干粮、粮食。橐、囊,小口袋与大口袋。思戢用光,谋虑和睦宗族以光显祖业;戢,通"辑",和睦。戚扬,斧钺。下述孟子的解释见《孟子·梁惠王下》。 ②此所引诗句,意指天生民众,有事物即有法则,民众秉持常法,则莫不喜好有德之人。《烝民》,亦《诗经·大雅》诗篇,赞扬周宣王大臣仲山甫的美德和政绩。烝,众。夷,《诗经》原作"彝",常、常道,孟子引作"夷"。懿德,美德。下述孟子的解释见《孟子·告子上》。 ③三万言:指汉人说经之繁者。《汉书·艺文志》注引桓谭《新论》:"秦近君能说《尧典》篇目,两字之说至十余万言,但说'曰若稽古'三万言。" ④覆酱瓿(bù):用以盖盛酱的罐子。喻著述无价值。

坤 动 也 刚

《坤》卦《文言》曰①:"坤至柔,而动也刚。"王弼②云:"动之方正,不为邪也。"程伊川③云:"坤道至柔,而其动则刚。动刚,故应乾不违。"张横渠④云:"柔亦有刚,静亦有动。但举一体,则有屈伸、动静、终始。"又云:"积大势成而然。"东坡⑤云:"夫物非刚者能刚,惟柔者能刚尔。畜而不发,及其极也,发之必决。"张葆光⑥但以训六二之直。陈了翁⑦云:"至柔至静,坤之至也。刚者道之动,方者静之德。柔刚静动,坤元之道、之德也。"郭雍⑧云:"坤虽以柔静为主,苟无方刚之德,不足以含洪光大。"诸家之说率不外此。予顷见临安退居庵僧昙莹⑨云:"动者,谓爻之变也。坤不动则已,动则阳刚见焉。在初为《复》,在二为《师》,在三为《谦》,自是以往皆刚也。"其说最为分明有理。

[注释]①《文言》:《周易》"十翼"之一,是专门解释《乾》《坤》二卦的篇章。 ②王弼(226—249):字辅嗣,三国时经学家。下所引其文见《周易正义》注,孔颖达疏云:"地能生物,初虽柔弱,后至坚刚,而成就至静。而德方者,地体不动,是至静;生物不邪,是德能方正。" ③程伊川:即北宋理学家程颐(1033—1107),字正叔,洛阳伊川人,人称伊川先生。下所引其文见《伊川易传》卷一,原文"其动则刚"下,尚有"坤体至静,而其德则方"九个字。其说"动刚,故应乾不违",意指坤道之动应乎乾而不违天时。 ④张横渠:即北宋理学家张载(1020—1077),字子厚,以居凤翔郿县(今陕西眉县)横渠镇,人称横渠先生。下所引其文见《横渠易说》。 ⑤东坡:即苏轼。下所引其文见《东坡易传》。畜,读作"蓄"。 ⑥张葆光:即张弼,字舜元,号葆光处士,北宋后期人,撰有《易解义》十卷。此谓之"但以训六二之直",指其只训《坤》卦六二爻辞的"直方大"。 ⑦陈了翁:即陈瓘(1057—1124),字莹中,号了斋。此下所引其文见《了斋易说》。所称"坤元",指大地资生万物之始,浑言之即《坤》卦所代表的地。 ⑧郭雍:两宋之际人,字子和,号冲晦处士,谥颐正,撰有《传家易说》十一卷。其所称"含洪光大",意谓包容宽厚而辉光盛大。"洪"当作"弘",宋人以避讳"弘"字而写作"洪"。 ⑨僧昙莹:号萝月,嘉兴人,以谈《易》名一时。其说坤动为爻之变,指《坤》卦之六爻皆为阴爻,若初六变为阳爻即成《复》卦,九二变为阳爻即成《师》卦,九三变为阳爻即成《谦》卦;"自是以往皆刚",指九四变为阳爻即成《豫》卦,九五变为阳爻即成《比》卦,上九

变为阳爻即成《剥》卦,皆主于阳刚。但上九之变不吉,其余皆为吉卦。

乐天侍儿

世言白乐天侍儿①唯小蛮、樊素二人。予读集中《小庭亦有月》一篇云:"菱角执笙簧,谷儿抹琵琶。红绡信手舞,紫绡随意歌。"自注曰:"菱、谷、紫、红,皆小臧获②名。"若然,则红、紫二绡亦女奴也。

[注释]①侍儿:女婢。也指侍妾、姬妾。或称"家妓"。《旧唐书·白居易传》:"家妓樊素、蛮子者,能歌善舞。" ②臧获:古代对奴婢的贱称。按:白居易此诗中又有"左顾短红袖,右命小青娥"句。南宋袁文《瓮牖闲评》云:"余又见乐天诗云:'如何断取曹纲手,插向重莲红袖中。'如此,则乐天女奴乃五人,盖又不止如前四人也。"今人或谓其蓄妓有十几人。

白公《咏史》

《东坡志林》①云:"白乐天尝为王涯②所谗,贬江州司马。甘露之祸③,乐天有诗云:'当君白首同归日,是我青山独往时。'不知者以乐天为幸之④,乐天岂幸人之祸者哉?盖悲之也。"予读白集,有《咏史》一篇,注云"九年十一月作"。其词曰:"秦磨利刃斩李斯⑤,齐烧沸鼎亨郦其⑥。可怜黄、绮⑦入商洛,闲卧白云歌《紫芝》。彼为菹醢机⑧上尽,此作鸾凰天外飞。去者逍遥来者死,乃知祸福非天为。"正为甘露事而作,其悲之之意可见矣。

[注释]①《东坡志林》：笔记体杂记之书，多论史事。宋人又称《东坡手泽》，但问题不少，或以为是托名之书。　②王涯(764—835)：字广津，唐宪宗元和时官至宰相。　③甘露之祸：指发生于唐文宗大和九年(835)十一月的一次欲诛杀宦官的事变。其时宦官势力膨胀，擅权专政，宰相李训、凤翔节度使郑注等欲里应外合，以请皇帝观看甘露为名，集宦官而歼之。事败，李训、郑注被族诛，宰相舒元舆、王涯等大批官员亦被杀，牵连而死者达上千人。④幸之：指幸灾乐祸。　⑤李斯(约前284—前208)：秦丞相。秦二世时为宦官赵高所忌，被腰斩。　⑥亨郦其：亨，通"烹"，今传本《白氏长庆集》作"烹"。郦其，即郦食其(lì yì jī)。楚汉战争时刘邦谋士，公元前203年，为刘邦游说齐国，被齐王田广烹杀。　⑦黄、绮：用"商山四皓"典故。相传秦时有四博士，战乱时避居商山，分称东园公、夏黄公、绮里季、甪里先生。汉初皆白发皓须，朝廷欲聘之而不出，并作《紫芝歌》以明志："莫莫高山，深谷逶迤；晔晔紫芝，可以疗饥。唐虞世远，吾将何归？驷马高盖，其忧甚大；富贵之累，人不如贫。"(末句或作"富贵之畏人兮，不如贫贱之肆志"。)　⑧菹醢机：指菹醢(zū hǎi)用的刑具案板等。菹醢，古代把人剁成肉酱的酷刑。

十年为一秩

白公诗云："已开第七秩，饱食仍安眠。"①又云："年开第七秩，屈指几多人。"②是时年六十二，元日诗也。又一篇云："行开第八秩，可谓尽天年。"③注曰："时俗谓七十以上为开第八秩。"盖以十年为一秩云。司马温公④作《庆文潞公八十会致语》⑤，云"岁历行开九帙新"，亦用此也。

[注释]①此诗原题《思旧》。　②此诗原题《七年元日对酒五首》。　③此诗原题《喜老自嘲》。　④司马温公：即司马光(1019—1086)，字君实，北宋哲宗初年官至宰相，卒赠太师、温国公。　⑤《庆文潞公八十会致语》：《四部

丛刊》所收影宋本《温国文正公文集》作《庆文公八十会口号》，即赴宴祝寿的致词。下引"岁历行开九袠新"出于致词之末所附的律诗。文潞公，即文彦博（1006—1097），字宽夫，为北宋仁宗、英宗、神宗、哲宗四朝元老，屡居相位，封潞国公。

裴晋公禊事

　　唐开成二年三月三日，河南尹李待价将禊①于洛滨，前一日启留守裴令公②，公明日召太子少傅白居易、太子宾客萧籍、李仍叔、刘禹锡、中书舍人郑居中③等十五人，合宴于舟中。自晨及暮，前水嬉而后妓乐，左笔砚而右壶觞④，望之若仙，观者如堵。裴公首赋一章，四坐继和，乐天为十二韵以献，见于集中。今人赋上巳，鲜有用其事者。予按《裴公传》⑤，是年起节度河东，三年以病丐还东都，文宗上巳宴群臣曲江⑥，度不赴，帝赐以诗，使者及门而度薨，与前事相去正一年。然乐天又有一篇，题云《奉和裴令公三月上巳日游太原龙泉忆去岁禊洛之作》，是开成三年诗，则度以四年三月始薨。《新史》⑦以为三年，误也；《宰相表》却载其三年十二月为中书令，四年三月薨，而《帝纪》全失书。独《旧史》⑧纪、传为是。

　　[注释]①李待阶将禊：李待价，即李珏(784—？)，字待价，唐文宗开成中官至宰相。禊(xì)：古人春秋二季在水边所举行的一种祓除不祥的祭祀活动。春季一般在三月三日，俗称"上巳节"。　②裴令公：即裴度(765—839)。宪宗元和中官至宰相，封晋国公，世称裴晋公；又以文宗时位至中书令，时称裴令公。　③萧籍：穆宗长庆中历御史中丞、襄州刺史。李仍叔：字周美，文

宗太和中历宗正卿、湖南观察使。刘禹锡（约772—约842）：字梦得，官至检校礼部尚书。其诗文与白居易、柳宗元并称"刘白""刘柳"。郑居中（783—837），字贞位，文宗时官至中书舍人。　④壶觞：指酒器。　⑤《裴公传》：指《旧唐书》与《新唐书》的《裴度传》。　⑥曲江：地名，唐代皇家园林所在地。其中有大雁塔、曲江池等。　⑦《新史》：此指《新唐书·裴度传》。　⑧《旧史》：指《旧唐书》。

"司"字作入声

白乐天诗好以"司"字作入声读，如云"四十著绯军司马，男儿官职未蹉跎""一为州司马，三见岁重阳"是也。又以"相"字作入声，如云"为问长安月，谁教不相离"是也，"相"字之下自注云"思必切"。以"十"字作平声读，如云"在郡六百日，入山十二回""绿浪东西南北路，红栏三百九十桥"是也。以"琵"字作入声读，如云"四弦不似琵琶声，乱写真珠细撼铃""忽闻水上琵琶声"是也。武元衡①亦有句云："唯有白须张司马，不言名利尚相从。"②

[注释]①武元衡（758—815）：字伯苍，唐元和中官至宰相。　②按：此条所指诸字，按《广韵》，"司"在之部，"相离""相从"之"相"在阳部，"琵"在脂部，皆属平声；"十"在缉部，属入声。

乐天新居诗

白乐天自杭州刺史分司东都①，有《题新居呈王尹兼简府中三掾》诗②云:"弊居须重葺,贫家乏羡财③。桥凭州守造,树倩府寮④栽。朱板新犹湿⑤,红英⑥暖渐开。仍期更携酒,倚槛看花来。"乃知唐世风俗尚为可喜。今人居闲,而郡守为之造桥,府寮为之栽树,必遭讥议,又肯形之篇咏哉?

[注释]①东都:即唐代东都洛阳。白居易自杭州刺史迁太子宾客分司东都在长庆间。 ②此诗标题的后六字,《四部丛刊》所收影印翻宋本作"兼简府掾"四字。王尹,疑指河南尹王权。简,致书之意。掾,吏人。"三掾"指司户、司仓、司法诸曹主管吏人。 ③羡财:多余的钱财。 ④倩府寮:倩,音qìng,请托,借助。府寮,同"府僚"。 ⑤朱板新犹湿:指重修居室用的红漆木板还是未干透的新木料。 ⑥红英:即红花。

黄 纸 除 书

乐天好用"黄纸除书"①字,如"红旗破贼非吾事,黄纸除书无我名";"正听山鸟向阳眠,黄纸除书落枕前";"黄纸除书到,青宫②诏命催"。

[注释]①黄纸除书:指用防虫蛀的染黄纸书写的任命状。《旧唐书·高宗纪》上元三年(676)闰三月戊子:"敕制比用白纸,多为虫蠹。今后尚书省下诸司州县,宜并用黄纸。其承制敕之司,量为卷轴,以备披检。"宋人称"黄牒"。 ②青宫:指太子东宫。因太子居东宫,而东方色青,故称青宫。

白 用 杜 句

杜子美诗云:"夜足沾沙雨,春多逆水风。"①白乐天诗

"巫山暮足沾花雨,陇水春多逆浪风"全用之。

[注释]①按:此所引杜诗可理解为"夜雨足沾沙,春风多逆水。"用字倒装而变其平仄,亦别具意味。杜子美,即杜甫(712—770),字子美,号少陵野老等,以曾任检校工部员外郎,世又称"杜工部"。

唐人重服章

唐人重服章①,故杜子美有"银章②付老翁""朱绂③负平生""扶病垂朱绂"之句。白乐天诗言银绯④处最多。七言如"大抵著绯宜老大""一片绯衫何足道""闇淡绯衫称我身""酒典绯花旧赐袍""假著绯袍君莫笑""腰间红绶⑤系未稳""朱绂仙郎白雪歌""腰佩银龟朱两轮"⑥"便留朱绂还铃阁"⑦"映我绯衫浑不见""白头俱未著绯衫""绯袍著了好归田""银鱼金带绕腰光""银章暨假为专城"⑧"新授铜符⑨未著绯""徒使花袍红似火""似挂绯袍衣架上";五言如"未换银青绶,唯添雪白须""笑我青袍⑩故,饶君茜绶⑪新""老逼教垂白,官科遣著绯""那知垂白日,始是著绯年""晚遇何足言,白发映朱绂"。至于形容衣鱼之句,如"鱼缀白金随步跃,鹊衔红绶绕身飞"⑫。

[注释]①服章:指古代用以表示官阶身份的服饰。《旧唐书·高宗纪》上元元年(674)八月戊戌:"敕文武官三品已上服紫,金玉带;四品深绯,五品浅绯,并金带;六品深绿,七品浅绿,并银带;八品深青,九品浅青,鍮石带。"②银章:本指银质的印章。隋唐以后官不佩印,只随身佩戴饰以金银的鱼袋(内装鱼符),以备出入宫廷时检查。金银鱼袋等谓之章服,亦简称银章。③朱绂:古代礼服上的红色蔽膝,后来常被用作官服的代称。 ④绯:指绯

衣、绯衫、绯袍,即红色官服。 ⑤红绶:本指系印的红丝带,后亦泛指官服的绶带。 ⑥银龟朱两轮:银龟,指银龟袋。古代五品以上官员的佩饰或以龟袋代鱼袋,袋饰按品级有金、银、铜之分。朱两轮,指地方长官之车。汉景帝时曾规定二千石官员的车都用朱漆漆其两轮,千石至六百石官吏的车则只漆其左轮。 ⑦铃阁:指翰林院及其他部门或州郡长官、将帅等办公的府第,以晋见须先拉门铃通报而得称。此所引白诗原题《初除尚书郎脱刺史绯》。⑧暨假为专城:暨,同"暂",暂且。专城,本指一城之守,后以代指地方长官。⑨铜符:指铜鱼符,代指较低级的官员。 ⑩青袍:泛指八、九品低级官员的官服,其服为青色。 ⑪茜绶:即红色绶带。茜,大红色。 ⑫条末所引二诗句,原诗题《初除官,蒙裴常侍赠鹖衔瑞草绯袍、鱼袋,因谢惠贶兼抒离情》。鱼缀白金,指缀饰银鱼袋。鹖衔红绶,当是指装饰雁衔瑞草的红色绶带。"鹄",今本《长庆集》作"鹘",洪迈引作"鹄",他书或引作"鹖";疑以"鹄"为是,古人即以"鹄"指大雁。《旧唐书·德宗纪》贞元七年(791)三月壬申"诏:'顷来赐衣,文彩不常,非制也。朕今思之,宜有定制。节度使宜以鹘衔、绶带,观察使宜以雁衔威仪。'威仪,瑞草也。"又《新唐书·车服志》:"袍袄之制,三品以上服绫,以鹘衔瑞草、雁衔绶带及双孔雀。"鹘衔、雁衔均指衔瑞草,而分为绯袍、绶带装饰。

诗谶不然

今人富贵中作不如意语,少壮时作衰病语,诗家往往以为谶①。白公十八岁病中作绝句云:"久为劳生事,不学摄生道。少年已多病。此身岂堪老。"然白公寿七十五。

[注释]①谶:指预测吉凶的预言式隐语及迷信其可能会应验的预兆。

青龙寺诗

乐天《和钱员外青龙寺上方望旧山①》诗云:"旧峰松雪旧溪云,怅望今朝遥属君。共道使君非俗吏,南山莫动《北山文》②。"顷于乾道四年讲筵③开日,蒙上书此章于扇以赐,改"使君"为"侍臣"云。

[注释]①钱员外青龙寺上方望旧山:钱员外,疑指钱可复。唐文宗初年致仕吏部尚书钱徽子,历兵部员外郎、郎中、凤翔节度副使,太和九年(835)甘露之变时被害。青龙寺,在唐都长安城南门外之东。方望旧山,白居易另有《登龙昌上寺望江南山怀钱舍人》诗,自注云:"昔尝与钱舍人登青龙寺上,方同望蓝田山,各有绝句。钱诗云:'偶来上寺因高望,松雪分明见旧山。'"此钱舍人指钱徽。 ②《北山文》:即南朝孔稚珪《北山移文》,为讽刺文人隐居而求利禄的散文作品。 ③讲筵:即经筵,为天子讲论经史的讲席。洪迈于乾道三年(1167)以中书舍人兼侍读直学士。

卷二

唐重牡丹

欧阳公《牡丹释名》①云:"牡丹初不载文字,唐人如沈、宋、元、白②之流,皆善咏花,当时有一花之异者,彼必形于篇什,而寂无传焉。唯刘梦得③有《咏鱼朝恩宅牡丹》诗,但云一丛千朵而已,亦不云其美且异也。"予案白公集,有《白牡丹》一篇十四韵;又《秦中吟》十篇,内《买花》一章,凡百言,云:"共道牡丹时,相随买花去。一丛深色花,十户中人赋。"而《讽谕乐府》④有《牡丹芳》一篇,三百四十七字,绝道花之妖艳,至有"遂使王公与卿士,游花冠盖日相望""花开花落二十日,一城之人皆若狂"之语。又《寄微之百韵》诗云:"唐昌玉蕊会,崇敬牡丹期。"⑤注:"崇敬寺牡丹花,多与微之⑥有期。"又《惜牡丹》诗云:"明朝风起应吹尽,夜惜衰红把火看。"《醉归盩屋》诗云:"数日非关王事系,牡丹花尽始归来。"元微之有《入永寿寺看牡丹》诗八韵、《和乐天秋题牡丹丛》三韵、《酬胡三咏牡丹》

一绝,又有五言二绝句。许浑⑦亦有诗云:"近来无奈牡丹何,数十千钱买一窠⑧。"徐凝⑨云:"三条九陌⑩花时节,万马千车看牡丹。"又云:"何人不爱牡丹花,占断城中好物华。"然则元、白未尝无诗,唐人未尝不重此花也。

[注释]①《牡丹释名》:指欧阳修《洛阳牡丹记·花释名第二》。下引其文有节括。 ②沈、宋、元、白:指唐诗人沈佺期、宋之问、元稹、白居易。沈佺期(约656—约714或715),字云卿,历官中书舍人。宋之问(约650或656—712或713),字延清,历官考功员外郎。元稹(779—831),字微之,累官翰林院承旨,穆宗长庆初曾为宰相数月。早年与白居易共同提倡"新乐府",世称"元白"。 ③刘梦得:即刘禹锡(约772—约842),字梦得,晚年官至检校礼部尚书。 ④《讽谕乐府》:指《白氏长庆集·讽谕四·新乐府》。 ⑤唐昌玉蕊会,崇敬牡丹期:唐昌、崇敬,皆唐都长安佛寺名。 ⑥微之:元微之,即元稹。 ⑦许浑(?—约858):字用晦(一作仲晦),官至刺史。 ⑧一窠:同"一棵"。 ⑨徐凝:元和十年(815)进士,有诗名,与元、白相交往,官至金部侍郎。 ⑩三条九陌:泛指帝都的纵横大道。

长 歌 之 哀

嬉笑之怒,甚于裂眦;长歌之哀,过于恸哭。此语诚然。元微之在江陵,病中闻白乐天左降江州①,作绝句云:"残灯无焰影幢幢,此夕闻君谪九江。垂死病中惊起坐,暗风吹雨入寒窗。"乐天以为"此句他人尚不可闻,况仆②心哉!"微之集作"垂死病中仍怅望",此三字既不佳,又不题为病中作,失其意③矣。东坡守彭城④,子由⑤来访之,留百余日而去,作二小诗曰:"逍遥堂后千寻木,长送中宵风雨声。误喜对床寻旧约,不知漂泊在彭城。""秋来东阁凉如水,客去山公醉似泥。困卧北窗呼不醒,风吹松竹雨凄凄。"东坡以为"读之殆不可为怀",乃"和其诗以自解"⑥,至今观之,尚能使人凄然也。

[注释]①白乐天左降江州:元和十年(815),白居易因直言进谏得罪宪宗,被以越职言事等罪名,由太子左赞善大夫贬授江州司马。左降,即谪降,降职而斥逐边远之地。江州,今江西九江。 ②仆:白居易自称。 ③失其意:此指元稹诗第三句的后三字,《白氏长庆集·与元微之书》原引作"惊起坐",传世《元氏长庆集·闻乐天授江州司马》则作"仍怅望",可能出于误改,而有失原作病中惊起之意。 ④彭城:今江苏徐州。宋神宗熙宁九年(1077)十二月,苏轼奉诏由知密州(治今山东诸城)差知河中府(治今山西永济蒲州镇)。西行未至,次年二月改知徐州。 ⑤子由:即苏轼之弟苏辙(1039-1112),字子由,哲宗时官至尚书右丞、门下侍郎。 ⑥按:苏轼改知徐州时,子由因多年未见其兄,遂迎之于澶(今河南濮阳)、濮(今山东鄄城)之间,相从赴彭城。时相伴百余日,宿于逍遥堂,子由因作七绝二首以述其情。苏轼和之,题云:"子由将赴南都,与余会宿于逍遥堂,作两绝句,读之殆不可为怀,因和其诗以自解。余观子由自少旷达,天资近道,又得至人养生长年之诀;而余亦窃闻其一二,以为今者宦游相别之日浅,而异时退休相从之日长,既以自解,且以慰子由云。"其和诗云:"别期渐近不堪闻,风雨萧萧已断魂。犹胜相逢不相识,形容变尽语音存。""但令朱雀长金花,此别还同一转车。五百年间谁复在,会看铜狄两咨嗟!"二人之诗皆见《苏文忠公全集·东坡集》卷八。

韦 苏 州

韦苏州①集中有《逢杨开府②》诗云:"少事武皇帝③,无赖恃恩私。身作里中横,家藏亡命儿。朝持樗蒱④局,暮窃东邻姬⑤。司隶⑥不敢捕,立在白玉墀⑦。骊山风雪夜,长杨羽猎时⑧。一字都不识,饮酒肆顽痴。武皇升仙去,憔悴被人欺。读书事已晚,把笔学题诗。两府始收迹⑨,南宫谬见推⑩。非才果不容,出守抚惸嫠⑪。忽逢杨开府,论旧涕俱垂。"味此诗,盖应物自叙其少年事也,其不羁乃如此。李肇《国史补》云:"应物为性高洁,鲜食寡欲,所居焚香扫地而坐。其为诗驰骤建安已还⑫,各得风韵。"盖记其折节后来也。《唐史》失其事,不为立传。高适⑬亦少落魄,年五十始为诗即工,皆天分超卓,不可以常理论云。应物为三卫⑭,正天宝间,所为如是而吏不敢捕,又以见时政矣。

[注释]①韦苏州:即唐诗人韦应物(737—约792)。以晚年曾任苏州刺史,世称韦苏州。 ②杨开府:未详指何人。 ③武皇帝:指唐玄宗。玄宗初即位,加尊号为开元神武皇帝。按:韦应物初于天宝九年(750)前后,约十四岁时,以门荫补皇帝侍卫亲军右千牛卫。 ④摴蒱(chū pú):古代的一种游戏,类似掷骰子。⑤姬:年轻女子。 ⑥司隶:指掌管纠察与巡捕之官。⑦白玉墀:宫殿前的白色玉石台阶,代指宫廷。 ⑧"骊山"、"长杨"句:以汉、唐皇帝的游猎场面,喻作者的侍卫身份。汉于上林苑建长杨宫,唐于骊山建华清宫,皆为皇帝游幸之所。 ⑨按:韦应物在安史之乱中流落失职后,肃宗时曾一度入太学折节读书,痛改前非,直到代宗时,始先后复得官为洛阳丞与京兆府功曹参军。两府,此指作者在河南府与京兆府为官之时。收迹,指收敛形迹,点检自己的行为。 ⑩此句指作者由地方官入为尚书省比部员外郎。南宫,尚书省的代称。 ⑪惸嫠(qióng lí):同"茕嫠",指孤苦无依之人,代指贫苦民众。古称无兄弟或鳏夫为惸,寡妇为嫠。 ⑫驰骤建安已还:喻其诗可与汉末建安以前诗人并驾。 ⑬高适(700—765):字达夫,官至淮南、剑南西川节度使,卒赠礼部尚书。《旧唐书·高适传》称其"年过五十始留意诗什"。 ⑭三卫:指侍卫亲军。唐禁卫军有亲卫、勋卫、翊卫,合称"三卫"。按:韦应

物此诗,宋人祝穆《事文类聚别集·古诗》曾指为"寓言",以为其"身在三卫目击其类如此",而非是自述其折节事。

古 行 宫 诗

白乐天《长恨歌》《上阳人歌》①,元微之《连昌宫词》②,道开元间宫禁事最为深切矣。然微之有《行宫》一绝句云:"寥落古行宫③,宫花寂寞红。白头宫女在,闲坐说玄宗。"语少意足,有无穷之味。

[注释]①《上阳人歌》:《白氏长庆集》题为《上阳白发人》。上阳,唐离宫名,在洛阳皇城西南。 ②《连昌宫词》:与白居易《长恨歌》《上阳人歌》均为唐代新乐府诗的长篇代表作。连昌宫,亦为唐代离宫,故址在今河南宜阳西。③行宫:又称离宫,京城以外供帝王出行时居留的宫室。

隔 是

乐天诗云:"江州去日听筝夜,白发新生不愿闻。如今格是头成雪,弹到天明亦任君。"①元微之诗云:"隔是身如梦,频来不为名。怜君近南住,时得到山行。"②格与隔二字义同,格是犹言已是也。

[注释]①此诗原题《听夜筝有感》。 ②此诗原题《日高睡》。按:诗中"频来"指屡次睡至日出而言;"怜君""时得"二句,则自喻喜居南山下,可时时山行散步。怜,爱、喜。

张良无后

张良、陈平①皆汉祖谋臣,良之为人非平可比也。平尝曰:"我多阴谋,道家之所禁,吾世即废矣,以吾多阴祸也。"平传国至曾孙②,而以罪绝,如其言。然良之爵但能至子,去其死财③十年而绝,后世不复绍封,其祸更促④于平,何哉?予盖尝考之,沛公攻峣关,秦将欲连和,良曰:"不如因其懈怠击之。"公引兵大破秦军⑤。项羽与汉王约中分天下,既解而东归矣,良有"养虎自遗患"之语,劝王回军追羽而灭之⑥。此其事固不止于杀降也,其无后宜哉⑦!

[**注释**]①张良、陈平:张良(?—前186),字子房,楚汉战争时为刘邦主要谋士,汉建国后封留侯。陈平(?—前178),亦刘邦重要谋士,先后封为户牖侯、曲逆侯,官至丞相。 ②陈平传国事见《史记·陈丞相世家》:"孝文帝二年,丞相陈平卒,谥为献侯,子共侯买代侯。二年卒,子简侯恢代侯。二十三年卒,子何代侯。三十三年,何坐略人妻,弃市,国除。" ③财:通"才"。张良传国事见《史记·留侯世家》:"后八年卒,谥为文成侯,子不疑代侯……留侯不疑,孝文帝五年坐不敬,国除。"《集解》引徐广曰:"子不疑代立十年,坐与门大夫吉谋杀故楚内史,当死,赎为城旦,国除。" ④促:指时间短促。 ⑤以上指公元前206年,刘邦用张良的计策,在峣关一带引兵大破秦军事。峣关,古时关中平原交通南阳盆地的关隘,在今陕西蓝田城南。 ⑥以上指公元前202年,刘邦用张良的计策,率大军追击项羽的楚军,终于在垓下(在今安徽固镇县境)全歼楚军,项羽亦自杀身亡之事。 ⑦此条用俗间报应观念,以为张良的兵谋不仅导致汉军诛杀已投降的敌方将士,且背弃诺言,不讲信用,怪不得张良身后会那么快就断绝封祀。

周 亚 夫

周亚夫距吴、楚,坚壁不出①。军中夜惊,内相攻击扰乱,至于帐下,亚夫坚卧不起,顷之复定。吴奔壁东南陬,亚夫使备西北,已而果奔西北,不得入。《汉史》②书之,以为亚夫能持重。按亚夫军细柳③时,天子先驱至不得入,文帝称其不可得而犯。今乃有军中夜惊相攻之事,安在其能持重乎?

[注释]①本条首述景帝三年(前154)吴、楚等七个受封的王国叛乱时,周亚夫奉命行太尉之职,调大军出征讨伐,先采取防守的策略,深沟高垒,坚壁不出。周亚夫(前199—前143),汉初大将、丞相周勃次子,景帝时亦以名将官至丞相,后为景帝所忌,死于狱中。可参见本书卷十一《汉景帝忍杀》条。距,通"拒"。壁,军营、营垒。 ②《汉史》:指《汉书》。 ③军细柳:驻扎细柳(在今陕西咸阳西南)。《史记·绛侯周勃世家》载文帝时,周亚夫奉命防匈奴,驻军细柳,军纪严明,以致天子的前驱之人来到亦不得入其营,文帝至则以军礼相见,文帝称其为"真将军",凛然不可侵犯,遂拜以为中尉。

汉 轻 族 人

爰盎陷晁错①,但云"方今计独有斩错"耳,而景帝使丞相以下劾奏,遂至父母妻子同产②无少长皆弃市③。主父偃④陷齐王于死,武帝欲勿诛,公孙丞相⑤争之,遂族⑥偃。郭解⑦客杀人,吏奏解无罪,公孙大夫议,遂族解。且偃、解两人本不死⑧,因议者之言,杀之足矣,何遽至⑨族乎？汉之轻于用刑如此。

[**注释**]①爰盎陷晁错：爰盎（约前200—约前150），史书亦作"袁盎"，字丝，曾为齐相、吴相，以曾受吴王财物，景帝时被贬为庶人。先是倡言吴、楚不反，及七国之乱起，又潜杀晁错，遂拜太常。后为楚相，病免家居，被梁王派人刺杀。晁错（前199—前154），史书亦作"朝错"，西汉著名政论家。景帝时官至御史大夫，建策削藩，为景帝所采纳。及七国之乱起，以"诛晁错，清君侧"为借口，欲夺帝位，景帝复听袁盎之言而杀之，其家人亦皆被诛。 ②同产：指同父母的兄弟姐妹。③弃市：死刑的一种。取"刑人于市，与众弃之"之义而名之。 ④主父偃（？—前127）：姓主父，名偃，汉武帝时官至中大夫。出为齐相，治齐王刘次景奸淫事，致次景自杀，武帝从公孙弘之言，遂下之狱而族诛之。 ⑤公孙丞相：即公孙弘（前200—前121）。字季，一字次卿，武帝时与董仲舒同倡"罢黜百家，独尊儒术"，官至丞相，封平津侯。 ⑥族：指族诛，即全家或全族皆处死的酷刑。 ⑦郭解：字翁伯，汉文帝、武帝时人。少时承其父有行侠之风，借交报仇，无恶不作。成人后有折节之名。后以手下杀人，武帝从公孙弘之言，缉捕而族诛之。时公孙弘为御史大夫。 ⑧本不死：指其罪本不至于死刑。 ⑨遽（jù）至：竟至于。

漏泄禁中语

京房①与汉元帝论幽、厉事，至于十问十答，西汉所载君臣之语，未有如是之详尽委曲者。盖汉法漏泄省中语为大罪，如夏侯胜②出，道上语，宣帝责之，故退不敢言，人亦莫能知者。房初见帝时，出为御史大夫郑君③言之；又为张博④道其语，博密记之，后竟以此下狱弃市。今史所载岂非狱辞乎？王章⑤与成帝论王凤⑥之罪，亦以王音⑦侧听闻之耳。

[注释]①京房(前77—37):西汉著名《易》学家。本姓李,字君明,元帝时立为博士,官至魏郡太守。以灾异之说干政,与元帝议论西周厉王、幽王事,至于十问十答,见《汉书》本传。后以漏泄禁中语,被弃市。 ②夏侯胜:西汉今文《尚书》学家。字长公,昭帝时征为博士,历官光禄大夫、长信少府、太子太傅。《汉书》本传载其"为人质朴守正,简易亡威仪","上亦以是亲信之,尝见,出,道上语,上闻而让胜"。 ③郑君:指郑弘。字稚卿,元帝时官至御史大夫,坐与京房议论被免。 ④张博:京房岳父,淮南王刘钦舅父。亦坐与京房议论,为宦官石显告发,与京房同时罹刑,被腰斩。 ⑤王章(?—前24):字仲卿,汉成帝时官至司隶校尉、京兆尹,以奏论权臣王凤被诬陷,下狱死。 ⑥王凤(?—前22):汉成帝舅父,以大司马大将军专朝政。 ⑦王音(?—前15):亦成帝之舅,官至大司马车骑将军。

田　　叔

贯高谋弑汉祖①,事发觉,汉诏赵王有敢随王罪三族②,唯田叔③、孟舒④等自髡钳随王。赵王既出,上以叔等为郡守。文帝初立,召叔问曰:"公知天下长者乎?"曰:"故云中守孟舒,长者也。"是时舒坐虏大入云中免,上曰:"虏入云中,孟舒不能坚守,士卒死者数百人,长者固杀人乎?"叔叩头曰:"夫贯高等谋反,天子下明诏,赵有敢随张王者罪三族。然孟舒自髡钳随张王,以身死之,岂自知为云中守哉?是乃所以为长者。"上曰:"贤哉,孟舒!"复召以为云中守。按田叔、孟舒同随张王,今叔指言舒事,几于自荐矣。叔不自以为嫌,但欲直孟舒之事;文帝不以为过,一言开悟,为之复用舒。君臣之诚意,相与如此⑤!

[**注释**]①贯高(？—前198)：汉初封国赵国的相(相当于郡守)。在前赵王张耳去世后，继事张耳之子张敖，与赵午同为赵相，时已六十余岁。汉高祖七年(前200)，因高祖过赵时对赵王张敖轻慢无礼且诟詈谩骂，遂大为不满。及次年高祖再过赵，高乃与赵午等设计欲加害高祖，事未果。又次年为仇人所告发，被逮至京师，受尽酷刑，皆独承其事，不牵连赵王。后高祖命释之，而不欲苟活，竟自扼喉而死。其事详见《史记·张耳陈余列传》。张敖(？—前182)，高祖五年(前202)嗣为赵王(下文称张王)，娶高祖与吕后长女鲁元公主。至贯高谋弑事发，并被逮下狱，高祖以贯高之辩白及田叔之规劝赦之，尚鲁元公主如故，贬爵为宣平侯。 ②诏赵王有敢随王罪三族：此指治张敖之罪时，下令赵国僚属有曾随从欲行谋弑之事者皆族诛。按：句中"赵"下"王"字疑衍，《张耳陈余列传》作"上乃诏赵群臣、宾客有敢从王皆族"。 ③田叔：战国时田齐后人。初事张敖为郎中，及谋弑事发，与贯高、赵午、孟舒等十余人皆自著囚衣，自为髡刑(剃去头发)，以铁圈束颈，自称"王家奴"，随赵王至京。既得赦，受命为汉中守。文帝时曾坐法失官，景帝时复命为鲁相，卒于任。 ④孟舒：初事赵王为宾客，及谋弑事平，受命为云中守(郡治约在今内蒙古托克托东北)。后以抵御匈奴侵扰失事被免职，文帝时复为云中守。⑤相与：相互之间，犹言相处。

孟舒　魏尚

云中守孟舒坐虏大入云中免，田叔对文帝曰："匈奴来为边寇，孟舒知士卒罢敝①，不忍出言，士争临城死敌，如子为父，以故死者数百人。孟舒岂驱之哉？"上曰："贤哉，孟舒！"复召以为云中守②。又冯唐③对文帝曰："魏尚为云中守，虏尝一入，尚率车骑击之。士卒终日力战，上功莫府④，坐首虏差六级⑤，下吏削爵⑥，臣以为陛下罚太重。"上赦魏尚,复以为云中守。案孟舒、魏尚,皆以文帝时为云中守,皆坐匈奴入寇获罪,皆得士死力,皆用他人言复故官,事切相类,疑其只一事⑦云。

[注释]①罢敝:同"疲弊"。 ②以上括述《史记·田叔列传》之文,《汉书·田叔传》略同。 ③冯唐:汉初以孝行闻。文帝时为郎中署长,以言魏尚事,拜车骑都尉。景帝立,以为楚相。武帝即位,以贤良举之,时年已九十余,不能行,遂官其子。下述其言见《史记》及《汉书》本传。 ④上功莫府:向幕府报送士卒斩捕之功。莫府,即"幕府",指开府将军的统兵机构。 ⑤坐首虏差六级:此指魏尚报功的斩敌首及俘虏敌人之数不实,比其实数多出六人,因此而获罪。 ⑥下吏削爵:下狱吏治罪而免其官爵。《汉书·冯唐传》其下有"罚作之"三字,即罚其服劳役。 ⑦疑其只一事:按洪迈所疑,孟舒、魏尚似只为一人。二人为云中守之事,皆仅见于田叔、冯唐所述而相类,或是魏尚字孟舒,或孟舒为魏尚别名。《汉书·冯唐传》谓魏尚为"槐里人",孟舒籍贯无考。

秦用他国人

七国①虎争天下,莫不招致四方游士。然六国所用相,皆其宗族及国人,如齐之田忌、田婴、田文②,韩之公仲、公叔③,赵之奉阳、平原君④,魏王至以太子⑤为相。独秦不然,其始与之谋国以开霸业者,魏人公孙鞅⑥也;其他若楼缓⑦赵人,张仪、魏冉、范雎⑧皆魏人,蔡泽⑨燕人,吕不韦⑩韩人,李斯⑪楚人,皆委国而听之不疑。卒之所以兼天下者,诸人之力也。燕昭王任郭隗、剧辛、乐毅⑫,几灭强齐,辛、毅皆赵人也。楚悼王任吴起⑬为相,诸侯患楚之强,盖卫人也。

[注释]①七国:指战国时齐、楚、秦、赵、魏、韩、燕七个大诸侯国。史籍多以"七国"代指战国时期。 ②田忌、田婴、田文:田忌,字期,又称期思,齐威王时名将,即齐、魏之间的马陵、桂陵之战中大破魏军的齐军统帅。田婴,齐威王之子,宣王异母弟。为相十一年,封于薛(故址在今山东滕州南部),号靖郭君。田文(?—前279),田婴之子,即孟尝君,齐愍王时曾为相。 ③公仲、公叔:即公仲侈、公叔伯婴,韩宣惠王、襄王时为相。 ④奉阳、平原君:奉阳,赵肃侯之弟,名成,肃侯以为相,号奉阳君。平原君,即赵胜(?—前253),赵武灵王之子,惠文王、孝成王时为相。 ⑤太子:指魏文侯太子,即魏武侯(?—前370)。 ⑥公孙鞅:即商鞅(前395—前338)。原为卫国公子,入秦后被孝公重用,实行变法。按:商鞅本为卫国人,又称卫鞅,此作"魏人"当是手误。 ⑦楼缓:原为赵武灵王大臣,后入秦,被秦昭王任为相。 ⑧张仪、魏冉、范雎:张仪(?—前309),战国著名纵横家,秦惠文王时为相。魏冉,秦昭王舅父,曾四任秦相。范雎(?—前255),"雎(jū)"或作"睢(suī)"。字叔,秦昭王时为相。 ⑨蔡泽:由燕入秦,于范雎罢相后代为秦相。 ⑩吕不韦(约前290—前235):初以大商人助秦庄襄王即位,后辅秦王政,为秦相十三年。按:史称吕不韦为"阳翟大贾",因阳翟(今河南禹州)战国时属韩,故此称之为"韩人"。 ⑪李斯(约前284—前208):初为吕不韦舍人,秦始皇统一中国后官至丞相。 ⑫郭隗、剧辛、乐毅:郭隗(约前351—前297),燕昭王时大臣,昭王曾尊以为师。剧辛(?—前243),与郭隗同时的法家人物,亦得燕昭王重用。乐毅,为燕国上将军,公元前284年统帅五国联军攻齐,连下七十余城,几至灭齐。 ⑬吴起(约前440—前381):先秦法家、兵家代表人物。先后为鲁将、魏将,后入楚为相主持变法,被旧贵族攻杀。

曹参　赵括

汉高祖疾甚,吕后问曰:"萧相国①既死,谁令②代之?"上曰:"曹参③可。"萧何事惠帝,病,上问曰:"君即百岁后,谁可代君?"对曰:"知臣莫若主。"帝曰:"曹参何如?"曰:"帝得之矣。"曹参相齐,闻何薨,告舍人趣治行④,吾且入相。居无何,使者果召参。赵括⑤自少时学兵法,其父奢不能难⑥,然不谓善,谓其母曰:"赵若必将之,破⑦赵军者必括也。"后廉颇⑧与秦相持,秦应侯⑨行千金为反间于赵,曰:"秦之所畏,独赵括耳。"赵王以括代颇将,蔺相如⑩谏,王不听。括母上书,言括不可使,王又不听。秦王闻括已为赵将,乃阴使白起代王龁⑪,遂胜赵。曹参之宜为相,高祖以为可,惠帝以为可,萧何以为可,参自以为可,故汉用之而兴。赵括之不宜为将,其父以为不可,母以为不可,大臣以为不可,秦王知之⑫,相应侯知之,将白起知之,独赵王以为可,故用之而败。呜呼!将相安危所系,可不监⑬哉!且秦以白起易王龁,而赵乃以括代廉颇,不待于战而胜负之形见矣。

[注释]①萧相国:即萧何(前257-前193),汉初丞相。　②谁令:即"令谁",以疑问代词置前。　③曹参(?-前190):字敬伯,继萧何为汉丞相。　④趣治行:指赶紧准备行装。趣,通"促",速。　⑤赵括(?-前260):战国时赵人。好纸上谈兵,秦、赵长平之战时为赵军主帅,被秦军射杀,致全军覆没。相传赵军四十万人降秦后皆被坑杀。　⑥奢不能难:奢,赵奢,赵武灵王至孝成王时将领,治军有方,号马服君。难,辩诘。　⑦破:败坏。　⑧廉颇(前327-前243):赵国名将,位至上卿。相传曾与上卿蔺相如不和,知过后负荆请罪,遂成刎颈之交。长平之战前为赵军主帅,与秦军相持,因其被取代而赵军大败。后以年老不被任用,先后投奔魏、楚。　⑨应侯:即秦相范雎。长平之战时用反间计使赵国以赵括代廉颇为主帅。　⑩蔺相如(前329-前258):赵国名臣。相传惠文王时,曾持和氏璧入秦,力挫秦王索取赵

地的无理要求而完璧归赵。长平之战前和睦将相,使秦人一时不敢攻赵。⑪白起代王龁:白起(？—前257),秦国名将,出身公族,屡立战功,官至大良造,号武安君。长平之战时以上将军为秦军主帅,大破赵兵,后又率军攻占楚都。晚年为范雎所谗害,被削除兵权,赐死而自杀。王龁(？—前244),"龁"一作"齮",秦国宿将,历官左庶长。　⑫知之:意谓知赵括不可用。　⑬监:今通用"鉴"字,鉴戒。

信近于义

"信近于义,言可复也;恭近于礼,远耻辱也;因不失其亲,亦可宗也。"①程明道②曰:"因恭信而不失其所以亲,近于礼义,故亦可宗。"伊川③曰:"因不失于相近,亦可尚也。"又曰:"因其近礼义而不失其亲,亦可宗也,况于尽礼义者乎？"范纯父④曰:"君子所因者本,而立爱必自亲始,亲亲必及人,故曰因不失其亲。"吕与叔⑤分为三事⑥,谢显道⑦曰:"君、师、友三者,虽非天属⑧,亦可以亲。舍此三者之外,吾恐不免于谄贱⑨。惟亲不失其所亲,然后可为宗也。"杨中立⑩曰:"信不失义,恭不悖礼,又因不失其亲焉,是亦可宗也。"尹彦明⑪曰:"因其近,虽未足以尽礼义之本,亦不失其所宗尚也。"予窃以谓义与礼之极,多至于不亲,能至于不失其亲,斯为可宗也。然未敢以为是⑫。

[注释]①此引文为《论语·学而》篇所记有子之言。亲,亲近。宗,尊敬。　②程明道:即北宋理学家程颢(1032—1085),字伯淳,又称明道先生。③伊川:即北宋理学家程颐(1033—1107),字正叔,程颢之弟,人称伊川先生。

④范纯父：即范祖禹(1041—1098)，字淳甫(亦作淳夫、纯父)，北宋史学家，官至翰林学士。　⑤吕与叔：即吕大临(1040—1092)。字与叔，北宋理学家、金石学家，历官秘书省正字。　⑥三事：即下述君、师、友。　⑦谢显道：即谢良佐(1050—1103)。字显道，与游酢、吕大临、杨时号为二程门下"四先生"。⑧天属：此指有血缘关系的亲属。　⑨谄贱：反古语"贫而无谄""贱而有耻"之意，指谄媚和无耻。　⑩杨中立：即杨时(1053—1135)。字中立，官至工部侍郎。　⑪尹彦明：即尹焞(tūn，1071—1142)。字彦明，官至礼部侍郎。⑫按：古人对"信近于义"云云的解释多分歧，朱熹释为："言约信而合其宜，则言必可践矣；致恭而中其节，则能远耻辱矣；所依者不失其可亲之人，则亦可以宗师主之矣。"今就原文字面言之，疑可理解为：讲信用若能接近义的要求，其诺言便可兑现；待人谦恭若能接近礼的要求，其行事便可免遭耻辱；因此而对人不失亲近，亦可受到他人的尊敬。

刚 毅 近 仁

　　刚毅者必不能令色，木讷者必不为巧言，此近仁、鲜仁之辨也。①

　　[注释]①此条释《论语·子路》篇的"刚毅木讷近仁"及《学而》篇的"巧言令色，鲜矣仁"。刚毅，指性格不屈而有毅力。令色，偏指虚假的和颜悦色。木讷，指反应迟钝。巧言，即今所称花言巧语。鲜，少。辨，区别。

忠 恕 违 道

　　曾子曰："夫子之道，忠恕而已矣。"①《中庸》②曰："忠恕违道不远。"学者疑为不同。伊川云："《中庸》恐人不喻,乃指而示之近。"又云:"忠恕固可以贯道,子思恐人难晓,故降一等言之。"又云:"《中庸》以曾子之言虽是如此,又恐人尚疑忠恕未可便为道,故曰违道不远。"③游定夫云:"道一而已,岂参彼此所能豫哉?此忠恕所以违道,为其未能一以贯之也。虽然,欲求入道者,莫近于此,此所以违道不远也。"④杨中立云:"忠恕固未足以尽道,然而违道不远矣。"⑤侯师圣云:"子思之忠恕,施诸己而不愿,亦勿施于人,此已是违道。若圣人,则不待施诸己而不愿,然后勿施诸人也。"⑥诸公之说大氐⑦不同。予切⑧以为道不可名言⑨,既丽⑩于忠恕之名,则为有迹⑪,故曰违道。然非忠恕二字,亦无可以明道者,故曰不远。非谓其未足以尽道也,违者违去⑫之谓,非违畔⑬之谓。《老子》曰:"上善若水。水善利万物而不争,处众人之所恶,故几⑭于道。"苏子由解云:"道无所不在,无所不利,而水亦然。然而既已丽于形,则于道有间矣,故曰几于道。然而可名之善未有若此者,故曰上善。"⑮其说与此略同。

[注释]①此引语见《论语·里仁》。曾子(前505—前435),名参,字子舆,孔子弟子。 ②《中庸》:《礼记》中的一篇,相传为孔子之孙孔伋(字子思)所作。 ③以上所引程颐之言皆见《二程遗书》。 ④此所引其言见《游廌山集》卷一。游定夫,即游酢(1053—1123),字定夫,历官监察御史、知州。 ⑤此所引杨时之言见《龟山集》卷十四。 ⑥此所引其言今见于朱熹《论孟精义》卷二下。侯师圣,即侯仲良,字师圣,二程内弟。 ⑦大氐:同"大抵"。⑧切:用同谦辞"窃"。 ⑨不可名言:不可名其状而形于语言。 ⑩丽:附丽,依附。 ⑪有迹:有具体的外在表现。 ⑫违去:违离。 ⑬违畔:背叛。畔,通"叛"。 ⑭几:近。 ⑮此所引苏辙言见其所作《道德经解》卷一。按:《中庸》所谓"忠恕违道不远",疑指恕道有时亦会失于宽恕不正的行为,是谓

"违道";但即使如此,恕道脱离正道亦不远。

求为可知

"不患无位,患所以立;不患莫己知,求为可知也。"①为之说者,皆以为当求为可知之行。唯谢显道云:"此论犹有求位、求可知之道。在至论则不然:难用而莫我知,斯我贵矣,夫复何求?"②予以为君子不以无位为患,而以无所立为患;不以莫己知为患,而以求为可知为患;第四句盖承上文言之③。夫求之有道④,若汲汲然⑤求为可知,则亦无所不至⑥矣。

[注释]①语出《论语·里仁》,为"子曰"之文。莫己知,即"莫知己",指无人了解自己。 ②此所引谢良佐之言,今亦见于朱熹《论孟精义》卷二下,意谓上述《论语》之文指的是干求禄位、求为人知的途径,但最合理的看法不是这样:人不知我而难以任用,我已因此而显得高尚了,那还追求什么呢? ③此处意指"求为可知"四字上承上文省略了"患"字。 ④求之有道:指干求禄位、求为人知都有合理的途径。 ⑤汲汲然:急切之貌。 ⑥无所不至:犹今言什么手段都可能采取。按:依《论语》原意,"患所以立"与"求为可知"相对,前者指不能自以德才立身为忧,后者则当是指但求成就德才则自可为人所知。

里 仁

"里仁为美。择不处仁,焉得智?"①孟子论函矢、巫匠之术②，而引此以质之，说者多以里为居，居以亲仁③为美。予尝记一说云："函矢、巫匠，皆里中之仁也。然于仁之中有不仁存焉，则仁亦在夫择之而已矣。"④尝与郑景望⑤言之，景望不以为然。予以为此特谓闾巷之间所推以为仁者，固在所择，正合孟子之意。不然，仁之为道大矣，尚安所择而处哉⑥？

[注释]①语出《论语·里仁》"子曰"。 ②《孟子·公孙丑上》："矢人岂不仁于函人哉？矢人惟恐不伤人，函人惟恐伤人。巫匠亦然，故术不可不慎也。孔子曰：'里仁为美。择不处仁，焉得智？'夫仁，天之尊爵（尊崇之德）也，人之安宅也，莫之御（止息）而不仁，是不智也。不仁不智，无礼无义，人役（为人所役使）也。人役而耻为役，由（犹）弓人而耻为弓，矢人而耻为矢也。如耻之，莫如为仁。"矢人，制箭者；函人，制铠甲者。箭的功用在杀伤，铠甲的功用在保护，而不能因此就说制箭者不仁，制铠甲者为仁人。巫医、工匠也是如此：巫医祷祝治病利在人之生，工匠制棺材利在人之死，然亦不能因此就说巫医为仁人，工匠则不仁。孟子以此喻治术的选择要慎重，若知耻则莫如行仁道。 ③亲仁：指亲近有仁德之人。《论语·学而》："泛爱众而亲仁。"汉末郑玄注上引文字云："里者，民之所居也。居于仁者之里，是为善也。求善居而不处仁者之里，不得为有智也。" ④疑此所举"一说"为洪迈本人的看法，意指闾里中有仁者、有不仁者，所要选择的是仁者，而不是所居的闾里。 ⑤郑景望：即郑伯熊（约1127－1181），字景望，南宋初学者，历官宗正少卿。 ⑥末句意指仁德广播天下，无法以处所选择。

汉采众议

汉元帝时，珠厓①反，连年不定。上与有司议大发军，待诏贾捐之②建议，以为不当击。上以问丞相、御史，御史大夫陈万年③以为当击，丞相于定国④以为捐之议是，上从之，遂罢珠厓郡。匈奴呼韩邪单于⑤既事汉，上书愿保塞上谷以西，请罢边备塞吏卒⑥，以休天下人民。天子令下有司议，议者皆以为便，郎中侯应⑦习边事，以为不可许。上问状，应对十策，有诏勿议罢边塞事。成帝时，匈奴使者欲降，下公卿议，议者言宜如故事受其降。光禄大夫谷永⑧以为不如勿受，天子从之，使者果诈也。哀帝时，单于求朝，帝欲止之，以问公卿，亦以为虚费府帑，可且勿许，单于使辞去。黄门郎扬雄⑨上书谏，天子寤焉，召还匈奴使者，更报单于书而许之。安帝时，大将军邓骘⑩欲弃凉州，并力北边，会公卿集议，皆以为然。郎中虞诩⑪陈三不可，乃更集四府⑫，皆从诩议。北匈奴复强，西域诸国既绝于汉，公卿多以为宜闭玉门关，绝西域。邓太后召军司马班勇⑬问之，勇以为不可，于是从勇议。顺帝时，交址蛮叛，帝召公卿百官及四府掾属问以方略，皆议遣大将发兵赴之。议郎李固⑭驳之，乞选刺史太守以往，四府悉从固议，岭外复平。灵帝时，凉州兵乱不解，司徒崔烈⑮以为宜弃，诏会公卿百官议之。议郎傅燮⑯以为不可，帝从之。此八事者，所系利害甚大，一时公卿百官既同定议矣，贾捐之以下八人皆以郎大夫之微独陈异说。汉元、成、哀、安、顺、灵，皆非明主，悉能违众而听之；大臣无贤愚，亦不复执前说，盖犹有公道存焉。每事皆能如是，天下其有不治乎？

[注释]①珠厓：地名，亦作"珠崖""朱崖"。汉武帝时设郡于此，治所在今海南海口市琼山区东南。　②贾捐之（？—前43）：字君房，贾谊曾孙。元

帝时征为待诏,上书建议撤销珠崖郡,元帝从之。后以得罪宦官石显被杀。 ③陈万年(? －前44):字幼公,善谄媚,元帝时官至御史大夫。 ④于定国(? －前40):字曼倩,为人谦恭,宣帝末及元帝时官至丞相。 ⑤呼韩邪单于:西汉后期匈奴单于,名稽侯珊,号呼韩邪,前58－前31年在单于位。前54年对汉称臣内附,后重归漠北。晚年与汉和亲,娶汉宫女王嫱(昭君)为妻,号为宁胡阏氏。 ⑥此二句指呼韩邪单于提出愿为汉朝防卫上谷郡(治今河北怀来东南)以西边塞(以至敦煌),请汉朝罢去守备这些边塞的官吏和士卒。 ⑦郎中侯应:《汉纪·元帝纪》竟宁元年(前33)作"郎中令侯应",其生平未详。 ⑧谷永(? －前9):字子云,成帝时历官光禄大夫、大司农。 ⑨扬雄(前53－公元18):字子云,西汉末著名学者。历成、哀、平三世,为给事黄门郎。 ⑩邓骘(? －121):东汉和帝皇后邓氏之兄。安帝时辅邓太后执政,及太后死,安帝亲政,被逼自杀。 ⑪虞诩(? －137):字升卿,汉安帝时初仕为郎中,后为封疆大吏,官至司隶校尉、尚书仆射、尚书令。 ⑫四府:指太傅、太尉、司徒、司空府。 ⑬班勇(? － 127):字宣僚,东汉名臣班超少子。安帝时为西域长史,经营西域有功,撰有《西域记》。 ⑭李固(94－147):字子坚,顺帝时官至太尉。后因宫廷内部斗争,为外戚梁冀所害,下狱死。 ⑮崔烈(? －192):字威考,灵帝时官至司徒、太尉。献帝时参与讨伐董卓,被下狱。董卓死后出狱,为城门校尉,于董卓旧部破长安时战死。 ⑯傅燮(? －187或188):字南容,灵帝时由议郎出为汉阳太守,后在抵御西部地区割据势力的进攻时战死。

汉 母 后

汉母后预政,不必临朝及少主,虽长君亦然①。文帝系周勃②,薄太后③曰:"绛侯绾皇帝玺将兵于北军④,不以此时反,今居一小县,顾欲反邪?"帝谢曰:"吏方验而出之。"遂赦勃。吴、楚反,诛,景帝欲续之⑤,窦太后⑥曰:

"吴王,老人也⑦,宜为宗室顺善。今乃首乱天下,奈何续其后?"不许吴,许立楚后。郅都害临江王⑧,窦太后怒,会匈奴中都以汉法⑨,帝曰"都忠臣",欲释之,后曰:"临江王独非忠臣乎?"于是斩都。武帝用王臧、赵绾⑩,太皇窦太后不悦儒术,绾请毋奏事东宫,后大怒,求得二人奸利事以责上,上下绾、臧吏,杀之。窦婴、田蚡廷辩⑪,王太后大怒,不食,曰:"我在也,而人皆藉⑫吾弟,且帝宁能为石人邪?"帝不直蚡,特为太后故杀婴。韩嫣⑬得幸于上,江都王为太后泣,请得入宿卫比嫣,后繇此衔嫣⑭;嫣以奸闻,后使使⑮赐嫣死,上为谢,终不能得。成帝幸张放⑯,太后以为言,帝常⑰涕泣而遣之。

[注释]①此句意谓:汉朝母后干预政事,不一定要亲临朝堂,也不一定只是因为君主年少,即使对于年长的君主也是这样。 ②文帝系周勃:汉文帝时,丞相周勃罢职后就其封国,因被诬告谋反,文帝遂下之狱而欲治其罪。系,指缚执囚禁。 ③薄太后(?—前155):汉高祖嫔妃、文帝生母。始称薄姬,文帝即位后称太后。 ④绛侯绾皇帝玺将兵于北军:绛侯,即周勃。绾皇帝玺,系持皇帝之印。北军,汉初京师宿卫军称呼。当时屯驻未央宫内外者称南军,屯驻未央宫北面军营者称北军,北军尤为宿卫军主力。 ⑤续之:指吴、楚等七国叛乱被平定后,景帝欲续封二国,使其后嗣袭爵。 ⑥窦太后(前205—前135):名猗房,文帝皇后、景帝生母。辅二帝治政,不喜儒学,崇尚黄老之术,以成文景之治。 ⑦吴王老人也:吴王,指刘濞(前215—前154)。因其为刘邦侄,且反叛时已六十二岁,故此称"老人"。 ⑧郅都害临江王:郅都,文帝时为侍从,景帝时历官中郎将、济南太守、中尉、雁门太守,以执法严厉著称。临江王,指景帝子刘荣(?—前148)。因郅都为中尉时,治其以宗庙地修建王宫之罪,遂自杀于中尉府中。 ⑨匈奴中都以汉法:意指匈奴以汉朝的法律诬陷郅都。中(zhòng),攻击、陷害之意。时郅都为雁门太守,为匈奴所惮,匈奴遂施离间计以陷之;而窦太后竟以此为借口杀郅都,实

因临江王之死而报怨。 ⑩王臧(?－前139)、赵绾(?－前139)：武帝即位初，皆以儒生受重用，分为郎中令、御史大夫。因推尊儒术，触怒好黄老的窦太后，均被罗织他事下狱，自杀于狱中。 ⑪窦婴、田蚡：窦婴(?－前131年)，字王孙，窦太后之侄，封魏其侯。武帝时官至丞相，因事与田蚡争辩于王太后(武帝生母)面前，言蚡之短，被借他罪弃市。田蚡(?－前131)，王太后同母异父弟，封武安侯。专横跋扈，武帝时亦官至丞相，陷窦婴于死后不久亦暴毙。 ⑫藉(jí)：凌辱。 ⑬韩嫣：武帝男宠，赐官上大夫。后以与宫女通奸，被太后赐死。 ⑭以上指江都王曾进京朝见，适见韩嫣车驾飞扬跋扈，大怒，遂请于王太后，要与韩嫣同为武帝宿卫，太后从此恨韩嫣。江都王(?－前127)，指景帝子、武帝兄刘非。繇，同"由"。衔，衔怨、怀恨。 ⑮使使：派遣使者。 ⑯张放：宣帝女、元帝妹敬武公主之子，以表兄弟为成帝男宠，官至光禄大夫。屡被成帝母王太后斥逐，又屡被成帝召回，及成帝崩，亦哭泣而死。 ⑰常：通"尝"，曾经。

田千秋　郅恽

汉武帝杀戾太子①，田千秋②讼太子冤曰："子弄父兵，当何罪？"③帝大感悟，曰："父子之间，人所难言也。公独明其不然，公当遂为吾辅佐。"遂拜为丞相。光武废郭后④，郅恽⑤言曰："夫妇之好，父不能得之于子，况臣能得之于君乎？是臣所不敢言。虽然，愿陛下念其可否之计，无令天下有议社稷而已。"帝曰："恽善恕己量主⑥。"遂以郭氏为中山王太后，卒以寿终。此二人者，可谓善处人骨肉之间，谏不费词，婉而能入⑦者矣。

[注释]①戾太子：即汉武帝故太子刘据(前128－前91)。为武帝嫡长子，元狩元年(前122)立为太子。因生母为卫皇后，时称卫太子。征和二年，

巫蛊之乱起,武帝被佞臣蒙蔽,发兵捕太子。太子举兵反抗,兵败逃亡,不久被追缉者发现,拒捕而自杀。宣帝时理其冤,追谥曰戾。 ②田千秋:史又称车千秋,战国时田齐后裔。汉武帝时以郎官身份上言太子被杀之冤,武帝感悟,立拜为大鸿胪。后为丞相十余年,封富民侯。晚年受优待,许其乘小车入宫,时人谓之车丞相,故又有车千秋之称。 ③此处引文,《汉书·车千秋传》原作:"子弄父兵,罪当笞;天子之子过误杀人,当何罪哉?"所说"子弄父兵""过误杀人",指卫太子擅用兵及捕杀佞臣事。 ④郭后(?—52):郭姓,名圣通,东汉光武帝首任皇后。建武二年(26)立为皇后,十七年废为其中子中山王刘辅之太后。后刘辅徙为沛王,又尊称沛太后。 ⑤郅恽:字君章,初举孝廉,刚直敢谏,后为皇太子侍讲,迁长沙太守。 ⑥恕己量主:意谓以推己及人的宽恕之心体谅人主之行事。贾谊《新书·道术》:"以己量人谓之恕。"又南宋蔡节《论语集说·里仁》:"自其即己之心以及物而言之则谓之恕。"量,体量,犹体谅。按《后汉书·郅恽传》原文:"帝曰:'恽善恕己量主,知我必不有所左右而轻天下也。'" ⑦入:入人之心,犹言使人听从。

戾 太 子

戾太子死,武帝追悔,为之族江充①家。黄门苏文助充谮太子,至于焚杀之。李寿加兵刃于太子,亦以他事族。田千秋以一言,至为丞相。又作思子宫,为归来望思之台②。然其孤孙③囚系于郡邸,独不能释之;至于掖庭令养视,而不问也。岂非汉法至严,既坐太子以反逆之罪,虽心知其冤,而有所不赦者乎?

[注释]①江充:字次倩,事武帝为直指绣衣使者,即构陷戾太子的佞臣。巫蛊之乱,奉武帝命捕太子,太子抗命,充举兵捕杀之。至武帝追悔杀太子,其全家亦被族诛。下述黄门苏文及李寿(时为新安县令)皆其党羽。 ②思

子宫,为归来望思之台:指武帝为追悔杀太子之事,在太子逃亡自杀之地所建的纪念宫室和坛台。其地在今河南灵宝市。 ③孤孙:指汉宣帝刘询(前91—前49)。原称刘病已,即帝位后改名询。为戾太子之孙,出生数月即遭巫蛊之祸,被关进郡邸狱中,赖廷尉监邴吉秘密保护,使二女囚哺育之,得以不死。武帝临终,仍据传言欲寻杀之,未果。久之得赦,被送养于其祖母的娘家,后又恢复其宗室属籍,养育于宫廷。至昭帝崩,无祀,由大将军霍光等主持,得以即帝位。

灌夫　任安

窦婴为丞相,田蚡为太尉,同日免。蚡后为丞相,而婴不用,无势,诸公稍自引而怠骜①,唯灌夫②独否。卫青③为大将军,霍去病④才为校尉,已而皆为大司马。青日衰,去病日益贵,青故人门下多去事去病,唯任安⑤不肯去。灌夫、任安,可谓贤而知义矣,然皆以他事卒不免于族诛,事不可料如此。

[注释]①诸公稍自引而怠骜:诸公,指朝廷大臣。稍:渐。自引而怠骜:自动退避远离而怠慢不恭敬。按:窦婴、田蚡事参见上《汉母后》条。　②灌夫(?—前131):字仲孺,本姓张,为汉初大将、丞相灌婴家臣之子,随主人改姓。历官中郎将、燕国相,后因与田蚡交恶而不薄窦婴,被以不敬之罪族诛。③卫青:见卷一《文繁简有当》条注。　④霍去病(前140—前117):为卫青外甥。初为卫青属下校尉,后亦官至大司马骠骑将军,俸禄与大将军同。　⑤任安:字少卿,早年为卫青舍人,后历郎中,累迁益州刺史。巫蛊之祸中被以"坐观成败"之罪处死。

单于朝汉

汉宣帝黄龙元年正月,匈奴单于来朝,二月归国,十二月帝崩。元帝竟宁元年正月,又来朝,五月帝崩。故哀帝时,单于愿朝,时帝被疾,或言匈奴从上游来厌人①,自黄龙、竟宁时,中国辄有大故。上由是难之,既不许矣,俄以扬雄之言,复许之②。然元寿二年正月,单于朝,六月帝崩。事之偶然符合,有如此者。

[**注释**]①此指迷信之人或说匈奴来朝,则中国亦将有灾祸。上游,此以地形言之。西北地形高于黄河中下游流域,故称上游。厌人,俗间指以诅咒或其他数术致人灾祸。　②复许之:其事参见上《汉采众议》条。

卷三

进 士 试 题

　　唐穆宗长庆元年，礼部侍郎钱徽知举①，放②进士郑朗③等三十三人。后以段文昌④言其不公，诏中书舍人王起⑤、知制诰白居易重试，驳放⑥卢公亮等十人，贬徽江州刺史。白公集有奏状论此事，大略云："伏料自欲重试进士以来，论奏者甚众。盖以礼部试进士，例许用书策⑦，兼得通宵⑧。得通宵则思虑必周，用书册则文字不错。昨重试之日，书策不容一字⑨，木烛只许两条⑩，迫促惊忙，幸皆成就，若比礼部所试，事校不同。"⑪及驳放公亮等敕文，以为《孤竹管赋》"出于《周礼》⑫正经，阅其程试之文，多是不知本末"⑬。乃知唐试进士许挟书及见烛如此。国朝淳化三年，太宗试进士，出《卮言日出赋》题，孙何等不知所出，相率扣殿槛，乞上指示之，上为陈大义。景德二年，御试《天道犹张弓赋》，后礼部贡院言："近年进士，惟钞略古今文赋，怀挟入试。昨者御试，以正经命题，多懵所出。"

则知题目不示以出处也。大中祥符元年,试礼部进士,内出《清明象天赋》等题,仍录题解,摹印以示之。至景祐元年,始诏御药院:"御试日,进士题目具经史所出,摹印给之,更不许上请。"⑭

[注释]①钱徽知举:钱徽(755—829),字蔚章,唐宪宗时累官翰林学士、中书舍人,穆宗时历迁礼部、工部侍郎,文宗太和初擢尚书左丞,以吏部尚书致仕。知举,主持科举考试。 ②放:指发榜公布中式录取者。 ③郑朗(?—856):字有融,宣宗时官至宰相。 ④段文昌(773—835):字墨卿,穆宗时官至宰相。 ⑤王起(760—847):字举之,武宗时官至尚书左仆射。 ⑥驳放:指已发榜中式者,经重试或审定又黜去。 ⑦许用书策:指考试可以携带的参考书。书策,同"书册"。 ⑧得通宵:指试题白天做不完,可在夜间燃烛接着做。 ⑨不容一字:指不准带字纸入考场。 ⑩木烛只许两条:木烛,古代用某种材料裹松脂等制成的照明火炬,犹后世之蜡烛。两条,或作三条。南宋程大昌《演繁露》云:"唐试,连夜以烛三条为限。《白乐天集》曰:试许烧木烛三条,烛尽不许更续。" ⑪按:以上引文见《白氏长庆集·论考试进士事宜状》,有节略。事校,指事体之规定。 ⑫《孤竹管赋》出于《周礼》:按:此所称"出于《周礼》",指《周礼·春官·大司乐》有"孤竹之管"四字,非是指试题出于《周礼》。《孤竹管赋》为是年进士试题。孤竹管,一种用优质的竹材制作的管乐器。 ⑬此处引文见《旧唐书·钱徽传》,末句作"都不知其本事"。 ⑭以上所述淳化三年、景德二年、大中祥符元年、景祐元年故事,均见《宋会要辑稿·选举一》。孙何(961—1004),字汉公,官至知制诰。

儒人论佛书

韩文公《送文畅序》①言儒人不当举浮屠②之说以告僧,其语云:"文畅,浮屠也,如欲闻浮屠之说,当自就其师而问之,何故谒吾徒而来请也?"元微之作《永福寺石壁记》③云:"佛书之妙奥,僧当为予言,予不当为僧言。"二公之语,可谓至当。

[注释]①《送文畅序》:韩愈《昌黎先生文集》题作《送浮屠文畅师序》,大意谓佛学有害于儒学,儒者对僧人当告之以儒家圣人之道,而不当与之论佛学。文畅,吴地僧人,多与士大夫游,喜作诗文。 ②浮屠:佛陀之异译,本指佛教创始人,后亦兼指佛教、佛教徒及佛塔等。 ③《永福寺石壁记》:元稹《元氏长庆集》题作《永福寺石壁法华经记》。

和《归去来》

今人好和《归去来词》①,予最敬晁以道②所言。其《答李持国③书》云:"足下爱渊明所赋《归去来辞》,遂同东坡先生和之,仆所未喻也。建中靖国间,东坡《和归去来》④初至京师,其门下宾客从而和者数人,皆自谓得意也,陶渊明纷然一日满人目前矣。参寥⑤忽以所和篇示予,率同赋⑥。予谢之曰:'童子无居位,先生无并行⑦,与吾师共推东坡一人于渊明间可也⑧。'参寥即索其文袖之⑨,出吴音曰:'罪过公⑩,悔不先与公话。'今辄以厚于参寥者为子言⑪。昔大宋相公谓陶公《归去来》是南北文章之绝唱,五经之鼓吹⑫。近时绘画《归去来》者皆作大圣变⑬,和其辞者如即事遣兴小诗,皆不得正中者也⑭。"

[注释]①《归去来词》:亦称《归去来兮辞》,东晋大诗人陶渊明的散文名作,被誉为中国古代山水田园诗派的最高成就。 ②晁以道:即晁说之

(1059—1129),字以道,北宋末历官中书舍人,南宋初官至徽猷阁待制。　③李持国:即李扶。南宋绍兴间进士,官至梧州知州。晁说之答书称之为"年侄",即同年进士之子。　④《和归去来》:即《苏文忠公全集·和归去来兮辞》,为苏轼流放海南时所作。　⑤参寥(1043—1106):北宋后期诗僧。法名道潜,赐号妙总大师,自号参寥子,与苏轼为忘形之交。　⑥率同赋:大略如同赋体文字。　⑦"童子"、"先生"句:用《论语·宪问》所载"阙党童子"典故,意指童子从学,踞坐不得与成人同位,走路不得与先生并行。喻在先辈面前要谦恭。　⑧句意谓能和《归去来兮辞》者唯苏东坡,他人实皆不必作。吾师,指参寥。　⑨袖之:藏之于衣袖中。　⑩罪过公:表示歉意之言。犹言罪过,罪过,打扰您了。　⑪"今辄"句:意指以对参寥所说的话复为李持国言之。辄,就。厚,兼指亲厚于参寥与李持国,故言无避讳。　⑫按:此所载语未详所出。大宋相公,疑指宋庠(996—1066)。初名郊,字伯庠,北宋仁宗天圣二年(1024)进士第一,与其弟宋祁同中举,时称"大宋"。后改名庠,字公序,官至宰相。五经之鼓吹:见《晋书·孙绰传》:"绝重张衡、左思之赋,每云《三都》《二京》,五经之鼓吹也。"　⑬句意谓时人据《归去来兮辞》所绘的陶渊明故事有类于佛教壁画。大圣变,指佛教壁画中描绘西方圣人故事的各种变异的通俗作品。　⑭句意指此类绘画及和辞不能体现陶渊明原作的精神风貌。正中,犹言恰当。

四 海 一 也

海一而已①。地之势,西北高而东南下,所谓东、北、南三海,其实一也。北至于青、沧则云北海②,南至于交、广则云南海③,东渐吴、越则云东海④,无由有所谓西海者。《诗》《书》《礼》经所载四海,盖引类而言之。《汉·西域传》所云蒲昌海⑤,疑亦渟居一泽⑥尔。班超遣甘英往条支⑦,临大海,盖即南海之西⑧云。

[注释]①海一而已:意指大陆周围的海水相连接,只是一个海。 ②青、沧则云北海:青、沧,泛指今河北青县、沧县一带,即今沧州地区。北海,实指古人所见渤海、黄海及想象中的青、沧以北大陆之外的大海。 ③交、广则云南海:交、广,交趾、广州,泛指今两广及越南北部地区。南海,即交、广所见之海。 ④吴、越则云东海:吴、越,泛指今东南沿海地区。东海,即今之东海。 ⑤蒲昌海:古亦称盐泽等,即今新疆境内的罗布泊。 ⑥渟居一泽:即聚水不流的一个内陆湖。 ⑦条支:西亚古国名,在今伊拉克境内。东汉和帝永元九年(97),西域都护班超遣其部属甘英出使大秦(即罗马),曾至此地,因临海受阻而返回。 ⑧南海之西:当是实指今波斯湾,洪迈以为即南海的西部水域。

李 太 白

世俗多言李太白在当涂采石①,因醉泛舟于江,见月影俯而取之,遂溺死,故其地有捉月台②。予按李阳冰③作《太白草堂集序》云:"阳冰试弦歌于当涂④,公疾亟⑤,草藁万卷,手集未修,枕上授简,俾为序。"又李华⑥作太白墓志,亦云"赋《临终歌》⑦而卒"。乃知俗传良不足信,盖与谓杜子美因食白酒牛炙而死者⑧同也。

[注释]①当涂采石:即今安徽马鞍山市区西南采石矶,旧属当涂县。②捉月台:俗亦称联璧台、舍身崖,在采石矶峭壁间。今台边有李白雕像,面向长江。传说李白于此跳江捉月,驾鲸升天。《旧唐书》本传只谓其"以饮酒过度醉死"。 ③李阳冰(níng):字少温,为李白族叔。历当涂县令,官至国子少监、集贤院学士,人称"李监"。为唐代著名书法家,篆书天下第一。所编《草堂集》为李白传世最早的诗集,其序述李白家世生平及该集的编纂源起等。 ④试弦歌:此用孔子弟子言偃(子游)为武城宰"弦歌而治"的典故(见

《论语·阳货》),代指为县令。　⑤疾亟:病危。亟,急。　⑥李华:字遐叔,唐开元进士,天宝中官至吏部员外郎。安史之乱时被授伪官,事平,得从轻发落,卒于家。其所作《故翰林学士李君墓志(并序)》见宋刻本《李太白集》卷一。　⑦《临终歌》:传世《李太白集》作《临路歌》,疑"路"为"终"字之讹。其词云:"大鹏飞兮振八裔,中天摧兮力不济。余风激兮万世,游扶桑兮挂左袂。后人得之传此,仲尼亡兮谁为出涕。"　⑧《旧唐书·杜甫传》及《新唐书》本传皆谓杜甫因食烤牛肉及饮酒大醉而死。

太白《雪谗》

李太白以布衣入翰林①,既而不得官。《唐史》言高力士以脱靴②为耻,摘其诗以激杨贵妃,为妃所沮止③。今集中有《雪谗诗》一章,大率载妇人淫乱败国,其略云:"彼妇人之猖狂,不如鹊之强强。彼妇人之淫昏,不如鹑之奔奔④。坦荡君子,无悦簧言⑤。"又云:"妲己⑥灭纣,褒女⑦惑周……汉祖吕氏,食其在傍⑧;秦皇太后,毒亦淫荒⑨。蟂蜻作昏,遂掩太阳⑩;万乘尚尔,匹夫何伤⑪!词殚意穷,心切理直,如或妄谈,昊天是殛⑫。"予味此诗,岂非贵妃与禄山淫乱⑬,而白曾发其奸乎?不然,则"飞燕在昭阳"⑭之句,何足深怨也?

[注释]①指李白供奉于翰林院,为唐玄宗文学侍从。　②脱靴:史载李白醉酒于宫殿上,曾令宦官首领高力士给自己脱靴子。　③沮止:抑制阻止。此指玄宗欲任用李白,被杨贵妃的谗言所阻止。　④以上四句用《诗·墉风·鹑之奔奔》的"鹑之奔奔,鹊之强强"喻指杨贵妃。原诗小序以为其诗是讽刺卫宣公夫人姜氏(宣姜)与公子顽之淫乱的,指称其事连鸟鹊也不如。奔

奔、强强，皆指鸟之雌雄相随不离、双飞双宿貌。 ⑤簧言：巧舌如簧之言。簧，笙、竽类乐器中用以发声的薄片。 ⑥妲己：殷纣王之妃。相传纣王因宠妲己而荒废国政。 ⑦褒女：即褒姒，周幽王之妃。相传幽王为讨其欢心，举烽火以戏诸侯，导致西周灭亡。 ⑧此二句指汉高祖之妻吕后与其亲信审食其(shěn yì jī)私通之事。《史记·吕后本纪》谓审食其以辟阳侯为左丞相，"不治事，令监宫中，如郎中令，食其故得幸太后，常用事"。傍，通"旁"。 ⑨此二句指秦王政之母与假宦官嫪毐(lào ǎi)私通之事。史载太后与嫪毐生有二子而私藏之，秦王政发觉后，发兵捕嫪毐而族诛之，二子亦被杀。 ⑩古人谓虹霓为阴阳交汇之气，故分雌雄，若雌霓盛则致天色昏暗，其气可掩蔽阳气。蝃蝀(dì dōng)，虹的别称。太阳，即"大阳"，指旺盛的阳气。 ⑪此二句意谓：人主宫廷的妇道尚如此，若平民百姓之家亦如此，将会造成什么样的伤害！ ⑫以上四句意谓：我欲雪谗辩白，虽辞竭意窘，但心恺切，理正直，如有一句不实之词，愿受上天惩罚。殚，尽。殛(jí)，惩罚。 ⑬此句意指野史所传的杨贵妃与安禄山有不正当男女关系。 ⑭飞燕在昭阳：此为李白《宫中行乐词》中语，指汉成帝宠幸宫女(后为皇后)赵飞燕之事。昭阳，宫名。

冉有问卫君

冉有曰："夫子为卫君乎①？"子贡曰："吾将问之。"入，曰："伯夷、叔齐②，何人也？"曰："古之贤人也。"曰："怨乎？"曰："求仁而得仁，又何怨？"出曰："夫子不为也。"说者皆评较蒯聩、辄之是非③，多至数百言，惟王逢原④以十字蔽⑤之，曰"贤兄弟让，知恶父子争矣"⑥，最为简妙。盖夷、齐以兄弟让国，而夫子贤之，则不与卫君⑦，以父子争国可知矣。晁以道亦有是语，而结意不同。尹彦明⑧之说，与逢原同。唯杨中立云："世之说者，以谓善兄弟之让,则恶父子之争可知,失其旨矣。"其意为不可晓。

[注释]①此"冉有曰"谓冉求问子贡,孔子在卫,是否会帮助卫出公辄。冉有,即冉求(前522－前489),字子有,孔子弟子,曾为鲁国执政贵族季氏家臣。为,助。卫国事参见注③。按:本条自此以下,至"夫子不为也",皆为《论语·述而》原文,唯"子贡曰"下省略一"诺"字。 ②伯夷、叔齐:相传为商末孤竹君之子,于父死后,兄弟二人因继位问题相互谦让,遂皆出逃。又传周武王灭商后,二人耻食周粟,相携饿死于首阳山。 ③评较蒯聩、辄之是非:蒯聩、辄,即卫庄公蒯聩及其子出公辄(又称卫辄)。评较,评价比较。初,蒯聩为卫灵公太子,因仇视灵公夫人南子而设计欲杀之,事败,先逃奔宋国,又投奔晋国赵氏。及灵公去世,卫辄继位,赵简子欲送蒯聩回国争位,被卫辄派兵阻击,蒯聩遂据地自保。后蒯聩潜回卫国都城发动政变夺位,是为庄公,卫辄出奔齐国。三年后,庄公又被赵简子逼迫出逃。不久齐伐卫,立公子起(庄公弟),后卫人又逐公子起而迎出公辄复辟。 ④王逢原:即王令(1032－1059)。北宋学者,为王安石早年好友。初字钟美,后改字逢原,幼孤,有学行,以困苦早卒。 ⑤蔽:概括。 ⑥此十字意谓孔子既以伯夷、叔齐兄弟相互谦让为贤,则自会憎恶卫国之父子相争。恶(wù)憎恶。 ⑦不与卫君:指不会帮助相互争夺君位的卫国君主。 ⑧尹彦明:与下文杨中立,并见《信近于义》条。

《商颂》

宋自微子至戴公①,礼乐废坏。正考甫②得《商颂》十二篇于周之太师,后又亡其七,至孔子时,所存才五篇尔。宋,商王之后也,于先代之诗如是,则其他可知。夫子所谓"商礼吾能言之,宋不足征也"③,盖有叹于此。杞以夏后之裔,至于用夷礼④,尚何有于文献哉?郯国小于杞、宋,少昊氏远于夏、商,而凤鸟名官,郯子枚数不忘,曰:"吾祖也,我知之。"⑤其亦贤矣。

[注释]①微子至戴公:微子,商末纣王长兄,因纣王无道而出逃,入周后受封于宋,为宋国第一位君主。戴公(？—前766),西周时宋国第十一位君主,前799年即位。 ②正考甫:亦作正考父,孔子八世祖。《诗经·商颂》小序谓其在戴公时,曾得《商颂》十二篇于周王朝的太师,以《那》为首,经校正后用以祭祀故商先公先王。传世《诗经·商颂》只有五篇,因后人以为《诗经》由孔子整理而成,故谓《商颂》到孔子时已佚去七篇,仅存五篇。 ③语出《论语·八佾》。原文:"夏礼吾能言之,杞不足征也;殷礼吾能言之,宋不足征也。文献不足故也,足则吾能征之矣。"意谓夏代、商代的礼制虽尚可言,且在各自的后裔杞国、宋国仍有保存,但因传世文献不足,已不能详细征实而恢复。 ④《左传》僖公二十三年:"杞,夷也。"杜预注:"成公始行夷礼以终其身。"按:杞国始居中原,后来东迁至今山东境内,渐从当地风俗,故史称其用夷礼。 ⑤以上用《左传》昭公十七年所记郯国国君的故事。时郯子访问鲁国,叙及其远祖少昊氏的"鸟官"传说,史载"仲尼闻之,见于郯子而学之",因而有"天子失官,学在四夷"的慨叹。

俗语有所本

俗语谓钱一贯有畸①曰千一、千二,米一石有畸曰石一、石二,长一丈有畸曰丈一、丈二之类。按《考工记》②:"殳③长寻④有四尺。"注云:"八尺曰寻,殳长丈二。"《史记·张仪传》"尺一之檄"⑤,汉淮南王安书云"丈一之组"⑥,《匈奴传》⑦"尺一牍"⑧,《后汉》"尺一诏书",唐城南"去天尺五"⑨之类,然则亦有所本云。

[注释]①畸：零头。　②《考工记》：古代记手工工艺的著作，汉以后被附于《周礼》之末。　③殳：(shū)：古代用作兵器的长矛。用竹木制成，有棱无刃。　④寻：古代长度单位，一寻为八尺。　⑤尺一之檄：今本《史记·张仪传》只作"文檄"，《集解》引徐广曰一作"尺一之檄"。檄，古代军事文书之称。　⑥丈一之组：《汉书·严助传》及古籍所引皆作"方寸之印，丈二之组"，唯洪迈引作"丈一"，或是误引或误刻。组，指印绶，即系印的丝带。　⑦《匈奴传》：指《汉书·匈奴转》。　⑧牍：木制的书写板片。　⑨去天尺五：杜甫诗《赠韦七赞善》有"时论同归尺五天"之句，原注云："俚语曰：'城南韦、杜，去天尺五。'"此俚语本意指唐代长安城南韦、杜望族的居地迫近帝都，其族望亦仅在皇族之下。

鄱　阳　学

鄱阳学在城外东湖之北，相传以为范文正公①作郡守时所创。予考国史，范公以景祐三年乙亥岁四月知饶州，四年十二月诏"自今须藩镇②乃得立学，他州勿听"，是月范公移润州③。余襄公④集有《饶州新建州学记》，实起于庆历五年乙酉岁，其郡守曰都官员外郎张君⑤。其略云："先是，郡先圣祠宫⑥栋宇隳剥⑦，前守亦尝相土⑧而未遑缔治⑨，于是即其基于东湖之北偏而经营之。"浮梁⑩人金君卿⑪郎中作《郡学庄田记》云："庆历四年春，诏郡国立学，时守都官副郎⑫张侯谭始营之，明年学成。"与余公记合。范公在饶时，延君卿置馆舍，使公有意建学，记中岂无一言及之？盖是时公既为执政，去郡十年矣。所谓前守相土者，不知为何人。

[注释]①范文正公:即范仲淹。《江西通志》卷十八载:"饶州府儒学旧在县治东,宋景祐间范仲淹知饶州,指城外督军湖北可立学,未及迁代去。庆历间州守张谭成其意,学徒几千人。" ②藩镇:宋代指地处要冲而设节度使(宋代为寄禄官)的大郡(府和州)。 ③润州:治今江苏镇江。 ④余襄公:即余靖(1000—1064)。本名希古,字安道,号武溪,官至经略安抚使。谥曰襄,世称余襄公,有《武溪集》传世。 ⑤张君:即张谭,下文称"张侯谭"。天圣五年(1027)进士,庆历间知饶州兼提举金银铜坑冶公事。 ⑥先圣祠宫:指孔庙建筑。 ⑦隳剥:损坏剥落。 ⑧相土:指勘察建学地址。 ⑨缔治:《武溪集》作"缔构",即建置构筑。 ⑩浮梁:即今江西浮梁。 ⑪金君卿:字正叔,庆历二年(1042)进士,累官江南西路提点刑狱、度支郎中。 ⑫副郎:即员外郎。

国忌休务①

《刑统》②载唐大和七年敕:"准令,国忌日唯禁饮酒举乐。至于科罚人吏,都无明文,但缘其日不合厘务③,官曹即不得决断刑狱。其小小笞责,在礼律固无所妨。起今以后,纵有此类,台府更不要举奏。"《旧唐书》载此事,因御史台奏均王傅王堪男国忌日于私第科决作人④,故降此诏。盖唐世国忌休务,正与私忌义等,故虽刑狱,亦不决断,谓之不合厘务者此也。今在京百官,唯双忌作假⑤,以其拜跪多,又昼漏⑥已数刻⑦;若单忌,独三省归休耳,百司坐曹决狱,与常日亡异,视古谊⑧为不同。元微之诗云:"缚遣推囚名御史,狼藉囚徒满田地,明日不推缘国忌"⑨,又可证也。

[注释]①国忌休务:指已故皇帝、皇后的忌日停止公务。 ②《刑统》:指《宋刑统》,为宋代主要法典,今存。"刑统"是我国古代刑法和刑律统类的简称,犹刑事法规的汇编兼训释。《宋刑统》大致沿用《唐律疏议》,而有增删改动。 ③不合厘务:即不应处理公务。 ④均王傅王堪男句:均王傅王堪男,指均王李纬的师傅王堪之子王祯。李纬,唐顺宗第三子。王堪,文宗太和中累官将作监,以事责授太子宾客,旋改为均王傅,后历岳州、澧州刺史。科决:审理判决。作人:《旧唐书·文宗纪》作"罚人",《文献通考·刑考·刑制》引作"杖人",他书或又作"从人""下人"。按:"作人"即役人,为唐宋俗语。时王堪以修奉太庙弛慢罚俸改官,故其子王祯于私第科决下人,所处罚者当即修太庙工匠。《刑统》载原敕令作"作人",当不误。 ⑤双忌作假:宋代历世帝、后的忌日,若某日只为某人忌日,称"单忌"或"只忌";若有二人忌日在同日者,称"双忌";若有三人之忌日在同日,则称"三忌"。旧时代国忌有繁琐的礼仪,朝廷百官都要参加。作假:放假。 ⑥昼漏:指白天的时间。漏,指计时的漏壶。 ⑦数刻:古代分一昼夜为百刻,每刻近于今时的十五分钟,则数刻即当一小时左右。 ⑧谊:通"义"。 ⑨此所引诗句出元稹诗《辛夷花》,第三句下原接"依前不得花前醉"一句。

汉昭、顺二帝

汉昭帝年十四,能察霍光①之忠,知燕王②上书之诈,诛桑弘羊③、上官桀④,后世称其明。然和帝时,窦宪⑤兄弟专权,太后临朝,共图杀害⑥,帝阴知其谋,而与内外臣僚莫由亲接,独知中常侍郑众⑦不事豪党,遂与定议诛宪,时亦年十四。其刚决不下昭帝,但范史⑧发明不出⑨,故后世无称焉。顺帝时,梁商⑩为大将军辅政,商以小黄门曹节⑪用事于中,遣子冀⑫与交友,而宦官忌其宠,反欲害之。中常侍张逵、蘧政、杨定[13]等与左右连谋,共谮商及中常侍曹腾、孟贲[14],云欲议废立,请收商等按罪。帝曰:"大将军父子我所亲,腾、贲我所爱,必无是,但汝曹共妒之耳。"逵等知言不用,遂出矫诏收缚腾、贲。帝震怒,收逵等杀之。此事尤与昭帝相类。霍光忠于国而为子禹[15]覆其宗,梁商忠于国而为子冀覆其宗,又相似。但顺帝复以政付冀,其明非昭帝比,故不为人所称。

[注释]①霍光(?—前68):字子孟,汉武帝死后受命辅昭帝,执汉室政柄近二十年。 ②燕王:指刘旦(?—前80)。武帝子,于武帝死后欲夺位,事败自杀。 ③桑弘羊(前152—前80):武帝时著名财政大臣,官至御史大夫。武帝死后,因卷入燕王谋反事件被杀。 ④上官桀:初以左将军助霍光辅政,后以附会燕王夺位之谋被杀。 ⑤窦宪(?—92):字伯度,和帝生母窦太后之兄。以外戚执朝政,后在宫廷斗争中被逼自杀。 ⑥共图杀害:指欲谋害和帝。 ⑦郑众(?—114):字季产,和帝时宦官首领。助和帝定计,一举诛灭专权的窦氏族党。 ⑧范史:指范晔《后汉书》。 ⑨发明不出:指对和帝灭窦氏之事未指出其果决。 ⑩梁商(?—141):字伯夏,顺帝梁皇后之父。执政时为人低调。 ⑪曹节:顺帝时为小黄门,桓帝时为宦官首领。曾大兴党锢之祸,自为尚书令。 ⑫冀:梁冀(?—159)。字伯卓,顺帝、桓帝时以外戚专权近二十年,气焰熏天,于其妹梁太后死后被杀。 ⑬张逵、蘧政、杨定:皆为顺帝时宦官,永和四年(139)俱以陷害梁商等被诛。 ⑭曹腾、孟贲:亦为宦官。按:腾为曹节养子,其本人又有养子嵩,嵩即三国曹操之父。 ⑮禹:霍禹(?—前66)。霍光长子。其父死后,官至大司马,无兵权,不久被以谋反罪腰斩。

三女后之贤

王莽女[1]为汉平帝后,自刘氏之废[2],常称疾不朝会。

莽敬惮伤哀,欲嫁之,后不肯。及莽败,后曰:"何面目以见汉家!"自投火中而死。杨坚女③为周宣帝后,知其父有异图,意颇不平,形于言色。及禅位④,愤惋愈甚。坚内甚愧之,欲夺其志⑤,后誓不许,乃止。李昇女⑥为吴太子琏妃,昇既篡吴,封为永兴公主。妃闻人呼公主,则流涕而辞。三女之事略同,可畏而仰。彼为其父者,安所置愧乎!

[注释]①王莽女:指王莽长女。汉平帝即位,王莽设变诈选为皇后,时平帝仅九岁。六年后平帝死,不肯再嫁。及王莽被杀,汉兵焚未央宫,自投火死。 ②刘氏之废:指王莽篡汉,刘氏政权被废。 ③杨坚女(561—609):指隋文帝杨坚长女,名丽华,北周宣帝宇文赟为太子时嫁为太子妃,赟即位后立为皇后。及赟死,入隋,封乐平公主,誓不嫁,年四十九病卒于河西。 ④禅位:指隋文帝以北周禅位名义自立为帝。 ⑤欲夺其志:指欲再嫁之。 ⑥李昇女:指五代南唐烈祖李昇(即徐知诰)第四女,李昇臣属杨氏吴国时,嫁于吴睿宗太子杨琏。及李昇篡吴建南唐,封为永兴公主,不从杨琏离婚请求,随夫贬居外地。不久杨琏暴卒,其自回金陵,誓不再嫁,年二十四无疾而卒。

贤父兄子弟

宋谢晦①为右卫将军,权遇已重,自彭城还都,迎家,宾客辐凑。兄瞻②惊骇曰:"汝名位未多,而人归趣③乃尔,此岂门户之福邪?"乃以篱隔门庭,曰:"吾不忍见此。"又言于宋公裕④,特乞降黜,以保衰门。及晦立佐命功,瞻意忧惧,遇病不疗而卒,晦果覆其宗。颜竣⑤于孝武有功,贵重,其父延之⑥,常语之曰:"吾平生不喜见要人,今不幸见汝。"尝早诣竣,见宾客盈门,竣尚未起。延之怒,曰:"汝出粪土之中,升云霞之上,遽骄傲如此,其能久乎?"竣竟为孝武所诛。延之、瞻可谓贤父兄矣。隋高颎⑦拜为仆射,其母戒之曰:"汝富贵已极,但有一斫头⑧尔。"颎由是常恐祸变。及罢免为民,欢然无恨色,后亦不免为炀帝所诛。唐潘孟阳⑨为侍郎,年未四十,母曰:"以尔之材而位丞郎,使吾忧之。"严武⑩卒,母哭曰:"而今而后,吾知免为官婢⑪。"三者可谓贤母矣。褚渊⑫助萧道成篡宋为齐,渊从弟炤⑬谓渊子贲⑭曰:"不知汝家司空,将一家物与一家⑮,亦复何谓?"及渊为司徒,炤叹曰:"门户不幸,乃复有今日之拜。"渊卒,世子贲耻其父失节,服除,遂不仕,以爵与其弟,屏居终身。齐王晏⑯助明帝夺国,从弟思远⑰曰:"兄将来何以自立?若及此引决,犹可保全门户。"及拜骠骑将军,集会子弟,谓思远兄思微⑱曰:"隆昌之末,阿戎劝吾自裁。若从其语,岂有今日?"思远曰:"如阿戎所见,今犹未晚也。"晏叹曰:"世乃有劝人死者。"晏果为明帝所诛。炤、贲、思远可谓贤子弟矣。

[**注释**]①谢晦(390—426):字宣明,南朝刘宋开国大臣。武帝刘裕死后,参与皇位废立,弑少帝。文帝时举兵抗命,兵败被诛。 ②瞻:谢瞻(387—421)。字宣远,谢晦三兄。东晋末官至相国从事中郎,刘宋建立后自请为豫章太守,以疾卒。 ③趣:通"趋"。 ④宋公裕:即刘裕。 ⑤颜竣(?—459):字士逊,刘宋孝武帝时重臣。以谏阻孝武帝之淫暴得罪,被下狱赐死。 ⑥延之:颜延之(384—456)。字延年,刘宋孝武帝时官至光禄大夫。以文学著称,诗作与谢灵运并称"颜谢"。 ⑦高颎(541—607):字昭玄,隋文帝时大臣。为宰相近二十年,功勋卓著。晚年以反对废黜太子杨勇,被除名为民。及炀帝杨广即位,以谤讪朝政罪被杀。 ⑧但有一斫头:只欠砍头之

意。 ⑨潘孟阳(？—815)：唐理财家刘晏外孙。德宗末为户部侍郎,时年未四十。宪宗时屡历他职,又两次复召为户部侍郎。 ⑩严武(726—765)：字季鹰,唐玄宗时尚书左丞严挺之之子。安史之乱时随玄宗至蜀,久任剑南节度使。代宗时官至吏部侍郎,复为成都尹,年四十暴卒。 ⑪免为官婢：意谓子死后不会再触罪,为母者可免于因此而被罚没为官府奴婢。 ⑫褚渊(435—482)：字彦回,刘宋文帝女婿。明帝时迁吏部尚书、尚书右仆射,后助萧道成(齐高帝)篡宋建齐,由司空进位司徒。 ⑬炤：褚炤,字彦宣,刘宋时历安成郡守,后以不满于褚渊事宋、齐二代,不仕。"炤"亦作"昭"。 ⑭贲：褚贲(？—489),字蔚先,褚渊长子。愧恨其父背宋事齐,齐授以官职,称疾不赴。后有病,绝食死。 ⑮将一家物与一家：指把一家政权送予另一家。 ⑯王晏(？—495)：字士彦,南齐武帝时重臣,官至尚书右仆射。武帝死后,助明帝萧鸾夺位,进号骠骑大将军,旋以萧鸾之疑忌被杀。 ⑰思远：王思远(451—500)。小字阿戎。南齐明帝即位初授司徒左长史,东昏侯萧宝卷永元二年官至度支尚书,未拜而卒。 ⑱思微：王思微(？—约501)。永元中为江州长史,后为叛将陈伯之所杀。

蔡君谟帖

蔡君谟①一帖云："襄昔之为谏臣,与今之为词臣②,一也③。为谏臣有言责,世人自见疏；今无是焉,世人见亲。襄之于人,未始异之,而人之观故有以异④也。"观此帖,乃知昔时居台谏者,为人所疏如此,今则反是。方为此官时,其门挥汗成雨⑤,一徙他局,可张爵罗⑥,风俗偷薄⑦甚矣。又有送荔枝与昭文相公⑧一帖云："襄再拜,宿来伏惟台候起居万福⑨。闽中荔枝,唯陈家紫⑩号为第一,辄献左右,以伸野芹之诚⑪,幸赐收纳。谨奉手状上闻,不宣⑫。襄上昭文相公阁下。"是时侍从与宰相往还,其礼盖如是。今之不情苛礼⑬,吁,可厌哉!

[注释]①蔡君谟:即蔡襄(1012—1067),字君谟,北宋著名书法家。历知谏院,累官至翰林学士、三司使。 ②词臣:指翰林学士。 ③一也:指为人处世前后一致,未尝有变化。 ④人之观故有以异:他人的看法反而有所不同。故,通"顾",反。 ⑤挥汗成雨:喻人多而拥挤,挥洒汗水如雨。犹言门庭若市。 ⑥可张爵罗:庭院可张网捕鸟,喻门庭冷落。爵,通"雀"。罗,网。 ⑦偷薄:指人情苟且而淡薄。 ⑧昭文相公:居首位的宰相之称。疑指张士逊(964—1049)。士逊字顺之,仁宗天圣中及宝元间曾两任宰相,蔡氏《端明集》有《谢昭文张相公启》。 ⑨"宿来"句:古人书信敬语,问候近日平安之意。 ⑩陈家紫:亦称"陈紫"。福建荔枝名品,晚熟,大而色鲜皮薄,香味清远。蔡襄有《荔枝谱》一卷。 ⑪野芹之诚:见《列子·杨朱》。用农夫献水芹菜于乡豪的典故,喻赠人礼品的微薄和诚意。 ⑫不宣:古人书信谦辞,犹言对方已领会诚意而不再详说。 ⑬不情苛礼:指相互往来苛求礼品的档次,以致不通人情。

亲王与从官往还

神宗有御笔①一纸,乃为颍王时封还李受门状者②。状云"右谏议大夫天章阁待制兼侍讲李受起居皇子大王"③,而其外封④题曰"台衔回纳"⑤,下云"皇子忠武军节度使检校太尉同中书门下平章事上柱国颍王名谨封"⑥,名乃亲书。其后受之子覆以黄缴进⑦,故藏于显谟阁。先公得之于燕⑧,始知国朝故事,亲王⑨与从官⑩往还公礼⑪如此。

[注释]①御笔:指皇帝手笔书札。 ②按神宗为颍王时此帖实为答谢李受问候起居门状的回帖。颍王,宋神宗即位前封号。英宗治平元年(1064)进封颍王,三年立为皇太子。封还,缄封退还。李受(?－1073),字益之,英宗时官至右谏议大夫、天章阁待制兼侍讲(一作侍读),屡乞致仕。神宗即位,进给事中、龙图阁直学士兼侍读,以年老辞,拜刑部侍郎致仕。卒赠工部尚书。门状,又称"名刺""名纸""名帖""门帖"等,如今之名片,一般在下属求见上司时使用,上司准见则画押许进,否则退回。南宋岳珂《宝真斋法书赞》卷一《历代帝王帖·真宗皇帝南牙谢访状》云:"书名封还门状而不答,治平之故事也。"书名,指亲笔署名。 ③起居皇子大王:起居,用作动词,指问候起居。皇子大王,对皇子受封为王者的尊称。 ④外封:犹今之信封。 ⑤台衔回纳:此用作封面所提收件人之语。台衔,敬辞,为对方官衔称谓的省略语;如李受,即代指其"右谏议大夫天章阁待制兼侍讲"之衔。台,古人表敬用字,如"台鉴""台甫""台兄"之类。 ⑥句中"名"字,今本《随笔》作大字,《宝真斋法书赞》仍用小字。此为作者因避讳书写神宗之名,故省去之而加注"名"字。下谓"名乃亲书"为补充说明。 ⑦覆以黄缴进:指以黄纸重录而覆盖于原件之上,一起上进于朝廷。黄,宋人称"书黄""录黄""画黄"等,即以黄纸另录之意。 ⑧先公得之燕:指神宗此札在靖康之变后流落燕京(今北京),洪皓使金而后被徙于燕京时得之。 ⑨亲王:宋代一般指皇帝之兄、弟、子为王者。 ⑩从官:指宋人所称的侍从官。一般指大侍从,即侍郎以上及带待制以上职衔的官员。 ⑪公礼:指公事公办的礼节,以区别于私相往来的礼节。

《三传》记事

秦穆公袭郑①、晋纳邾捷菑②,《三传》所书略相似。

《左氏》书秦事曰:"杞子③自郑告于秦曰:'潜师以来,国可得也。'穆公访诸蹇叔④,蹇叔曰:'劳师以袭远,非所闻也。且行千里,其谁不知!'公辞⑤焉,召孟明⑥出师。

蹇叔哭之曰：'孟子，吾见师之出，而不见其入也。'公曰：'尔何知？中寿，尔墓之木拱矣⑦。'蹇叔之子与师，哭而送之，曰：'晋人御师⑧必于殽。殽有二陵焉，必死是间，余收尔骨焉。'秦师遂东。"《公羊》曰："秦伯将袭郑，百里子与蹇叔子⑨谏曰：'千里而袭人，未有不亡者也。'秦伯怒，曰：'若尔之年者，宰⑩上之木拱矣，尔曷⑪知？'师出，百里子与蹇叔子送其子而戒之，曰：'尔即死，必于殽嵚岩⑫，吾将尸⑬尔焉。'子揖师而行，百里子与蹇叔子从其子而哭之。秦伯怒，曰：'尔何为哭吾师？'对曰：'臣非敢哭君师，哭臣之子也。'"《谷梁》曰："秦伯将袭郑，百里子与蹇叔子谏曰：'千里而袭人，未有不亡者也。'秦伯曰：'子之冢木已拱矣，何知？'师行，百里子与蹇叔子送其子而戒之，曰：'女⑭死，必于殽之岩唫⑮之下，我将尸女。'于是师行，百里子与蹇叔子随其子而哭之。秦伯怒，曰：'何为哭吾师也？'二子曰：'非敢哭师也，哭吾子也。我老矣，彼不死则我死矣。'"

其书郤事，《左氏》曰："邾文公元妃齐姜生定公，二妃晋姬生捷菑。文公卒，邾人立定公，捷菑奔晋，晋赵盾⑯以诸侯之师八百乘纳⑰之。邾人辞曰：'齐出貜且长⑱。'宣子曰：'辞顺⑲而弗从，不祥。'乃还。"《公羊》曰："晋郤缺⑳帅师，革车八百乘，以纳接菑㉑于邾娄㉒，力沛然若有余而纳之㉓。邾娄人辞曰：'接菑，晋出也；貜且，齐出也。子以其指，则接菑也四，貜且也六；子以大国压之，则未知齐、晋孰有之也。贵则皆贵矣，虽然，貜且也长。'㉔郤缺曰：'非吾力不能纳也，义实不尔克㉕也。'引师而去之。"《谷梁》曰:"长毂㉖五百乘,绵地千里,过宋、郑、滕、薛,复㉗入千乘之国,欲变人之主,至城下然后知㉘,何知之晚也?捷菑,晋出也;貜且,齐出也。貜且,正㉙也;捷菑,不正也。"

予谓秦之事,《谷梁》纡余㉚有味;邾之事,《左氏》语简而切。欲为文记事者,当以是观之。

[注释]①秦穆公袭郑:指公元前627年秦、晋殽(xiáo)之战时事。是时晋文公去世,秦穆公为争霸中原,遂遣孟明视、西乞术(zhú)、白乙丙三将,率大军偷越晋国南境,长途东攻,欲袭灭郑国。晋国为维护霸业,待秦军灭郑不成而回师时,乃于崤山(在今河南灵宝、三门峡市陕州区南)据险设伏而击之,一举全歼秦军,其三将亦皆被俘。 ②晋纳邾捷菑(zī):指公元前613年晋国欲送还捷菑为邾君之事。邾文公二子,貜且(jué jū)为嫡长子,于文公卒后以太子即位,是为邾定公;其弟捷菑因是晋姬所生,遂奔晋,欲借晋国势力回国夺位。晋国执政赵宣子亲自率兵护送捷菑回国,由于邾人据理力争,晋人理屈,不得不终止对邾国君位的干涉。 ③杞子:秦国大夫。先是晋、秦围郑,郑说服秦退兵,秦于是留杞子等助郑防守,掌管郑都城北门。越二年,杞子乃密报秦穆公,若派大军偷袭,即可占领郑国。 ④蹇叔:秦国上大夫,有贤名。 ⑤辞:指不接受劝说。 ⑥孟明:即孟明视。姜姓,百里氏,名视,字孟明。秦穆公时主持国政的上大夫百里奚之子。殽之战被俘,后被晋国放回,三年后随穆公攻晋复仇,大败晋军。 ⑦此为秦穆公讥讽蹇叔年老已昏聩无知之语,意谓:你又如何知道我师不能凯旋?像你这样中寿的年龄,墓地上的树木早该合抱粗了。中寿,中等寿命。古人或以百岁为长寿,而指六十岁以上八十岁以下为中寿。疑蹇叔时年已不低于六十岁。拱,两手合抱的尺度。 ⑧御师:指抵御我师(秦军)。 ⑨百里子与蹇叔子:指百里奚与蹇叔。此二名下后缀的"子"字为敬称。百里奚(约前700-前621),百里氏,名奚,字子明。原为虞国大夫,虞亡后被晋国作为陪嫁之臣送到秦国,不久逃至楚国为人喂牛。后秦穆公闻其贤,派人用五张黑公羊皮将他换回,命为上大夫,时称"五羖大夫",助穆公称霸西戎。 ⑩宰:指冢墓。按:《公羊传》旧注或谓"宰,冢也",或是由"冢宰"一词言之。实则"宰"字不通"冢",疑此"宰"字为

《公羊传》古本"冢"字之讹。 ⑪曷:通"何"。 ⑫嵚(qīn)岩:指险峻的山崖。"嵚""岩"皆为险峻之意。 ⑬尸:用作动词,指收尸。 ⑭女:通"汝",你,你们。 ⑮岩唫:意同"嵚岩"。"唫"当是"崟"字之讹,即古"嵚"字。 ⑯赵盾(前655－前601):即赵宣子,晋国正卿。 ⑰纳之:即送之回邾国。 ⑱齐出貜且长:指邾文公元配齐国姜姓之女所生的貜且为长子。 ⑲辞顺:指言词正当有理。 ⑳郤缺(?－约前597):即郤成子。晋国上卿,曾为中军元帅。 ㉑接菑:即捷菑。 ㉒邾娄:邾国的别称。 ㉓力沛然若有余而纳之:指军力充盛,纳之而有余。 ㉔以上"辞曰"意谓:捷菑为晋女所生,貜且为齐女所生。您要是按指定谁该继位的诸侯国来看,指定捷菑的有四国,指定貜且的有六国;您要是以为可以由大国出兵压境来决定谁为邾君,则齐、晋两大国谁能胜出也还说不定。二人都身份高贵,虽然如此,毕竟貜且年长。 ㉕义实不尔克:意指按义理确实不能胜过你们。 ㉖长毂:本指较长的毂(车轮中心安装辐条的圆木),毂长则行车安稳。此代指优异的兵车。 ㉗夐(xiòng):远。 ㉘知:指知其不可。 ㉙正:指为嫡长子当继位。 ㉚纡余:委婉舒缓。

张　嘉　贞

　　唐张嘉贞①为并州长史、天兵军使②,明皇欲相之而忘其名,诏中书侍郎韦抗③曰:"朕尝记其风操,今为北方大将,张姓而复名④,卿为我思之。"抗曰:"非张齐丘⑤乎?今为朔方节度使。"帝即使作诏以为相。夜阅大臣表疏,得嘉贞所献,遂相之。议者谓明皇欲大用人,而卤莽若是,非得嘉贞表疏,则误相齐丘矣。予考其事,大为不然。按开元八年嘉贞为相,而齐丘以天宝八载始为朔方节度,相去三十年,安得如上所云者! 又是时明皇临御未久,方厉⑥精为治,不应置相而不审其名位。盖郑处海⑦所著《明皇杂录》妄载其事,史家误采之也,《资治通鉴》弃不取云。

[注释]①张嘉贞(665—729):唐玄宗开元间官至宰相。 ②并明长史、天兵军使:并(bīng)州长史,并州都督府属官,佐都督掌州郡兵马并兼理民政。天兵军使,掌天兵军功罪赏罚之官。天兵军,军兵番号,驻守并州城(今山西太原)。 ③韦抗(?—726):开元间官至刑部尚书、中书侍郎。 ④复名:名有两字。 ⑤张齐丘:天宝中历朔方节度使兼御史大夫。 ⑥厉:《四库全书》本作"励"。 ⑦郑处海:字延美,太和八年(834)进士,官至检校刑部尚书。

张九龄作《牛公碑》

张九龄①为相,明皇欲以凉州都督牛仙客②为尚书,执不可,曰:"仙客,河湟一使典③耳,擢自胥史④,目不知书。陛下必用仙客,臣实耻之。"帝不悦,因是遂罢相。观九龄集中,有《赠泾州刺史牛公碑》,盖仙客之父,誉之甚至,云:"福善莫大于有后。仙客为国之良,用商君耕战之图⑤,修充国羌胡之具⑥,出言可复,所计而然,边捍长城,主恩前席⑦。"正称其在凉州时,与所谏止尚书事亦才一年。然则与仙客非有夙嫌,特为公家忠计⑧耳。

[注释]①张九龄(678—740):字子寿,唐玄宗开元间名相。 ②牛仙客(675—742):由小吏累官至河西节度使、朔方行军大总管,开元末入朝为工部尚书,一依权臣李林甫,天宝初位至宰相兼兵部尚书。 ③使典:驱使办事之人。 ④胥史:即胥吏,吏人。 ⑤商君耕战之图:商君,即先秦时辅助秦孝

公变法的商鞅。耕战之图,以耕战强国的谋略。　⑥充国羌胡之具:充国,赵充国(前137—前52),字翁孙,西汉后期名将,官至护羌校尉、后将军。羌胡之具,指赵充国以屯田为主的、抗拒匈奴、平定羌人的措施。　⑦以上十六字意谓:其号令守信用,其计谋能实现,守边卫国如长城,特受皇上崇信。前席,古人指同坐于席上相与语,听者动心,乃不自觉地凑近谈者。《史记·商君列传》:"卫鞅复见孝公。公与语,不自知膝之前于席也。"　⑧忠计:尽忠而思虑。

唐人告命

唐人重告命①,故颜鲁公②自书告身,今犹有存者。韦述《集贤注记》③记一事尤著,漫载于此:"开元二十三年十月,制④加皇子荣王已下官爵,令宰相及朝官工书者,就集贤院写告身以进。于是宰相张九龄、裴耀卿、李林甫,朝士萧太师嵩、李尚书昌、崔少保琳、陈黄门希烈、严中书挺之、张兵部均、韦太常陟、褚谏议庭诲⑤等十三人,各写一通,装缥⑥进内。上大悦,赐三相绢各三百匹,余官各二百匹。"以《唐书》考之,是时十三王并授开府仪同三司,诏诣东宫、尚书省,上日⑦百官集送,有司供帐设乐,悉拜王府官属,而不书此事⑧。

[注释]①告命:又称"告身",即今所称任命书。　②颜鲁公:即颜真卿(709—784),字清臣,安史之乱时为平原太守,以抗拒叛军名闻天下。后累官至吏部尚书,德宗时为叛将李希烈所害。又为一代大书法家,现存书法名品中有其七十二岁时所书的《自书告身》。　③韦述《集贤注记》:韦述(?—757),唐代史学家,开元、天宝间官至集贤院学士、工部侍郎。《集贤注记》,原

书三卷,记开元、天宝中集贤院设置始末、学士名氏及院中故实,皆随文加注。 ④制:用作动词,指下制书。 ⑤以上"朝士",并以姓、官职、名联称。 ⑥装缥:即"装裱"。 ⑦上日:指上朝除拜官爵之日。 ⑧按:玄宗之子十三王并授官爵事体,略见于《旧唐书·玄宗诸子·庶人琚传》及《新唐书·玄宗诸子·鄂王瑶传》,而皆不载诏令宰相及朝臣书写告命事。

典章轻废

典章故事,有一时废革,遂不可复者。牧守铜鱼①之制,新除刺史给左鱼,到州取州库右鱼合契。周显德六年,诏以"特降制书,何假符契"②,遂废之。唐两省官上事③,宰臣送上④,四相共坐一榻,各据一隅,谓之押角⑤,晋天福五年敕废之。

[注释]①铜鱼:即铜鱼符,铜制的鱼形符信。古代用作州郡长官的身份证明和调兵遣将的凭证。唐初用银兔符,后改为铜鱼符,《旧唐书·职官志》谓之"所以起军旅,易守长"。其形制是:鱼符的两外面凸起,阴刻有鱼鳞纹,沿着侧视从头至尾的中线剖为两片,称为左片和右片。左片有三至五枚不等,由中央保存;右片则授予州郡或将领保存,各自只有一枚。其剖面平整,而右片剖面上部阳刻一"同"字,下部阴刻保存单位。使用时须与敕令并下,两片合一无误,则敕令即行。宋人记载唐铜鱼符长一寸六分,宽五分,每片重二钱。今传世者长五十一毫米,宽十八毫米,头部有一圆孔,可以穿绳系挂。②符契:即符信、符节。引文意谓有事既已特降制书,又何必再用这类凭证。③两省官上事:唐代中书省和门下省的左右散骑常侍、给事中、左右谏议大夫、左右司谏、左右正言等,通称"两省官",亦称"大两省官";起居郎和中书舍人则称"小两省官"。上事,即今所称就职上任。 ④宰臣送上:指宰相伴送新莅职的朝臣上任。 ⑤押角:又称"压角"。据唐人李涪《刊误·压角》条记

载,唐时中书省、门下省官员上任之日,要举行上任仪式,其仪式是在厅堂北首设几案,让上任者面南凭几而坐,在参与仪式的众官面前处理三项事务。这时宰相要亲临陪同,在上任者座位的西边单独设座,并排而坐,称为"压角",表示送他上任。按:李氏原文谓"宰相别施一床,连上事官床,坐于西隅,谓之压角",北宋庞元英《文昌杂录》的补遗条目中引有此文,而传世本庞书误为"宰相别施一床,连上事官南,坐于四隅,谓之押角"。洪迈此条谓"四相共坐一榻,各据一隅,谓之押角",疑即由传世本庞书而来,当亦误。又按:后来唐人有拜厅之俗,上任者北向而拜,本厅首长立于厅堂的东北角,仍称"压角"。又李涪《压角》条末云:"压角之来,莫究其始,《开元礼》及累朝典故并无其文。习俗因循,莫近于理,今请去压角,以释众疑。"

卷四

张浮休书

张芸叟①《与石司理书》②云:"顷游京师,求谒③先达之门,每听欧阳文忠公、司马温公、王荆公之论,于行义文史④为多。唯欧阳公多教吏事,既久之,不免有请:'大凡学者之见先生,莫不以道德文章为欲闻者。今先生多教人以吏事,所未谕也。'公曰:'不然。吾子皆时才⑤,异日临事,当自知之。大抵文学止于润身⑥,政事可以及物⑦。吾昔贬官夷陵⑧,方壮年,未厌学,欲求《史》《汉》一观,公私无有也。无以遣日,因取架阁陈年公案⑨,反复观之,见其枉直乖错,不可胜数。以无为有,以枉为直,违法徇情,灭亲害义,无所不有。且夷陵荒远褊小⑩尚如此,天下固可知也。当时仰天誓心,曰:自尔遇事,不敢忽也。'是时苏明允父子⑪亦在焉,尝闻此语。"又有《答孙子发⑫书》,多论《资治通鉴》,其略云:"温公尝曰:'吾作此书,唯王胜之⑬尝阅之终篇,自余君子求乞欲观,读未终纸,已欠伸思睡矣。书十九年方成,中间受了人多少语言陵藉云云。'"此两事,士大夫罕言之,《浮休集》百卷,无此二篇,今豫章所刊者附之集后。

[**注释**]①张芸叟:即张舜民,字芸叟,自号浮休居士,北宋诗人、画家。英宗治平间进士,后历陕西转运使,徽宗时官至吏部侍郎、集贤殿修撰。 ②《与石司理书》:见《宋文鉴》卷一百二十,洪迈此条所引稍有节略。石司理未详,疑指石公弼(1061—1115)。公弼字国佐,哲宗元祐间进士,调卫州司法参军,善治刑狱,后累官至御史中丞、兵部尚书。 ③求谒:求教拜访。 ④行义文史:德行义理及文史修养。 ⑤时才:应时人才。 ⑥润身:使自身受益。 ⑦及物:意指功德及于大众。 ⑧贬官夷陵:指庆历中欧阳修为范仲淹辩护,曾被贬为夷陵(今湖北宜昌市夷陵区)县令。 ⑨陈年公案:指历年狱讼及判决档案。 ⑩褊小:狭小。 ⑪苏明允父子:指苏洵与二子苏轼、苏辙。洵字明允,嘉祐初始携二子赴试京师,被名臣张方平推荐于大臣韩琦与翰林学士欧阳修。 ⑫孙子发:即孙敏行,字子发,元祐中苏轼知定州时曾被辟为幕官,仕至奉直大夫。 ⑬王胜之:即王益柔(1015—1086),字胜之,神宗朝官至知制诰、秘书监。

温公客位牓

司马温公作相日,亲书牓稿,揭①于客位②,曰:"访及诸君,若睹朝政阙遗,庶民疾苦,欲进忠言者,请以奏牍闻于朝廷,光得与同僚商议,择可行者进呈③,取旨行之;若但以私书宠谕④,终无所益。若光身有过失,欲赐规正,即以通封书简⑤,分付吏人,令传入,光得内自省讼⑥,佩服改行。至于整会官职差遣⑦,理雪罪名⑧,凡干身计⑨,并请一面进状⑩,光得与朝省众官共议施行;若在私第垂访,不请语及。某再拜咨白⑪。"乾道九年,公之曾孙伋⑫出镇广州,道过赣,获观之。

[注释]①揭:揭牓,即贴出告示。牓,同"榜"。 ②客位:此指私第客厅中接待来访客人的位置。 ③进呈:指进呈皇帝批阅。 ④宠谕:谦辞,犹言赐教。 ⑤通封书简:即通行的加封的书信。 ⑥省讼:反省与自责。 ⑦整会官职差遣:指商谈官职之事。宋人称表示品级、俸禄的官称为官,馆职和贴职为职,实际职务为差遣。 ⑧理雪罪名:指诉冤之事。 ⑨干身计:牵连到为自身考虑之事。干(gān),涉及。 ⑩进状:指向朝廷投进诉状。 ⑪咨白:禀告之意。 ⑫伋:司马伋,字季思,南宋淳熙中官至吏部侍郎。

李 颀 诗

欧阳公好称诵唐严维①诗"柳塘春水漫,花坞夕阳迟"及杨衡"竹径通幽处,禅房花木深"之句②,以为不可及。予绝喜李颀③诗云:"远客坐长夜,雨声孤寺秋。请量东海水,看取浅深愁。"且作客涉远,适当穷秋,暮投孤村古寺中,夜不能寐,起坐凄恻,而闻檐外雨声,其为一时襟抱④,不言可知;而此两句十字中,尽其意态,海水喻愁,非过语也。

[注释]①严维:字正文,唐肃宗时进士,历秘书郎,代宗时终右补阙。 ②按:清赵绍祖《消暑录》云:"《容斋随笔》云欧阳公好称诵杨衡'竹径通幽处,禅房花木深'之句。余按《欧公诗话》并无此语,且诗是常建所咏,何以误为杨衡?疑《容斋》误记。"杨衡:字中师,唐德宗时进士,历官大理评事。 ③李颀(690—751):唐开元进士,曾短暂为县尉,后不仕。 ④襟抱:此指感触情怀。

诗中用茱萸字

刘梦得云："诗中用茱萸①字者凡三人。杜甫云'醉把茱萸子细②看'，王维③云'插遍茱萸少一人'，朱放④云'学他年少插茱萸'。三君所用，杜公为优。"予观唐人七言用此者，又十余家，漫录于后。王昌龄⑤"茱萸插鬓花宜寿"，戴叔伦⑥"插鬓茱萸来未尽"，卢纶⑦"茱萸一朵映华簪"，权德舆⑧"酒泛茱萸晚易曛"，白居易"舞鬟摆落茱萸房""茱萸色浅未经霜"，杨衡"强插茱萸随众人"，张谔⑨"茱萸凡作几年新"，耿沨⑩"发稀那敢插茱萸"，刘商⑪"邮筒不解献茱萸"，崔橹⑫"茱萸冷吹溪口香"，周贺⑬"茱萸城里一尊前"，比之杜句真不侔矣。

[注释]①茱萸：一种常绿带香味的小乔木。古人于重阳节，有在臂上佩带插有茱萸细枝的小袋或插于头上以辟除恶气而御初寒的风俗，北方则或用榆树枝。　②子细：即"仔细"。　③王维(701—761)：字摩诘，盛唐山水田园诗派代表诗人，官至尚书右丞。　④朱放：字长通，唐代宗、德宗时诗人。⑤王昌龄(690—756)：字少伯，盛唐著名边塞诗人。　⑥戴叔伦(约732—约789)：字幼公(一作次公)，中唐诗人。大历中历官刺史、经略使，贞元时辞官归隐，客死于归乡途中。　⑦卢纶(约737—约799)：字允言，唐诗坛"大历十才子"之一，德宗时官至户部郎中。　⑧权德舆(759—818)：字载之，德宗贞元末历礼部侍郎，宪宗元和间官至宰相，长期执掌文柄，名重一时。　⑨张谔：唐开元间诗人。　⑩耿沨：字洪源，唐"大历十才子"之一。　⑪刘商：字子夏，大历间进士，官至礼部郎中。　⑫崔橹：唐末诗人，仕至棣州司马。⑬周贺：字南乡(一作南卿)，唐末诗人。

鬼宿渡河

宋苍梧王①当七夕夜，令杨玉夫伺织女渡河，曰："见当报我，不见当杀汝。"②钱希白《洞微志》③载："苏德哥为徐肇④祀其先人，曰：'当夜半可已。'盖俟鬼宿渡河⑤之后。"翟公巽⑥作《祭仪》十卷，云："或祭于昏，或祭于旦，皆非是。当以鬼宿渡河为候，而鬼宿渡河常在中夜，必使人仰占以俟之。"叶少蕴⑦云："公巽博学多闻，援证皆有据，不肯碌碌同众，所见必过人。"予按天上经星⑧终古不动，鬼宿随天西行，春昏见于南，夏晨见于东，秋夜半见于东，冬昏见于东，安有所谓渡河及常在中夜之理？织女⑨昏晨与鬼宿正相反，其理则同。苍梧王荒悖小儿，不足笑，钱、翟、叶三公皆名儒硕学，亦不深考如此。杜诗云："牛女漫愁思，秋期犹渡河。""牛女年年渡，何曾风浪生？"梁刘孝仪⑩诗云："欲待黄昏至，含娇浅渡河。"唐人七夕诗皆有此说，此自是牵俗遣词之过。故杜老又有诗云："牵牛出河西，织女处其东⑪。万古永相望，七夕谁见同？神光竟难候，此事终朦胧。"盖自洞晓其实，非他人比也。

[注释]①苍梧王：即南朝宋后废帝刘昱（463—477），宋明帝刘彧长子。生性残暴，年少继位，以杀人为乐，穷凶极恶。元徽五年，中领军将军萧道成（即南齐高帝）、直阁将军王敬则密谋设计，于七夕夜将其杀死，谥封苍梧王。②《资治通鉴·宋纪·顺皇帝》："杨玉夫常得帝意，至是忽憎之，见辄切齿，曰：'明日当杀小子，取肝肺。'是夜，令玉夫伺织女度河，曰：'见当报我，不见将杀汝。'……是夕，王敬则出外，玉夫伺帝熟寝，与杨万年取帝防身刀刎之。"杨玉夫，刘昱贴身侍卫。　③《洞微志》：北宋志怪小说，钱易（968或976—

1026)撰。易字希白,五代末吴越王钱俶倅。宋真宗初年进士,仁宗时官至翰林学士。　④徐肇:五代时吴国大臣徐温子。后历南唐而入宋,宋太宗初年以数术助江南转运使王延范谋不轨,被弃市。《洞微志》载其为司天主簿时祭祀先人,使术士苏德哥作法,号称于香炉烟雾中隐见其父母、祖父母、曾祖父母现形,衣冠着装悉如平时。　⑤鬼宿渡河:意指古代天文学上二十八宿之一的鬼宿在夜间渡过银河时。俗间以为此宿主死丧。　⑥翟公巽:即翟汝文(1076-1141),字公巽,北宋末累官翰林学士,南宋初官至参知政事。　⑦叶少蕴:即叶梦得(1077-1148),字少蕴,号石林居士。北宋末累官翰林学士,南宋初迁尚书左丞,又屡为地方大帅。学问博洽,下引其文见所作《避暑录话》。　⑧经星:恒星。　⑨织女:织女星。　⑩刘孝仪:即南朝刘潜(484-550),字孝仪,萧梁时官至都官尚书。　⑪此处所引杜甫《牵牛织女》诗的首二句,清代浦起龙《读杜心解》云:"'牵牛''织女'四字宜倒转。牵牛三星如荷担,在河东;织女三星如鼎足,在河西。公涉笔偶误耳。"夏秋夜由地面仰视星空,一般称牵牛星在银河东,织女星在银河西。

府　名　军　额

雍州①,军额②曰永兴,府曰京兆,而守臣以知永兴军府事兼京兆府路安抚使结衔③。镇州④,军额曰成德,府曰真定,而守臣以知成德军府事兼真定府路安抚使结衔。政和中始正,以府额为称。荆州⑤,军额曰荆南,府曰江陵,而守臣则曰知荆南,通判曰通判荆南,自余掾幕县官则曰江陵府,淳熙四年始尽以江陵为称。孟州⑥,军额曰河阳三城,无府额,而守臣曰知河阳军州事。陕州⑦,无府额,而守臣曰知陕州军府事,法令行移亦曰陕府。

[**注释**]①雍州:指古都长安(今陕西西安)及其附近地区。自北朝以来

设雍州于此,隋大业间改为京兆郡,唐开元初又改为京兆府。北宋熙宁间分陕西路东南部置永兴军路,治于此,下辖京兆、河中二府及十五州、一军、八十三县。　②军额:指作为行政区划单位的军(宋代相当于小州或县)的称呼。额,匾额,犹言名称。如雍州之地,五代时已设永兴军节度使于此,故宋代承之,仍称其地为永兴军,后来设路亦称永兴军路。　③结衔:指官称。如雍州,其地既为节度州而称永兴军,驻地又称京兆府,其长官为安抚使,一般兼理节度衙门事务及本府、本路职任,故以"知永兴军府事兼京兆府路安抚使"署衔。　④镇州:治今河北正定。自唐以来,或称镇州,或称成德军,或称真定府,北宋庆历末升为安抚使路。　⑤荆州:治江陵(今湖北荆州市)。自唐以来,或称荆州,或称荆南军,或称江陵府,南宋建炎四年(1130)升为荆南府,淳熙四年(1177)复为江陵府。　⑥孟州:治今河南孟州市。隋以前置河阳县,唐升为孟州,北宋置河阳三城节度使,政和二年(1112)改为济源郡。　⑦陕州:治今河南三门峡市。北魏时始置陕州,隋改陕县,唐以后仍皆为陕州。

马融　皇甫规

汉顺帝时,西羌叛,遣征西将军马贤①将十万人讨之。武都太守马融②上疏曰:"贤处处留滞,必有溃叛之变。臣愿请贤所不用关东兵五千,裁假部队之号③,尽力率厉④,三旬之中,必克破之。"不从,贤果与羌战败,父子皆没。羌遂寇三辅⑤,烧园陵,诏武都太守赵冲⑥督河西四郡兵追击。安定上计掾皇甫规⑦上疏曰:"臣比年以来,数陈便宜。羌戎未动,策其将反;马贤始出,知其必败。愿假臣屯列坐食之兵⑧五千,出其不意,与冲共相首尾。土地山谷,臣所晓习,可不烦方寸之印、尺帛之赐⑨,可以涤患。"帝不能用。赵冲击羌不利,羌寇充斥,凉部⑩震恐,冲战死,累年然后定。按马融、皇甫规之言晓然易见,而所请兵皆不过五千,然讫不肯从。乃知宣帝纳用赵充国之册为不易得⑪,所谓明主可为忠言也。

[注释]①马贤(?—141):汉安帝、顺帝时历任护羌校尉、弘农太守、征西将军,平定陇右屡有功,后以谋虑不周战死。 ②马融(79—166):字季长,东汉著名经学家。历官校书郎中,后为大将军从事中郎,转武都太守、南郡太守。 ③裁假部队之号:意指加以整编而用为讨伐羌人的部队。裁,精简。假,借用。 ④率厉:亦作"率励",犹言激励。 ⑤三辅:指长安周围京畿地区。 ⑥赵冲(?—144):汉顺帝末年为武威太守,迁护羌校尉,以追击叛羌战死。 ⑦安定上计掾皇甫规:安定,汉代郡名,治今宁夏固原。上计掾,官名,指佐理州郡向中央上报一岁中租赋、刑狱、选举等情况的属官。皇甫规(104—174),字威明,汉桓帝时历任泰山太守、中郎将、度辽将军、弘农太守、护羌校尉,病卒。 ⑧屯列坐食之兵:指各自屯戍,虽费军粮而无作战任务之兵。 ⑨不烦方寸之印、尺帛之赐:意指不须授官及增加任何费用。方寸之印,指印章,代指授官。尺帛之赐,指极少的赏赐。 ⑩凉部:指陇西地区。⑪句意谓汉宣帝采用赵充国的主张,使之在羌人聚居地区督兵屯田,作持久之计,以安定西陲,此种善纳臣下忠言之举亦属难得。事见《汉书·赵充国传》。册:通"策",指策略。

孟蜀避唐讳

蜀本石《九经》①,皆孟昶时所刻。其书"渊""世"、"民"三字皆缺画,盖为唐高祖、太宗讳也。昶父知祥尝为庄宗、明宗②臣,然于"存勖""嗣源"字乃不讳。前蜀王氏已称帝,而其所立《龙兴寺碑》言及唐诸帝,亦皆平阙③,乃知唐之泽远矣。

[注释]①蜀本石《九经》:即宋以来习称的"蜀石经"或"广政石经"。五代时后蜀孟昶广政年间,由蜀相毋昭裔主持刊刻。其《九经》部分,包括《周易》《尚书》《毛诗》《周礼》《仪礼》《礼记》《论语》《尔雅》《孝经》。另有《春秋左氏传》,仅刻成前十七卷,至北宋仁宗皇祐年间始为之补完,同时又补刻《公羊传》《谷梁传》;北宋宣和年间,四川地方官员又补刻《孟子》,蜀石本"十三经"始完备。 ②庄宗、明宗:指五代后唐庄宗李存勖、明宗李嗣源。孟知祥原臣属后唐,先后为太原守、西川节度使,后兼并东川等地,自立为大蜀皇帝,史称后蜀。 ③平阙:指古人在书面文字中因避讳而采取的特殊书写格式。凡遇当避讳的字词,须另起行顶格书写者曰"平",只在字上添加空格者曰"阙"。又有"为字不成"之例,指缺去末笔。《唐六典》卷四:"凡上表疏笺启及判策文章,如平阙之式。"注云:"谓昊天、后土、天神、地祇、上帝、天帝、庙号、祧皇祖妣、皇考、皇妣、先帝、先后、皇帝、天子、陛下、至尊、太皇、太后、皇太后、皇后、皇太子,皆平出;宗庙、社稷、太社、太稷、神主、山陵、陵号、乘舆、车驾、制书、敕旨、明制、圣化、天恩、慈旨、中宫、御前、阙廷、朝廷之类,并阙字……若写经史群书及撰录旧事,其文有犯国讳者,皆为字不成。"按:《容斋》此条的"平阙"二字,《四库全书》本及清刻明末马元调本作"半阙",均系误改。

翰苑亲近

白乐天《渭村退居寄钱翰林》诗①,叙翰苑之亲近云:"晓从朝兴庆,春陪宴柏梁②……分庭皆命妇,对院即储皇③。贵主冠浮动,亲王辔闹装④,金钿相照耀,朱紫间荧煌⑤。球簇桃花骑,歌巡竹叶觞⑥,洼银中贵带,昂黛内人妆⑦。赐禊东城下,颁醵曲水傍⑧,樽罍分圣酒,妓乐借仙倡⑨。"盖唐世宫禁与外廷不至相隔绝,故杜子美诗:"户外昭容紫袖垂,双瞻御座引朝仪⑩。"又云:"舍人退食收封事,宫女开函近御筵⑪。"而学士独称内相⑫。至于与命妇分庭,见贵主冠服、内人黛妆,假仙倡以佐酒,他司无比也。

[注释]①白居易此诗原题《渭村退居寄礼部崔侍郎、翰林钱舍人诗一百韵》。崔侍郎,指崔群(772—832),字敦诗,宪宗元和中历迁翰林学士及礼部、户部侍郎,官至宰相。翰林钱舍人,指钱徽,见本书卷三《进士试题》条。 ②此二句指翰林学士清晨从群臣朝见皇帝于兴庆宫,春日皇帝游观亦陪从宴会于柏梁台。兴庆宫,原为唐玄宗藩邸,玄宗登基后曾大规模扩建。柏梁台,汉武帝时所建高台,在未央宫北,曾与群臣宴会赋诗于此;此代指唐宫廷台阁。 ③此二句指在殿院朝见皇帝时,翰林学士与有官品的贵夫人分庭相对而立,中间正对庭院的即是太子。 ④此二句指身份高贵的公主颤动着美丽的冠饰,亲王的盛装上也挂着来回移动的骑马用具。 ⑤此二句描述金光闪闪的首饰及各种官服的缤纷色彩。 ⑥此二句指打马球时簇拥着漂亮的名马,游观宴乐及举行"曲水流觞"活动时有歌妓伴唱伴舞。桃花骑,一种外域进贡的赤色名马,以艳若桃花得称。巡,指歌舞伴随饮酒的轮次。竹叶,即名酒竹叶青。 ⑦此二句指宫廷亲贵的腰带镶嵌着优质银饰,宫女都用贵重的黛青色颜料化妆。皆喻身份的高贵。洼银,中间凹、四周高的银钿,代指精银。昂黛,指贵重的化妆品。 ⑧此二句指三月上巳日,皇帝特许在宫城的东城墙附近举行祓除不祥的活动,颁给物品在曲折的水流旁聚会饮食。禊(xì),古人在水边行祀仪以祓除不祥的活动。酺(pú),聚会饮食。 ⑨此二句指用上等的酒器分饮皇帝特赐的好酒,女演员的伴唱伴舞犹如仙境音乐。倡,通"唱"。按:以上诗句皆指翰林院设于禁中,学士犹侍从,可以参加各种宫廷活动,亲近皇帝。 ⑩此所引杜诗二句,指宫女在门外引导群臣朝见皇帝。昭容,唐宫廷女官名,为上二品。紫袖垂,指躬身状。双瞻御座,指引导群臣分作两行,看着御座进入。 ⑪此二句指舍人在退朝之后,收取臣下密封的奏章送入宫中,由宫女在皇帝面前开拆。退食,指退朝后食于家,犹言退朝。 ⑫内相:喻翰林学士职任之重。唐李肇《翰林志》:"德宗雅尚文学,注意是选;乘舆每幸学士院,顾问锡赉无所不至……贞元末,其任益重,时人谓之内相。"

宁馨　阿堵

宁馨、阿堵，晋宋间人语助耳①。后人但见王衍指钱云"举阿堵物却"②，又山涛见衍曰"何物老媪生宁馨儿"③，今遂以阿堵为钱，宁馨儿为佳儿，殊不然也。前辈诗"语言少味无阿堵，冰雪相看有此君"④，又"家无阿堵物，门有宁馨儿"⑤，其意亦如此。宋废帝之母王太后疾笃，帝不往视，后怒谓侍者"取刀来，剖我腹，那得生宁馨儿"⑥，观此岂得为佳？顾长康画人物，不点目精，曰"传神写照，正在阿堵中"⑦，犹言此处也。刘真长讥殷渊源曰"田舍儿强学人作尔馨语"⑧，又谓桓温曰"使君如馨地，宁可斗战求胜"⑨；王导与何充语曰"正自尔馨"⑩，王恬拨王胡之手曰"冷如鬼手馨，强来捉人臂"⑪。至今吴中人语言，尚多用宁馨字为问，犹言若何也。刘梦得诗"为问中华学道者，几人雄猛得宁馨"⑫，盖得其义，以宁字作平声读。

[注释]①语助：语助词。此指有附加成分的方言词汇。　②举阿堵物却：语出《晋书·王衍传》，意谓把此物拿走。王衍(256－311)，字夷甫，西晋末大臣，永嘉之乱为前赵所俘，被杀。　③此语亦出《晋书·王衍传》，意谓哪得老妇人生了如此儿子。山涛(205－283)，字巨源，西晋"竹林七贤"之一，官至吏部尚书、尚书右仆射。老媪(ǎo)，《晋书·王衍传》作"老妪(yù)，老妇人。　④此为北宋黄庭坚诗句，见《山谷外集·次韵外舅谢师厚》。　⑤此为唐人张谓诗句，原诗引见《锦绣万花谷》卷二十六。　⑥事见《南史·宋本纪中第二》。宋废帝，指刘宋前废帝刘子业(449－465)，以荒淫残暴被杀。按余嘉锡《世说新语笺疏》："《建康实录》十三引裴子野《宋略》作'那得生如此儿'，

《金楼子·箴戒》篇同。《南史·宋本纪》中则作'那得生宁馨儿',是'宁馨'之为'如此',证之六朝、唐人之书而已足,无烦曲解矣。" ⑦语见《世说新语·巧艺》篇。顾长康,即顾恺之(约344—406),字长康,东晋著名画家。目精,同"目睛",指眼珠。 ⑧语见《世说新语·文学》篇。刘真长,即刘惔,字真长,东晋前期人,曾为丹阳尹。殷渊源,即殷浩,字渊源,东晋初曾以扬州刺史都督江北五州军事。 ⑨语见《世说新语·方正》篇。桓温(312—373),字符子,东晋前期权臣,欲夺取帝位不成,忧愤而死。 ⑩语见《世说新语·品藻》篇。王导(276—339),字茂弘,东晋初丞相。何充(292—346),字次道,东晋穆帝初官至丞相。 ⑪语见《世说新语·忿狷》篇。王恬,字敬豫,王导次子,东晋围棋高手。王胡之,字修龄,王恬从祖兄,历官司州刺史。 ⑫此为唐刘禹锡《赠日本僧智藏》诗句。

凤　毛

宋孝武嗟赏谢凤①之子超宗②曰:"殊有凤毛。"今人以子为凤毛,多谓出此。按《世说》,王劭③风姿似其父导,桓温曰:"大奴固自有凤毛。"其事在前,与此不同④。

[注释]①谢凤:东晋末、刘宋初文学家谢灵运之子。其父被流放时,亦坐罪徙岭南,早卒。 ②超宗:即谢超宗,字几卿,三岁时随其祖、父至岭南,宋文帝元嘉末得回。有文才,历仕刘宋、萧齐,不得志,后被以讥议时政罪流放赐死。 ③王劭:东晋初丞相王导第五子,字敬伦,小字大奴,官至尚书仆射。 ④按:《容斋》此条辨"凤毛"一词,意谓《南齐书·谢超宗传》所称"殊有凤毛"原指超宗有才华而似其祖,《世说新语·容止》篇所称"自有凤毛"则指王劭美风姿而似其父。二者虽皆以稀少之物为喻,而似祖、似父不同,故俗间"以子为凤毛"当承王劭掌故,而不当承超宗故事,且王劭生平在前。

牛　米

燕慕容皝①以牛假贫民,使佃苑中②,税其什之八,自有牛者税其七。参军封裕③谏,以为魏、晋之世假官田、牛者,不过税其什六,自有牛者中分④之,不取其七八也。予观今吾乡之俗,募人耕田,十取其五,而用主牛者取其六,谓之牛米⑤,盖晋法也。

[注释]①慕容皝(huǎng)(297—348):字符真,鲜卑族,即十六国时期前燕建立者。　②佃苑中:指租种园林中土地。　③封裕:前燕大臣,初为记室监参军,后为太尉领中书监。按:此所述其进谏事,见《晋书·慕容皝载记》。④中分:指以私牛租种官田者,其收入官私对半分。　⑤牛米:指租借田主耕牛多交的一分谷物。

为文矜夸过实

文士为文,有矜夸过实,虽韩文公不能免。如《石鼓歌》①,极道宣王之事伟②矣,至云"孔子西行不到秦,掎摭星宿遗羲娥"③,"陋儒编《诗》不收拾,《二雅》褊迫无委蛇"④,是谓三百篇皆如星宿,独此诗如日月也。《二雅》褊迫之语,尤非所宜言。今世所传石鼓之词尚在,岂能出《吉日》《车攻》⑤之右,安知非经圣人所删乎?

[注释]①《石鼓歌》:唐韩愈称述石鼓文的诗作。石鼓文是我国现存最早的石刻文字,刻于十枚高约二尺、径约三尺的鼓形石上,每石刊刻四言诗一首,凡十首,共七百余字。其字体介于古籀与秦篆之间,篆法古朴遒劲,文势

雄浑奔放。原石于唐前期出土于天兴三畤原（今属陕西凤翔），后世屡经劫难，现藏北京故宫博物院，其中有一石字迹已全失。唐人以为所刻组诗记叙的是周宣王出猎于岐山之阳的场面，故称之为"猎碣"；后人考证为秦人刻石，但刻于秦始皇建国以前还是以后，至今尚无定论。　②伟：盛大，壮观。　③"孔子西行"二句：意指孔子不曾到过秦地，故其所编订的《诗经》"三百篇"虽有如星辰灿烂，却漏掉了有如日月之光辉的石鼓诸诗。掎摭（jǐ zhí），摘取。羲娥，本指传说的日御（为太阳驾车之神）羲和与月神嫦娥，后世多借以指日月。按：下文"是谓三百篇皆如星宿，独此诗如日月也"，即是对《石鼓歌》此二句的批评。　④"陋儒编《诗》"二句：意指孔子修订《诗经》时，因为浅陋的儒者没有采编石鼓诸诗，以致《大雅》《小雅》之诗选择范围不广，亦无奇特之处。褊迫，狭窄。委蛇，亦作"蝛蛇"，本指传说中的蛇神，号称一身而两首，紫衣而朱冠，粗如车毂，长如车辕，恶闻雷车（雷神所乘车）之声。古人或以为即泥鳅，因其在泥地爬行萦回屈曲，有迹可寻，故"委蛇"又写作"逶迤"，以喻蜿蜒曲折或委曲自得之貌。按：此"陋儒"一联，韩愈本诗在原"金绳铁索锁钮壮，古鼎跃水龙腾梭"联下，"孔子西行"联上，疑洪迈认为以"陋儒编《诗》"置于"孔子西行"之上乃大不敬，故所引遂以"孔子西行"联提前。韩诗"金绳"联，意指古铜器文字如金绳铁索纽结勾连之雄壮，又如神龙出水像织梭般穿行出没，皆喻金文之苍劲生动。其下接"陋儒"联，则所称《二雅》褊迫无委蛇"与上联"古鼎跃水龙腾梭"相对，实以"委蛇"对"神龙"，故"委蛇"二字仍指传说的蛇神，不读作"逶迤"。引申而言，此"委蛇"可理解为降等或普通之物。⑤《吉日》《车攻》：《诗经·小雅》诗篇，旧说均为记叙周宣王会同诸侯田猎的作品。

送孟东野序

韩文公《送孟东野序》云："物不得其平则鸣①。"然其文云：在唐、虞时"咎陶②、禹其善鸣者，而假之以鸣"，夔

"假于《韶》③以鸣";"伊尹鸣殷④,周公鸣周",又云"天将和其声,而使鸣国家之盛"。然则非所谓不得其平也。

[注释]①鸣:发声。以物言之,指受外力作用而发声;以人言之,则指立言立功以求闻达。按:韩愈此文,因有感于诗人孟郊的困顿遭遇,故谓人之"鸣"有两种,既有"自鸣其不幸"而终不得进用者,又有"善鸣"而可成就其事业者。作者惋惜于孟郊早年即以诗鸣世,而又流落江南、屡试不第,立意在劝诫统治者重视人才,"择其善鸣者而假之鸣"。孟郊(751—814),字东野,46岁时始登科,曾为县尉,不久弃官归。 ②咎陶(gāo yáo):亦作"咎繇""皋繇",通作"皋陶"。传说中的虞舜大臣,主刑法。实为上古东夷部族的一支及其首领之名,"皋陶"即东夷总名"太皞""少皞"的"皞"字之缓读。相传大禹曾欲禅位于皋陶,而皋陶未及即位而死。 ③《韶》:传统音乐之称。相传夔为虞舜乐正,最早协助舜制定正统的《韶》乐。 ④伊尹:夏末商初人,名伊,官为尹。因官至师保,又号阿衡。为协助商汤灭夏建商的第一功臣。习见于甲骨文祀典,而多以日名丁受祀。

喷嚏

今人喷嚏不止者,必噀唾①祝②云"有人说我",妇人尤甚。予按《终风》诗:"寤言不寐,愿言则嚏。"③郑氏笺云:"我其忧悼④而不能寐,女⑤思我心如是,我则嚏也。今俗人嚏云'人道我',此古之遗语也。"乃知此风自古以来有之。

[注释]①噀唾:吐唾沫。 ②祝:念咒语。 ③《终风》:《诗经·邶风》诗篇。引诗谓我醒来后再无法入睡,你思念我,我即打喷嚏。言,我。《尔雅·释诂》:"言,我也。"愿,思念。 ④忧悼:忧心。 ⑤女:读作"汝",你。

野史不可信

野史杂说，多有得之传闻及好事者缘饰，故类多失实，虽前辈不能免，而士大夫颇信之。姑摭真宗朝三事于左。

魏泰《东轩录》①云："真宗次澶渊，语寇莱公曰：'敌骑未退，何人可守天雄军？'②公言参知政事王钦若③。退，即召王于行府④，谕以上意，授敕俾行⑤。王未及有言，公遽酌大白饮之⑥，命曰'上马杯'，且曰：'参政勉之，回日即为同列⑦也。'王驰骑入魏⑧。越十一日，虏退，召为同中书门下平章事⑨。或云王公数进疑词于上前，故莱公因事出之。"予按澶渊之役，乃景德元年九月，是时莱公为次相，钦若为参政。闰九月，钦若判天雄，二年四月罢政。三年莱公罢相，钦若复知枢密院，至天禧元年始拜相，距景德初元凡十四年。

其二事者，沈括《笔谈》云："向文简拜右仆射⑩，真宗谓学士李昌武⑪曰：'朕自即位以来，未尝除仆射，敏中应甚喜。'昌武退朝，往候之，门阑悄然⑫。明日再对，上笑曰：'向敏中大耐官职。'"存中自注云："向公拜仆射年月，未曾考于国史，因见《中书记》⑬，是天禧元年八月。而是年二月，王钦若亦加仆射。"予按真宗朝自敏中之前，拜仆射者六人，吕端、李沆、王旦⑭皆自宰相转，陈尧叟⑮以罢枢密使拜，张齐贤⑯以故相拜，王钦若自枢密使转。及敏中转右仆射，与钦若加左仆射同日降制，是时李昌武死四年矣。昌武者,宗谔也。

其三事者,存中《笔谈》又云:"时丁晋公⑰从真宗巡幸,礼成,诏赐辅臣玉带⑱。时辅臣八人,行在祇候库⑲止有七带;尚衣⑳有带,谓之'比玉',价直㉑数百万,上欲以足其数。公心欲之,而位在七人之下,度必不及已,乃谕有司'某自有小私带可服,候还京别赐可也'。既各受赐,而晋公一带仅如指阔,上顾近侍速易之,遂得尚衣御带。"予按景德元年㉒真宗巡幸西京,大中祥符元年巡幸泰山㉓,四年幸河中㉔,丁谓皆为行在三司使,未登政府;七年幸亳州㉕,谓始以参知政事从。时辅臣六人,王旦、向敏中为宰相,王钦若、陈尧叟为枢密使,皆在谓上;谓之下尚有枢密副使马知节㉖,即不与此说合。且既为玉带,而又名"比玉",尤可笑。魏泰无足论,沈存中㉗不应尔也。

[注释]①《东轩录》:即《东轩笔录》,为杂史笔记之书,北宋魏泰撰。泰字道辅,徽宗即位初宰相曾布内弟,名声不佳,所著亦多失实。 ②此所记为澶渊之战时事。宋真宗景德元年(1004),辽大军南下,深入宋境,宋真宗迫于宰相寇准的主张,亲征迎敌。至澶州(治今河南濮阳),宋军射死辽军统帅,大挫其兵势,此后双方订立和约,史称澶渊之盟。寇莱公,即寇准(961—1023),字平仲,真宗朝两任宰相,封莱国公。后被丁谓等排挤,卒于贬所,谥忠愍。天雄军,即大名府(今河北大名)。 ③王钦若(962—1025):字定国,善迎合,真宗朝官至宰相。 ④行府:皇帝出征时的临时府邸,设有知行府事。 ⑤授敕俾行:授予敕书使赴任。 ⑥遽酌大白饮(yǐn)之:立即斟上一大杯酒使饮之。大白,大酒杯之称。 ⑦为同列:指同为宰相。 ⑧魏:代指大名府之地。 ⑨同中书门下平章事:北宋元丰改制以前为宰相职名,无定员,以丞郎以上至三师充任。 ⑩向文简拜右仆射:向文简,即向敏中(949—1020),字常之,真宗朝官至宰相,卒谥文简。仆射,即尚书仆射,有左右之分。北宋

元丰改制以前为寄禄官,仅用以定官位及俸禄,至元丰改制后始为宰相职名。　⑪李昌武:即李宗谔(964—1012),字昌武,官至翰林学士。　⑫门阑悄然:指门庭无动静。《梦溪笔谈》原作"昌武候丞相归,乃往见,丞相谢客,门阑悄然无一人。"　⑬《中书记》:《梦溪笔谈》原作《中书题名记》,为记录中书省官员姓名及拜罢年月等内容的书籍。　⑭吕端、李沆、王旦:吕端(935—1000),字易直,太宗晚年宰相。李沆(947—1004),字太初,真宗初年宰相。王旦(957—1017),字子明,真宗景德末至大中祥符间宰相。　⑮陈尧叟(961—1017):字唐夫,大中祥符五年(1012)以检校太尉同平章事充枢密使。　⑯张齐贤(942—1014):字师亮,太平兴国二年(977)进士,八年擢同签书枢密院事,端拱二年(989)为枢密副使,淳化二年(991)进参知政事,不数月拜相,咸平元年(998)拜相。　⑰丁晋公:即丁谓(966—1037),字谓之,真宗时宰相,擅权术,后被贬谪。　⑱玉带:用镂雕花纹的玉片围绕带面作装饰的腰带。　⑲行在祇候库:掌管天子巡行临时驻跸之所钱帛、器皿、衣服的仓储机构。　⑳尚衣:指专掌皇帝衣饰的尚衣库。　㉑价直:同"价值"。　㉒景德元年:当作"景德四年(1007)"。《宋史·真宗纪》载景德四年"二月己巳,幸西京(今河南洛阳)";《续资治通鉴长编》载是年"二月戊辰朔,车驾遂如西京","己巳,至西京"。按:下文称"丁谓皆为行在三司使",史载丁谓始为权三司使在景德二年。　㉓巡幸泰山:指宋真宗因"天书"闹剧而封禅泰山事。　㉔幸河中:指宋真宗祀汾阴后土事。河中,府名,治今山西永济县蒲州镇。后土祠在今万荣西南、永济北,濒临黄河。　㉕幸亳州:指宋真宗谒告亳州道家宫观太清宫事。亳州,即今安徽亳州。太清宫在亳州西、今河南鹿邑县东部太清宫镇。　㉖马知节:字子元,真宗天禧初官至枢密使,卒年六十五。　㉗沈存中:即沈括(1031—1095),字存中,神宗朝官至三司使。

谤　书

司马迁作《史记》,于《封禅书》中述武帝神仙、鬼灶①、方士之事甚备,故王允②谓之"谤书"。国朝景德、祥符间,治安之极③,王文穆、陈文忠、陈文僖、丁晋公④诸人造作天书符瑞,以为固宠容悦⑤之计。及真宗上仙⑥,王沂公⑦惧贻后世讥议,故请藏天书于梓宫⑧以灭迹。而《实录》⑨之成,乃文穆监修,其载崇奉宫庙祥云芝鹤⑩唯恐不详,遂为信史之累。盖与太史公"谤书"意异而实同也。

[注释]①鬼灶:指号称能上天言人罪之灶神。 ②王允(137—192):字子师,东汉末大臣。献帝时密谋讨杀董卓,旋为董卓余党所害。其"谤书"之语见《后汉书·蔡邕传》。 ③治安之极:指天下已大安定之时。 ④王文穆、陈文忠、陈文僖、丁晋公:指王钦若、陈尧叟、陈彭年、丁谓。宋真宗制造"天书"迷信,诸人皆为重要参与者。陈彭年(961—1017),字永年,大中祥符末官至参知政事,卒谥文僖。 ⑤固宠容悦:固位邀宠,取悦皇帝。 ⑥上仙:死的讳称。 ⑦王沂公:即王曾(978—1038),字孝先,仁宗朝宰相,封沂国公,朝廷倚以为重。 ⑧梓宫:指皇帝的棺材。 ⑨《实录》:指《真宗实录》。 ⑩宫庙祥云芝鹤:指因"天书"事而宣扬的宫廷庙宇所见祥云、灵芝、仙鹤之类符瑞之物。

王 文 正 公

祥符以后,凡天书礼文、宫观典册、祭祀巡幸、祥瑞颂声之事,王文正公旦实为参政、宰相,无一不预。官自侍郎至太保,公心知得罪于清议,而固恋患失,不能决去。及其临终,乃欲削发僧服以敛,何所补哉?魏野①赠诗所谓"西祀东封今已了,好来相伴赤松②游",可谓君子爱人以德,其箴戒之意深矣。欧阳公《神道碑》③悉隐而不书,盖不可书也。虽持身公清,无一可议,然特张禹、孔光、胡广④之流云。

[注释]①魏野(961—1020):字仲先,宋初隐居儒者,真宗祀汾阴时被举荐,以病辞。 ②赤松:指传说中的上古仙人赤松子。 ③欧阳公《神道碑》:指欧阳修为王旦所作《神道碑》。《欧阳文忠公集·居士集》题作《太尉文正王公神道碑铭》。 ④张禹、孔光、胡广:分别为西汉成帝、哀帝及东汉桓帝时丞相,皆有明哲保身之名。

晋 文 公

晋公子重耳自狄适他国凡七,卫成公、曹共公、郑文公皆不礼焉,齐桓公妻以女,宋襄公赠以马,楚成王享之,秦穆公纳之,卒以得国①。卫、曹、郑皆同姓,齐、宋、秦、楚皆异姓②,非所谓"岂无他人,不如同姓"③也。晋文公卒,未葬,秦师伐郑灭滑④,无预晋事。晋先轸以为"秦不哀吾丧而伐吾同姓"⑤,背秦大惠⑥,使襄公墨衰绖而伐之⑦。虽幸胜于殽,终启焚舟之战⑧,两国交兵,不复修睦者数百年。先轸是年死于狄,至孙縠⑨而诛灭,天也。

[注释]①以上指晋文公(名重耳)为公子时,先是避骊姬之害而逃入狄人中,后流亡在外十九年,历经七国,最后在秦穆公帮助下回国即位。 ②此处指晋为姬姓,卫、曹、郑亦皆为姬姓,故为同姓之国;而齐为姜姓,宋为子姓,秦为嬴姓,楚为芈姓,故对晋而言皆为异姓国。按:先秦时期的此类"姓"皆从母系而来,尚不同于父系的"氏",故与秦汉以后姓氏合一的父系之"姓"有别。 ③此处引语见《诗经·唐风·杕(dì)杜》,原诗"同姓"上有"我"字。意谓我独行无依,岂无他人可亲,而皆不如同姓之人。按:《杕杜》诗有"人无兄弟"之

语,而以"同父"与"同姓"并举,则"同父"指同父兄弟,"同姓"指同母兄弟。洪迈引此,意指重耳流亡在外时,诸同姓之国皆不加礼遇,反而是诸异姓之国皆给以帮助,则这种情况并非是《杕杜》诗所说的"不如同姓"。 ④秦师伐郑灭滑:此为秦、晋殽之战时事,参见卷三《〈三传〉记事》条。 ⑤先轸(?—前627):晋军主帅,为殽之战主要策划者。 ⑥背秦大惠,指先轸策划攻击秦军,背弃了秦人送文公回国即位的大恩惠。 ⑦句意谓晋文公死后尚未葬,先轸即让继位的晋襄公染黑丧服而率军攻击秦师。墨衰绖,指将丧服及麻制的丧带染黑。 ⑧焚舟之战:指殽之战三年后,秦人为复仇而发动的伐晋之役。是役秦将孟明视率军渡过黄河后,尽毁其船,背水一战,遂大败晋军。 ⑨孙縠:指先轸之孙先縠(?—前596)。晋景公时为中军佐,以战败罪被族诛。

南夷服诸葛

蜀刘禅时,南中诸郡叛,诸葛亮征之。孟获为夷、汉所服,七战七擒,曰:"公天威也,南人不复反矣。"①《蜀志》所载止于一时之事。国朝淳化中,李顺②乱蜀,招安使雷有终③遣嘉州士人辛怡显④使于南诏⑤,至姚州⑥,其节度使赵公美以书来迎,云:"当境有泸水,昔诸葛武侯戒曰:'非贡献征讨,不得辄渡此水。若必欲过,须致祭然后登舟。'今遣本部军将赍金龙二条,金钱二千文,并设酒脯,请先祭享而渡。"乃知南夷心服,虽千年如初。呜呼!可谓贤矣。事见怡显所作《云南录》。

[注释]①此处引语见《三国志·蜀志·诸葛亮传》裴注所引《汉晋春秋》。《诸葛亮传》正文只言建兴三年(225)春,"亮率众南征,其秋悉平",不载七擒孟获故事。 ②李顺:宋初川陕一带农民起义首领。淳化四年(993)春

随王小波起义,小波死后被推为首领,次年正月攻克成都,五月城破而死。一说他在官军破城后逃亡,四十余年后始在广州被捕而死。 ③雷有终(947—1005):字道成,宋军镇压李顺起义时,以随军转运使为招安使,后官至工部侍郎。 ④辛怡显:宋初蜀中士人(嘉州即今四川乐山市),因李顺起义时与云贵高原少数民族相结连,自荐应募前往招抚,归而作《云南录》三卷记其始末。真宗时曾为监虔州商税官。 ⑤南诏:唐时云贵高原所建少数民族政权,五代后期为大理国所取代,宋人统称大理。 ⑥姚州:今云南姚安。

《二疏赞》

作议论文字,须考引事实无差忒,乃可传信后世。东坡先生作《二疏①图赞》云:"孝宣中兴,以法驭人,杀盖、韩、杨②,盖三良臣。先生怜之,振袂脱屣③,使知区区④,不足骄士⑤。"其立意超卓如此。然以其时考之,元康三年二疏去位,后二年盖宽饶诛,又三年韩延寿诛,又三年杨恽诛。方二疏去时,三人皆亡恙。盖先生文如倾河,不复效常人寻阅质究也。

[注释]①二疏:指汉宣帝时名臣疏广与其兄子疏受。广为太子太傅,受为太子少傅,在位五年,同时于元康三年(前63)以年老乞致仕,时人贤之。②盖、韩、杨:即下文所揭盖宽饶(?—前60)、韩延寿(?—前57)、杨恽(?—前54)。宽饶字次公,汉宣帝时官至司隶校尉,以正色立朝,刚直不阿,被谗害自杀。延寿字长公,官至左冯翊,有政声,为皇族、外戚所排斥,被陷害弃市。恽字子幼,丞相杨敞子、司马迁外孙,官至光禄勋,位列九卿,被诬以大逆不道罪腰斩。 ③振袂脱屣:挥动衣袖,脱去鞋子。表示轻视官位,无所顾恋。 ④区区:喻官位渺小。 ⑤骄士:对士人夸耀而傲慢。

李宓伐南诏

　　唐天宝中,南诏叛,剑南节度使鲜于仲通①讨之,丧士卒六万人。杨国忠掩其败状,仍叙其战功。时募兵击南诏,人莫肯应募,国忠遣御史分道捕人,连枷②送诣军所,行者愁怨,所在哭声振野。至十三载,剑南留后李宓③将兵七万,往击南诏。南诏诱之深入,闭壁不战,宓粮尽,士卒瘴疫及饥死什七八,乃引还。蛮追击之,宓被擒,全军皆没。国忠隐其败,更以捷闻,益发兵讨之。此《通鉴》所纪。《旧唐书》云:"李宓率兵击蛮于西洱河,粮尽军旋,马足陷桥,为合罗凤④所擒。"《新唐书》亦云"宓败死于西洱河"。予按高适⑤集中有《李宓南征蛮诗》⑥一篇,序云:"天宝十一载,有诏伐西南夷,丞相杨公兼节制之寄⑦,乃奏前云南太守李宓涉海自交趾击之,往复数万里⋯⋯十二载四月至于长安,君子是以知庙堂使能而李公效节。予忝斯人之旧⑧,因赋是诗。"其略曰:"肃穆庙堂上,深沉节制雄。遂令感激士,得建非常功⋯⋯鼓行天海外,转战蛮夷中⋯⋯长驱大浪破,急击群山空。饷道忽已远,县军⑨垂⑩欲穷⋯⋯野食掘田鼠,晡餐兼僰僮⑪。收兵列亭候⑫,拓地弥西东⑬⋯⋯泸水夜可涉,交州今始通。归来长安道,召见甘泉宫。"其所称述如此。虽诗人之言未必皆实,然当时之人所赋,其事不应虚言,则宓盖归至长安,未尝败死,其年又非十三载也⑭。味诗中掘鼠餐僮之语,则知粮尽危急,师非胜归明甚。

[**注释**]①鲜于仲通(693—755):姓鲜于,名向,字仲通。唐天宝九载(750)以依附权臣杨国忠(杨贵妃堂兄),官至蜀郡大都督府长史、领剑南节度使事。次年率大军攻南诏,大败于泸南(今云南姚安),死者六万余人,仅以身免。杨国忠掩其败迹,复以为司农少卿、京兆尹。后以失宠遭贬,病死。 ②连枷:又作"联枷",即上锁的枷具。此指用联枷拘禁。 ③李宓(? —754):初历云南郡(治姚安)太守,天宝十一载(751)由杨国忠推举,以侍御史为蜀郡都督府司马、剑南节度留后,集十道兵七万(一说十万),渡海由交趾(今越南北部)攻南诏。十三载进至太和城(在今云南大理北),因粮道断绝,士卒疾疫及饿死者无数,孤军疲羸难支,不战而大溃败,为南诏与吐蕃兵所夹击,全军覆没,被擒沉江而死。杨国忠复隐瞒其败,而以捷书上闻。 ④合罗凤(712—779):亦作"觉乐凤""阁罗凤",南诏第五代王。唐天宝中屡败唐军,势力大盛,其辖境渐至今云南全境及四川西南、贵州西北部。 ⑤高适(约704—约765):字达夫(一字仲武),官至刑部侍郎、散骑常侍,为唐代著名边塞诗人。 ⑥《李宓南征蛮诗》:《高常侍集》原题《李云南征蛮诗》。 ⑦兼节制之寄:指在朝兼任节度使。寄,皇帝委任之意。 ⑧忝斯人之旧:谦称为其人旧交。 ⑨县军:同"悬军",指孤军深入敌境。 ⑩垂:接近。 ⑪晡餐兼焚僰:指一日两餐的下顿偶或杀食被贩卖的僰族未成年奴隶。晡,旧指申时,即今下午三点至五点间。僰,古人对川南、滇东某些少数族群的称呼。 ⑫亭候:亦作"亭堠",古代边境上用以瞭望和监视敌情的岗亭土堡。 ⑬弥:弥亘,绵亘,连绵不断。 ⑭按:《容斋》此条对李宓征南诏之败死及其年份提出质疑。清赵绍祖《消暑录》云:"按高适所赋是十一载、十二载事,史失记耳。至十三载复往击之,乃败死,非有误也。宓十一载为云南太守,十三载为剑南留后,当是以十一载有功而迁也。"疑唐军初与南诏相持时,李宓曾于十二载四月回长安求援,故高适此作谓"收兵列亭候,拓地弥西东",所述非是其败死时事。

浮梁陶器

彭器资①尚书文集有《送许屯田》诗,曰:"浮梁②巧烧瓷,颜色比琼玖③。因官射利疾④,众喜君独不⑤。父老争叹息,此事古未有。"注云:"浮梁父老言,自来作知县不买瓷器者一人,君是也。作饶州不买者一人,今程少卿嗣宗⑥是也。"惜乎不载许君⑦之名。

[**注释**]①彭器资:即彭汝砺(1041－1095),字器资,饶州鄱阳(今江西鄱阳)人,治平二年(1065)状元,官至吏部尚书,有《鄱阳集》传世。 ②浮梁:县名,即今江西景德镇市所辖浮梁县,旧时为瓷都中心地。 ③琼玖:泛指美玉。 ④因官射利疾:指在其地为官者,利用手中权力而买卖瓷器以获利,其心急切。 ⑤不:读作"否",指许氏为知县时不买瓷器。 ⑥程少卿嗣宗:疑指程师孟(1009－1086)。历知南康军、洪州,熙宁中以大理少卿为江西转运使,官至光禄大夫、给事中。刘攽《彭城集》有《送程少卿》诗,原注"江西转运使"。按:史载师孟字公辟,嗣宗或为其别字。 ⑦许君:清人金武祥《粟香随笔》引作许彭年,其生平未详。

卷五

汉唐八相

萧、曹、丙、魏、房、杜、姚、宋①,为汉、唐名相,不待诵说。然前六君子皆终于位,而姚、宋相明皇皆不过三年。姚以二子及亲吏受赂,其罢犹有说;宋但以严禁恶钱及疾负罪而妄诉不已者,明皇用优人戏言而罢之②。二公终身不复用。宋公罢相时年才五十八,后十七年乃薨。继之者如张嘉贞、张说、源乾曜、王晙、宇文融、裴光庭、萧嵩、牛仙客③,其才可睹矣;唯杜暹、李元纮为贤,亦清介龊龊④自守者。"释骐骥而不乘,焉皇皇而更索"⑤,可不惜哉!萧何且死,所推贤唯曹参;魏、丙同心辅政;房乔⑥每议事,必曰"非如晦莫能筹之";姚崇避位,荐宋公自代。唯贤知贤,宜后人之莫及也。

[注释]①此所举八人,分指汉高祖时丞相萧何、曹参、宣帝时丞相丙吉、魏相;唐太宗时宰相房玄龄、杜如晦,玄宗时宰相姚崇、宋璟。　②姚崇与宋璟罢相事,可参《资治通鉴·唐纪》玄宗开元四年及八年。恶钱,指破烂不可

用及伪造的钱币。疾,痛恨。优人,指出入宫廷的杂戏艺人。　③以上诸人及下述杜暹、李元纮,皆开元中宰相。　④锐锐:廉谨笃厚之貌。　⑤此引语出《三国志·杜袭传》,为曹操之语,即《楚辞·九辩》之"国有骥而不知乘兮,焉皇皇而更索"。焉,为何。皇皇,匆忙之貌。索,求。　⑥房乔:即房玄龄。史书载其名、字不定,一说他名乔字玄龄,一说他名玄龄字乔松。

六卦有坎

《易》乾、坤二卦之下,继之以屯、蒙、需、讼、师、比。六者皆有坎,圣人防患备险之意深矣。①

[注释]①《周易》六十四卦皆为复合卦,由上下两单卦组成。乾、坤二复合卦之后的六卦,屯卦为震下坎上,蒙卦为坎下艮上,需卦为乾下坎上,讼卦为坎下乾上,师卦为坎下坤上,比卦为坤下坎上。六者皆有坎,坎象征水、陷、险等,故洪迈以为此六卦置于乾、坤二卦之后,即表示圣人制卦有防患备险之深意。

晋之亡与秦隋异

自尧、舜及今,天下裂而复合者四:周之末为七战国①,秦合之;汉之末分为三国,晋合之;晋之乱分为十余国②,争战三百年,隋合之;唐之后又分为八九国③,本朝合之。然秦始皇一传而为胡亥④,晋武帝一传而为惠帝⑤,隋文帝一传而为炀帝⑥,皆破亡其社稷;独本朝九传百七十年⑦,乃不幸有靖康之祸,盖三代以下治安所无⑧

也。秦、晋、隋皆相似,然秦、隋一亡即扫地;晋之东虽曰"牛继马后"⑨,终为守司马氏之祀,亦百有余年。盖秦、隋毒流四海,天实诛之;晋之八王擅兵,孽后盗政⑩,皆本于惠帝昏蒙,非得罪于民,故其亡也,与秦、隋独异。

[**注释**]①七战国:指相互交战的七大诸侯国,即后世习称的"战国七雄"。　②十余国:即后世习称的"五胡十六国"(实际南北朝时期北方先后出现的割据政权不止于十六个)。　③八九国:即后世习称的"五代十国"。④胡亥(前230—前207):即秦二世,名胡亥,前210年即位。残虐无道,与宦官赵高狼狈为奸,导致天下大乱,最后被赵高逼迫自杀。　⑤惠帝:即司马衷(259—306),晋武帝次子,290年即位,痴呆不任事,"八王之乱"末年被杀。⑥炀帝:即杨广(569—618),隋文帝次子,604年即位。好大喜功,穷奢极欲,最后在各地大起义中被部将缢杀。　⑦九传百七十年:北宋九位皇帝,实历一百六十八年(960—1127)。　⑧治安所无:意指北宋安定既久,而一朝亡于异族,为前史所未曾有。　⑨牛继马后:两晋之际流行的谶语。谎称建立东晋的元帝司马睿为其母与牛姓小吏私通所生,盖为曹魏末年将领牛金后人,而渡江后得以继承司马氏政权,故谓"牛继马后"。《晋书·元帝纪》载之,甚为不典。　⑩孽后盗政:意谓作孽的皇后窃取政柄。孽后,指晋惠帝皇后贾南风(256—300),其貌丑而性妒,因惠帝蒙昧懦弱而一度专擅朝政,为"八王之乱"始作俑者之一。

上　官　桀

汉上官桀为未央厩令①,武帝尝体不安,及愈,见马,马多瘦,上大怒:"令②以我不复见马邪?"欲下吏③。桀顿首曰:"臣闻圣体不安,日夜忧惧,意诚不在马。"言未卒,泣数行下。上以为忠,由是亲近,至于受遗诏辅少主。义纵④为右内史,上幸鼎湖⑤病久,已而卒起⑥幸甘泉⑦,道不治,上怒曰:"纵以我为不行此道乎?"衔⑧之,遂坐以他事弃市。二人者,其始获罪一也,桀以一言之故超用而纵及诛,可谓幸不幸矣。

[注释]①上官桀(?—80):字少叔,少为汉武帝羽林郎,以善于侍奉,授官为未央宫厩令(主管养马之官)。累迁侍中、太仆,武帝临终时以左将军受遗诏辅政。昭帝即位后封侯,因与大将军霍光争权,欲谋废立,被族诛。 ②令:指厩令。 ③下吏:下狱吏法办,即下狱。 ④义纵(?—前116):初以其姊结交汉武帝之母,得为皇帝侍从。后历县令、都尉及太守,所至打击豪强,有酷吏之称。官至右内史,被武帝借故处死。 ⑤鼎湖:汉武帝时宫名。 ⑥卒起:忽然起身。卒:通"猝"。 ⑦甘泉:汉武帝时宫名。 ⑧衔:指心中怨恨。

金日磾

金日磾①没入宫②,输黄门③养马。武帝游宴见马,后宫④满侧,日磾等数十人牵马过殿下,莫不窃视,至日磾,独不敢。日磾容貌甚严,马又肥好,上奇焉,即日拜为马监,后受遗辅政。日磾与上官桀皆因马而受知,武帝之取人可谓明而不遗矣。

[注释]①金日磾(mì dī)(前134—前86):字翁叔,原匈奴休屠王太子。汉武帝时,其父为昆邪王所杀,随部降汉,时年十四,与母、弟俱没入官府,被安置在黄门署管下养马。后由马监屡迁至侍中、驸马都尉、光禄大夫,深得武帝信任,以致武帝临终时受遗诏辅政。 ②宫:《汉书·金日磾传》作"官"。 ③黄门:指黄门署,汉代宫禁服侍机构。 ④后宫:指宫女。

汉宣帝忌昌邑王

汉废昌邑王贺①而立宣帝,贺居故国,帝心内忌之,赐山阳太守张敞②玺书,戒以谨备盗贼。敞条奏贺居处,著其废亡之效③,上知贺不足忌,始封为列侯。光武废太子彊为东海王④而立显宗⑤,显宗即位,待彊弥厚。宣、显皆杂霸道⑥,治尚刚严,独此事,显优于宣多矣。

[注释]①昌邑王贺:即刘贺(前92—前59),汉武帝之孙,昌邑王刘髆之子。五岁时嗣王位,及昭帝崩(公元74年),因昭帝无子,被拥立为帝。在位二十七天,以荒淫无度被废,改封海昏侯。 ②张敞(?—前48):字子高,历太仆丞,以切谏废昌邑王刘贺,擢豫州刺史,又征为太中大夫,并治尚书事。后为山阳太守、京兆尹、太原太守等,以能吏称。 ③此句意指张敞条奏刘贺被废后的居处行实,更明其所以被废之原由。著,明。按:张敞此奏状略见《汉书·武五子传·昌邑哀王传》,叙刘贺之昏愚痴狂甚详,宣帝由此知刘贺不足忌。 ④太子彊:即刘强(25—58),"彊"即"强"字。初为东汉光武帝太子,因其母郭圣通于建武十七年(41)失皇后位,遂亦自请去太子位,两年后被封为东海王。以无过错被废,光武帝特许其用皇帝仪仗,死后明帝亦以殊礼葬之。 ⑤显宗:即汉明帝刘庄。 ⑥霸道:偏指法治。《汉书·元帝纪》记宣帝语:"汉家自有制度,本以霸王道杂之。"

平 津 侯

公孙平津①本传称其意忌内深②,杀主父偃③、徙董仲舒④皆其力。然其可称者两事。武帝置苍海、朔方⑤之郡,平津数谏,以为罢弊⑥中国,以奉无用之地,愿罢之。

上使朱买臣⑦等难之,乃谢曰:"山东鄙人,不知其便若是。愿罢西南夷⑧,专奉朔方。"上乃许之。卜式⑨上书,愿输家财助边,盖迎合主意。上以语平津,对曰:"此非人情,不轨之臣不可以为化而乱法⑩,愿勿许。"乃罢式⑪。当武帝好大喜功而能如是,概⑫之后世,足以为贤相矣。惜不以式事载本传中。

[注释]①公孙平津:即公孙弘,见卷二《汉轻族人》条注。 ②意忌内深:《汉书·公孙弘传》原作"其性意忌,外宽内深"。颜师古注:"意忌,多所忌害也。" ③主父偃:亦见卷二《汉轻族人》条注。 ④董仲舒(前179—前104):汉景帝时以治《春秋》为硕儒,征为博士。武帝即位,为江都相,以事罢为中大夫。与公孙弘同倡"罢黜百家,独尊儒术",为当时官方意识形态的主要奠基者。为公孙弘所忌,出为胶西相,病免,卒于家。 ⑤苍海、朔方:汉武帝时所设郡名。前者在东北亚,领辖史所称秽貊、朝鲜等部分地区,数年后罢去;后者在河套地区,治三封(在今内蒙古巴彦淖尔市蹬口县境),隶并州刺史部。 ⑥罢弊:同"疲弊"。 ⑦朱买臣:字翁子,汉武帝时累官主爵都尉、丞相府长史,以谋害御史大夫张汤而被处斩。 ⑧罢西南夷:指罢去对巴蜀西南边境地区的经营。 ⑨卜式:西汉洛阳人,以牧羊致富,汉武帝时上书,愿以家财之半捐公助边。武帝初不受,后赏之以重金,召拜为中郎,累官至御史大夫。 ⑩句意指不守法之人的举动无助于教化,而会扰乱法度。不轨,犹言不法。 ⑪罢式:指罢去卜式的请求而不授以官爵。 ⑫概:衡量,依据……标准。

韩信　周瑜

世言韩信伐赵,赵广武君请以奇兵塞井陉口,绝其粮道,成安君不听,信使间人窥知其不用广武君策,还报,则大喜,乃敢引兵遂下,遂胜赵①;使广武计行,信且成禽,信盖自言之矣。周瑜拒曹公于赤壁,部将黄盖献火攻之策,会东南风急,悉烧操船,军遂败②;使天无大风,黄盖不进计,则瑜未必胜。是二说者,皆不善观人者也。夫以韩信敌陈余,犹以猛虎当羊豕尔。信与汉王语,请北举燕、赵,正使井陉不得进,必有他奇策矣。其与广武君言曰:"向使成安君听子计,仆亦禽矣。"盖谦以求言之词③也。方孙权问计于周瑜,瑜已言操冒行四患④,"将军禽之,宜在今日"。刘备见瑜,恨其兵少,瑜曰:"此自足用,豫州⑤但观瑜破之。"正使无火攻之说,其必有以制胜矣。不然,何以为信、瑜?

[注释]①以上述公元前204年,汉王刘邦大将韩信灭赵事。韩信率万人将攻赵,赵王主要谋士、广武君李左车建议固守井陉口要塞(在今河北井陉县北),截断汉军粮道。赵国主帅、成安君陈余依仗兵多,号称有二十万,主张正面阻击。韩信用奇计扰乱赵军,又从正面渡河,背水一战,大破赵军,陈余被杀,李左车被俘降汉。 ②以上述公元208年赤壁之战事。是时曹操率八十万大军攻吴,吴大将周瑜用部将黄盖火攻之策,悉焚魏军兵船于江上,遂在蜀军配合下大败魏军,取得三国鼎立关键一役的大胜利。 ③谦以求言:指李左车被俘后,韩信释之,谦逊地问他先前拒汉军的计策。 ④冒行四患:指周瑜所说曹操贸然攻吴有四患:一曰北土未平,关西马超、韩遂为曹魏后患;二曰舍鞍马而仗舟楫,非中原所长;三曰遇隆冬盛寒,马无草料;四曰驱中原士卒远涉江湖,不习水土,必生疾病。见《三国志·周瑜传》。 ⑤豫州:指刘备。先前刘备战败而投曹操,曹操曾借朝廷名义以之为豫州牧。

汉武赏功明白

卫青为大将军,霍去病始为校尉,以功封侯。青失两将军,亡翕侯,功不多,不益封①。其后各以五万骑深入,去病益封五千八百户,裨校②封侯益邑者六人,而青不得益封,吏卒无封者。武帝赏功,必视法如何,不以贵贱为高下,其明白如此。后世处此,必曰"青久为上将,俱出塞致命,正不厚赏,亦当有以慰其心,不然他日无以使人",盖失之矣。

[注释]①"青失两将军"句:据《史记·匈奴列传》,此指元朔六年(前123),大将军卫青率六将军出塞击匈奴,虽大克获,而前将军赵信与右将军苏建军败,损失三千余骑。苏建只身脱还,赎为庶人;赵信则本为匈奴小王,降汉后封为翕侯,是役以军败复归匈奴,匈奴单于仍以其为仅次于自己的王,并妻之以自己的姐姐,以谋划抗拒汉兵之计。以此,卫青不得增加封爵与封邑。②裨校:指以校尉为裨将的中级军官。

周召房杜

召公为保,周公为师,相成王为左右。观此二相,则刑措四十年①,颂声作于下,不言可知。唐贞观三年二月,房元龄②为左仆射,杜如晦为右仆射,魏征参预朝政。观此三相,则三百年基业之盛,概可见矣。

[注释]①句意指周初周公、召公辅佐成王,奠定了成王、康王时期天下大治的基础。古本《竹书纪年》云:"成、康之际,天下安宁,刑措四十余年不用。"刑措,指刑罚宽松而言。措,搁置。 ②房元龄:即房玄龄。宋人避讳"玄"字而写为"元"。

三代书同文

　　三代之时，天下书同文①，故《春秋左氏》所载人名、字，不以何国，大抵皆同。郑公子归生，鲁公孙归父，蔡公孙归生，楚仲归，齐析归父，皆字子家②。楚成嘉，郑公子嘉，皆字子孔③。郑公孙段、印段，宋褚师段，皆字子石④。郑公子喜，宋乐喜，皆字子罕⑤。楚公子黑肱，郑公孙黑，孔子弟子狄黑，皆字子晳⑥。鲁公子翚，郑公孙挥，皆字子羽⑦。郱子克，楚斗克，周王子克，宋司马之臣克，皆字曰仪⑧。晋籍偃、荀偃，郑公子偃，吴言偃，皆字曰游⑨。晋羊舌赤，鲁公西赤，皆字曰华⑩。楚公子侧，鲁孟之侧，皆字曰反⑪。鲁冉耕，宋司马耕，皆字曰牛⑫。颜无繇、仲由，皆字曰路⑬。

　　[注释]①书同文：旧谓先秦时已有规范文字之事。《周礼·春官·外史》："掌达书名于四方。"宋朱申《周礼句解》："名，字也。达于四方，使书同文也。"按："书同文"通常是指字体书写的统一。洪迈此条下述所举，则皆为古人之名与作为别号的字相应之例。其意盖谓古时文字的使用，不论在何地，凡同字即同义，而不是仅指字体书写的趋同。　②归、家：古"归"字从止从帚。《说文》："归，女嫁也。从止，妇省。"宋徐锴云："妇人谓嫁曰归。止者，止于此也。"故古人名归，字子家。　③嘉、孔：古"孔"字右旁为鸟形符。《说文》："孔，通也。从乙从子。乙，请子之候鸟也。乙至而得子，嘉美之也。故古人名嘉，字子孔。"按："乙"本指燕子。　④段、石："段"通"碫"，即砺石。《说文》"碫"字下引《春秋传》："郑公孙碫，字子石。"　⑤喜、罕："罕"本指系于竿头捕鸟的网，捕鸟而获之则悦，故与"喜"字对应。　⑥黑、晳："晳"同"晰"，即白，字义与"黑"相反。古人"矛盾式"取字，有突出正面价值的取向。　⑦

翚、挥:二字古通。清桂馥《说文解字义证》:"《广雅》:'翚,飞也。'……鲁公子翚,字子羽。通作挥。郑公孙挥,字子羽。" ⑧克、仪:二字之呼应,疑取克敬克慎而有威仪之意。《朱子语类》卷十六释《大学》第三章:"瑟,矜庄貌;僩,武貌;恂栗,严毅貌。古人直是如此严整,然后有那威仪烜赫著见。" ⑨偃、游:"游"通"斿",同"旒",古代旌旗边缘上悬垂游动的装饰品。"偃"通"㫃"。凡旗帜之字皆从㫃,以象形字为偏旁,亦用以形容旒的游动。《说文》:"㫃,旌旗之游㫃蹇之貌……读若偃。古人名㫃,字子游。" ⑩赤、华:以火之赤色与其光华相应。《说文》:"焱,火华也。"《集韵》:"焱焱,火盛貌。"浅言之指火花,盛言之则光华煊耀。 ⑪侧、反:倾侧、反转,以近义字相应。 ⑫耕、牛:即牛耕之谓。 ⑬繇、由:二字古通,常用为途径之词。古人多以"道"字用作"由",如《汉书·东方朔传》:"君子有常行,君子道其常。"颜师古注:"道,由也。"道本义即路,故可名由字子路。按:颜无繇即颜回之父,仲由即子路,皆为孔子弟子。

周世中国地

成周之世,中国之地最狭。以今地里考之,吴、越、楚、蜀、闽皆为蛮,淮南为群舒①,秦为戎,河北真定中山之境乃鲜虞、肥、鼓②国。河东之境,有赤狄、甲氏、留吁、铎辰、潞③国。洛阳为王城,而有杨拒、泉皋、蛮氏、陆浑④伊雒之戎。京东有莱、牟、介、莒⑤,皆夷也。杞⑥都雍丘,今汴之属邑,亦用夷礼。邾⑦近于鲁,亦曰夷。其中国者,独晋、卫、齐、鲁、宋、郑、陈、许而已,通不过数十州,盖于天下特五分之一耳⑧。

[注释]①群舒:西周时分布于今安徽六安、舒城一带的舒庸、舒鸠等部落。史载为偃姓,源出于上古东夷皋陶部。 ②鲜虞、肥、鼓:皆为春秋时北

方部族白狄的分支。原分布于今陕北及陕西洛水流域,后东迁至今河北境内,鲜虞在今正定一带建中山国,肥、鼓亦各自在附近区域建国。　③赤狄、甲氏、留吁、铎辰、潞:春秋时活动在今山西长治、屯留、潞县等地的少数族。④杨拒、泉皋、蛮氏、陆浑:春秋时皆号称伊洛之戎,源出西部及西北地区。⑤莱、牟、介、莒:皆为东夷古国。莱在今山东半岛东端,都今龙口(故黄县);牟、介分别在今莱芜、胶州境;莒都今莒县,最盛时疆域跨今胶州以至苏北的东南沿海地区。　⑥杞:夏后氏后裔所建小国。原在今河南杞县,两周之际迁至今山东新泰,春秋中叶又继续东迁至今昌乐、安丘一带。《左传》僖公二十七年载"杞桓公来朝,用夷礼",襄公二十九年载"杞,夏余也,而即东夷"。⑦邾:亦东夷古国。春秋时都今山东邹城,盛时领有部分周边地区,在海岱区域仅次于齐、鲁、莒诸国。《左传》昭公二十三年:"邾又夷也。"　⑧按:自西周末年以来,中原周边少数族多混居内地,伴随民族融合,华夏之区已不能仅以族源划分。

李后主　梁武帝

东坡书李后主去国之词,云"最是苍皇辞庙日,教坊犹奏别离歌,挥泪对宫娥"①,以为后主失国,当恸哭于庙门之外,谢其民而后行,乃对宫娥听乐,形于词句②。予观梁武帝启侯景之祸③,涂炭江左,以致覆亡,乃曰:"自我得之,自我失之,亦复何恨!"其不知罪己,亦甚矣。窦婴救灌夫④,其夫人谏止之,婴曰:"侯自我得之,自我捐之,无所恨。"梁武用此言而非也。

[注释]①此所引词句为世所传南唐后主李煜《破阵子》词的末数句。原词见《东坡志林》,后人收入《南唐二主词》。　②《志林》此评,南宋初袁文《瓮牖闲评》曾提出异议,云:"余谓此决非后主词也,特后人附会为之耳。观曹彬

下江南时,后主豫令宫中积薪,誓言若社稷失守,当携血肉以赴火。其厉志如此,后虽不免归朝,然当是时更有甚教坊,何暇对宫娥也?" ③侯景之祸:南朝梁武帝末年降将侯景(503—552)发动的叛乱。侯景原为东魏大将,于公元547年率部降于梁,驻守寿阳(今安徽寿县)。次年八月勾结梁宗室萧正德起兵反叛,围攻建康,僭立萧正德为帝。又次年三月攻陷建康台城,缢杀萧正德,囚死梁武帝,立简文帝萧纲,杀人几至空城。551年复废杀萧纲,立豫章王萧栋为帝,旋又废萧栋自立称帝。逾年为梁将陈霸先、王僧辩所破,于逃亡中被部下杀死。 ④窦婴救灌夫:史载灌夫得罪时,窦婴曾力救之,谓"终不令灌仲孺独死,婴独生。"参见本书卷二《汉母后》及《灌夫 任安》条。

诗　　什

《诗》二《雅》及《颂》,前三卷题曰"某诗之什",陆德明释云:"歌诗之作,非止一人。篇数既多,故以十篇编为一卷,名之为什。"① 今人以诗为篇什,或称誉他人所作为佳什,非也②。

[注释]①此段引文见陆德明《经典释文·鹿鸣之什》题解。陆德明(约550—630),名元朗,以字行,著名经学家。由南朝入隋、唐,唐初为国子博士卒。 ②按:此条辨"篇什"之名起于以十篇为一卷。后人称诗篇为"篇什",则"什"字已虚化;称佳作为"佳什",则"什"字即成"篇什"之省,又由虚变实。

《易举正》

唐苏州司户郭京①有《周易举正》三卷,云"曾得王辅嗣②、韩康伯③手写注定传授真本,比校今世流行本及国学、乡贡举人等本,或将经入注,用注作经,小象中间以下句反居其上,爻辞注内移后义却处于前,兼有脱遗两字、颠倒谬误者,并依定本举正其讹,凡一百三节"。今略取其明白者二十处载于此。

《坤》初六:"履霜坚冰至。"象曰:"履霜,阴始凝也。驯致其道,至坚冰也。"今本于象文"霜"字下,误增"坚冰"二字。

《屯》六三象曰:"即鹿无虞何?以从禽也。"今本脱"何"字。

《师》六五:"田有禽,利执之,无咎。"元本"之"字行书,向下引脚,稍类"言"字,转写相仍,故误作"言"。观注义,亦全不作"言"字释也。

《比》九五象曰:"失前禽,舍逆取顺也。"今本误倒其句。

《贲》:"亨,不利有攸往。"今本"不"字误作"小"字。

"刚柔交错,天文也。文明以止,人文也。"注云:"刚柔交错而成文焉,天之文也。"今本脱"刚柔交错"一句。

《坎》卦"习坎"上脱"坎"字。

《姤》九四:"包失鱼。"注:"二有其鱼,故失之也。"今本误作"无鱼"。

《蹇》九三:"往蹇来正。"今本作"来反"。

《困》初六象曰:"入于幽谷,不明也。"今本"谷"字下多"幽"字。

《鼎》象:"圣人亨以享上帝,以养圣贤。"注云:"圣人用之,上以享上帝,而下以养圣贤。"今本正文多"而大亨"

三字,故注文亦误增"大亨"二字。

《震》彖曰:"不丧匕鬯,出可以守宗庙社稷,以为祭主也。"今本脱"不丧匕鬯"一句。

《渐》象曰:"君子以居贤德,善风俗。"注云:"贤德以止巽则居,风俗以止巽乃善。"今本正文脱"风"字。

《丰》九四象:"遇其夷主,吉,志行也。"今文脱"志"字。

《中孚》象:"豚鱼,吉,信及也。"今本"及"字下多"豚鱼"二字。

《小过》彖:"柔得中,是以可小事也。"今本脱"可"字,而事字下误增"吉"字。

六五象曰:"密云不雨,已止也。"注:"阳已止下故也。"今本正文作"已上",故注亦误作"阳已上故止也"。

《既济》彖曰:"既济,亨小,小者亨也。"今本脱一"小"字。

《系辞》:"二多誉,四多惧。"注云:"惧,近也。"今本误以"近也"字为正文,而注中又脱"惧"字。

《杂卦》:"蒙稚而著。"今本"稚"误作"杂"字。

予顷于福州《道藏》④中见此书而传之,及在后省⑤,见晁公武⑥所进《易解》⑦多引用之,世罕有其书也。

[注释]①郭京:生平不详,或说为开元以后人。其《周易举正》今存。②王辅嗣:即魏晋玄学的奠基者王弼。 ③韩康伯:名伯,字康伯,东晋学者。为简文帝所器重,官至丹阳尹、吏部尚书、领军将军,年四十九病卒。 ④福州《道藏》:指北宋末年在福州刊刻的《万寿道藏》,为我国首次由官方雕版印制的道教经典及其他著作的总集。因始刊于政和年间,故又称《政和万寿道

藏》，今已散佚。 ⑤后省：即中书门下后省。宋承唐制，于皇城内设政事堂为宰相议事处，俗称中书门下内省，或简称中书门下。皇城外另有中书省和门下省，各自处理本省日常行政事务，俗称中书后省、门下后省，亦合称中书门下后省，而"后省"二字与"外省"二字通用。 ⑥晁公武（1105—1180）：字子止，南宋初学者，人称昭德先生。靖康之乱时避难入蜀，绍兴初举进士，官至吏部侍郎，所作《郡斋读书志》为我国现存最早的有书籍内容提要的私家藏书目录。 ⑦《易解》：《宋史·艺文志》著录为《易诂训传》十八卷，陈振孙《直斋书录解题》称为《昭德易诂训传》，王应麟《困学纪闻》引称《易广传》。陈氏解题云："博采古今诸家，附以己闻，又考载籍行事，以明诸爻之变；其文义音读之异者别之，逐条曰'同异考'。乾道中上之。其议论精博，不主一家，然亦略于象数。晁氏居京师昭德坊，故号昭德。"

其惟圣人乎

《乾》卦"其惟圣人乎"，魏王肃①本作"愚人"，后结句始作"圣人"，见陆德明《释文》。

［注释］①王肃：字子雍，三国时经学家，官至司空。

《易·说卦》

《易·说卦》，荀爽《九家集解》①，乾为木果之下更有四，曰为龙、为车②、为衣、为言。坤后有八，曰为牝、为迷、为方、为囊、为裳、为黄、为帛、为浆。震后有三，曰为王、为鹄、为鼓。巽后有二，曰为杨、为鹳。坎后有八，曰为宫、为律、为可、为栋、为丛棘、为狐、为蒺藜、为桎梏。离后有一,曰为牝牛。艮后有三,曰为鼻、为虎、为狐。兑后有二,曰为常、为辅颊③。注云:"常,西方神也。"陆德明以其与王弼本不同,故载于《释文》。案震为龙,与乾同,故虞翻④、干宝⑤本作駹⑥。

[注释]①荀爽《九家集解》:荀爽(128-190),字慈明,东汉末经学家,献帝时位至司空。《九家集解》,亦称《九家集注》。《隋书·经籍志》作《周易荀爽九家注》十卷,《新唐书·艺文志》作《荀氏九家集解》十卷。《经典释文·叙录》:"荀爽《九家集注》十卷,不知何人所集,称荀爽者,以为主故也。其序有荀爽、京房、马融、郑玄、宋衷、虞翻、陆绩、姚信、翟子玄。子玄不详何人,为《易义注》。内又有张氏、朱氏,并不详何人。" ②车:清刻《经典释文》作"直"。按:自"乾为木果"所述,皆为八卦所象征之物。 ③辅颊:指上颌与面颊,亦泛指面颊。 ④虞翻(164-233):字仲翔,东汉末至三国时学者,曾为孙权骑都尉,精于《易》学,曾有《周易注》。 ⑤干宝(283-336):字令升,东晋史学家,著述甚丰,亦曾有《周易注》。 ⑥駹(máng):黑色而面白的马。李鼎祚《周易集解》"为駹"注:"駹,苍色。震,东方,故为駹。旧读作'龙',上已'为龙',非也。"意谓《易·说卦》上文已称"乾为龙",故下文称"震为駹","駹"亦作"龙"者非是。

元二之灾

《后汉·邓骘传》:"拜为大将军……时遭元二之灾,人士饥荒,死者相望,盗贼群起,四夷侵畔①。"章怀②注云:"元二,即元元也。古书字当再读者,即于上字之下为小'二'字③,言此字当两度言之。后人不晓,遂读为'元二',或同之阳九,或附之百六④,良⑤由不悟,致斯乖舛。今岐州《石鼓铭》⑥,凡重言者皆为'二'字,明验也。"汉碑有《杨孟文石门颂》云:"中遭元二西夷虐残。"《孔耽碑》云:"遭元二轗轲⑦,人民相食。"赵明诚《金石跋》⑧云:"若读为元元,不成文理。疑当时自有此语,《汉注》未必然也。"按王充《论衡·恢国篇》云:"今上嗣位,元二之间,嘉德布流。三年,零陵⑨生芝草。四年,甘露降五县。五年,芝复生。六年,黄龙⑩见。"盖章帝时事。考之本纪所书,建初三年以后,诸瑞皆同⑪,则知所谓"元二"者,谓建初元年、二年也。既称嘉德布流,以致祥瑞,其为非灾眚⑫之语,益⑬可决疑。安帝永初元年、二年,先零滇羌寇叛,郡国地震,大水,邓骘以二年十一月拜大将军⑭,则知所谓"元二"者,谓永初元年、二年也。凡汉碑重文,不皆用小"二"字,岂有范史⑮一部,唯独一处如此?予兄丞相作《隶释》⑯,论之甚详。予修国史日,撰《钦宗纪赞》,用"靖康元二之祸",实本于此。

[注释]①畔:通"叛"。 ②章怀:即唐高宗第六子、武则天第二子李贤(655年-684年),字明允,在其胞兄死后继立为太子,后被武则天废黜流放,又被逼自尽,睿宗时谥称章怀太子。今所存《后汉书》旧注,为其生前集学者所作。 ③小"二"字:按章怀注原意,实指古人所用重文符号,因一般书写为相叠的两短横,故谓之小"二"字。 ④阳九、百六:古代术数家用以指称灾荒年景和厄运的概念。有不同说法,其一是以四千六百一十七岁为一元,以为初入元的一百零六岁之内,有若干水、旱之年,统谓之"百六之厄";其中有旱灾九年,则谓之"阳九"。 ⑤良:诚然,确实。 ⑥《石鼓铭》:即石鼓文,参见卷四《为文矜夸过实》条。 ⑦轗轲:亦作"轗轲""輡轲",即"坎坷",困顿之意。 ⑧《金石跋》:指赵明诚《金石录》中对《汉司隶杨厥开石门颂》的跋语。赵明诚(1081-1129),字德甫,两宋之际金石学家,官至江宁知府。 ⑨零陵:今属湖南。 ⑩黄龙:古人以为地之瑞。《论衡·验符篇》谓"鲁人公孙

臣,孝文时言汉土德,其符黄龙"。"黄为土色,位在中央,故轩辕德优,以黄为号;皇帝宽惠,德侔黄帝,故龙色黄"。 ⑪诸瑞皆同:指所记灵芝、甘露、黄龙等都是祥瑞。 ⑫灾眚:灾祸。句意指史籍所书既是祥瑞,则"元二"之语亦不涉及灾祸,未可与"阳九""百六"比附。 ⑬益:更。 ⑭《后汉书·安帝纪》:永初元年六月"先零种羌叛,断陇道,大为寇掠";"是岁,郡国十八地震,四十一雨水,或山水暴至,二十八大风雨雹";二年"十一月辛酉,拜邓骘为大将军……先零羌滇零称天子于北地,滇零羌遂寇三辅,东犯赵魏,南入益州,杀汉中太守董炳"。按:洪迈所称"先零滇羌",指先零羌的滇零部。先零,西汉时西羌中继研种羌之后的最强大部落联盟。滇零?(?－112年),先零羌别种首领。 ⑮范史:指范晔所著《后汉书》。 ⑯《隶释》:洪适所著集录汉、魏及西晋石刻文字的专著。其释"元二"之文见《隶释》卷四《司隶校尉杨孟文石门颂》。

圣 人 污

孟子曰:"宰我、子贡、有若,智足以知圣人,污不至阿其所好。"①赵岐注云:"三人之智足以识圣人。污,下也,言三人虽小污不平,亦不至阿其所好,阿私所爱而空誉之。"②详其文意,"足以识圣人"是一句,"污,下也"自是一节,盖以"下"字训污也,其义明甚。而老苏先生乃作一句读,故作《三子知圣人污论》,谓"三子之智,不足以及圣人高深幽绝之境,徒得其下焉耳"③。此说窃谓不然。夫谓夫子贤于尧、舜,自生民以来未有,可谓大矣,犹以为污下,何哉?程伊川云:"有若等自能知夫子之道,假使污下,必不为阿好而言。"④其说正与赵氏合。大抵汉人释经子,或省去语助⑤。如郑氏笺《毛诗》"奄观铚艾"⑥云:

"奄,久;观,多也。"盖以久训奄,以多训观。近者黄启宗有《补礼部韵略》⑦,于"淹"字下添"奄"字,注云"久观也"⑧,亦是误以笺中五字为一句。⑨

[注释]①语出《孟子·公孙丑上》。原文记孟子自称"吾未能有行焉,乃所愿则学孔子",又称"自有生民以来未有孔子",并举孔子三弟子宰我、子贡、有若所称颂的"夫子贤于尧、舜远矣"等语为证,因谓三人"智足以知圣人,污不至阿其所好"。前人或以"圣人污"三字连读,后世讨论甚多,《容斋》此条亦辩其词义、音读问题。 ②此所引赵岐注,释"污"字为"下",且以"污"字属下句,而不与"圣人"连读。其意盖谓孟子的原意是指宰我等人都足以了解孔子,即使他们对孔子的评价有时还偏低,未达到应有的高度,但也不至于因为私爱其师而有所迎合,以空言称颂孔子。 ③此处意指苏洵所作《三子知圣人污论》(今见《嘉祐集》卷八),以"圣人污"三字连读,指的是宰我等人的认识达不到孔子的境界,他们所知者仅为孔子学说中的普通道理,而非其师说之精华。 ④此指理学家程颐对孟子之语的理解,以为宰我等人对夫子之道的了解即使有低下之处,他们的称颂也必不会因阿谀夫子而发。洪迈以为其说与赵岐注相合。 ⑤省去语助:指下文所引郑玄对《毛诗》的笺注,于"奄,久"的"久"字下省去"也"字之类。 ⑥奄观铚艾:语出《诗经·周颂·臣工》。郑玄以准备收获庄稼的农具作解,以为此四字指"教我庶民具女(汝)田器,终久必多铚艾"。今人一般理解为尽观开镰收割。奄,尽。铚,镰刀。艾,通"刈",割。 ⑦《补礼部韵略》:南宋初黄启宗所撰韵书兼字书。因北宋仁宗时官修的《礼部韵略》不够完备,乃摭取六经诸子中字以补之。绍兴十一年(1141)上于朝,初附《礼部韵略》之后,淳熙中官刻散入诸字之下。然所补亦失于用韵过宽,士子或不敢用。黄启宗,字肇之,绍兴二十七年(1157)举进士,历官漳州知州。 ⑧传世佚名《附释文互注礼部韵略》,其盐部有"淹"字,该部末尾又有"奄"字,注云:"音淹,久观也。《诗》'奄观铚艾'。" ⑨本条辩"圣人污"三字,尚难定论。清焦循《孟子正义》别有一说云:"'污'本作'洿',孟子盖用为'夸'字之假借。夸者大也,谓言虽大而不至于阿曲。成公绥《啸赋》云'大而不洿'。苏洵有《三子知圣人污论》,以'污'属上读,则'智足以知圣人

污',亦是智足以知圣人之大也。"若此说可从,则"智足以知圣人污"作一句读亦可通。但以"污"字通"夸"而属上读,似不若以"污"字属后,径读作"夸不至阿其所好",意即三人之言虽夸张(如有若称孔子之于民犹"麒麟之于走兽,凤凰之于飞鸟,泰山之于丘垤,河海之于行潦"之类),而非出于阿谀之心。

廿卅卌字

今人书二十字为廿①,三十字为卅②,四十为卌③,皆《说文》本字也。廿音入,二十并也。卅音先合反,三十之省便,古文也。卌音先立反,数名,今直以为四十字。按秦始皇凡刻石颂德之辞,皆四字一句④。《泰山辞》曰:"皇帝临位,二十有六年。"《琅邪台颂》曰:"维二十六年,皇帝作始。"《之罘颂》曰:"维二十九年,时在中春。"《东观颂》曰:"维二十九年,皇帝春游。"《会稽颂》曰:"德惠脩长,三十有七年。"⑤此《史记》所载,每称年者,辄五字一句。尝得《泰山辞》石本,乃书为"廿有六年",想其余皆如是。而太史公误易之,或后人传写之讹耳,其实四字句也。

[注释]①廿(niàn):旧时注音"人汁切"或"而集反",又谓读如"入",与今音不同。或说本读如"聂",俗转读如"念"。 ②卅(sà):宋刻原字仍用《说文》的写法,在大"十"字下部两侧各书一小"十"字,即后世之"卅"字。今权且作"卅"。旧注"先合反"或"苏沓切",读如"撒",今音仍之。 ③卌(xì):旧注"先立反",今音亦仍之。 ④四字一句:秦王朝建立后,自为水德,数字尚"六"。始皇东巡时的刻石皆用四字句,凡三小句为一整句,共十二字,寓意三为六之半,倍六为十二。 ⑤以上刻石,《泰山辞》在今山东泰山,《琅邪台颂》在今山东胶南琅琊山,《之罘颂》及《东观颂》在今山东烟台芝罘山,《会稽颂》

在今浙江会稽山。

字 省 文

今人作字省文,以禮为礼,以處为处,以與为与,凡章奏及程文书册之类不敢用,然其实皆《说文》本字也。许叔重释"礼"字云:"古文。""处"字云:"止也,得几而止。或从處。""与"字云:"赐予也,与與同。"然则当以省文者为正。①

[注释]①此条所谓"省文",即今所称简化字。简化字多起于俗写,而俗写有可用者,有不可用者,更有辗转而讹尤不可用者。其可用者,久而约定成俗,渐入于规范,即成正字,非是自始即为正字。"處"今更简化为"处"。许叔重,即许慎(58—147),字叔重,东汉经学家、文字学家,《说文解字》作者。

负 剑 辟 咡

《曲礼》记童子事曰:"负剑辟咡诏之。"①郑氏注云:"负谓置之于背,剑谓挟之于旁。辟咡诏之,谓倾头与语。口旁曰咡。"欧阳公作其父《泷冈阡表》,云"回顾乳者,剑② 汝而立于旁",正用此义。今庐陵石刻由③存,衢州所刊《六一集》已得其真④。或者不晓,遂易"剑"为"抱",可叹也⑤。

[注释]①负剑辟咡诏之:语出《礼记·曲礼上》。原文云:"长者与之提携,则两手奉长者之手;负剑辟咡诏之,则掩口而对。"意谓长者携儿童之手走

路时,儿童要两手捧着(握住)长者的手;长者对儿童耳语时,儿童要用手遮住自己的嘴回答(不要正对着长者的脸出气息)。此言教儿童习礼之法。辟咡,指耳语。诏,告,指说话。按:旧注对"负剑"二字的解释多分歧。下引郑玄注,释"负"为背负,释"剑"为挟抱,不好理解。疑《曲礼》古本原作"頫敛",因传抄时"頫"字脱去左旁而讹为"负","敛"字则又讹为"剑",遂致词义难通。"頫"即古"俯"字,指俯身;"敛"即敛身,古人亦指鞠躬、弯腰。如是,则"负剑辟咡诏之"犹言弯腰与之耳语。 ②剑:此承郑玄注,取"抱"字之义,《四部丛刊》影印元刻本《欧阳文忠公集·居士集·泷冈阡表》注"一作抱"。 ③由:通"犹"。 ④《六一集》已得其真:六一,欧阳修自号六一居士。所作《六一居士传》:"居士曰:'吾家藏书一万卷,集录三代以来金石遗文一千卷,有琴一张,有棋一局,而常置酒一壶。'客曰:'是为五一尔,奈何?'居士曰:'以吾一翁,老于此五物之间,是岂不为六一乎?'"已得其真,谓《六一集》仍用"剑"字为正。 ⑤按:此条谓欧阳修《泷冈阡表》之"剑"字虽取"抱"字之义,而不可擅改为"抱"。然"剑"字实无抱负之义,疑欧阳修亦误用前人"负剑"之说。

国初人至诚

真宗时,并州谋帅①,上谓辅臣曰:"如张齐贤、温仲舒②皆可任,但以其尝历枢近③,或有固辞,宜召至中书询问,愿往则授之。"及召二人至,齐贤辞以恐为人所谗;仲舒曰:"非敢有辞,但在尚书班已十年,若得改官端揆④,赐都部署添给⑤,敢不承命!"辅臣以闻,上曰:"是皆不欲往也,勿强之。"王元之⑥自翰林学士以本官刑部郎中知黄州,遣其子嘉祐献书于中书门下,以为:"朝廷设官,进退必以礼,一失错置⑦,咎在廊庙。某一任翰林学士,三任制诰舍人⑧,以国朝旧事言之,或得给事中,或得侍郎,或为谏议大夫。某独异于斯,斥去不转一级⑨,与钱谷俗吏混然无别,执政不言,人将安仰?"予谓仲舒尝为二府⑩,至于自求迁转及增请给;元之一代刚正名臣,至于公移笺书,引例乞转⑪;唯其至诚不矫伪故也。后之人外为大言,避宠辞禄,而阴有营求,失其本真者多矣,风俗使然也。

[注释]①并(bing)州谋帅:指商量任命并州(治今山西太原)的帅守。宋以知州、知府兼掌地方军务重权者称帅守。 ②张齐贤、温仲舒:张齐贤,见卷四《野史不可信》条。温仲舒(943—1010),字秉阳,太宗朝官至同知枢密院事、参知政事。 ③枢近:指曾任最高军事机关枢密院首脑的近臣。 ④改官端揆:本指迁任宰相,此指自求提高曾为执政官的品级,给以宰相的待遇。 ⑤都部署添给:都部署,北宋前期临时委派的大军区统帅之称,掌军旅屯戍、攻防等事务。添给,指加俸,即俸禄之外的补贴。 ⑥王元之:即王禹偁(954—1001),字符之,宋初著名文学家,官至翰林学士。其出知黄州在真宗即位初年。 ⑦错置:同"措置"。 ⑧制诰舍人:指以知制诰而行中书舍人、起居舍人之职。 ⑨斥去不转一级:指被调任地方官而官品不得提高一级。 ⑩二府:东府、西府合称,此代指二府长官。宋代最高国务机关,习称掌管政务的中书门下(政事堂)为东府,掌管军事的枢密院为西府。 ⑪公移笺,引例乞转:指正式以官府文书形式援引旧例,自请迁转。宋代各级官府间的文书往来称"行移"。

史馆 玉牒所

国朝熙宁以前,秘书省无著作局,故置史馆,设修撰、直馆之职①。元丰官制行,有秘书官,则其职归于监、少及著作郎、佐矣;而绍兴中复置史馆修撰、检讨,是与本省为二也②。宗正寺修玉牒③官亦然:官制既行,其职归于卿、丞矣;而绍兴中复差侍从为修牒,又以他官兼检讨,是与本寺为二也④。然则今有户部,可别置三司;有吏、刑部,可别置审官、审刑院矣⑤。又玉牒旧制,每十年一进⑥,谓甲子岁进书,则甲戌、甲申岁复然。今乃从建隆以来再行补修,每及十年则一进⑦,以故不过三二年,辄一行赏⑧,书局僭赏⑨,此最甚焉。

[注释]①宋代秘书省虽承前朝设置,但在元丰五年(1082)改革官制以前,仅掌祭祀祝版,无著述之责。其时图籍校理及修史等事,主要由史馆承担,故设有史馆修撰、直史馆等官职。 ②以上指元丰改制以后,秘书省成为职事机构,专设秘书监、少监及著作郎、著作佐郎、秘书郎、校书郎、正字为职事官,已承担起原史馆的职事;但南宋初绍兴中一度恢复史馆,又置史馆修撰及检讨官负责修史,则成为与秘书省职事重叠的机构。 ③玉牒:实即皇族的族谱,但帝系部分用编年体兼记大事。宋太宗末年始修,真宗时专置修玉牒官,归掌管皇家宗庙、陵墓及宗室属籍的宗正寺领辖。南宋时有玉牒所,由宰执提举。 ④以上指南宋初专置玉牒所,则其职事即与宗正寺重叠。 ⑤北宋时曾专设三司,总领盐铁、度支、户部三部,为国家最高财政机构,元丰改制后废,大部分事务归于户部;又曾专设审官院(掌考校京朝官)、审刑院(掌复审大理寺裁断案件),后亦各归吏部、刑部。 ⑥每十年一进:此指旧时规定接续纂修的玉牒,每隔十年上进朝廷一次。 ⑦每及十年则一进:此指南宋时补修自宋建国以来的玉牒,以十年为一段,每修完一个十年的谱系即上进朝廷一次。如此,则二三年内即可成一书,不待修书时间满十年才上进。 ⑧行赏:宋代官书在编纂完成后例有上书仪,表示其书已由皇帝批准,参与修书的官员皆有奖赏(多为职级迁转)。 ⑨僭赏:过分的奖赏,犹言无功受赏或赏过其功。

稗 沙 门

《宝积经》①说僧之无行者曰:"譬如麦田中生稗麦②,

其形似麦,不可分别。尔时田夫作如是念③,谓此稗麦尽是好麦,后见穟④生,尔乃知非。如是沙门⑤,在于众中似是持戒有德行者,施主见时,谓尽是沙门。而彼痴人⑥,实非沙门,是名稗沙门。"此喻甚佳,而文士鲜曾引用,聊志于此。

[注释]①《宝积经》:全称《大宝积经》,为佛教大乘经典的丛书。 ②稗(bài)麦:指野燕麦,又称乌麦、燕麦草,与小麦等禾谷类作物伴生的一种杂草。生长习性与小麦相近,苗期形态亦相似,与小麦往往难以分别。长势甚猛,亦可抽穗开花,种子可作药用。 ③尔时田大夫作如是念:尔时,这时。下文"尔"字理解为那时。如是念,如此念想。佛教典籍多用此语。 ④穟:即"穗"字。野燕麦的穗子成熟后下垂而松散,与真小麦的穗子不同。 ⑤如是沙门:如此僧人,指上文所称无行者。 ⑥痴人:佛教指有恶行而不守佛法的僧人。

卷六

建 武 中 元

成都有汉蜀郡太守何君造《尊楗阁碑》①,其末云"建武中元二年六月"。按范史《本纪》②,建武止三十一年,次年改为中元,直书为中元元年。观此所刻,乃是虽别为中元,犹冠以建武,如文、景帝中元、后元之类也③。又《祭祀志》载封禅后赦天下诏,明言云"以建武三十二年为建武中元元年",《东夷·倭国传》云"建武中元二年"来奉贡,援据甚明。而宋莒公④作《纪年通谱》,乃云"纪、志所载不同,必传写脱误,学者失于精审,以意删去",殆亦不深考耳⑤。韩庄敏⑥家一铜斗,铭云"新始建国天凤上戊六年";又绍兴中郭金州⑦得一钲⑧,铭云"新始建国地皇上戊二年"。按王莽始建国之后改天凤,又改地皇。兹二器各冠以始元者,自莽之制如此,亦犹其改易郡名不常,每下诏犹系其故名之类耳,不可用中元为比也。⑨

[注释]①《尊楗阁碑》：载籍多称《何君阁道碑》，为东汉初年蜀郡太守何氏主持修栈道所留的石刻，刻于建武中元二年(57)。近年原刻在四川雅安荥经境内被发现，实为摩崖石刻，非是普通的碑刻。何君为尊称，其名氏待考。②范史《本纪》：指《后汉书·光武帝纪》。③"如文、景"句：意谓"建武中元"的年号，于"中元"上仍加"建武"二字，犹如史籍所称"文帝后元""景帝中元""景帝后元"之类，皆仍加"文帝""景帝"字样。④宋莒公：即宋庠，参见卷二《和〈归去来〉》条注。其《纪年通谱》为统列历代年号以纪年之书，自汉文帝后元元年(前163)至五代后周显德七年(960)为十二篇，别以北宋建隆元年(960)至庆历元年(1041)为一篇，另有两篇为年号检索。⑤此处所引宋庠意见，认为"建武中元"的年号，当从《后汉书·祭祀志》，不应省去"建武"二字，凡省去者是率意删去。洪迈不同意这一意见，故谓之"殆亦不深考"。⑥韩庄敏：即韩缜(1019—1097)，字玉汝，宋哲宗时官至宰相，谥庄敏。⑦郭金州：即郭浩(1087—1145)，字充道，两宋之际将领。南宋初屡为经略安抚使，节制陕西、四川等地兵马，抗击金人有功，曾号称"蜀中三大将"之一。淳熙初赐立庙金州(今陕西安康)，时称郭金州。⑧钲：古代铜制行军乐器。形似钟，有长柄，使用时口朝上，以槌敲击。⑨按：《容斋》此条的看法，本于洪适《隶释·蜀郡太守何君阁道碑》所考，以为"建武中元"的上二字可省。《资治通鉴》书此年号，即从范晔《后汉书》本纪及袁宏《后汉纪》删去"建武"二字，只书"中元"。今人用此年号，一般仍称"建武中元"。

带职人转官

绍兴中，王浚明①以右奉直大夫直秘阁乞磨勘②，吏部拟朝议大夫，时相以为既带职③，则朝议、奉直为一等，遂超转中奉④。其后曾惇⑤踵之，绍兴末向伯奋⑥亦用此，继而续觱⑦复然，后省有言不应蓦⑧三级，自是但得朝议。予按故事，官制未行时，前行郎中迁少卿，有出身得太常，无出身司农，继转光禄，即今奉直、朝议也⑨。自少卿迁大卿、监，有出身得光禄卿，无出身历司农卿、少府监、卫尉卿，然后至光禄⑩。若带职，则自少农以上径得光禄，不涉余级，至有超五资者⑪，然则浚明等不为过。盖昔日职名不轻与人，故恩典亦异。又自承务郎至奉议⑫，词人⑬但三转，而带职者乃与余人同，作六阶不小异⑭，乃有司之失也。

[注释]①王浚明：即王晓，字浚明，载籍多以其字称。南宋初屡为知州，历福建转运副使，淳熙初官至司农少卿。　②磨勘：宋代考核寄禄官以决定其迁转的制度。寄禄官的迁转皆有固定期限，凡官员任内的劳绩过失每年都有勘验，到期由吏部复查后决定其迁转的寄禄官阶，称为磨勘。按：寄禄官又称阶官，或称散阶，仅为表示官员品级并用以确定俸禄的官称，无实际执掌；职事官的实际职务，宋人称为差遣。　③带职：指官员以他官兼领诸阁学士等职名及三馆秘阁职名者，宋人谓之贴职。如王浚明以奉直大夫知泰州时除直秘阁，奉直大夫为阶官，知泰州为差遣，直秘阁则为职名（亦即其贴职）。此种职名一向为宋人所重，通常不轻易除授，故凡带职名者，俗间往往统称之为学士。　④以上所涉及的奉直大夫以至中奉（中奉大夫）等阶官，按北宋大观初增置后的文臣三十七阶（阶低者官高），奉直大夫为第十六阶，朝议大夫为第十五阶，中奉大夫为第十三阶。因王浚明有职名，故得由奉直大夫超转三级为中奉大夫。　⑤曾慥（？－1155）：字端伯，南宋初历户部员外郎、太府及光禄少卿，官至太府卿，加职右文殿修撰。　⑥向伯奋：字元伯，南宋孝宗初官至户部侍郎。　⑦续觱（bì）：南宋初历官吏部郎中、提举四川茶马、直显谟阁知荆南府，迁秘阁修撰。　⑧蓦（mò）：超越。　⑨句意指元丰改制以前，阶官由前行郎中提升而出任诸司少卿（副长官）者，有进士出身的即为太常少卿，无进士出身的则为司农少卿，继而转光禄少卿，其阶官即后来的奉直大夫和朝议大夫。前行郎中，元丰改制以前的文臣阶官名，元丰三年（1080）改为朝请大夫，在大观初所定三十七阶中为第十七阶。"前行"为尚书省六部分等

的用语。宋承唐制,以吏部、兵部为前行,户部、刑部为中行,礼部、工部为后行。其属官按正常制度注授差遣即以此为序,故旧时阶官有前、中、后郎中之别。 ⑩此处指由诸司副长官迁正长官,亦分有出身与无出身两种情况,前者直除光禄卿,后者须历司农卿、少府监、卫尉卿之后才转至光禄卿。 ⑪句意指凡有职名者,不论有无出身,皆可由不低于司农少卿之官直除光禄卿,不涉及其间阶官的高下,以致有超越五级阶官而迁转的。少农,即司农少卿。 ⑫承务郎至奉议:即自奉议郎以下至承务郎的7级阶官,在大观初所定三十七阶中为第二十三阶至三十阶,大抵为正八品至从九品的低级阶官。 ⑬词人但三转:词人,指由博学宏词科出身的低级文臣。三转:指由承务郎经三次迁转即至奉议郎。 ⑭此处意指带低级职名而无博学宏词科出身的文臣,由承务郎迁至奉议郎,仍须按承务郎以上的承奉郎至奉议郎六阶逐级迁转,与相同资格而无职名的其他人几乎没有差异。

上 下 四 方

上下四方不可穷竟,正杂《庄》《列》、释氏之寓言,曼衍①不能说也。《列子》:"商汤问于夏革曰:'上下八方有极尽②乎?'革曰:'不知也。'汤固问,革曰:'无则无极,有则有尽,朕何以知之③?然无极之外复无无极,无尽之中复无无尽④。无极复无无极,无尽复无无尽,朕是以知其无极无尽也,而不知其有极有尽也……焉知天地之表⑤不有大天地者乎?'"《大集经》:"'风住何处⑥?'曰:'风住虚空。'又问:'虚空为何所住⑦?'答言:'虚空住于至处⑧。'又问:'至处复何所住⑨?'答言:'至处何所住者,不可宣说。何以故?远离一切诸处所故,一切处所所不摄故,非数非称不可量故,是故至处无有住处⑩。'"二家之说如是而已。

[注释]①曼衍:支离散漫而流变不定。 ②极尽:极限、尽头,二字同义。 ③此数句对上下八方有无极尽的提问而言,意谓:说它们无极限它们就无极限,说它们有尽头它们就有尽头,我如何知道？则,即。朕,第一人称,我。 ④此二句意谓既称"无极""无尽",则"无极"之外便再无所谓"无极"(至大无外),"无尽"之内也再无所谓"无尽"(至尽无内)。 ⑤表:指边际之外。 ⑥住:停留。 ⑦虚空为何所住:虚空又有什么地方能停留？ ⑧虚空住于至处:虚空即停留在所至之处。 ⑨至处复何所住:所至之处又为什么能停留？ ⑩以上指这所至之处远离所有的处所,所有的处所都不能包括它,它不可用数目和称说作度量,所以这所至之处就是没有停留处所的处所。按《大智度论·大方便品》云:"法无住处,如地住于水,水住于风,风住于空。空无所住,以本无住处故,一切都无住。"

魏相　萧望之

赵广汉①之死由魏相②,韩延寿③之死由萧望之④。魏、萧,贤公卿也,忍以其私陷二材臣于死地乎？杨恽⑤坐语言怨望,而廷尉当以为大逆不道,以其时考之,乃于定国⑥也。史称定国为廷尉,民自以不冤,岂其然乎？宣帝治尚严,而三人者又从而辅翼之,为可恨也。

[注释]①赵广汉:字子都,汉宣帝时历官京兆尹,以不畏权势著称。后因狱案牵连及丞相魏相,被以侮辱大臣等罪下狱处死。 ②魏相(？—前59):字弱翁,汉宣帝时官至丞相,亦有刚正不阿之名。 ③韩延寿:见卷四《二疏赞》条注。 ④萧望之(约前114—前47):字长倩,初为名儒,汉宣帝时累官御史大夫,至宣帝临终,以前将军光禄勋受遗诏辅政。元帝即位初,为宦官弘恭、石显所害,饮鸩自杀。 ⑤杨恽:亦见卷四《二疏赞》条注。 ④于定

国:见卷二《汉采众议》条。

姓氏不可考

姓氏所出,后世茫不可考,不过证以史传,然要为难晓。自姚、虞、唐、杜、姜、田、范、刘之外,余盖纷然杂出。且以《左传》言之:申氏出于四岳①,周有申伯,然郑又有申侯,楚有申舟,又有申公巫臣,鲁有申繻、申枨②,晋有申书,齐有申鲜虞;贾氏,姬姓之国③,以国氏,然晋有贾华,又狐射姑④亦曰贾季,齐有贾举;黄氏,嬴姓之国⑤,然金天氏之后又有沈、姒、蓐、黄⑥之黄,晋有黄渊;孔氏出于商⑦,孔子其后也,然卫有孔达,宋有孔父,郑有孔叔,陈有孔宁,齐有孔虺⑧,而郑子孔之孙又为孔张;高氏出于齐,然子尾⑨之后又为高强,郑有高克,宋有高哀;国氏亦出于齐,然邢有国子,郑子国之孙又为国参;晋有庆郑,齐有庆克,陈有庆虎;卫有石碏,齐有石之纷如,郑有石癸⑩,周有石尚,宋有石彄⑪;晋有阳处父,楚有阳丐,鲁有阳虎;孙氏出于卫,而楚有叔敖⑫,齐有孙书,吴有孙武⑬;郭氏出于虢,而晋有郭偃⑭,齐有郭最,又有所谓郭公者。千载之下,遥遥世祚,将安所质究乎?⑮

[注释]①申氏出于四岳:相传申氏为上古四岳后裔,姜姓,周时封于申(今河南南阳),故称申氏。 ②枨:读作 chéng。 ③贾氏,姬姓之国:指贾氏出于姬姓贾国。春秋时晋献公夫人有贾姬,贾为国名,姬即其姓。 ④狐射姑:晋文公大臣狐偃之子。相传狐氏为姬姓后裔在夷狄者,狐射姑当是封于贾而为季子,故又称贾季。 ⑤黄氏,嬴姓之国:相传黄国(在今河南潢川)

为东夷少昊后裔所建,故称嬴姓。 ⑥沈、姒、蓐、黄:皆国名,相传为金天氏后裔台骀之子孙所建。按:传说又称少昊为金天氏,此黄国实即嬴姓之黄国。 ⑦孔氏出于商:周初封商纣王之兄微子于宋,至宋国第7位君主厉公而以其长兄弗父何为卿。弗父何有玄孙曰孔父嘉,名嘉,字孔父,其子孙即以其字孔为氏。孔子为孔父嘉玄孙之子叔梁纥之子。按:商为子姓,宋承之;周为姬姓,本条提及的鲁、卫、晋、郑、虢亦皆为姬姓;其余则齐为姜姓,楚为芈姓,陈为妫姓。 ⑧虺:读作huǐ。 ⑨子尾:齐惠公之孙、公子祁(字子高)之子,姜姓,以父字为氏,故称高氏。 ⑩叕:读作chuò。 ⑪彄:读作kōu。 ⑫叔敖:即孙叔敖,楚庄王时令尹(国相)。按:依文例,"叔敖"上不当省去氏名"孙"字。 ⑬孙武:即《孙子兵法》的作者。本为齐人,因其曾为吴国将领,故此称之为吴人。 ⑭郭偃:实为晋文公大臣狐偃。狐偃字子犯,为文公之舅,故又称舅犯、咎犯、臼犯、舅偃等,又从而音讹为郭偃。按:先秦郭氏多以居住于城郭而得氏称,如东郭氏、西郭氏等,不尽出于姬姓的虢国。 ⑮按:《容斋》此条谈姓氏,基于秦汉以后姓氏不分的观念,以为所举诸例大都氏与姓不相合,故谓之"不可考"而无所究质。实则上古在母系社会时代,姓和氏还是统一的,都从母系划分;后来进入父系社会,姓和氏即趋向两分,姓仍从母系,氏则按父系划分,故下至春秋战国时期,仍有妇人称姓而男子称氏之俗。父系之氏较晚起,大都以封国、封地、居所、职官、身份、祖父之名或字乃至身份、行辈等命名,原与母系之姓不同;而秦汉以来,母系之姓渐次消亡,代之而起的是父系家族皆以氏名为姓号,姓和氏就浑然不分了,以致后人遂以为上古姓氏"茫不可考"。今从姓氏源流上作检查,先秦载籍中所见的"姓"几乎还都是指母系之姓,只要把它与秦汉以后的父系之姓区分开来看待,则三代姓氏之别就仍皆历历可考。

畏 无 难

"圣人不畏多难而畏无难"①,故曰"惟有道之主能持胜"②。使秦不并六国,二世未亡;隋不一天下、服四夷,炀帝不亡;苻坚不平凉取蜀、灭燕翦代,则无肥水之役;唐庄宗不灭梁下蜀,则无嗣源之祸;李景不取闽并楚,则无淮南之失③。

[注释]①首句十字为北宋学者黄裳之语,见黄裳《演山先生文集》所附程瑀撰《黄公神道碑》。南宋学者多引之,一时遂成士大夫中间的流行语。黄裳(1043-1129),字冕仲,号演山居士,元丰五年(1082)进士第一,官至礼部尚书。 ②语出《吕氏春秋·慎大》篇。按:此条实谓黄裳此语之旨,已略见于《吕氏春秋》,即居安思危之意。《慎大》篇原文云:"(赵)襄子方食抟饭,有忧色……孔子闻之曰:'赵氏其昌乎!'夫忧所以为昌也,而喜所以为亡也。胜非其难者也,持之其难者也,贤主以此持胜,故其福及后世;齐、荆、吴、越皆尝胜矣,而卒取亡,不达乎持胜也。唯有道之主能持胜。"其文又引见《淮南子·道应训》及唐魏徵所辑《群书治要》。 ③以上列举秦、隋、十六国时前秦及五代后唐、南唐之兴亡,以为《慎大》篇文意之补证。末句"李景"当作"李璟","淮南"实指南唐。

绿 竹 青 青

毛公解《卫诗·淇奥》,分"绿竹"为二物,曰:"绿,王刍①也。竹,萹竹②也。"《韩诗》"竹"字作"薄",音徒沃反,亦以为萹筑。郭璞云:"王刍,今呼白脚莎,即菉蓐豆也。萹竹似小藜,赤茎节,好生道旁,可食。"又云:"有草似竹,高五六尺,淇水侧,人谓之菉竹。"按此诸说,皆北人不见竹之语耳。《汉书》"下淇园之竹以为楗"③;寇恂④为河内太守,伐淇园竹为矢百余万。《卫诗》又有"籊籊⑤竹竿,以钓于淇"之句,所谓"绿竹",岂不明甚。若白脚莎菉豆,安得云"猗猗"⑥"青青"哉?

[注释]①王刍:又名白脚莎、菉蓐草等,学名荩草。为一年生禾本植物,以叶似竹,故又称菉竹。 ②萹(biǎn)竹:或称路边草、猪圈草等,别名有几十种,为一年生草本植物,亦可入药。 ③语出《汉书·沟洫志》。楗(jiàn),堵塞水道决口所下的竹木草石。 ④寇恂(?—36):字子翼,东汉开国名将。在刘秀建国前曾镇守河内,建国后历官执金吾。 ⑤篛篛(tì tì):细长貌。⑥猗猗(yī yī):美盛貌。《诗经·卫风·淇奥》首句即"瞻彼淇奥,绿竹猗猗"。按:古籍或称荩草为绿竹,《容斋》此条以为《卫风》所称的"绿竹"即南方常见的一种竹子,因其通身为绿色而称绿竹。

孔子欲讨齐

陈成子弑齐简公,孔子告于鲁哀公,请讨之。公曰:"告夫三子者。"①之三子告,不可②。《左传》曰:"孔子请伐齐,公曰:'鲁为齐弱久矣,子之伐之,将若之何?'对曰:'陈常弑其君,民之不与者半。以鲁之众,加齐之半,可伐也。'"③说者以为孔子岂校力之强弱,但明其义而已。能顺人心而行天讨,何患不克?使鲁君从之,孔子其使于周,请命乎天子,正名其罪,至其所以胜齐者,孔子之余事④也。予以为鲁之不能伐齐,三子之不欲伐齐,周之不能讨齐,通国知之矣。孔子为此举,岂真欲以鲁之半力敌之哉?盖是时三子无君⑤,与陈氏等,孔子上欲悟⑥哀公,下欲警⑦三子。使哀公悟其意,必察三臣之擅国,思有以制之,起孔子⑧而付以政,其正君君臣臣之分不难也。使三子者警,必将曰:鲁小于齐,齐臣弑君而欲致讨,吾三臣或如是,彼齐、晋大国,肯置而不问乎?惜其君臣皆不识圣人之深旨。自是二年,孔子亡;又十一年,哀公竟偪于三子而孙于越⑨,比之简公,仅全其身尔。

[注释]①此所述见《论语·宪问》。陈成子,即田恒、田成子,汉人称之为田常。公元前481年弑齐简公,立齐平公,自为太宰专国政,从此形成田氏代齐的局面。夫,指示代词,那。三子,《宪问》原文作"二三子",指鲁国执政的三家贵族季孙、叔孙、孟孙氏。 ②句意指孔子遵鲁哀公之命往告三卿,三卿以为齐不可伐,不从其请。之,到、往。按:《宪问》原载孔子曰:"以吾从大夫之后,不敢不告。"意谓自己曾任大夫之职,对田成子弑君之事不能不提请鲁君及三卿问罪讨伐之。 ③引文见《左传》哀公十四年。原文"可伐"作"可克",下又有"公曰'子告季孙',孔子辞"9字。 ④余事:有余力之事。按:此所引"说者"指北宋理学家程颐。朱熹《论孟精义》引程氏云:"《左氏》谓孔子欲以鲁国之众加齐之半,诚如此说,是以力不以义也。若孔子之志,必将正名其罪,上告天子,下告方伯,请命于周,率与国而讨之。至于所以胜齐者,孔子之余事也。" ⑤三子无君:指鲁国三家贵族执政,不把君主放在眼里。 ⑥悟:使……醒悟。 ⑦警:警示,告诫。 ⑧起孔子:重新重用孔子。时孔子已71岁,无职事。 ⑨"哀公"句:指鲁哀公晚年为三家贵族所逼,于公元前468年辗转流亡于越国。随后被鲁人迎回而不得复位,卒于公孙有山氏之家。偪,同"逼"。孙,同"逊",遁。

韩　退　之

《旧唐史》韩退之传,初言愈"常以为魏、晋已还,为文者多拘偶对,而经诰之指归①不复振起",故"所为文抒意立言,自成一家新语,后学之士取为师法,当时作者甚众,无以过之,故世称韩文"。而又云:"时有恃才肆意,亦戾②孔、孟之旨。若南人妄以柳宗元为罗池神,而愈撰碑以实之③;李贺父名晋,不应进士,而愈为贺作《讳辩》④,令举进士;又为《毛颖传》⑤,讥戏不近人情。此文章之甚纰缪者……撰《顺宗实录》⑥,繁简不当,叙事拙于取舍,颇为当代所非。"裴晋公⑦有《寄李翱书》云:"昌黎韩愈,仆⑧知之旧矣……其人信美材也。近或闻诸侪类⑨,云恃其绝足⑩,往往奔放,不以文立制,而以文为戏,可矣乎?今之不及之者,当大为防焉尔⑪。"旧史谓愈为纰缪,固不足责;晋公亦有是言,何哉?考公作此书时,名位犹未达。其末云:"昨弟来,欲度及时干进⑫。度昔岁取名,不敢自高;今孤荧⑬若此,游宦谓何?是不能复从故人之所勉耳,但寘力田园,苟过朝夕而已。"然则公出征淮西,请愈为行军司马,又令作碑⑭,盖在此累年之后,相知已深,非复前此也。

[注释]①经诰之指归:指汉以前经典古文的体格气势。　②戾(lì):古用同"戾"字,乖违、背离之意。　③此指韩愈所撰《柳州罗池庙碑》。其文为纪念和颂扬柳宗元被贬为柳州刺史后在任的政绩而作,然亦记有俗间所传当地人在罗池为宗元立庙而奉为"罗池神"之异事。　④《讳辩》:唐诗人李贺之父名晋肃,以"晋"与"进"同音,诋毁李贺者言其不当举进士,韩愈为作《讳辩》一文以驳之。文中有云:"若父名仁,子不得为人乎?"李贺(约791-约817),字长吉,中唐著名浪漫主义诗人。为宗室后裔,英年早逝。　⑤《毛颖传》:韩愈的滑稽散文。以"毛颖"喻毛笔,而以为人名,郑重其事地为之立传,且缀以"太史公曰"的史论。　⑥《顺宗实录》:韩愈为中书舍人时主持修撰的唐顺宗编年史,凡5卷,后人以其收入韩愈文集中,为唐代历朝实录至今仅存者。⑦裴晋公:即唐宪宗元和中宰相裴度。其《寄李翱书》见《文苑英华》及《全唐文》。李翱,见卷七《李习之论文》。　⑧仆:自我的谦称。　⑨侪类:同辈。

⑩绝足：古人喻指千里马，代指高才。 ⑪"今之"句：《寄李翱书》原作"今之作者不及则已，及之者当大为防焉耳"，意谓为文者不及韩愈也就罢了，能及于韩愈者则当大为提防其不拘传统的"奔放"与"游戏"风格。洪迈此处所引意不足，疑本作"今之不及则已，及之者当大为防焉耳"，"不"字下误脱"及则已"三字。 ⑫干进：指仕途名位之进取。 ⑬孤茕：孤独，孤立无援之意。 ⑭此处所述，指元和十二年(817)裴度以宰相率军征讨淮西藩镇吴元济叛乱，以韩愈为行军司马，事平，又令韩愈撰碑文纪功，即传世《平淮西碑》。

诞节受贺

唐穆宗即位之初年，诏曰："七月六日，是朕载诞之辰①。其日，百寮命妇②宜于光顺门进名参贺，朕于门内与百寮相见。"明日，又敕受贺仪宜停。先是，左丞韦绶③奏行之，宰臣以古无降诞受贺之礼，奏罢之。然次年复行贺礼。诞节④之制，起于明皇，令天下宴集，休假三日。肃宗亦然。代、德、顺三宗，皆不置节名；及文宗以后，始置宴如初。则受贺一事，盖自长庆年，至今用之也⑤。

[注释]①载诞之辰：即诞辰、生日。载，语助字。 ②百寮命妇：百官及有封号的妇女（一般为官员的母、妻）。 ③韦绶：字子章，唐穆宗时官至尚书右丞（一作左丞），转礼部尚书。 ④诞节：指以帝王生日建置的节日。如唐玄宗开元间以其出生的八月五日为千秋节（天宝中改为天长节）之类。 ⑤此指诞节受贺始于唐穆宗长庆年间，至宋代仍沿用下来。《宋史全文》建隆元年(960)二月："丙戌，长春节，宰相率百官上寿，赐宴相国寺。辛卯，大宴于广德殿，凡诞节后择日大宴自此始。"按：长春节为宋太祖诞节，即二月十六日。

《左氏》书事

《左传》书晋惠公①背秦穆公事,曰:"晋侯之入也,秦穆姬属贾君焉,且曰尽纳群公子②。晋侯烝于贾君③,又不纳群公子,是以穆姬怨之。晋侯许赂中大夫,既而皆背之④。赂秦伯以河外列城五,东尽虢略,南及华山,内及解梁城,既而不与⑤。晋饥,秦输之粟;秦饥,晋闭之籴,故秦伯伐晋⑥。"观此一节,正如狱吏治囚,蔽罪议法而皋陶听之,何所伏窜⑦!不待韩原之战⑧,其曲直胜负之形见矣。晋厉公绝秦,数其五罪,书词铿訇,极文章鼓吹之妙,然其实皆诬秦⑨。故《传》又书云:"秦桓公既与晋厉公为令狐之盟,而又召狄与楚,欲道以伐晋。"⑩杜元凯注云:"据此三事以正秦罪⑪。"《左氏》于文反复低昂⑫,无所不究其至,观秦、晋争战二事,可窥一斑矣。

[注释]①晋惠公(?—前637):春秋时期晋国君主,名夷吾,献公之子,文公之弟。骊姬之乱时出逃,公元前651年献公死后,秦穆公出兵助其回国继位,而他回国后不久即背弃与秦国的约定。下引《左传》之文即记其背约事。 ②《传》文首句指晋惠公回国时,秦穆公夫人嘱托他善待晋献公的遗孀贾君,并要他全部接纳流散在外的宗室诸公子。晋侯,指晋惠公。秦穆姬,指秦穆公夫人,为晋献公之女,故太子申生及文公、惠公的姐姐。属(zhǔ),嘱托。贾君,晋文公次妃,为贾国之女。 ③烝(zhēng):古人称娶父亲(或兄长)的妻妾为烝,亦指与母辈私通。 ④"许赂"句:指晋惠公原答应封采邑给朝中执政的大夫,而不久即背弃其诺言。赂,指赠赐土地及财物等。按:句意实指他原答应善待曾反对他回国的大臣,而他回国后即多杀之。 ⑤以上指晋惠公曾答应割让黄河以西、以南的五座城给秦国,其地东到虢略(今河南嵩

县北),南到华山,北面达到河内的解梁城(今山西运城西南),但随后都不给。　⑥以上指公元前647年,晋国发生饥荒,求助于秦国,秦国不念旧恶而卖给晋国大批粮食;次年秦国发生饥荒,向晋国求助,晋国却拒绝秦国买粮,所以秦国出兵伐晋。　⑦此处喻指《左传》的这一节记载,犹如审判晋惠公,就像狱吏办案子一样,定罪量刑由法官裁决,犯人的罪行又怎能隐匿逃脱。蔽罪,指判罪。皋陶,代指法官。　⑧韩原之战:公元前645年,秦愤于晋惠公之背约,出兵攻晋,至韩原(今山西河津东),大败晋军,并俘虏了晋惠公。按:晋惠公被俘后,由于秦穆公夫人的干预,秦当年放回了晋惠公,晋被迫割让土地。两年后,秦又与晋结盟,归还了晋之土地。　⑨此处指晋厉公(?—前573)时与秦国绝交之事。晋厉公即位初,曾与秦在令狐(今山西临猗西)订盟,但秦桓公(?—前577)旋即背盟。前578年,晋遣其大夫吕相遣责秦国,数其五罪,宣布与秦国断交。洪迈以为其文词虽精彩而多诬蔑秦国。铿訇(kēng hōng),铿锵有力之意。　⑩此处引文见《左传》成公十三年,谓晋国指责秦国既背令狐之盟,又怂恿白狄、楚国出兵伐晋。道,读作"导",引诱。　⑪此所引杜注原作:"晋辞多诬秦,故《传》据此三事以正秦罪。"杜元凯,即《左传》注者杜预。"三事"指背盟、诱狄、诱楚。　⑫反复低昂:指作文的回旋曲折、高低起伏。

狐突言词有味

晋侯使太子申生伐东山皋落氏①,以十二月出师,衣之偏衣②,佩之金玦③。《左氏》载狐突④所叹八十余言,而词义五转。其一曰:"时,事之征也⑤。衣,身之章也⑥。佩,衷之旗也⑦。"其二曰:"敬其事则命以始,服其身则衣之纯,用其衷则佩之度⑧。"其三曰:"今命以时卒,阕其事也⑨。衣之尨服,远其躬也⑩。佩以金玦,弃其衷也⑪。"

其四曰:"服以远之,时以阕之。"其五曰:"尨凉,冬杀,金寒,玦离⑫。"其宛转有味,皆可咀嚼。《国语》亦多此体,有至六七转,然大抵缓而不切。

[注释]①按:晋献公使申生伐皋落氏在公元前660年。申生(?—前656),晋献公之太子,为骊姬所谗害而自杀。东山皋落氏,春秋时赤狄之别种,在今山西昔阳西北。　②偏衣:指服色左右不同的上衣。由对襟及后背中缝分之,一边一色,寓意半为君主服色,半为太子服色。　③金玦(jué):仿玉玦制作的金质半环形有缺口的佩饰,领兵者佩之以表示兵权。按:古代有以玦赠人表示决绝的风俗。　④狐突(?—前637):晋献公岳父,晋文公重臣狐偃之父。嫁二女于献公,文公、惠公即分别为其二女所生。　⑤此句意指天时为成事的征兆。　⑥此句意指衣服是身份贵贱的徽章。　⑦此句意指腰间的配饰是内心意向的表现。衷,通"中"。旗,犹言表。　⑧此三句意思是:君主要严肃谨慎地对待太子受命之事,则当在四时之始的春季命之;为其制作服装,则当用纯颜色;从其意向而命之,则当佩之以合乎法度的饰物。⑨此句意指命太子出征在四时之终的十二月,则是要抑制其事。阕,通"闭",掩、止,犹沮止、抑制。　⑩此句意指使其服色不纯,则是要疏远其身。尨(máng),杂色。躬,身。　⑪此句意指佩之以金玦,则是抛弃了他本来的意愿。　⑫此八字意思是:杂色显示的是凉性,冬十二月显示的是杀气,佩饰以金则其性寒冷,用玦则表示分离。按:是时晋献公欲立骊姬之子奚齐为太子,而废太子申生,故以其领兵出外。狐突之言即因此而发,故谓其时、其服、其佩皆不可恃。洪迈特就文学言,而称道《左传》所记狐突之言婉转有味。

宣　发

《考工记》:"车人①之事,半矩谓之宣②。"注:"头发颢③落曰宣。"《易》"巽为宣发","宣"字本或作"寡"。《周易》"巽为寡发",《释文》云:"本又作宣,黑白杂为宣发。""宣发"二字甚奇④。

[注释]①车人:古代指制造车子或农具的木工。 ②半矩谓之宣:旧注不明,疑"矩""宣"皆为木工俗称的长度单位,凡用曲尺丈量的一定长度称为一矩,一矩之半则称为一宣。 ③颢:通"皓",指白色。 ④宣发:疑《周易·说卦》本作"寡发",指头发稀疏,因古"寡"字与"宣"字形近,故别本或讹为"宣",遂又有"宣发"一词。后人相承以"宣发"指黑白相杂的头发,属于约定俗成,以误为正;《考工记》旧注以"宣发"解释作为长度的"宣",则当属误释,不可据。

邾文公　楚昭王

邾文公卜迁于绎,史曰"利于民而不利于君"①。邾子曰:"命在养民。死之短长,时也。民苟利矣,迁也吉,莫如之。遂迁于绎。"未几而卒,君子曰"知命"。楚昭王之季年,"有云如众赤鸟夹日以飞三日"②。周太史曰:"其当王身乎?若禜之,可移于令尹、司马③。"王曰:"除腹心之疾,而置诸股肱,何益?不谷④不有大过,天其夭诸⑤?有罪受罚,又焉移之?"遂弗禜。孔子曰:"楚昭王知大道矣,其不失国也宜哉!"按宋景公出人君之言三,荧惑为之退舍⑥;邾文、楚昭之言亦是物⑦也,而终不蒙福,天道远而不可知如此。

[注释]①此述邾文公由訾娄(约在今山东滕州一带)迁都于绎地(今峄山之阳的邹城)之事,见《左传》文公十三年(前614)。时史官以为迁都有利于民而不利于君主。 ②"有云"句:指有云彩像许多红色的鸟围绕太阳飞了

三天,见《左传》哀公六年(前489)。　③句意指周太史谓上述云彩所显示的天象有祸,此祸将加于楚昭王之身,如果举行禜祭,可使灾祸转移到楚国的令尹、司马身上。禜(yíng),古人祭祀日月星辰山川以禳除水旱疠疫等灾祸的祭名。　④不谷:古代诸侯自称的谦辞。　⑤夭诸:使之短寿而死。诸,犹"之乎"。　⑥此指宋景公(？－前453)时荧惑星退行的故事,见《吕氏春秋·制乐》篇。相传其时逢荧惑星在心宿,正当宋国之分野,象征君主有祸,太史子韦以为可将祸移于宰相,否则可移于民,又否则可移于年景收成,景公皆不答应,子韦遂北面再拜,称君主有三句"至德"之言,荧惑星将在一夜之间连迁三舍,景公也将延寿二十一年。是夜,荧惑星果如子韦所说,连迁三舍。⑦是物:是类、此类。

杜 悰

唐懿宗咸通二年二月,以杜悰①为相。一日,两枢密使②诣中书,宣徽使杨公庆③继至,独揖悰受宣④,三相起避。公庆出书授悰,发之,乃宣宗大渐⑤时,宦官请郓王⑥监国奏也,且曰"当时宰相无名者,当以反法处之"⑦。悰反复读,复封以授公庆,曰:"主上欲罪宰相,当于延英⑧面示圣旨。"公庆去,悰谓两枢密曰:"内外之臣,事犹一体。今主上新践阼,固当以仁爱为先,岂得遽赞成杀宰相事?若习以性成,则中尉⑨、枢密岂得不自忧乎?"两枢密相顾默然,徐曰:"当具以公言白至尊。非公重德,无人及此。"三相复来见悰,微请宣意⑩。悰无言,三相惶怖,乞存家族⑪。悰曰:"勿为他虑。"既而寂然。及延英开,上色甚悦。此《资治通鉴》所载也。《新唐史》云:宣宗世,夔王⑫

处大明宫，而郓王居十六宅[13]。帝大渐，遗诏立夔王，而中尉王宗贯[14]迎郓王立之，是为懿宗。"久之，遣枢密使杨庆诣中书，独挥悰，他宰相毕諴、杜审权、蒋伸[15]不敢进，乃授悰中人请帝监国奏，因谕悰劾大臣名不在者。"悰语之如前所云，"庆色沮去，帝怒亦释"。予以史考之，懿宗即位之日宰相四人，曰令狐绹、曰萧邺、曰夏侯孜[16]、曰蒋伸，至是时唯有伸在，三人者罢去矣。諴及审权乃懿宗自用者，无由有斯事。盖野史之妄，而二书误采之。温公以唐事属之范祖禹[17]，其审取可谓详尽，尚如此，信乎修史之难哉！

[注释]①杜悰(794－873)：字永裕（一作允裕），宰相杜佑之孙，唐宪宗女婿，武宗、懿宗时官至宰相。　②枢密使：唐代为专掌政事机要的皇帝近臣首领。玄宗时于政事堂下设枢机房，由宰相兼管，代宗永泰中始以宦官掌枢密。宪宗时宦官多以枢密使名义干预朝政，权势增重，以至操纵君主废立。唐末始改以士人为之。　③宣徽使杨公庆：宣徽使，唐代中后期内廷供奉机构首领，以宦官为之。后期亦权势渐重，几与枢密使、中尉相埒。杨公庆，即杨庆，宦官首领。　④受宣：接受圣旨的传达。　⑤大渐：犹病危。　⑥郓王：唐懿宗即位前封号。　⑦此处"且曰"云云，《新唐书·杜悰传》作"因谕悰劾大臣名不在者抵罪"，即当时宰相未在宦官拥立懿宗的章奏上签名的，要被弹劾治罪。　⑧延英：殿名，在大明宫内，为皇帝召见群臣听政议事处。　⑨中尉：即神策军护军中尉，为唐代中后期禁军最高统帅。德宗时始设，由宦官充任，有左右两员。后期与两枢密并称"权阉四贵"。　⑩微请宣意：婉言请求透露杨庆所传达圣旨的意图。　⑪乞存家族：即请求被治罪也不要株连家族。　⑫夔王：即李滋(844－863)，唐宣宗第四子，懿宗弟。　⑬十六宅：唐末诸王共居的宅第。　⑭王宗贯：《新唐书》及《资治通鉴》皆作"王宗实"，疑"贯"字为误刻。时其人为左中尉，为诸权宦所排斥，及宣宗崩，遂矫诏立懿宗。　⑮毕諴(xián)(803－864)、杜审权、蒋伸(799－881)：毕諴，字存之；杜

审权,字殷衡;蒋伸,字大直,唐宣宗朝皆官至宰相,即上文所称"三相"。 ⑯令狐绹(795—872)、曰萧邺、曰夏侯孜:令狐绹,字子直;肃邺,字启之;夏侯孜,字好学,宣宗朝亦皆官至宰相,懿宗初罢去。 ⑰范祖禹:见卷二《信近于义》条注。司马光修《资治通鉴》,唐代部分由范祖禹起草。

《唐书·世系表》

《新唐·宰相世系表》皆承用逐家谱牒,故多有谬误,内沈氏者最可笑。其略云:沈氏出自姬姓。周文王子聃叔季①,字子揖,食采②于沈,今汝南平舆沈亭是也。鲁成公八年,为晋所灭。沈子生逞,字脩之,奔楚,遂为沈氏。生嘉,字惟良。嘉生尹戌,戌生诸梁。诸梁子尹射,字脩文。其后入汉,有为齐王太傅敷德侯者,有为骠骑将军者,有为彭城侯者。

《宋书》沈约《自叙》云:金天氏之后沈国在汝南平舆,定公四年为蔡所灭。秦末有逞者,征丞相不就。其后颇与《唐·表》同。

按聃季所封自是一国,与沈子不相涉。《春秋》成公八年,晋侵沈,获沈子揖。昭二十三年,吴败顿、胡、沈、蔡之师于鸡父③,沈子逞灭。定四年,蔡灭沈,杀沈子嘉。今《表》云聃季字子揖,成八年为晋所灭,是文王之子寿五百余岁矣。逞为吴所杀,而《表》云奔楚,《宋书》云秦召为丞相。沈尹戌为楚将,战死于柏举④,正与嘉之死同时,而以为嘉之子。尹射书于《左传》,三十四年始书诸梁⑤,乃以为其子。又春秋时人立字,皆从子及伯仲⑥,岂有脩之、惟良、脩文之比？《汉·列侯表》岂有所谓敷德、彭城侯？《百官表》岂有所谓骠骑将军沈达者？沈约称一时文宗，妄谱其上世名氏官爵，固可嗤诮，又不分别两沈国。其金天氏之裔，沈、姒、蓐、黄之沈，封于汾川，晋灭之；春秋之沈，封于汝南，蔡灭之。顾合而为一，岂不读《左氏》乎？欧阳公略不笔削，为可恨也。

[注释]①聃叔季：相传为周文王第十子，因封于聃而称聃叔。后世沈氏或以为始祖。按：据传世沈子簋分析，沈国始封者为鲁炀公之子，乃周公曾孙，其地在今河南平舆、沈丘一带。　②食采：古代诸侯及卿大夫受封土地的称呼。《汉书·刑法志》"采地"颜师古曰："采，官也。因官食地，故曰采地。"③鸡父：古地名，在今河南固始东南。公元前519年，吴军曾在此大败楚、顿、胡、沈、蔡、陈、许七国联军。　④柏举：亦古地名。其地未详，或说在今湖北麻城境内。公元前506年，吴军在此大败楚军，遂乘胜进击，攻入楚国郢都。⑤沈尹射在《左传》中始见于昭公四年（前538），诸梁则始见于定公五年（前505），二者相隔三十四年。　⑥此处意指春秋时人取字，皆称"子某"，或以伯、仲、叔、季等行辈用字称呼。

鲁 昭 公

春秋之世，列国之君失守社稷，其国皆即日改立君，无虚位以俟者。惟鲁昭公为季孙意如所逐而孙于齐，又适晋，凡八年乃没①。意如在国摄事主祭，岁具从者之衣屦而归之于乾侯②。公薨之明年，丧还故国，然后其弟公子宋③始即位，他国无此比也。岂非鲁秉周礼，虽不幸逐君，犹存厥位而不敢绝之乎？其后哀公孙于越④，《左传》

终于是年,不知悼公以何时立也。

[注释]①春秋末年,鲁昭公(前560－前510)愤于三桓(季孙、叔孙、孟孙氏)世执鲁政,公室削弱,欲夺回权力,遂于公元前517年夏,联合臧氏、郈氏之众攻季氏,结果为三桓所败,被迫出奔齐国。此后他辗转欲借齐、晋之力回国复位,皆未果,后死于晋地乾侯(在今河北成安东)。季孙意如:昭公时季孙氏首领,为执政之卿。名意如,谥平,史称季平子。　②昭公流亡在外直到死前,季平子未废其君主名分,仍每年给昭公及其仆从送衣服和鞋子到乾侯。　③公子宋:即鲁定公。　④哀公孙于越:参见本卷《孔子欲讨齐》条。《左传》记事终于鲁哀公二十七,即其流亡于越国之年。

州县失故名

今之州县,以累代移徙改割之故,往往或失其故名,或州异而县不同者。如建昌军在江西,而建昌县乃隶南康;南康军在江东,而南康县乃隶南安;南安军在江西,而南安县乃隶泉州①。韶州为始兴郡,而始兴县外属;赣州为南康郡,而南康县外属②。郁林为州,而郁林县隶贵州;桂阳为军,而桂阳县隶郴州③。此类不可悉数。

[注释]①南宋绍兴初年以后,建昌军(治今江西南城)属江南西路,南康军(治今江西星子)属江南东路;南安军(治今江西南康)亦属江南西路,而建昌县(今江西安义)隶属南康军;南康县为南安军治所,南安县(今福建南安市)则在福建路泉州。此类皆军、县同名,而其地却不一致。　②宋时韶州兼为始兴郡军事(治今广东韶关市曲江区),属广南东路,而始兴县(广东今县)隶属南雄州(今南雄市);赣州本为虔州南康郡昭信军节度(治今江西赣州),属江南西路,而南康县隶属南安军。　③南宋时设郁林州(今广西玉林),属广南西路,而郁林县为贵州治所(今广西贵港市港南区湛江镇);绍兴初郴州

兼为桂阳郡军事（治今湖南郴州），又改桂阳监为桂阳军（治今湖南桂阳），而桂阳县属郴州。

严州当为庄

严州本名睦州，宣和中以方寇之故改焉①。虽以威严为义，然实取严陵滩②之意也。殊不考子陵乃庄氏，东汉避显宗讳以庄为严，故史家追书以为严光，后世当从实可也。

[注释]①唐初始置严州，治今浙江桐庐，后废置不定。北宋末宣和元年（1119），升睦州为建德军节度；三年，因方腊农民起义兴起，改睦州为严州，属两浙路，治今浙江建德。　②严陵滩：旧指钱塘江上游富春江在桐庐县境内的一段两山夹峙的险滩。相传为东汉初严光隐居钓鱼处，故称严陵滩或子陵滩。光字子陵，早年与光武帝刘秀为同窗，刘秀建国后坚辞不仕，携妻归隐富春山而终。其人本姓庄，后人因避汉明帝刘庄讳，遂改称严光、严子陵。严州之名本起于严陵滩。

卷七

孟子书百里奚

柳子厚《复杜温夫书》①云:"生用助字,不当律令②……所谓乎、欤、耶、哉、夫也者,疑辞也;矣、耳、焉也者,决辞也③。今生则一之。宜考前闻人所使用,与吾言类且异,精思之则益也④。"予读《孟子》百里奚⑤一章,曰:"曾不知以食牛⑥干⑦秦缪公之为污也,可谓智乎?不可谏而不谏,可谓不智乎?知虞公之将亡而先去之,不可谓不智也。时举于秦,知缪公之可与有行也而相之,可谓不智乎?"味其所用助字,开阖变化,使人之意飞动,此难以为温夫辈言也。

[注释]①《复杜温夫书》:此为元和十四年(819)柳宗元指点儒生杜温夫的书信。时杜温夫自荆州至柳州,三次致书柳宗元,希望得到柳宗元的延誉。柳宗元复书有"疑生悖乱浮诞"之语。 ②不当律令:指不合文法。 ③此二句指"乎""欤""耶""哉""夫"五字为表示疑问语气的助字,"矣""耳""焉"三字为表示确定语气的助字。按:宋刻本《河东先生集》上句无"夫"下"也"字,则

下句"焉"下"也"字亦可点为语助字。但依洪迈所引,似此二"也"字皆非柳宗元原举的语助字,今权且仍以"也者"结句。　④"宜考"下意谓:应该考察以往名家的使用规矩,看他们所用与我们平日作文有哪些相似而有异的用法,精心思考学习,则亦是有益的一途。吾,泛指复数代词,指"我们"。精思,《河东先生集》作"慎思"。益,《河东先生集》作"一益"。　⑤百里奚:见卷三《三传记事》条注。　⑥食(sì)牛:喂牛。干(gān):求取进用。

韩、柳为文之旨

韩退之自言作为文章,上规①姚、姒②、《盘》《诰》③《春秋》《易》《诗》《左氏》《庄》《骚》④、太史⑤、子云、相如⑥,"闳其中而肆其外"。柳子厚自言每为文章,本之《书》《诗》《礼》《春秋》《易》,"参之《谷梁氏》以厉其气⑦,参之《孟》《荀》以畅其支⑧,参之《庄》《老》以肆其端⑨,参之《国语》以博其趣⑩,参之《离骚》以致其幽⑪,参之太史公以著其洁⑫"。此韩、柳为文之旨要,学者宜思之。

[注释]①规:规仿,取法。　②姚、姒:代指虞、夏,实指《尚书》中的《尧典》《舜典》《大禹谟》等文献所代表的古文。　③《盘》《诰》:即习惯上通称的《殷盘》《周诰》,实泛指传世商、周诰命等古文。　④《骚》:指屈原《离骚》。　⑤太史:代指太史公司马迁之《史记》。　⑥子云、相如:代指西汉辞赋家扬雄、司马相如(前179—前118)的作品。相如字长卿,景帝时曾历武骑常侍。　⑦厉其气:砥砺文气。　⑧畅其支:条畅文理。支,通"枝"。　⑨肆其端:穷竟端委。肆,尽。　⑩博其趣:增广趣味。　⑪致其幽:寄托深意。　⑫著其洁:清定整洁。著,定。

李习之论文

　　李习之①《答朱载言书》论文,最为明白周尽。云:"六经创意造言,皆不相师。故其读《春秋》也,如未尝有《诗》也;其读《诗》也,如未尝有《易》也;其读《易》也,如未尝有《书》也;其读屈原、庄周也,如未尝有六经也……如山有岱、华、嵩、衡焉,其同者高也,其草木之荣不必均②也;如渎有济、淮、河、江焉,其同者出源到海也,其曲直浅深不必均也……天下之语文章有六说焉:其尚异者曰文章词句奇险而已,其好理者曰文章叙意苟通而已,溺于时③者曰文章必当对④,病于时者曰文章不当对,爱难者曰宜深不当易,爱易者曰宜通不当难。此皆情有所偏滞,未识文章之所主也。义不深不至于理……而辞句怪丽者有之矣,《剧秦美新》⑤、王褒《僮约》⑥是也。其理往往有是者,而词章不能工者有之矣,王氏《中说》⑦、俗传《太公家教》⑧是也。古之人能极于工而已,不知其辞之对与否、易与难也。'忧心悄悄,愠于群小',非对也;'遘闵既多,受侮不少',非不对也⑨。'朕堲谗说殄行,震惊朕师'⑩,'菀彼桑柔,其下侯旬,捋采其刘'⑪,非易也;'光被四表,格于上下'⑫,'十亩之间兮,桑者闲闲兮'⑬,非难也。……六经之后,百家之言兴,老聃、列、庄至于刘向、扬雄,皆自成一家之文,学者之所师归⑭也。故义虽深,理虽当,词不工者不成文,宜不能传也。"其论于文者如此,后学宜志之。

[注释]①李习之:即李翱(772—841),字习之,韩愈门生,官至户部侍

郎、检校户部尚书。　②均:等同。　③时:时俗,实指当下流行的文风。④对:对偶,指讲求对偶的骈体文。　⑤《剧秦美新》:西汉末扬雄在王莽篡位时所上的一封奏章,因指斥秦朝,美化新朝,故名《剧秦美新》。　⑥《僮约》:西汉王褒以口语形式写作的一篇带有小说性质的赋体文字。记王褒立券买一桀骜不驯的僮仆,券文堆积繁琐的劳作事体,订下种种苛刻条款,结果此仆闻其宣读,悲泣而屈服。　⑦《中说》:隋代大儒王通的弟子记其师说的著作。大要不悖于儒家学说,而记事多抵牾。　⑧《太公家教》:唐以来流传的训诫启蒙读物。文字浅俗,凡分八章,以四言为主,共580句,皆为古老的治家格言。　⑨此处上下二句引文,皆出《诗经·邶风·柏舟》,原为相连的诗句。其前八字二语不对仗,后八字二语对仗。悄悄,不安之貌。愠于群小,恼怒于一些小人。遘闵,遭遇忧患。　⑩语出《尚书·舜典》。原意指舜憎恶邪说暴行,要臣下遏止之,不许其惊动部众。　⑪语出《诗经·大雅·桑柔》。原意指桑树茂盛,浓荫密布,在桑叶采摘之后,枝条稀疏,浓荫也被摧残。　⑫语出《尚书·尧典》。原指尧的道德光辉照耀四方,贯通天地。　⑬语出《诗经·魏风·十亩之间》。原意指古代社庙约有十亩之地,桑林间有情男女来来往往,安闲自得。　⑭师归:师法而归往。

魏郑公谏语

魏郑公①谏止唐太宗封禅,中间数语引喻剀切②,曰:"今有人十年长患③,疗治且愈,此人应皮骨仅存,便欲使负米一石,日行百里,必不可得。隋氏之乱,非止十年,陛下为之良医,疾苦虽已乂安④,未甚充实,告成天地⑤,臣切有疑。"太宗不能夺。此语见于公《谏录》⑥及《旧唐书》,而《新史》不载。《资治通鉴》记其谏事,亦删此一节,可惜也。

［注释］①魏郑公：即魏徵,参见本卷《佐命元臣》条注。 ②剀切：诚恳而切中事理。 ③患：病。 ④乂安：平复,安定。 ⑤告成天地：指封禅大典。 ⑥《谏录》：即《魏郑公谏录》。唐王方庆撰,编录魏徵事迹,侧重其谏奏及与太宗的问对。

虞 世 南

虞世南①卒后,太宗夜梦见之,有若平生。翌日下制曰："世南奄随物化②,倏移岁序③。昨因夜梦,忽睹其人,追怀遗美,良增悲叹。宜资冥助④,申朕思旧之情。可于其家为设五百僧斋⑤,并为造天尊像⑥一躯。"夫太宗之梦世南,盖君臣相与之诚所致,宜恤其子孙,厚其恩典可也,斋僧造像,岂所应作！形之制书,著在国史,惜哉,太宗而有此也！

［注释］①虞世南(558－638)：字伯施,唐初著名学者、书法家,官至秘书监。 ②奄随物化：称呼人死的避讳用语。奄,忽然。 ③倏移岁序：忽然过了一年。 ④资冥助：给以冥冥中的资助。 ⑤设五百僧斋：指举行聚集五百僧人为之斋戒作法的仪式。 ⑥天尊像：指佛像。为之造佛像表示还愿。

《七发》

枚乘作《七发》①,创意造端,丽旨腴词,上薄《骚些》②,盖文章领袖,故为可喜。其后继之者,如傅毅《七激》、张衡《七辩》、崔骃《七依》、马融《七广》、曹植《七启》、王粲《七释》、张协《七命》之类,规仿太切,了无新意。傅玄又集之以为《七林》,使人读未终篇,往往弃诸几格③。柳子厚《晋问》④乃用其体,而超然别立新机杼,激越清壮,汉晋之间诸文士之弊,于是一洗矣。东方朔《答客难》⑤,自是文中杰出;扬雄拟之为《解嘲》,尚有驰骋自得之妙。至于崔骃《达旨》、班固《宾戏》、张衡《应间》,皆屋下架屋,章摹句写,其病与《七林》同。及韩退之《进学解》⑥出,于是一洗矣。《毛颖传》⑦初成,世人多笑其怪,虽裴晋公亦不以为可,惟柳子独爱之。韩子以文为戏,本一篇耳,妄人既附以《革华传》。至于近时,《罗文》《江瑶》《叶嘉》《陆吉》诸传⑧,纷纭杂沓,皆托以为东坡,大可笑也。

[注释]①枚乘作《七发》:枚乘(?—前140),字叔,西汉辞赋家,汉景帝时历官弘农都尉。《七发》,为讽喻性大赋,以问答形式构成七大段文字,故称"七发",后世因谓其裁制为"七体"。下述《七激》以至《七命》,皆为东汉至西晋学者规仿"七体"之作,傅玄则又集录古今"七体"作品为《七林》。 ②《骚些》:泛指以《离骚》为代表的楚辞。"些"为《楚辞》句末所用助字。 ③几格:指几案和书架。 ④《晋问》:柳宗元叙述三晋名物的古文作品。亦仿"七体"而作,而文风雄健,寄意深刻,超越前贤。 ⑤《答客难》:西汉东方朔以主客相互问难、辩驳的形式创作的"托古慰志"的作品。因自成一格,下述自扬雄《解嘲》以至张衡《应间》,亦皆为该篇仿作。 ⑥《进学解》:韩愈为国子博士时所作名文,亦有慨叹怀才不遇之词。 ⑦《毛颖传》:见卷六《韩退之》条。下述《革华传》为同类作品,后人收入韩愈文集,或以为伪托。 ⑧此处所述诸篇传记文字,皆见于苏轼文集,后人或亦以为均出于伪托。

将军官称

《前汉书·百官表》:"将军,皆周末官,秦因之。"予按

《国语》,郑文公"以詹伯①为将军",又吴夫差"十旌一将军"②。《左传》:"岂将军食之而有不足?"《檀弓》:卫将军文子③。鲁使慎子为将军④。然则其名久矣。彭宠⑤为奴所缚,呼其妻曰:"趣⑥为诸将军办装⑦。"《东汉书》注云:"呼奴为将军,欲其赦己也。"⑧今吴人语犹谓小苍头为将军⑨,盖本诸此。

[注释]①詹伯:又称叔詹,郑国卿。以曾有礼于晋文公,城濮之战时说服晋文公放弃伐郑,郑国遂以其为将军。 ②十旌一将军:吴王夫差与晋国争霸时整兵,以百人为一彻行(排成方阵的兵队),行头为上士,建幡旗;十行千人,统领为下大夫,建旌旗;百行万人,即"十旌",统领为将军。时称王居中军,皆白裳、白旗、素甲、白羽之矰,望之如荼;左军皆赤如火;右军皆黑如墨。 ③文子:又称弥牟,卫国卿。《礼记·檀弓》记有"将军文子之丧",《大戴礼记》有《卫将军文子》篇。 ④鲁使慎子为将军:见《孟子·告子下》。慎子,或说名滑厘,即墨子弟子禽滑厘。 ⑤彭宠(?—29):字伯通,王莽新朝时为大司空士,后投刘秀,为渔阳太守、大将军。及刘秀建国,为幽州牧朱浮所构陷,又自恃功大,遂于建武二年(26)秋起兵反汉,自称燕王。五年春,以卧寐于便室,被家奴捆绑杀死。 ⑥趣:通"促",赶快。 ⑦办装:指给行劫的家奴送出所索要的珍宝财物。 ⑧引语为《后汉书·彭宠传》注。赦己,免自己一死。 ⑨苍头:汉代用为奴仆的称呼。

北 道 主 人

秦、晋围郑,郑人谓秦盍舍郑以为东道主①。盖郑在秦之东,故云。今世称主人为东道者,此也。东汉载北道主人,乃有三事。常山太守邓晨②会光武于巨鹿,请从击邯郸,光武曰:"伟卿以一身从我,不如以一郡为我北道主人。"又光武至蓟,将欲南归,耿弇③以为不可,官属腹心皆不肯,光武指弇曰:"是我北道主人也。"彭宠将反,光武问朱浮④,浮曰:"大王倚宠为北道主人,今既不然,所以失望。"后人罕引用之。

[注释]①盍:何不。句意指秦、晋合兵围郑,郑人烛之武奉使至秦营,劝说秦穆公放弃攻郑,郑愿在东道为主人效力,给往来使者提供食宿资用。事见《左传》僖公三十年(前630)。 ②邓晨(?—49):字伟卿,东汉初将领。历常山太守,官至汝南太守兼廷尉。 ③耿弇(yǎn)(3—58年):字伯昭,东汉开国功臣,官至大将军。 ④朱浮(约前6—约66):字叔元,光武帝时位至大司空,明帝时被赐死。

洛中盱江八贤

司马温公《序赗礼①》书间阎之善者五人,吕南公②作《不欺述》书三人②,皆以卑微不见于史氏。予顷修国史,将以缀于《孝行传》而不果成,聊纪之于此。

温公所书,皆陕州夏县人。曰医刘太,居亲丧不饮酒食肉,终三年,以为今世士大夫所难能。其弟永一,尤孝友廉谨。夏县有水灾,民溺死者以百数,永一执竿立门首,他人物流入门者,辄擿出之③。有僧寓钱④数万于其室而死,永一诣县自陈,请以钱归其子弟。乡人负债不偿者,毁其券⑤。曰周文粲,其兄嗜酒,仰弟为生。兄或时酗殴粲,邻人不平而唶⑥之,粲怒曰:"兄未尝殴我,汝何离间吾兄弟也?"曰苏庆文者,事继母以孝闻,常语其妇曰:"汝事吾母小不谨,必逐汝。"继母少寡而无子,由是安其室终身。曰台亨者,善画。朝廷修景灵宫⑦,调天下画工诣京师,事毕,诏选试其优者,留翰林授官禄。亨名第一,以父老固辞,归养于田里。

南公所书,皆建昌南城人。曰陈策,尝买骡,得不可被鞍⑧者,不忍移之他人,命养于野庐⑨,俟其自毙。其子与猾驵计,因经过官人丧马,即磨破骡背以衔贾之⑩。既售矣,策闻,自追及,告以不堪。官人疑策爱也,秘之⑪。策请试以鞍,亢亢⑫终日不得被,始谢还焉。有人从策买银器若罗绮⑬者,策不与罗绮。其人曰:"向见君帑⑭有之,今何靳⑮?"策曰:"然。有质钱而没者⑯,岁月已久,丝力糜脆⑰,不任用。闻公欲以嫁女,安可以此物病公⑱哉?"取所当与银器投炽炭中,曰:"吾恐受质人⑲,或得银之非真者,故为公验之。"曰危整者,买鲍鱼,其驵舞秤权⑳,阴厚整㉑。鱼人去,身留整傍㉒,请曰:"公买止五斤,已为公密倍入㉓之,愿畀我酒㉔。"整大惊,追鱼人数里返之,酬以直㉕。又饮驵醇酒,曰:"汝所欲酒而已,何欺寒人㉖为?"曰曾叔卿者,买陶器,欲转易于北方而不果行。有人从之并售㉗者,叔卿与之。已纳价,犹问曰:"今以是何之㉘?"其人对:"欲效公前谋㉙耳。"叔卿曰:"不可。吾缘北方新有灾荒,是故不以行。今岂宜不告,以误君乎?"遂不复售。而叔卿家苦贫,妻子饥寒,不恤㉚也。

呜呼! 此八人者,贤乎哉!

[注释]①赙(fù)礼:为助人治丧而赠送的礼物。"赙"亦通"赗(fèng)"。②吕南公(1047—1086):字次儒,熙宁中科举不第,退隐著述以终。有《灌园集》传世。 ③句意指他人财物漂至自家门内的,都捞出来归还人家。摘

(tī)出，挑出。　④寓钱：存放钱币。　⑤券：指借券，即他人向其借债所立的字据。　⑥喑：安慰。　⑦景灵宫：宋真宗时大搞"天书"活动，奉黄帝为赵姓始祖，称之为"圣祖"，号"保生天尊""天尊大帝"，遂在传说的黄帝出生之处寿丘（在今山东曲阜市城区东北部），建立大型宫庙以祀之，名为景灵宫。今遗迹尚存。　⑧不可被鞍：指骡子性格暴躁，不肯让人加鞍鞯当坐骑。　⑨野庐：野外草屋。　⑩此处意指陈策的儿子与狡猾的马贩子合计，因有路过的官吏所骑的马死了，就把骡子背上的皮毛磨破一些地方，表示它能骑，而把它卖掉了。驵（zǎng），马贩子，市侩。磨破，指因常用鞍具、皮带等，致使马背一些地方的皮毛受损。衒贾，即贩卖。古称行卖曰衒，亦作"衔"，与"贩"字同意。　⑪秘之：指把骡子藏了起来。　⑫亢亢：刚烈之貌。　⑬若罗绮：若，及，与。罗绮，泛指有文彩的丝织品。　⑭帑（tǎng）：指库藏。　⑮靳：吝啬。　⑯质钱而没者：指以罗绮作抵押而借钱的人死去了。　⑰糜脆：损耗变脆。　⑱病公：给您造成损害。　⑲受质人：从抵押借钱的人那里接受来的。　⑳舞秤权：用秤砣舞弊。　㉑阴厚整：暗地里多给危整鲍鱼。　㉒身留整傍：指驵侩自己留在危整身旁。　㉓密倍人：隐蔽地多要了一倍。　㉔畀（bì）我酒：给我酒喝。　㉕直：通"值"。　㉖寒人：穷苦人。　㉗从之并售：跟随他一起买卖陶器。　28何之：卖到哪里去。　㉙效公前谋：仿效您此前的打算。指转卖到北方。　㉚不恤：不忧。

王导小名

颜鲁公书远祖西平靖侯颜含碑，晋李阐之文也①。云含为光禄大夫，"冯怀欲为王导降礼，君不从②，曰：'王公虽重，故是吾家阿龙③。'君是王亲丈人④，故呼王小字。"《晋书》亦载此事，而不书小字。《世说》："王丞相拜司空，桓廷尉叹曰：'人言阿龙超，阿龙故自超。⑤'"呼三公小字，晋人浮虚之习如此。

［注释］①此碑原题《右光禄大夫西平靖侯颜府君碑》,见南宋《景定建康志》及清人所编《续古文苑》。其文叙颜含生平的传记部分为李阐撰写,传末四字韵文形式的"铭曰"为颜含曾孙颜延之撰写。唐大历七年(772),颜含十四世孙颜真卿得其碑,为之重书并重建。颜含,字弘都,东晋初官至光禄大夫,封西平侯,年九十三卒,谥靖。李阐,字弘模,江夏人,履历未详。　②史载东晋渡江,王导以元帝师傅为丞相,地位隆盛,时议百官之礼欲低于王导一等,冯怀曾以此询问颜含,颜含不从。冯怀,字祖思,东晋初历官太常卿、护国将军、散骑常侍。　③阿龙:王导小字。　④王亲丈人:指颜含为王氏姻家长辈。王导从弟王处明为颜含妻弟。　⑤此引语见《世说新语·企羡》篇。桓廷尉,指桓彝(276－328),字茂伦,东晋初历官宣城内史,死于苏峻之乱,追赠廷尉。超,超然,犹言不凡,本指王导识见清远,有名士脱俗之风。

《汉书》用字

太史公《陈涉世家》:"今亡亦死,举大计亦死,等死①,死国可乎?"又曰:"戍死者固什六七,且壮士不死即已,死即举大名耳!"迭用七"死"字,《汉书》因之。《汉·沟洫志》载贾让②《治河策》云:"河从河内③北,至黎阳④,为石堤,激使东;抵东郡平刚⑤,又为石堤,使西北;抵黎阳观下⑥,又为石堤,使东北;抵东郡津北⑦,又为石堤,使西北;抵魏郡昭阳⑧,又为石堤,激使东北。百余里间,河再西三东⑨。"凡五用"石堤"字,而不为冗复,非后人笔墨畦径⑩所能到也。

［注释］①等死:同样是死。　②贾让:西汉末治水专家,以治河三策著称。　③河内:汉代郡名,地处太行山东南与黄河以北,治怀县(今河南武陟西南)。按:"河内"下"北"字用作动词,指向北流。下述同类方位词皆用作动

词。　④黎阳：县名，治今河南浚县东。　⑤东郡平刚：在今河南滑县西南。　⑥观下：黎阳县所属地名。　⑦东郡津北：疑指白马津，在今滑县北。　⑧魏郡昭阳：在今浚县境。　⑨再西三东：两次折西，三次折东。　⑩畦径：即今所称"蹊径"。与"笔墨"连用，代指写作常规。

姜嫄　简狄

毛公注《生民》诗姜嫄生后稷"履帝武敏歆"之句曰："从于高辛帝而见于天也①。"《玄鸟》诗"天命玄鸟，降而生商"之句曰："春分玄鸟降，简狄配高辛帝，帝与之祈于郊禖②而生契，故本其为天所命，以玄鸟至而生焉。"其说本自明白，至郑氏笺始云："帝，上帝也。敏，拇③也。祀郊禖时，有大人④之迹，姜嫄履之，足不能满，履其拇指之处，心体歆歆然，如有人道⑤感己者，遂有身，后则生子。"又谓"鳦⑥遗卵，简狄吞之而生契"。其说本于《史记》，谓"姜嫄出野，见巨人迹"，忻然践之，因生稷；简狄行浴，见燕堕卵，取吞之，因生契。此二端之怪妄，先贤辞而辟之⑦多矣。欧阳公谓稷、契非高辛之子；毛公于《史记》不取履迹之怪，而取其讹缪之世次⑧。按《汉书》，毛公赵人，为河间献王⑨博士，然则在司马子长之前数十年，谓为取《史记》世次，亦不然。盖世次之说，皆出于《世本》⑩，故荒唐特甚，其书今亡。夫适野⑪而见巨迹，人将走避之不暇，岂复故欲践履，以求不可知之禨祥？飞鸟堕卵，知为何物而遽取吞之？以古揆今，人情一也。今之愚人未必尔，而谓古圣人之后妃为之，不待辨而明矣⑫。

[注释]①从于高辛帝而见于天也：此为《诗经·大雅·生民》篇毛注对"履帝武敏歆"五字的解释，谓此五字意指姜嫄禋祀求子之时，与其夫高辛帝（帝喾）俱行而从之后，践履帝之足迹，谨敬地歆享神灵。武，脚印。敏，勤勉，有恭敬之意。　②郊禖（méi）：古帝王在郊外祭神求子的祠庙，也指所祭之神。　③拇：指脚的大拇指。此指"敏"字通"拇"。　④大人：指大神，郑玄笺注原作"大神"。　⑤人道：指生育之道。　⑥鳦（yǐ）：即玄鸟、燕子。古时中国东部地区称燕子为乙鸟，"乙"加"鸟"为意符即成"鳦"字。　⑦辞而辟之：立文辞以驳斥之。　⑧此处引欧阳修之说，意谓根据《尚书》的记载，商人始祖契和周人始祖稷都是尧、舜之臣，而不是高辛氏帝喾之子；为《诗经》作传的毛公（应是指毛苌）虽然不取见于《史记》的姜嫄践履神灵足迹的怪异故事，但把契、稷都看成是帝喾之子，仍用了《史记》所记的错误的世系。　⑨河间献王：即汉景帝次子刘德（前171-前130），受封为河间王（治今河北献县），谥曰献。史称其"修学好古，实事求是"，搜集先秦古文旧书甚多，与诸儒讲习六经，并立《毛诗》《左氏春秋》博士。　⑩《世本》：先秦史书，记古帝王世系及诸侯、卿大夫家谱等，并有制度史料，为司马迁撰写《史记》的重要参考书之一。已佚。　⑪适野：到野外。　⑫按：商、周部族的始祖诞生神话，反映母系社会时代的图腾祖先崇拜，后世载籍将契、稷都编排为帝喾之子，已添加了父系社会的因素，有失神话原貌。这类神话既不可用后世人情作衡量，也不可仅用史学方法作考辨。

羌庆同音

王观国①彦宾、吴棫②材老有《学林》及《叶韵补注毛诗音》二书，皆云《诗》《易》《太玄》③凡用"庆"字，皆与阳字韵叶④，盖"羌"字也。引萧该《汉书音义》"庆音羌"，又曰《汉书》亦有作"羌"者⑤。班固《幽通赋》⑥"庆未得其云已"，《文选》作"羌"，而他未有明证。予按《扬雄传》所载

《反离骚》⑦:"庆夭顇而丧荣⑧。"注云:"庆,辞也,读与羌同。"最为切据⑨。

[注释]①王观国:字彦宾,南宋初学者。有笔记著作《学林》十卷传世,主于字体、字音、字义的考辨。 ②吴棫(约1100—1154):字材(才)老,南宋初学者,历官太常丞。为一时通儒,尤以最早对《古文尚书》的怀疑及有多种古音学著作著称。其《叶韵补注毛诗音》十卷,又名《毛诗叶韵补音》,简称《诗补音》,已佚,近人有辑录,尚得数百条。其相近著作另有《韵补》五卷传世。③《太玄》:即西汉扬雄《太玄经》,为哲学著作,而多涉及文字学。 ④与阳字韵叶:指与古音分部的阳部字读音相合。叶,读作"协"。南北朝以后学者读周、秦、两汉韵文,尚未通明古今音之不同,遇按时下音读不押韵之处,即以时音改读押韵字,以求韵脚和谐,时称叶音或协韵。 ⑤此处"引"字下二句,今尚见于吴棫《韵补》卷二"庆"字条。萧该(约535—约610),南朝至隋代学者。隋初历国子博士,著有《汉书音义》及《文选音义》。 ⑥《幽通赋》:见《汉书·叙传》,为班固叙其家庭变故及抒发个人情怀的作品。此所举"庆"字,李善注《文选》卷十四引作"羌"。 ⑦《反离骚》:扬雄为吊屈原而作,然每摭《离骚》文句而反之。⑧夭顇而丧荣:指繁花被摧残凋敝而零落。顇,同"憔";清武英殿本《汉书》作"䫶",即"悴"字,皆憔悴之意。荣,花。 ⑨末句指"庆"字用于句首为语助词,读音如"羌",且《反离骚》置于憔悴字之前,最可证明"庆"字这一用法与实词的庆祝、庆贺等意没有关系。

佐命元臣

盛王创业,必有同德之英辅,成垂世久长之计。不如是,不足以为一代宗臣。

伊尹、周公之事,见于《诗》《书》,可考也。汉萧何佐高祖,其始入关,即收秦丞相、御史律令图书①,以周知天下陁塞②、户口多少强弱处、民所疾苦。高祖失职③为汉王,欲攻项羽,周勃、灌婴、樊哙皆劝之,何独曰:"今众弗如,百战百败……愿王王汉中……收用巴蜀,然后还定三秦。"王用其言,此刘氏兴亡至计也。进韩信为大将,使当一面,定魏、赵、燕、齐,高祖得颛心与楚确④,无北顾忧;且死,引曹参代己,而画一之法⑤成;约三章以蠲秦暴,拊百姓以申汉德⑥。四百年基业,此焉肇之。

唐房元龄佐太宗,初在秦府,已独收人物致幕下,与诸将密相申结,引杜如晦与参筹帷⑦。及为宰相,粲然兴起治功。以州县成天下之治,以租庸调天下之财,以八百府十六卫本天下之兵⑧;以谏争付王、魏⑨,以兵事付靖、勣⑩,御夷狄有道,用贤材有术。三百年基业,此焉肇之。其后制节度使而州县之治坏,更二税法而租庸之理坏,变府兵为𬴂骑、诸卫为神策而军政坏⑪,虽有明臣良辅,不能救也。

赵韩王⑫佐艺祖,监方镇之势,削支郡以损其强⑬,置转运、通判使掌钱谷以夺其富,参命京官知州事以分其党,禄诸大功臣于环卫而不付以兵⑭,收天下骁锐于殿岩而不使外重⑮,建法立制,审官用人,一切施为,至于今是赖。

此三君子之后,代天理物、硕大光明⑯者世有其人,所谓一时之相尔。萧之孙有罪及无子,凡六绝国,汉辄绍封之。国朝褒录韩王苗裔,未尝或忘。唯房公之亡未十年,以其子故⑰,夺袭爵,停配享,讫唐之世不复续,唐家亦少恩哉!

[注释]①律令图书：指秦朝中央政府所存法令文件、户籍图册及其他档案、书籍等资料。　②陀塞：要塞，关乎用兵的险要之处。　③高祖失职：典出《史记·项羽本纪》，又见《汉书·项籍传》及《张良传》。公元前206年，刘邦率先攻入关中灭秦，还军霸上。随后项羽入关，屠咸阳，以巴、蜀、汉中之地封刘邦为汉王。时刘邦部将皆欲攻项羽，独萧何劝刘邦先收巴、蜀、汉中，然后还定三秦。及项羽东归，刘邦复取关中，项羽遣兵拒之。张良为阻止项羽西攻，遂致书项羽："汉王失职，欲得关中，如约即止，不敢东。"此所谓"失职"为谦辞，意即谦称汉王还定三秦有失项羽所封的本分。　④颛心与楚确：颛心，同"专心"。确，通"角"，角力。《汉书·李广传》有"数与虏确"之语。清修明马元调刻本《容斋随笔》作"角"，当是以意改写。　⑤画一之法：犹言整齐划一的治国路线。《汉书·循吏传序》："汉兴之初，反秦之敝，与民休息，凡事简易，禁罔疏阔，而相国萧、曹以宽厚清静为天下帅，民作《画一之歌》。"歌见《汉书·曹参传》："萧何为法，讲若画一；曹参代之，守而勿失。"颜师古注："讲，和也。画一，言整齐也。"　⑥按：以上约举萧何荐韩信、荐曹参、安定关中三件大事，以见其辅佐汉高祖之功。约三章，即刘邦占领关中时的约法三章："杀人者死，伤人者刑，及盗抵罪。"蠲秦暴，除去秦朝的暴政。拊，通"抚"，安抚。　⑦以上指房玄龄在秦王李世民幕府时事。申结，结好之意。房玄龄、杜如晦，见卷五《汉唐八相》条。　⑧以上三句分指行政上的州县治理、财政上的租庸调制、军事上的府兵制。唐初军府之数时有变动，约在600－800之间，府兵皆属十六卫统领。　⑨王、魏：指王珪(571－639)、魏徵(580－643)。王珪字叔玠，唐初事李建成为太子中允，太宗即位后召拜谏议大夫，贞观初历迁黄门侍郎、侍中，参与政事，后拜礼部尚书。每推诚尽节，犯颜直谏，时与魏徵并有诤臣之名。魏徵字玄成，初亦事李建成为太子洗马，太宗即位后召拜谏议大夫，贞观初累迁秘书监，参与政事，后拜太子太师知门下省事。封郑国公，卒谥文贞。　⑩靖、勣：指李靖(571－649)、李勣(594－669)，皆为唐初军事家。李靖字药师，贞观中历刑部、兵部尚书，官至尚书右仆射。李勣本名徐世勣，字懋功，高祖时赐姓李，后避太宗讳，去"世"字，遂称李勣。贞观末历太常卿、太子詹事，参与机务，官至尚书左仆射。　⑪以上三句分指盛唐以后，州县政事为节度使所控制，租庸调制为两税法所取代，府兵制亦变而为

募兵制。彍骑,招募的京师宿卫军名。神策,由宦官控制的宫廷宿卫军名。⑫赵韩王:即赵普(922—992),字则平,宋太祖赵匡胤夺取后周政权的主要谋士,北宋建立后为宰相,卒谥忠献,真宗时追封韩王。 ⑬削支郡以损其强:指削除藩镇以减少强势的州郡。唐末五代时,各地节度使割据一方,一般兼领数州,被称为"支郡"。 ⑭"禄诸大功臣"句:指解除一些开国功臣的兵权,给以厚禄,又设左右金吾卫以至将军等环卫官,以为武臣的闲散官职,而不付以兵权。 ⑮"收天下骁锐"句:指收天下甲兵集中于京师,名为禁军,使内重而外轻,以防止地方割据。殿岩,本指殿前石阶,犹"殿陛",此代指京师周围、天子脚下。 ⑯代天理物、硕大光明:代天理物,指代天子理政。硕大光明,犹正大光明,指杰出人物。 ⑰房玄龄次子遗爱尚太宗之女,高宗时以谋反罪被诛,公主亦赐自尽。受此牵连,玄龄长子遗直亦由礼部尚书被废为庶人。

名 世 英 宰

曹参为相国,日夜饮醇酒,不事事,而《画一之歌》兴①。王导辅佐三世,无日用之益,而岁计有余②。末年略不复省事,自叹曰:"人言我愦愦,后人当思我愦愦。"③谢安石不存小察,经远无竞④。唐之房、杜传⑤,无可载之功。赵韩王得士大夫所投利害文字,皆寘二大瓮,满则焚之⑥。李文靖以中外所陈一切报罢,云"以此报国"⑦。此六七君子,盖非扬己取名,了然使户晓者,真名世英宰也,岂曰不事事哉?

[注释]①《汉书·曹参传》:"参代何为相国,举事无所变更,壹遵何之约束……日夜饮酒,卿大夫以下吏及宾客见参不事事,来者皆欲有言,至者参辄饮以醇酒,度之欲有言,复饮酒醉而后去,终莫得开说。"《画一之歌》见上条注。 ②《晋书·王导传》:"导善于因事,虽无日用之益,而岁计有余。时帑

藏空竭,库中惟有𬘓数千端,鬻之不售,而国用不给。导患之,乃与朝贤俱制𬘓布单衣,于是士人翕然竞服,𬘓遂踊贵,乃令主者出卖,端至一金。其为时所慕如此。"𬘓(shū),古代一种像苎麻布的稀疏织物。端,古代布帛长度单位,一端为半匹,相当于二丈。 ③《世说新语·政事》:"丞相末年略不复省事,正封箓诺之,自叹曰:'人言我愦愦,后人当思此愦愦。'"注引徐广《历纪》:"导阿衡三世,经纶夷险,政务宽恕,事从简易,故垂遗爱之誉也。"正封箓诺之,意谓只是在文件上签字画押,批示许可。封箓,犹封事,指密封的臣下奏章。愦愦(kuì kuì),糊涂。 ④《晋书·谢安传》:"德政既行,文武用命,不存小察,弘以大纲,威怀外著,人皆比之王导。"又云:"既以三桓据三州,彼此无怨,各得所任。其经远无竞,类皆如此。"经远无竞,指谋虑深远无比。 ⑤唐之房、杜传:指两《唐书》中的房玄龄、杜如晦本传。⑥《东都事略·赵普传》:"普之在相位也,尝于视事合坐屏后设二大瓮,凡中外表奏,普意不欲行者,必投之瓮中,满则束缊焚之。" ⑦《续资治通鉴长编》卷五十六:"沆自言居重位实无补万分,惟四方言利事者,未尝一施行,聊以此报国尔。"李文靖,即李沆(947—1004),字太初,北宋真宗朝宰相,卒谥文靖。

《檀弓》误字

《檀弓》载吴侵陈事,曰:"陈太宰嚭使于师,夫差谓行人仪曰:'是夫也多言,盍尝问焉:师必有名,人之称斯师也者,则谓之何?'太宰嚭曰:'……其不谓之杀厉之师与?'"按嚭乃吴夫差之宰,陈遣使者正用行人,则仪乃陈臣也。记《礼》者简策差互,故更错其名,当云"陈行人仪使于师",夫差使太宰嚭问之,乃善。忠宣公作《春秋诗》引斯事,亦尝辩正云。①

[注释]①《礼记·檀弓下》所记吴侵陈事,《左传》谓之"修旧怨",系于鲁

哀公元年(前494),即吴夫差二年。洪迈此条审订《檀弓》之文,以为其文有错简,故致"太宰嚭"与"行人仪"二名互倒,对调之后方能通其文意,并谓其父洪皓曾辩正之。后来校注《礼记》者多从此说。

今按:细审《檀弓》原文,疑所记只是多出二"嚭"字,其余文字当不误。若去此二"嚭"字,则《檀弓》原文如下:"吴侵陈,斩祀杀厉(疠)。师还出竟(境),陈大宰使于师。夫差谓行人仪曰:'是夫也多言,盍尝问焉:师必有名,人之称斯师也者,则谓之何?'大宰曰:'古之侵伐者,不斩祀,不杀厉,不获二毛。今斯师也杀厉,与其不谓之杀厉之师与(欤)?'曰:'反尔地,归尔子,则谓之何?'曰:'君王讨敝邑之罪,又矜而赦之,师与(欤),有无名乎?'"如是,则出使吴军者为陈之太宰(国相),行人(使者官称)名仪者为吴官。其文本不涉及吴之太宰嚭,疑传抄者于"太宰"下误注"嚭"字,后又混入正文,遂致文意不可通。今试译其文如下:吴国入侵陈国,斩伐陈国宗庙的树木,滥杀陈国遭疠疫的民众。当吴军撤还出境后,陈国的太宰出使吴军送行。吴王夫差对负责接待的行人仪说:"这位夫子多辞善辩,何不试探问他一下:出兵必有正当的名义,现在人们对我们这次出兵,是怎么说的呢?"陈太宰见问,回答说:"古时出兵侵伐者,不斩伐被征讨之国宗庙的树木,不杀正遭受疠疫之祸的民众,不俘虏鬓发斑白的老人。贵国的这次出兵,杀遭受疠疫之人,那么是不是可以称之为杀疠疫之人的军兵呢?"行人仪说:"已经归还了你们的土地,放回了你们的子民,那又怎么说呢?"陈太宰说:"你们大王讨伐我们敝国的罪过,又怜悯我们免于亡国,这样的出兵呢,是有名义还是没有名义?"——如此理解,则《檀弓》原载文从字顺;若仍存二"嚭"字,则所有对话皆拧,即使以"太宰嚭"与"行人仪"二名对调,文意亦仍不可通。

薛　能　诗

薛能①者,晚唐诗人,格调不能高而妄自尊大。其《海棠诗》序云:"蜀海棠有闻而诗无闻,杜子美于斯兴象不出,没而有怀。天之厚余,谨不敢让。风雅尽在蜀矣,吾其庶几。"②然其语不过曰"青苔浮落处,暮柳间开时。带醉游人插,连阴彼叟移。晨前清露湿,晏后恶风吹。香少传何许,妍多画半遗"而已。又有《荔枝诗》序曰:"杜工部老居两蜀,不赋是诗,岂有意而不及欤?白尚书③曾有是作,兴旨卑泥④,与无诗同。予遂为之题,不愧不负,将来作者,以其荔枝首唱,愚其庶几。"然其语不过曰"颗如松子色如樱,未识蹉跎欲半生。岁杪监州曾见树,时新入座久闻名"而已。又有《折杨柳》十首,叙曰:"此曲盛传,为词者甚众,文人才子各衒⑤其能,莫不'条似舞腰'、'叶如眉翠',出口皆然,颇为陈熟。能专于诗律,不爱随人,搜难抉新,誓脱常态,虽欲勿伐⑥,知音者其舍诸?"然其词不过曰"华清高树出离宫,南陌柔条带暖风。谁见轻阴是良夜,瀑泉声畔月明中""洛桥晴影覆江船,羌笛秋声湿塞烟。闲想习池公宴罢,水蒲风絮夕阳天"而已。别有《柳枝词》五首,最后一章曰:"刘、白苏台总近时⑦,当初章句是谁推?纤腰舞尽春杨柳,未有侬家⑧一首诗。"自注云:"刘、白二尚书继为苏州刺史,皆赋《杨柳枝词》,世多传唱,虽有才语,但文字太僻,宫商⑨不高耳。"能之大言如此,但稍推杜陵,视刘、白以下蔑如也。今读其诗,正堪一笑。刘之词曰:"城外春风吹酒旗,行人挥袂日西时。长安陌上无穷树,唯有垂杨管别离。"白之词云:"红板江桥清酒旗,馆娃⑩宫暖日斜时。可怜雨歇东风定,万树千条各自垂。"其风流气概,岂能所髣髴⑪哉?

[注释]①薛能(约817—约880):字太拙,晚唐诗人,懿宗时官至工部尚

书,僖宗时出为许州节度使,为部将所逐,流落汉南而卒,世称薛许昌。　②此引薛氏《海棠诗》之序有节括,其原文作:"蜀海棠有闻而诗无闻,杜工部子美于斯有之矣,得非兴象不出,殁而有怀?何天之厚余,获此遗遇?仅不敢让,用当其无……或其人之适此,有若韩宣子者,风雅尽在蜀矣,吾其庶几。"(见宋陈思所撰《海棠谱》卷中)大意谓蜀中海棠甚有名,却未听说有描述它的诗,杜甫就有这种情况,是不是他对蜀中海棠本有深婉的情致而不愿流露出来,直到去世还隐藏在胸中呢?为什么上天眷顾我,让我得到这以往遗漏的创作机会?所以不敢谦让,就作《海棠诗》以填补空缺……或者有人正好到了这里,像韩宣子说的"周礼尽在鲁"(见《左传》昭公二年)那样,可说"风雅尽在蜀",那么我差不多可以当之。　③白尚书:指白居易。　④兴旨卑泥:指兴喻和旨意都低下拘泥。　⑤衒:通"炫",炫耀。　⑥伐:夸耀。　⑦刘、白苏台总近时:刘、白,指刘禹锡、白居易。苏台,代指二人为苏州刺史。近时,意指刘、白所作《杨柳枝词》近于当下流行之作。　⑧侬家:代指歌舞女。　⑨宫商:代指歌诗的韵律。　⑩馆娃:相传为春秋时吴王夫差为西施建造的宫名。此代指美女。　⑪髣髴:即"仿佛"。

汉 晋 太 常

汉自武帝以后,丞相无爵者乃封侯,其次虽御史大夫,亦不以爵封为间①。唯太常一卿,必以见侯②居之,而职典宗庙园陵,动辄得咎,由元狩以降,以罪废斥者二十人。意③武帝阴欲损侯国,故使居是官以困之尔。表中所载,鄼侯萧寿成坐牺牲瘦,蓼侯孔臧坐衣冠道桥坏,郫侯周仲居坐不收赤侧钱④,绳侯周平坐不缮园屋,睢陵侯张昌坐乏祠,阳平侯杜相坐擅役郑舞人,广阿侯任越人坐庙酒酸,江邹侯靳石坐离宫道桥苦恶,戚侯李信成坐纵丞相侵神道，俞侯栾贲坐雍牺牲不如令，山阳侯张当居坐择博士弟子不以实，成安侯韩延年坐留外国文书，新畤侯赵弟坐鞫狱不实，牧丘侯石德坐庙牲瘦，当涂侯魏不害坐孝文庙风发瓦，轑阳侯江德坐庙郎夜饮失火，蒲侯苏昌坐泄官书，弋阳侯任宫坐人盗茂陵园物，建平侯杜缓坐盗贼多⑤。自鄟侯至牧丘十四侯皆夺国，武帝时也。自当涂至建平五侯但免官，昭、宣时也。下及晋世，此风犹存。惠帝元康四年，大风，庙阙⑥屋瓦有数枚倾落，免太常荀寓。五年，大风，兰台⑦主者求索阿栋之间⑧，得瓦小邪十五处，遂禁止⑨太常，复兴刑狱。陵上荆⑩一枝围七寸二分者被斫，司徒、太常奔走道路⑪，太常禁止不解，盖循习汉事云。

[注释]①为间：杂于其间。句意指不封侯。 ②见侯：同"现侯"，即当下有侯爵者。 ③意：推测，表示大概。 ④赤侧钱：汉武帝时始铸的一种外边为赤铜的钱币。 ⑤以上诸侯之事，自鄟侯萧寿成以至建平侯杜缓，皆见于《汉书》的诸朝《功臣表》及《百官公卿表》。 ⑥庙阙：指宗庙的阙门建筑。 ⑦兰台：指掌管图书的秘书省机构。 ⑧阿栋之间：泛指屋檐房脊之间。 ⑨禁止：指停止其职事。 ⑩陵上荆：陵墓上的灌木荆条。 ⑪奔走道路：指为遮掩其事而四处奔走。《晋书·刑法志》称诸人"虽知事小，而案劾难测，搔扰驱驰，各竞免负"。

卷 八

诸 葛 公

诸葛孔明千载人①,其用兵行师,皆本于仁义节制,自三代以降未之有也。盖其操心制行②,一出于诚。生于乱世,躬耕陇亩,使无徐庶③之一言、玄德之三顾④,则苟全性命、不求闻达必矣。其始见玄德,论曹操不可与争锋,孙氏⑤可与为援而不可图,唯荆、益可以取⑥,言如蓍龟⑦,终身不易。二十余年之间,君信之,士大夫仰之,夷夏服之,敌人畏之。上有以取信于主,故玄德临终,至云"嗣子不才,君可自取";后主虽庸懦无立⑧,亦举国听之而不疑。下有以见信于人,故废廖立⑨而立垂泣,废李严⑩而严致死;后主左右奸辟侧佞,充塞于中⑪,而无一人有心害疾者。魏尽据中州,乘操、丕积威之后,猛士如林,不敢西向发一矢以临蜀;而公六出⑫征之,使魏畏蜀如虎。司马懿[13]案行其营垒处所,叹为天下奇才;钟会[14]伐蜀,使人至汉川祭其庙,禁军士不得近墓樵采。是岂智力策虑所能致哉?魏延[15]每随公出,辄欲请兵万人,与公异道会于潼关,公制而不许;又欲请兵五千,循秦岭而东,直取长安,以为一举而咸阳以西可定,史臣谓公以为危计,不用[16]。是不然[17],公真所谓义兵,不用诈谋奇计。方以数十万之众,据正道而临有罪,建旗鸣鼓,直指魏都,固将飞书告之,择日合战,岂复翳行窃步,事一旦之谲,以规咸阳哉[18]?司马懿年长于公四岁,懿存而公死,才五十四耳。天不祚[19]汉,非人力也。"霸气西南歇,雄图历数屯"[20],杜诗尽之矣。

[注释]①诸葛孔明千载人:即诸葛亮(181—234)是千年才一见的人物。②操心制行:用心谋虑和规划行动。 ③徐庶:字符直,东汉末名士,诸葛亮隐居隆中时友人。初投刘备,被尊为军师,后为曹操所逼,荐诸葛亮于刘备而自投曹营。 ④玄德之三顾:即刘备聘请诸葛亮三顾茅庐的故事。 ⑤孙氏:指江东孙策、孙权政权。 ⑥按:以上三句即诸葛亮《隆中对》所陈天下形势及兴复汉室之计。荆、益,即荆州(治今湖北江陵)、益州(治今四川成都)。⑦蓍龟:指占卜之灵验。 ⑧后主:即刘备之子刘禅(shàn)(207—271),继位为蜀主,史称后主。无立:无所建树。 ⑨廖立:字公渊,蜀汉谋士,历巴郡太守、长水校尉,以恃才傲物被废为庶人,后闻诸葛亮卒而涕泣。 ⑩李严:又名李平,字正方,蜀汉重臣,曾与诸葛亮同受托孤之命,官至尚书令,后亦得罪被废为庶人,闻诸葛亮卒,激愤发病而死。 ⑪中:指宫廷。 ⑫六出:即史所称诸葛亮六出祁山。 ⑬司马懿(179—251):字仲达,曹魏大都督,作战擅奇兵,故诸葛亮以正兵临之。 ⑭钟会(225—264):字士季,曹魏灭蜀大将,灭蜀后死于兵乱。 ⑮魏延:字文长,蜀汉大将,诸葛亮死后以争权被杀。⑯此处"又欲"以下所记,见《三国志·魏延传》裴松之注。危计,危险的计策。⑰不然:意指诸葛亮用兵主于正兵、义兵,本不尚奇诈,故不用魏延之计,史书

但以"危计"言之,不合于诸葛亮之本意。 ⑱以上谓诸葛亮若真欲与曹魏决战,将会堂堂正正地公开出兵攻伐,而不会用一时诈谋。翳(yì)行窃步,指暗地行动;翳,蔽。谲,诈。规,规取,谋划攻占。 ⑲祚:本指皇位,此用作动词,转义为保佑。 ⑳引诗见杜甫《谒先主庙》,意谓自刘备谢世后,蜀汉的霸气即消歇,诸葛亮欲进取中原的雄心壮志,也不过只经历了几次渭南的屯田出兵。

沐浴佩玉

"石骀仲①卒,有庶子六人,卜所以为后者,曰'沐浴佩玉则兆'②。五人者皆沐浴佩玉,石祁子③曰:'孰有执亲之丧④,而沐浴佩玉者乎?'不沐浴佩玉。"此《檀弓》之文也。今之为文者不然,必曰:"沐浴佩玉则兆,五人者如之,祁子独不可,曰:'孰有执亲之丧若此者乎?'"似亦足以尽其事,然古意衰矣⑤。

[注释]①石骀仲:春秋时卫国大夫。 ②沐浴佩玉则兆:意指占卜前沐浴更衣并佩戴玉饰则能得吉兆。 ③石祁子:骀仲庶子,有贤名。 ④执亲之丧:指为父服丧期间。 ⑤古意衰:意指《礼记·檀弓》之文四次出现"沐浴佩玉"四字,而以"不沐浴佩玉"彰显石祁子之决断。后人用此典,"沐浴佩玉"四字仅出现一次,但述石祁子之"不可",虽文意更为概括,然已失去古文韵味,且旨意亦有衰减。

《谈丛》失实

后山陈无己①著《谈丛》六卷,高简有笔力,然所载国朝事,失于不考究,多爽其实②,漫析数端于此。

其一云:"吕许公恶韩、富、范三公③,欲废之而不能,及西军罢④,尽用三公及宋莒公、夏英公⑤于二府,皆其仇也。吕既老,大事犹问,遂请出大臣行三边⑥。既建议,乃数出道者院⑦宿,范公奉使陕西⑧,宿此院相见云云。"案吕公罢相,诏有同议大事之旨,公辞,乃庆历三年三月,至九月致仕矣;四年七月,富、范始奉使。又三公入二府时,莒公自在外,英公拜枢密使而中辍,后二年莒方复入,安有五人同时之事?

其二云:"杜正献⑨、丁文简⑩为河东宣抚,任布⑪之子上书历诋执政,至云'至于臣父,亦出遭逢',谓其非德选也⑫。杜戏丁曰:'贤郎亦要牢笼。'⑬丁深衔之。其后二公同在政府,苏子美进奏事⑭作,杜避嫌不预。丁论以深文⑮,子美坐废为民,杜亦罢去。一言之谑,贻祸如此。"案杜公以执政使河东时,丁以学士为副,庆历四年十一月进奏狱起,杜在相位,五年正月罢;至五月,丁公方从翰林参知政事,安有深文论子美之说?且杜公重厚,当无以人父子为谑之理;丁公长者也,肯追仇一言陷贤士大夫哉?

其三云:"张乖崖⑯自成都召为参知政事,既至而脑疽作,求补外,乃知杭州而疾愈。上使中人往伺⑰之,言且将召也,丁晋公⑱以白金赂使者,还言如故⑲,乃不召。"案张两知成都,其初还朝为户部使、中丞,始知杭州,是时丁方在侍从⑳。其后自蜀知升州,丁为三司使,岂有如前所书之事?

其四云:"乖崖在陈,闻晋公逐莱公㉑,知祸必及己,乃延三大户㉒与之博。出彩骰子㉓,胜其一坐㉔,乃买田宅为归计以自污。晋公闻之,亦不害也。"案张公以祥符六年知陈州,八年卒;后五年,当天禧四年,寇公方罢相,旋坐贬,岂有所谓乖崖自污之事?

兹四者,所系不细,乃诞漫㉕如此。盖前辈不家藏国史,好事者肆意饰说为美听,疑若可信,故误人纪述。后山之书,必传于后世,惧诒㉖千载之惑,予是以辨之。

[注释]①陈无己:即陈师道(1053—1101),字履常,一字无己,号后山居士,北宋学者、诗人。历太学博士、秘书省正字,有《后山集》《后山谈丛》传世。按:此条下引《谈丛》之文皆为节括,不尽是原文。　②多爽其实:指所记事实多有错误。爽,差错、失误。　③吕许公、韩、富、范:即吕夷简(979—1044)、韩琦(1008—1075)、富弼(1004—1083)、范仲淹(989—1052),皆北宋仁宗朝大臣,吕、韩、富官至宰相,范官至参知政事。许公,即许国公,吕氏封号。④西军罢:指仁宗庆历间宋、夏罢兵。先是宋、夏之间接连发生三次大规模的战争,北宋均遭惨败,至庆历四年(1044)双方达成和议,战事暂告停止。　⑤宋莒公、夏英公:即宋庠(996—1066)、夏竦(985—1051),皆官至宰相,分别封莒国公、英国公。　⑥行三边:指巡视抵御北方敌国的河北、河东、陕西沿边诸路。　⑦数出道者院:数(shuò),屡次。道者院,即道院,道教活动场所。⑧范公奉使陕西:指庆历三年(1043)范仲淹由参知政事出知邠州兼陕西四路安抚使。同时富弼由枢密副使出为河北安抚使。　⑨杜正献:即杜衍(978—1057),字世昌,官至宰相,谥正献。　⑩丁文简:即丁度(990—1053),字公雅,官至参知政事,谥文简。　⑪任布:字应之,官至枢密副使。此所述其子为任逊,时为河阳节度判官。　⑫此述任逊上书既诋执政(副宰相及枢密院正副长官),乃至指斥其父官至高位亦出于偶然的机会,不是由德才选拔上来的。遭逢,遭遇,犹言因时走运而受到礼遇。《续资治通鉴长编》庆历二年七月载任逊受吕夷简蛊惑,上书诋毁执政,且斥其父不才,任布遂被罢去,而逊尚留京师,意图为谏官,旋被夷简黜去。　⑬贤郎亦要牢笼:指杜衍戏言丁

度之子若上书诋毁执政,也将把丁度包括在内。 ⑭苏子美进奏事:苏子美,即苏舜钦(1008—1049),字子美,为杜衍女婿。庆历间屡上书言时政,为主持新政者所赏识,授集贤校理、监进奏院。旋以卖进奏院公文纸钱宴请同僚事,被保守派劾为"监主自盗",兴起狱案,革职为民。 ⑮深文:指苟引法律条文以锻炼人罪。 ⑯张乖崖:即张詠(946—1015),字复之,自号乖崖。以治蜀著称,真宗朝官至枢密直学士、礼部尚书。 ⑰伺:窥察。 ⑱丁晋公:即丁谓,参见卷四《野史不可信》条。 ⑲如故:指谎言张詠疾病如故。 ⑳侍从:宋以殿阁学士、翰林学士及六部尚书、侍郎等为侍从官。 ㉑莱公:即真宗朝宰相寇准,被丁谓倾陷而流放岭南。 ㉒三大户:北宋前期职役的称呼。乡村以百户为一团,每团以大户三家轮流充耆长,以维持治安,故俗又称耆长为三大户。 ㉓彩骰子:指抵押钱财的骰子(色子)。彩,指赌博下注的钱财。㉔一坐:犹言"满座","坐"同"座"。 ㉕诞漫:亦作"诞谩",虚妄不实。 ㉖诒:通"贻",遗留。

石砮

东坡作《石砮记》①云:《禹贡》荆州贡砺、砥、砮、丹②及箘簵、楛③,梁州贡砮、磬,"至春秋时,隼④集于陈廷,楛矢贯之。石砮长尺有咫⑤,问于孔子,孔子不近取之荆、梁,而远取之肃慎,则荆、梁之不贡此久矣。颜师古曰:'楛木堪为笴⑥,今幽⑦以北皆用之。'以此考之,用楛为矢,至唐犹然,而用石为砮,则自春秋以来莫识矣。"按《晋书·挹娄传》⑧:有石砮、楛矢。国有山出石,其利入铁⑨。周武王时献其矢、砮,魏景元末亦来贡。晋元帝中兴,又贡石砮。后通贡于石虎,虎以夸李寿⑩者也。《唐书·黑水靺鞨传》:"其矢石镞长二寸,盖楛砮遗法。"⑪然则东坡所谓春秋以来莫识,恐不考耳。予家有一砮,正长二寸,岂黑水物乎?

[注释]①《石砮记》:原题《顺济王庙新获石砮记》,见《苏文忠公全集》卷十五。 ②砺、砥、砮(nǔ)、丹:粗磨刀石、细磨刀石、石镞、朱砂。 ③箘簵、楛:箘簵(jùn lù),细长的坚竹。楛(hù),一种枝干可作箭杆的荆类植物。 ④隼:猛禽的一类,为白天活动者。 ⑤尺有咫(zhǐ):一尺长多点。咫,喻微小的尺寸。 ⑥笴(gě):箭杆。 ⑦鄜:古地名,今陕西鄜县一带。 ⑧《晋书·挹娄传》:即《晋书·东夷·肃慎氏传》。传文首言:"肃慎氏,一名挹娄。"下述至"通贡于石虎"诸事皆见于此篇。按:肃慎为我国古代东北地区民族名,亦为古国名,一般认为挹娄源于肃慎。 ⑨其利入铁:指加工后的石镞,其锋利可射入铁中。 ⑩以夸李寿:《晋书·载记·石季龙下》载前赵首领石虎曾以楛矢赠成汉李寿,以夸耀自己得到远方部族的进贡。李寿(300－343),字武考,十六国时成汉首领,338年废其侄李期而自即帝位。 ⑪语见《新唐书·北狄·黑水靺鞨传》。按:黑水靺鞨与肃慎、挹娄、勿吉(靺鞨)皆有历史渊源关系,下至五代时期而有女真之名,为后来满族的直系祖先。

陶　渊　明

陶渊明高简闲靖,为晋宋第一辈人。语其饥则箪瓢屡空,缾无储粟;其寒则短褐穿结,絺绤冬陈;其居则环堵萧然,风日不蔽①。穷困之状,可谓至矣。读其《与子俨等疏》②,云恨"室无莱妇③,抱兹苦心","汝等虽曰同生,当思四海皆兄弟之义,管仲、鲍叔,分财无猜④","他人尚尔,况同父之人哉?"然则犹有庶子也。《责子》诗云"雍、端⑤年十三",此两人必异母尔。渊明在彭泽,悉令公田种秫,曰:"吾常得醉于酒足矣。"妻子固请种秔,乃使二顷五十亩种秫，五十亩种秔⑥。其自叙亦云："公田之利，足以为酒，故便求之。"犹望一稔而逝⑦，然仲秋至冬，在官八十余日，即自免去职。所谓秫、秔，盖未尝得颗粒到口也，悲夫！

[注释]①以上诸语本于陶渊明《五柳先生传》及《自祭文》。箪瓢，盛饭的竹筐与喝水的瓢。瓶，盛粮食的陶器，今通作"瓶"字。短褐，短粗布衣；《四库全书》本《陶渊明集·五柳先生传》及《宋书·隐逸传·陶潜》作"裋褐(shù hè)"，指粗布衫、袍。絺绤(chī xì)，葛布衣，此指夏天穿的单衣。 ②《与子俨等疏》：为陶渊明告诫诸子的文字。其文开头提及他的5个儿子俨、俟、份、佚、佟。 ③莱妇：本指传说中的老莱子之妻，此代指贤妻。相传老莱子之妻与夫偕隐，蓬户瓮牖，躬耕自食。 ④分财无猜：此用春秋时齐桓公大臣管仲、鲍叔牙年轻时的故事。《史记·管晏列传》记载，管仲自言早年贫苦，与鲍叔牙一起做买卖鲍叔牙常多分财利给他。 ⑤雍、端：陶渊明《责子》诗称其五子为舒俨、宣俟、雍份、端佚、通佟，其上字皆为小名。渊明既称五子"同父"，而雍、端又同岁，则二人不同母。 ⑥上述陶渊明为彭泽县令时事，见《晋书·陶潜传》。公田，指官吏的职分田。此类田土为公家所有，官吏在职则其收入为俸禄的一部分，官吏去职则要移交给下一任。秫，即黏高粱，多用于酿酒。秔(jīng)，即粳稻。 ⑦一稔而逝：一年离职。一稔(rěn)，庄稼成熟一次，亦代指一年。逝，指离职隐去。

东晋将相

西晋南渡，国势至弱。元帝为中兴主，已有雄武不足之讥，余皆童幼相承，无足称算①。然其享国百年，五胡云扰②，竟不能窥江、汉；苻坚以百万之众，至于送死肥水③。后以强臣擅政，鼎命乃移，其于江左之势，固自若也④。是果何术哉？尝考之矣，以国事付一相而不贰其任⑤，以外寄付方伯而不轻其权⑥，文武二柄既得其道，余皆可概见矣。百年之间，会稽王昱、道子、元显⑦以宗室，王敦、二桓以逆取⑧，姑置勿言；卞壶、陆玩、郗鉴、陆晔、王彪之、坦之⑨不任事；其真托国者，王导、庾亮、何充、庾冰、蔡谟、殷浩、谢安、刘裕⑩八人而已。方伯之任，莫重于荆、徐。荆州为国西门，刺史常都督七八州事，力雄强分天下半，自渡江讫于太元八十余年，荷阃寄⑪者，王敦、陶侃、庾氏之亮、翼，桓氏之温、豁、冲、石民八人而已⑫，非终于其军⑬不辄易，将士服习于下，敌人畏敬于外，非忽去忽来，兵不适将、将不适兵⑭之比也。顷尝为主上论此，蒙欣然领纳，特时有不同，不能行尔。

[注释]①无足称算：无可称道而不值得算在有为之主的行列。　②五胡云扰：指俗所称"五胡乱中华"。五胡，指南北朝时先后在北方建立政权的匈奴、鲜卑、羯、氐、羌诸族。云扰，如云之纷乱，喻动荡不安，扰，乱。　③送死肥水：指公元383年，前秦苻坚率大军南下攻东晋，以淝水之战溃败而死。④此处指东晋政权虽因权臣擅政而亡，而南北分治的局面并未改变，继后建立的江左政权依旧和先前一样存在。　⑤不贰其任：此指以丞相独任国政，不以大臣为之辅贰而侵其权。　⑥此句犹言以地方的守卫和治理托付封疆大吏而增重其权力。外寄，古称帝王授予在外官员要职为"阃外之寄"，见下"阃寄"注。方伯，指总领一方军政的封疆大吏。　⑦昱、道子、元显：昱，即东晋简文帝司马昱（320－372），字道万，元帝少子，历封琅琊王、会稽王，371年即位，次年为桓温所废。道子，即司马道子（364－402年），字道子，简文帝子，安帝时曾操纵国政。元显，即司马元显（382－402），道子之子，以少年掌兵权，讨叛臣桓玄，败死。　⑧王敦、二桓：王敦（266－324），字处仲，东晋初权臣，以谋夺帝位发动叛乱，事未果而病死。二桓，即桓温（312－373）、桓玄（369－404）。温字符子，以战功独揽朝政，简文帝、孝武帝之际欲篡位未成，

忧愤而死。玄字敬道、灵宝,温之子,篡位建立桓楚,兵败被杀。 ⑨以上诸人,卞壸(kǔn)(281—328)字望之,陆玩(278—341)字士瑶,郗鉴(269—339)字道徽,陆晔(261—334)字士光,王彪之(305年—377年)字叔虎,王坦之(330—375)字文度,皆为东晋大臣,但都不曾真执朝政。 ⑩以上诸人,王导(276—339)字茂弘,庾亮(289—340)字符规,何充(292—346)字次道,庾冰(296—344)字季坚,蔡谟(281—356)字道明,殷浩(?—356)字渊源,谢安(320—385)字安石,刘裕(363—422)字德舆,皆曾以丞相或他职执掌东晋朝政。刘裕即刘宋政权建立者。 ⑪阃寄:犹言寄以阃外之事,此为委以军事重任的代称。阃(kǔn),门槛,代指宫廷。 ⑫以上诸人,王敦、桓温、庾亮见上。陶侃(259—334)字士行,庾翼(305—345)字稚恭,桓豁(320—377)字朗子,桓冲(328—384)字幼子,桓石民年字不详,皆曾在荆州执掌兵权。豁、冲皆为桓温之弟,石民为豁之子。 ⑬终于其军:指死于所领之军中。 ⑭兵不适将、将不适兵:指兵士与将领互不了解、适应。按:此言针对宋代"兵不知将、将不知兵"的状况而发,故下文洪迈自谓曾为当朝皇帝言之。然宋朝惩唐代藩镇之弊,"重内轻外","重文轻武",平时以文臣主兵,"将不得专其兵",故洪迈之议终不能行。

赏 鱼 袋

衡山有唐开元二十年所建《南岳真君碑》,衡州司马赵颐贞①撰,荆府兵曹萧诚②书。末云"别驾赏鱼袋上柱国光大晊③"。"赏鱼袋"④之名不可晓,他处未之见也。

[注释]①赵颐贞:唐开元中历官职方郎中、安西副大都护、衡州司马、衢州刺史、晋江别驾等。 ②萧诚:开元中历官司勋员外郎、太子左赞善大夫,为书法名家。 ③光大晊(zhì):即元晊。元氏,名晊,字光大,开元中历官殿中侍御史。 ④赏鱼袋:为唐代特许服用品级章服的称呼。唐高宗永徽二年(651),始规定中高级官员的章服佩鱼袋,凡三品以上服紫衣者用金饰鱼袋,

五品以上服绯衣者用银饰鱼袋,内装鱼形符,用作官员证明自己身份的物品,以备出入宫廷时检查。未至三品、五品而特许服紫、服绯者,称借紫、借绯,同时赐以鱼袋则称赏鱼袋。武则天时曾改佩鱼为佩龟,宋代则不再用鱼符,而直接于袋上用金银饰为鱼形。

按:洪迈此条失考,后来他在《容斋四笔》卷十又有《赏鱼袋出处》条云:"《随笔》书衡山唐碑别驾'赏鱼袋',云名不可晓。今按《唐职林·鱼带门》叙金玉银铁带及金银鱼袋云:'开元敕,非灼然有战功者,余不得辄赏鱼袋。'斯明文也。"但此更正用宋人马永锡所编《唐职林》,仍不是原始资料。开元敕见于《唐会要》卷三十一《舆服上·内外官章服》:"二十五年五月三日敕:绯紫之服,班命所崇,以赏有功,不可僭滥。如闻诸军赏借人数甚多,曾无甄别,是何道理? 自今已后,除灼然有战功外,余不得辄赏。"《通典》卷六十三亦录有此敕,唯"僭滥"作"踰滥",敕末"辄赏"作"辄赏鱼袋",是为"赏鱼袋"三字的最早出处。又,鱼袋原是职事官才佩戴的,离任及致仕即去鱼袋,检校官等亦不佩;而自开元八年(720)以后,凡内外官员五品以上者,不论致仕与否及散官等,皆可终身佩之,特恩赏绯紫亦例兼鱼袋。

浯溪留题

永州浯溪①,唐人留题颇多。其一云:"太仆卿分司东都韦瓘②,太中二年过此。余大和中以中书舍人谪宦康州③,逮今十六年。去冬罢楚州刺史,今年二月有桂林之命,才经数月,又蒙除替。行次灵川④,闻改此官,分司优闲,诚为忝幸。"按《新唐书》:瓘仕累中书舍人,与李德裕⑤善,李宗闵⑥恶之。德裕罢相,贬为明州长史,终桂管观察使。以题名证之,乃自中书谪康州,又不终于桂,史之误如此。瓘所称十六年前,正当大和七年,是时德裕方在相位,八年十一月始罢。然则璀之去国,果不知坐何事也。

[注释]①浯溪:溪水名。发源于今湖南双牌县,流经祁阳县境,在祁阳县城南郊入湘江。水域景观奇特。 ②韦璀(789—?):字茂弘,元和进士,累迁中书舍人。据《容斋》此条所记,璀太和七年(833)以牛李党争被贬,后历明州长史、楚州刺史,大中元年(847)冬命为桂州总管府观察使,未莅职即复命为太仆卿分司东都。时兼为太子宾客,不久病故。 ③康州:唐初置,治端溪(在今广东德庆县境)。 ④灵川:今广西灵川县,属桂林市。 ⑤李德裕(787—850):字文饶,文宗、武宗时两度为宰相,宣宗时被贬,死于贬所。 ⑥李宗闵(787—843):字损之,唐宗室,太和中附和牛僧孺,官至宰相。

皇甫湜诗

皇甫湜①、李翱虽为韩门弟子,而皆不能诗。浯溪石间有湜一诗,为元结②而作,其词云:"次山有文章,可惋只在碎。然长于指叙,约洁多余态。心语适相应,出句多分外。于诸作者间,拔戟成一队③。中行④虽富剧,粹美君可盖。子昂⑤感遇佳,未若君雅裁。退之全而神,上与千年对。李、杜才海翻,高下非可概。文于一气间,为物莫与大。先王路不荒,岂不仰吾辈。石屏立衙衙⑥,溪口扬素濑⑦。我思何人知,徙倚⑧如有待。"味此诗,乃论唐人文章耳,风格殊无可采也。

[注释]①皇甫湜(shí)(777—835):字持正,曾师从韩愈,元和初举进士,历官工部郎中。 ②元结(719—772):字次山,天宝间进士,肃宗时为山南东道节度使幕职官,曾招募义兵抗击史思明叛军,代宗时官至道州、容州刺史。③拔戟成一队:本意指举起长兵器排成一兵队,此喻独当一面。 ④中行:即

窦常(746—825),字中行,大历间进士,元和中屡历刺史,除国子祭酒致仕。 ⑤子昂:即陈子昂(661—702),字伯玉,武则天时历官麟台正字、右拾遗,为唐初扭转诗坛纤弱风气的著名诗人。 ⑥衎衎:相向而立之貌。 ⑦素濑:从沙石上急速淌过的清流。 ⑧徙倚:徘徊、倘佯、流连之意。

人物以义为名

人物以义为名者,其别最多。仗正道曰义,义师、义战是也。众所尊戴者曰义,义帝是也。与众共之曰义,义仓、义社、义田、义学、义役、义井之类是也。至行过人曰义,义士、义侠、义姑、义夫、义妇之类是也。自外入而非正者曰义,义父、义儿、义兄弟、义服①之类是也。衣裳器物亦然,在首曰义髻②,在衣曰义襕③、义领,合④中小合子曰义子之类是也。合众物为之,则有义浆、义墨、义酒。禽畜之贤,则有义犬、义乌、义鹰、义鹘。

[注释]①义服:指义子为义父的服丧。 ②义髻:指假饰的发髻。 ③义襕(lán):指加上去的襕。古代圆领、宽袖、遮蔽身体的部分上下相连的长衣服,在下摆中间(约至膝盖部位)仍加一横幅,被称为襕。因传统上称上衣曰衣,下衣曰裳,襕的用意就在表示这部分为裳。 ④合:古代指器物时用作"盒"字。

人君寿考

三代以前,人君寿考有过百年者。自汉、晋、唐、三国、南北①下及五季，凡百三十六君，唯汉武帝、吴大帝②、唐高祖至七十一，玄宗七十八，梁武帝八十三，自余至五六十者亦鲜。即此五君而论之：梁武召侯景之祸，幽辱告终，旋以亡国；玄宗身致大乱，播迁失意，饮恨而没，享祚久长，翻③以为害，固已不足言；汉武末年，巫蛊事④起，自皇太子、公主、皇孙皆不得其死，悲伤愁沮，群臣上寿，拒不举觞，以天下付之八岁儿⑤；吴大帝废太子和，杀爱子鲁王霸⑥；唐高祖以秦王之故，两子十孙同日并命⑦，不得已而禅位，其方寸⑧为如何？然则五君者，虽有崇高之位，享耆耋之寿，竟何益哉！若光尧太上皇帝之福⑨，真可于天人中求之。

[注释]①南北：指南北朝。 ②吴大帝：即三国吴主孙权。权谥称大皇帝。 ③翻：义同"反"。 ④巫蛊事：指汉武帝末年追查巫人以妖术惑众及诅咒皇帝的事件。事起于征和元年（前92）十一月，绵延数年，屡兴大狱，皇后卫子夫及太子刘据先后自杀，受牵连而死及助成其事而来被诛者达数万人。 ⑤八岁儿：指汉昭帝刘弗陵，为武帝最年幼之子，在武帝弥留之际被立为太子，四天后继位，时年八岁。 ⑥太子和、鲁王霸分别为孙权第三子、第四子。以二人不和，孙权于赤乌十三年（250）同时废太子而杀鲁王。 ⑦两子十孙同日并命：指唐高祖武德九年（626），秦王李世民发动玄武门之变时，太子李建成及其五子、齐王李元吉及其五子皆于同日被杀。 ⑧方寸：指心情。 ⑨光尧太上皇帝之福：指宋高宗赵构退位后的安享晚年。绍兴三十二年（1162）赵构让位给养子赵昚（即宋孝宗），退居德寿宫，至淳熙十四年（1187）方去世，享年八十一岁。孝宗即位后尊之为"光尧寿圣太上皇"。

韩文公佚事

韩文公自御史贬阳山①，新旧二《唐史》皆以为坐论宫市事②。按公《赴江陵途中》诗自叙此事甚详,云:"是年京师旱,田亩少所收……有司恤经费③,未免烦诛求……传闻闾里间,赤子弃渠沟……我时出衢路,饿者何其稠……适会除御史,诚当得言秋。拜疏移閤门,为忠宁自谋!上陈人疾苦,无令绝其喉。下言畿甸内,根本理宜优。积雪验丰熟,幸宽待蚕麰。天子恻然感,司空叹绸缪。谓言即施设,乃反迁炎洲④。"皇甫湜作公《神道碑》云:关中旱饥,人死相枕藉,吏刻取恩⑤,先生列言天下根本,民急如是,请宽民徭而免田租,专政者恶之,遂贬。然则不因论宫市明甚。⑥碑又书三事云:公为河南令,魏、郓、幽、镇各为留邸,贮潜卒以橐罪亡⑦,公将摘其禁,断民署吏,俟旦发,留守尹大恐,遽止之⑧,是后郓邸果谋反,将屠东都,以应淮蔡⑨;及从讨元济,请于裴度,须精兵千人,间道以入,必擒贼,未及行,李愬⑩自文城夜入,得元济;三军之士为公恨,复谓度曰:"今藉声势,王承宗⑪可以辞取,不烦兵矣。"得柏耆⑫,口授其词,使者执笔书之,持以入镇州,承宗遂割德、棣二州以献。李翱作公《行状》,所载略同,而《唐书》并逸其事。且以镇州之功专归柏耆,岂非未尝见湜文集乎?《资治通鉴》亦仅言耆以策干愈⑬,愈为白度⑭,为书遣之耳。

[注释]①阳山:今广东阳山县。韩愈贬阳山县令在唐德宗贞元十九年(803)。 ②坐论宫市事:坐,坐罪,因……被定罪。宫市事,指唐德宗末年遣宦官到民间市场强行收购宫廷消费物品之事。其事名为"宫市",实为掠夺。③恤经费:担忧经费不继。 ④炎洲:一作"炎州"。古代神话中的地名,相传在南海中。此代指阳山。 ⑤吏刻取恩:指吏人刻剥百姓以邀取恩宠。恩,

《四部丛刊》影宋本《皇甫持正文集·韩文公神道碑》作"怨",则指民怨。 ⑥按:韩愈奏章虽论天旱人饥之状,而其时德宗正大论宫市事,则其被贬当仍与宫市事有关。 ⑦此处指韩愈为洛阳令时,魏州(治今河北大名)、郓州(治今山东东平)、幽州(治今天津蓟县)、镇州(治今河北正定)诸州,都各有节度留后(留守代理知节度事)的官署,暗地招兵买马而包藏犯罪逃亡之人。贮,藏。潜卒,暗地招募的私兵。橐,即囊,包藏之意。罪亡,上引《皇甫持正文集》作"罪士",指犯罪逃亡之人。 ⑧以上指韩愈将抉发有关禁令上奏朝廷,以禁止各留邸私置民众为吏人,等到文件将发出时,各地留守大为恐慌,都立即自动加以禁止。擿(tī),抉发、摘录;"擿其禁"三字下,皇甫氏碑文尚有"以状朝廷"四字。署,置。俟旦发,"旦"字当是"且"字误刻,上引《皇甫持正文集》作"候令且发"。遽止之,上引《皇甫持正文集》作"遽相禁"。 ⑨以上指此后郓邸军阀李师道果然谋反,欲屠掠东都洛阳,以接应淮西军阀吴元济。李师道(?—819),高丽人,元和中为淄青节度使,以反叛失败,为部下所杀。吴元济(783—817),为淮西节度使,治蔡州(今河南汝南),元和中勾结诸镇反叛,为害数年,后被李愬击破俘获,押至长安斩首处死。 ⑩李愬(773—821):字符直,历随、唐、邓三州节度使,雪夜从文城(今河南遂平文城乡)出发。袭蔡州,平定淮西,官至使相,卒赠太尉。 ⑪王承宗(?—820):元和中初为镇州节度留后,曾献德州(治今山东德州市陵城区)、棣州(治今山东惠民)归顺朝廷。后与诸军阀暗通声气,及淮西平定,复献地谢罪,病死。 ⑫柏耆:史称其有纵横之术,以劝说王承宗归顺而名动一时。后累迁兵部郎中、谏议大夫,文宗时被宦官谗害赐死。 ⑬干愈:求见韩愈。 ⑭白度:转告宰相裴度。

论 韩 文 公

刘梦得、李习之、皇甫持正、李汉①皆称诵韩公之文,各极其挚②。

刘之语云③:"高山无穷,太华④削成;人文无穷,夫子挺生……鸾凤一鸣,蜩螗革音⑤。手持文柄,高视寰海,权衡低昂⑥,瞻我所在。三十余年,声名塞天。"

习之云⑦:"建武以还⑧,文卑质丧,气萎体败,剽剥不让⑨……拨去其华,得其本根……包刘越嬴⑩,并武同殷⑪,六经之风,绝而复新。学者有归,大变于文⑫。"又云公"每以为自扬雄之后,作者不出,其所为文未尝劾前人之言而固与之并……后进之士有志于古文者,莫不视以为法"⑬。

皇甫云⑭:"先生之作,无圆无方⑮,主是归工⑯。抉经之心⑰,执圣之权⑱,尚友作者⑲,跋邪觝异⑳,以扶孔子㉑,存皇之极㉒……茹古涵今㉓,无有端涯㉔……鲸铿春丽㉕,惊耀天下……栗密窈眇㉖,章妥句适㉗,精能之至,鬼入神出㉘……姬氏㉙以来,一人而已。"又云㉚:"属文意语天出㉛……业孔子、孟轲而侈其文㉜,焯焯烈烈㉝,为唐之章。"又云㉞:"如长江秋注㉟,千里一道……然施于灌激㊱,或爽于用㊲。"此论似为不知公者。

汉之语云㊳:"诡然㊴而蛟龙翔,蔚然㊵而虎凤跃,锵然㊶而韶钧㊷鸣。日光玉洁,周情孔思㊸,千态万貌,卒泽于道德仁义㊹,炳如也。"

是四人者,所以推高韩公,可谓尽矣。及东坡之碑一出,而后众说尽废。其略云㊺:"匹夫而为百世师,一言而为天下法,是皆有以参天地之化,关盛衰之运……自东汉以来,道丧文弊……历唐贞观、开元……而不能救,独公谈笑而麾㊻之,天下靡然㊼从公,复归于正……文起八代之衰㊽,道济天下之溺㊾……岂非参天地……而独存者乎？”“骑龙白云”之诗(50)，蹈厉发越(51)，直到《雅》《颂》(52)，所谓若“捕龙蛇、搏虎豹”(53)者，大哉言乎！

［**注释**］①李汉：字南纪，唐宗室，韩愈女婿，官至吏部侍郎。　②极其挚：宋人习用语，达到极致之意。此指诸人对韩文的称颂各自达到极致。挚，通“至”。今人多解此“挚”字为诚挚、恳切，不妥。周必大《文忠集·送黄伯庸畴若序》：“尝观唐三百年间文章巨公，如韩、柳、刘、白及名世诸贤，诗、文两极其挚，学者不当置论。”王称《东都事略·世家一》：“虽贤德懿范有所从始，然亦列圣修身、正心、齐家之本有以极其挚如此。”方岳《秋崖集·跋陈平仲诗》：“晏叔原诸人为一节，乐府也。风流蕴藉如王、谢家子弟，情致宛转，动荡人心，而极其挚者秦淮海。”此类“挚”字皆当理解为“至”。《秋崖集·代赵参政丐祠》又有“两极其至”之语，是知“两极其挚”即其语之异写。　③此所引刘禹锡之语见《刘梦得文集·祭韩吏部文》。　④太华：即西岳华山，因其西有少华山而称太华。　⑤蜩螗（tiáo táng）革音：指蜩螗（蝉）的鸣声改变，趋向好音。　⑥权衡低昂：指文学创作或文章评价标准的高下。　⑦此所引李翱之语见《李文公集·祭吏部韩侍郎文》。　⑧建武以还：指自汉光武帝以来，犹言东汉以来。　⑨剽剥不让，指对卑弱无气质、萎靡不振的文风的批驳不留情面。　⑩包刘越嬴：谓涵盖西汉文风，超越嬴秦时代。　⑪并武同殷：谓与周武王时文辞并驾，直与商代文辞趋同。　⑫大变于文：指文风大变。按：此言韩愈发起古文运动，皆欲追复和刷新六经文风，故致学者有所归向，使时下文风发生大变化。　⑬此所引“又云”见《李文公集·赠礼部尚书韩公行状》。“其所为文”句，意指韩愈为文不效法前人，却自然而然地与扬雄并驾。⑭此所引皇甫湜之语见《皇甫持正文集·韩文公墓铭》。　⑮无圆无方：指文章不执意追求圆润或方正，犹言不拘一格。　⑯主是归工：指由此而文章归于精工。　⑰抉经之心：指抉择经书的心法。　⑱执圣之权：指掌握圣人的权宜。　⑲尚友作者：指喜欢与同好尚的创作者交友。　⑳跋邪觝异：指拨正邪说，拒斥异端。跋，通“拨”，如唐时俗称“拨马”为“跋马”。按：此“跋”字，本书影宋本原写作从足从支，后人皆定为“跂”字，不妥，今仍从《皇甫持正文集》改作“跋”。觝，通“抵”，拒。　㉑以扶孔子：即以之扶助孔子儒学。　㉒

存皇之极：即保存《尚书·洪范》所称的皇极大法。 ㉓茹古涵今：犹言博古通今。茹，含，与“涵”同义。 ㉔端涯：涯岸、崖岸，犹边际。 ㉕鲸铿春丽：鲸铿，班固《东都赋》“发鲸鱼，铿华钟”之省，喻鲸鱼掀起大浪之气势，洪钟撞击发声之铿锵。春丽，如春天之明丽。 ㉖栗密窈眇：指严谨缜密，幽深邈远。 ㉗章妥句适：指一章一句皆妥帖适当。 ㉘鬼入神出：犹出神入化。 ㉙姬氏：代指西周。 ㉚此所引皇甫湜之语见《皇甫持正文集·韩文公神道碑》。 ㉛意语天出：指立意和造语皆自然天成。 ㉜业孔子、孟轲而侈其文：言传习孔子、孟子之业而张大其文风。 ㉝焯焯(zhuō)烈烈：指昭然光明。焯焯，影宋本《皇甫持正文集》作“炳炳”。 ㉞此所引“又云”见《皇甫持正文集·谕业》。 ㉟秋注：今本《谕业》作“大注”。原文：“韩吏部之文，如长江大注，千里一道，冲飙激浪，污流不滞。” ㊱灌激：当是“灌溉”之误，影宋本皇甫集及后人所引皆作“灌溉”。 ㊲爽于用：指不适于用。爽，差失。 ㊳此所引李汉之语见所作《唐吏部侍郎昌黎先生韩愈文集序》，载《唐文粹》。 ㊴诡然：奇诡变化之貌。 ㊵蔚然：盛大蒸腾之貌。 ㊶锵然：声音响亮或清脆之貌。 ㊷韶钧：指上古时虞舜所创《韶乐》及传说的钧天广乐(天帝的音乐)。 ㊸周情孔思：周公之情怀，孔子之思想。“情”“思”为互文，字义兼包。 ㊹泽于道德仁义：指以道德仁义润泽其文章。 ㊺此所引苏轼之语见所作《潮州韩文公庙碑》。 ㊻麾：通“挥”，挥洒。 ㊼靡然：犹风靡，竞相仿效之意。 ㊽文起八代之衰：一般认为指韩愈针对东汉、魏、晋、宋、齐、梁、陈、隋八代骈体文的盛行，提倡古代散文传统，以振起古文衰微的局面。 ㊾道济天下之溺：指韩愈主张恢复由尧、舜、周公、孔子、孟子一脉相承而此后断绝的儒家“道统”，以挽救儒学沉沦衰落的局面。 ㊿“骑龙白云”之诗：指苏轼《潮州韩文公庙碑》之末所附的歌诗。其诗用《庄子·天地》篇“乘彼白云，游于帝乡”的典故，以“骑龙白云”四字开头。 (51)蹈厉发越：意气昂扬奋发之貌。 (52)《雅》《颂》：指《诗经》的《雅》和《颂》部分。 (53)捕龙蛇、搏虎豹：语出柳宗元《河东先生集·读韩愈所著〈毛颖传〉后题》，喻韩愈文章之气势。

治 生 从 宦

韩诗曰:"居闲食不足,从仕力难任。两事皆害性,一生常苦心。"①然治生从宦,自是两涂②,未尝有兼得者。张释之以赀为郎③,十年不得调,曰"久宦减兄仲之产不遂"④,欲免归。司马相如亦以赀为郎,因病免,家贫无以自业,至从故人于临邛,及归成都,家徒四壁立而已⑤。

[注释]①韩愈此诗原题为《从仕》。常,原作"恒",疑洪迈避宋讳改。②涂:通"途"。 ③张释之以赀为郎:汉文帝时张释之以捐官为骑郎,10年未得升迁,后累官廷尉,以严于执法著称。景帝为太子时曾被其弹劾,及景帝即位,遂贬以为淮南国相。赀,通"资"。汉代捐资五百万可为郎官。 ④久宦减兄仲之产不遂:语出《汉书·张释之传》。本传上文言"与兄仲同居","兄仲"盖指仲兄,故下文"减"字下不存"兄"字,只谓"减仲之产"。其语意谓久在仕途,消耗减少了仲兄的家产,为官却不达。颜师古注:"遂,犹达。" ⑤司马相如之事亦见《汉书》本传。临邛,秦汉县名,治今四川邛崃。

真 宗 末 年

真宗末年属疾①,每视朝不多语言,命令间或不能周审,前辈杂传记多以为权臣矫制②,而非也。钱文僖在翰林③,有天禧四年《笔录》④,纪逐日琐细家事及一时奏对并他所闻之语,今略载于此。

寇莱公罢相之夕,钱公当制⑤,上问:"与何官得⑥?"钱奏云:"王钦若近出⑦,除太子太保。"上曰:"近上是甚⑧?"云:"太子太傅。"上曰:"与太子太傅。"又云:"更与一优礼⑨。"钱奏但请封国公⑩而已。时枢密有五员,而中书只参政李迪一人⑪。后月余,召学士杨大年⑫,宣云:"冯拯与吏书,李迪吏侍⑬。"更无他言。杨奏:"若只转官,合中书命词;唯枢密使、平章事,却学士院降制⑭。"上云:"与枢密使、平章事。"杨亦忧虑,而不复审,退而草制,以迪为吏部侍郎集贤相,拯为枢密相⑮。又四日,召知制诰晏殊,殊退,乃召钱⑯。上问:"冯拯如何商量⑰?"钱奏:"外论甚美⑱,只为密院却有三员正使、三员副使,中书依旧一员,以此外人疑讶⑲。"上云:"如何安排?"钱奏:"若却令拯入中书,即是彰昨来错误。但于曹利用⑳、丁谓中选一人过中书,即并不妨事。"上曰:"谁得?"钱奏:"丁谓是文官,合入中书。"上云:"入中书。"遂奏授同平章事,又奏兼玉清宫使㉑,又奏兼昭文国史㉒;又乞加曹利用平章事,上云:"与平章事。"

案此际大除拜,本真宗启其端,至于移改曲折,则其柄乃系词臣,可以舞文容奸,不之觉也。寇公免相四十日,周怀政㉓之事方作,温公《记闻》、苏子由《龙川志》、范蜀公《东斋记事》㉔,皆误以为因怀政而罢,非也。予尝以钱《录》示李焘㉕,焘采取之,又误以召晏公为寇罢之夕,亦非也。

[注释]①属(zhǔ)疾:生病、有病。　②矫制:假托皇帝诏命。　③钱文僖:即钱惟演(?—1034),字希圣,吴越王钱俶子。随父入宋,真宗时历官翰林学士、枢密副使、工部尚书,曾附会执政丁谓排挤宰相寇准,仁宗时官至枢密使,谥文僖。　④《笔录》:传世本名为《钱惟演日记》,今见于《宋代日记丛

编》(上海书店出版社 2013 年版)。　⑤当制：指为翰林学士值班起草诏书。
⑥与何官得：指寇准罢相后当给以何种荣誉官衔。　⑦近出：指王钦若初罢相出知杭州。　⑧近上是甚：谓近来宰相罢职，拟定诏书上奏的是给予何种荣誉官衔。　⑨更与一优礼：指此外再给予一项更高的待遇。　⑩封国公：此指钱氏奏请封寇准为国公。寇准由是而为莱国公。　⑪此处句意指寇准再次罢相时，枢密院长官有五人，中书门下(政事堂)却只有参知政事李迪一人。李迪(971—1047)：字复古，天禧初历参知政事，后继寇准为相，为丁谓所排斥。　⑫杨大年：即杨亿(974—1020)，字大年，真宗朝官至翰林学士。
⑬此指真宗让杨大年起草文件，宣布迁转冯拯为吏部尚书，李迪为吏部侍郎。宋代同中书门下平章事(宰相)多以尚书、侍郎充任。冯拯(958—1023)，字道济，真宗朝累官参知政事、枢密使、同平章事。　⑭此处杨氏奏言，意指若只是常规的迁官，应当由中书省所属的舍人院起草诏令；只有枢密院长官和宰相的除拜才由翰林学士院起草。　⑮集贤相、枢密相：宋代次相例兼集贤殿大学士，俗称集贤相；以枢密院长官充任同平章事，则称枢密相。　⑯此处指寇准再次罢相时，真宗初召知制诰晏殊入内起草新命大臣的诏书，晏殊以掌外制辞，真宗始召钱惟演。是夜晏殊恐泄密，即留宿学士院不敢出，而后来公布的大臣任命与他当夜所见者不同。知制诰，掌起草机要诏令的官称，宋代翰林学士皆加此官衔，称内制；以他官加此官衔者，则称外制。晏殊(991 或 993—1055)，字同叔，真宗朝历迁翰林学士，仁宗朝官至宰相兼枢密使。　⑰冯拯如何商量：意指冯拯该授予何官。　⑱外论甚美：指外人对冯拯评价甚好。　⑲疑讶：有疑问而觉得奇怪。　⑳曹利用(971—1029)：字用之，武人出身，真宗朝官至枢密使。　㉑玉清宫使：提举玉清宫的使臣。玉清宫，又称玉清昭应宫，宋真宗大搞"天书"迷信活动时所建的道教宫观，供奉"天书"和玉皇大帝偶像及本朝圣祖(捏造的赵氏祖先赵玄朗)、太祖、太宗神主。时丁谓以宰臣兼玉清宫使。　㉒昭文国史：宋代首相例兼昭文馆大学士、监修国史。　㉓周怀政(？—1020)：宋真宗时宦官头目，真宗病重时，谋杀丁谓等人，以立仁宗，事发，被处死。　㉔此所述三书即司马光《涑水纪闻》、苏辙《龙川别志》、范镇《东斋记事》，今均有传本。　㉕李焘(1115—1184)：字仁甫，南宋史学家，即《续资治通鉴长编》作者，曾主修北宋后四朝国史。

卷九

霍光赏功

汉武帝外事四夷,出爵劝赏,凡将士有军功,无问贵贱,未有不封侯者。及昭帝时,大鸿胪田广明①平益州夷,斩首捕虏三万,但赐爵关内侯。盖霍光为政,务与民休息,故不欲求边功,益州之师不得已耳,与唐宋璟抑郝灵佺斩默啜之意同②。然数年之后,以范明友击乌桓、傅介子刺楼兰③,皆即侯之,则为非是,盖明友光女婿也。

[注释]①田广明(?—前71):字子公,汉武帝末年累官大鸿胪,昭帝时以平定益州之乱(今云南境内少数部族的反抗),封关内侯,调卫尉,又历左冯翊。宣帝初官至御史大夫,授祁连将军率大军征匈奴,以无功下狱而自杀。②《旧唐书·杜佑传》:"国家自天后已来,突厥默啜兵强气勇,屡寇边城,为害颇甚。开元初,边将郝灵佺亲捕斩之,传首阙下,自以为功代(世)莫与二,坐望荣宠。宋璟为相,虑武臣邀功,为国生事,止授以郎将。由是讫开元之盛,无人复议开边,中国遂宁,外夷亦静。"按:郝灵佺斩默啜在开元四年(716),《新唐书·宋璟传》谓灵佺邀功,逾年才授右武卫郎将,因之悁愤不食而死。默啜,亦作墨啜,唐时东突厥可汗。 ③汉昭帝元凤四年(前77),范明友以

中朗将为度辽将军,将北边七郡万余骑击乌桓,大破之,以功封平陵侯;平乐监傅介子出使西域,设计刺杀楼兰王安,封义阳侯。

尺棰取半

《庄子》载惠子①之语曰:"一尺之棰,日取其半,万世不竭。"②虽为寓言,然此理固具。盖但取其半,正碎为微尘,余半犹存,虽至于无穷可也。特所谓卵有毛、鸡三足、犬可以为羊、马有卵、火不热、龟长于蛇、飞鸟之景③未尝动,如是之类,非词说所能了也④。

[注释]①惠子:即惠施(约前390—前317),先秦名家代表人物。 ②语见《庄子·天下》篇。下文所述"卵有毛"等皆见此篇。棰(chuí),木棒。 ③景:古"影"字。 ④按:上述名家命题,都是从不同角度玩弄概念的说法。如通常说"卵无毛",若"无"的概念本指"有","有"的概念本指"无",即二者互换,则可说"卵有毛";鸡有"左足"、"右足",又统谓之"足",若以三概念言之,则可说"鸡三足";犬和羊是两种动物,若"犬"的概念本指羊,"羊"的概念本指犬,则可说"犬可以为羊";马为胎生,非卵生,若"卵生"的概念本指胎生,则可说"马有卵";火是热的,若"热"的概念本指不热,则可说"火不热";通常说龟短蛇长,若"长"和"短"的概念内涵互换,则可说"龟长于蛇";飞鸟之影常动而有即时之不动,若以不动言之,则可谓之"未尝动"。此类皆非科学命题,但有知识学上注重概念区分的意义。了(liǎo),了解、明白。

汉文失材

汉文帝见李广①曰:"惜广不逢时。令当高祖世,万户侯岂足道哉!"贾山②上书言治乱之道,借秦为喻,其言忠正明白,不下贾谊,曾不得一官,史臣犹赞美文帝,以为山言多激切,终不加罚,所以广谏争之路。观此二事,失材多矣。吴楚反时,李广以都尉战昌邑下显名,以梁王③授广将军印,故赏不行④。武帝时五为将军击匈奴,无尺寸功⑤,至不得其死。三朝不遇,命也夫!

[注释]①李广(？－前119):汉文帝时以郎官从击匈奴有功,景帝时历为北部边郡太守,武帝时召为未央宫卫尉,后出任右北平太守,为匈奴所畏服,号为"飞将军"。元狩四年从大将军卫青出击匈奴,深入失道,引咎自杀。②贾山:汉初儒者,文帝时屡上言诤谏,《汉书》本传尚录有其《至言》。　③梁王:即汉文帝嫡次子、景帝胞弟刘武(？－前144),袭封梁王,平定七国之乱时有功。后以刺杀大臣等事为景帝所疏远,卒谥孝,史称梁孝王。　④赏不行:指梁王以李广为将军,出于私授,故朝廷不赏其功。⑤无尺寸功:指朝廷未给予李广奖赏。按:李广从军四十余年,大小七十余战,出生入死,战功显赫,唯因其时亦有失,故朝廷不录其功。

陈轸之说疏

战国权谋之士游说从横①,皆趋一时之利,殊不顾义理曲直所在。张仪欺楚怀王②,使之绝齐而献商於③之地,陈轸④谏曰:"张仪必负王,商於不可得而齐、秦合,是北绝齐交,西生秦患。"其言可谓善矣。然至云"不若阴合而阳绝于齐,使人随张仪,苟与吾地,绝齐未晚",是轸不深计齐之可绝与否,但以得地为意耳。及秦负楚约,王欲攻之,轸又劝曰:"不如因赂之以一名都⑤,与之并兵而攻齐,是我亡地于秦,取偿于齐也。"此策尤乖谬不义。且秦加亡道于我⑥,乃欲赂以地;齐本与国⑦,楚无故而绝之;宜割地致币⑧,卑词谢罪,复求其援,而反欲攻之,轸之说于是疏矣。乃知鲁仲连、虞卿⑨为豪杰之士,非轸辈所能企及也。

[注释]①从横:即"纵横",指战国纵横家的约纵连横。 ②楚怀王:即熊槐(前360—前296),战国时楚国君主,曾被山东六国推为约纵之长,乘越国内乱而攻灭之。又误信主张连横的秦国说客张仪之言,毁齐、楚联盟,先后败于秦、齐,失去汉中等地。在位利令智昏,任用佞臣令尹子兰等,排斥左徒大夫屈原,致国是日非。前299年入秦被扣,死于秦。 ③商於:古地区名,一说在今河南淅川西南,一说在今陕西商县与河南西峡之间。原为楚地,后为秦所占。公元前313年,秦国遣张仪诱使楚怀王与齐国绝交,诈称愿割商於之地六百里让于楚。 ④陈轸(前354—前292):战国时纵横家,曾游说于齐、秦、楚之间。 ⑤名都:指大城邑。 ⑥亡道:即"无道",指不讲信义。 ⑦与国:指结盟之国。 ⑧致币:送上礼物。币,礼物。 ⑨鲁仲连、虞卿:鲁仲连,战国后期齐国人,曾游说赵国抗秦,不尊秦为帝,史称其"义不帝秦"。虞卿,战国后期名士,亦曾谏说赵国联魏抗秦,后发愤著书,有《虞氏春秋》传世。

颜率儿童之见

秦兴师临周而求九鼎,周君患之,颜率①请借救于齐,乃诣齐王,许以鼎。齐为发兵救周而秦兵罢,齐将求鼎,周君又患之,颜率复诣齐曰:"愿献九鼎②,不识何涂之从③而致之齐?"齐王将寄径④于梁、于楚,率皆以为不可,齐乃止⑤。《战国策》首载此事,盖以为奇谋。予谓此特儿童之见尔。争战虽急,要当有信。今一绐⑥齐可也,独不计后日诸侯来伐,谁复肯救我乎？疑必无是事,好事者饰之尔,故《史记》《通鉴》皆不取。

[注释]①颜率(lǜ):《战国策》开篇文字中出现的第一位谋士,生平未详。 ②九鼎:相传夏代大禹铸九件大鼎象征九州,传至周秦,至秦统一中国时已不知下落。历世皆以为王者拥有国家政权的象征。 ③何涂之从:即从何途,经过哪条道路。 ④寄径:借路。 ⑤《战国策》原载颜率之谋,佗言周致送九鼎于齐若经过魏、楚,则九鼎将为魏、楚所夺;而九鼎并不像醋瓶子或酱罐子可以揣在怀中或提在手上送达,运送也不可能像鸟飞、兔跑、马驰那样快捷;往年周伐纣得鼎,以大车挽之,一鼎就动用了九万人,九鼎共用了八十一万人,现在大王您即使有这么多人,又从哪条路才能送来呢？于是"齐王乃止"。 ⑥绐(dài):欺骗。

皇甫湜正闰论

晋魏以来,正闰之说①纷纷,前人论之多矣。盖以宋继晋,则至陈而无所终;由隋而推之,为周为魏,则上无所起②。故司马公于《通鉴》取南朝承晋,讫于陈亡,然后系之隋开皇九年,姑藉其年以纪事,无所抑扬也③。唯皇甫湜之论不然,曰:"晋之南迁,与平王避戎之事同④,而元魏种实匈奴⑤,自为中国之位号。谓之灭邪？晋实未改;谓之禅耶？已无所传⑥。而往之著书者有帝元,今之为录者皆闰晋,失之远矣⑦。晋为宋,宋为齐,齐为梁,江陵之灭则为周矣,陈氏自树而夺,无容于言⑧。故自唐推而上,唐受之隋,隋得之周,周取之梁,推梁而上以至于尧、舜,为得天下统,则陈僭于南,元闰于北,其不昭昭乎⑨?"此说亦有理。然予复考之,灭梁江陵者,魏文帝也,时岁在甲戌;又三年丁丑,周乃代魏,不得云江陵之灭则为周也⑩。

[**注释**]①正闰之说:至迟自战国晚期以来,古人即提出一种说法,认为历代王朝的传承有合理、合法与不合理、不合法之别,凡合理、合法者即谓之正统或正位,凡不合理、不合法者则谓之非正统或闰位(犹如年历上的闰月)。如认为唐(尧)、虞(舜)、夏、商、周一脉相传为正统,而继周者为西汉而不是秦,秦是闰位;此后东汉继承西汉为正统,而两汉之际的王莽新朝则属于闰位。由于古代王朝(包括割据政权)的建立方式及其族源、政体、存亡等情况十分复杂,正闰之说实际上并不是尊重客观历史状况的说法,所以历来学者的论说纷纭歧异,各有所主,并无固定的编排。 ②以上述南北朝时期正统问题上的矛盾。假如由两晋下推,以南朝宋、齐、梁、陈为继统者,则陈为隋所灭,下当接隋,陈不是这一统系的终点;但由隋上推,隋是继承北周而来的,北周又上承西魏、北魏,若以隋接陈,则隋就失去其源起。 ③《资治通鉴》卷六十九"臣光曰"强调,正闰之说"皆私己之偏辞,非大公之通论","然天下离析之际,不可无岁时月日以识事之先后",于是"据汉传于魏而晋受之,晋传于宋以至于陈而隋取之,唐传于梁以至于周而大宋承之,故不得不取魏、宋、齐、梁、陈、后梁、后唐、后晋、后汉、后周年号以纪诸国之事,非尊此而卑彼,有正闰之辨"。 ④此指西晋灭亡后晋室南迁建立东晋,与西周灭亡后平王东迁建立东周之事相同。 ⑤此指北魏政权为鲜卑族拓跋部所建(后改拓跋之姓为元姓),而拓跋部原为东胡,其种族本出于匈奴别部。按:鲜卑与匈奴的族源关系甚为复杂,此仅为一说。 ⑥以上十六字意指:若说北魏要灭晋呢?其时东晋实未有改变;若说晋要禅位呢?东晋已不可能传位给北魏。 ⑦此处意指:以往学者写北魏史还有晋帝的纪年,现在的北魏史却都把晋列入闰位,与历史实际相差很远。 ⑧以上意谓:晋以后相继为宋、齐、梁,而在江陵称帝的梁元帝则为北周所灭,陈是篡夺而自立的,这些都不容分说。 ⑨以上为皇甫湜对正统的编排,明以北魏、南陈为闰位,故所定正统为:尧—舜—夏—商—周—秦—汉—魏—晋—宋—齐—梁—北周—隋—唐。此亦因唐承

隋、隋承北周而言之，又截去北魏，弃去南陈，而以北周接于南梁。又，上引皇甫湜之文，见于所作《东晋元魏帝正闰论》，系节括其要点，个别字词有变动。⑩条末指梁元帝政权为西魏所灭，而非皇甫湜所称的北周。所说魏文帝指西魏文帝元宝炬，但江陵政权之亡在甲戌年(554)，而元宝炬已死于辛未年(551)，其后继位者为废帝元钦及恭帝拓跋廓。北周正式建立则在丁丑年(557)，故洪迈谓不得言北周灭梁；然西魏实为建立北周的宇文氏所控制，故皇甫湜以北周为言。

简师①之贤

《皇甫持正集》有《送简师序》云："韩侍郎贬潮州，浮图之士欢快以抃②，师独愤起访余求序，行资适潮③，不顾蛇山鳄水万里之险毒，若将朝得进拜而夕死者④。""师虽佛其名而儒其行，虽夷狄⑤其衣服而人其知⑥……不犹愈于冠儒冠，服朝服，惑溺于经怪⑦之说以斁彝伦⑧邪？"予读其文，想见简师之贤，而惜其名无传于后世，故表而出之。

[注释]①简师：唐僧人，法名简，师为尊称，其事未详。　②句意指韩愈因上《谏迎佛骨表》而贬为潮州刺史，佛教徒皆拍手称快。抃，拍手。　③行资适潮：意指将借助皇甫湜为其送行的文字到潮州去看望韩愈。行，将。资，借助。《四部丛刊》所收影宋本《皇甫持正文集》"资"上有"以"字。　④夕死者：皇甫氏文集作"夕死可者"。此变用《论语·里仁》"朝闻道，夕死可矣"之语。　⑤夷狄：因佛教外来而称之。　⑥人其知："知"读作"智"。此三字，《唐文粹》所引作"仁义其心"四字。　⑦经怪：皇甫氏文集及他书所引皆作"淫怪"。　⑧斁(dù)彝伦：败坏人伦纲常。《尚书·洪范》有"彝伦攸斁"。

老人推恩

唐世赦宥①，推恩于老人绝优。开元二十三年耕籍田②，侍老③百岁以上版授④上州刺史，九十以上中州刺史，八十以上上州司马。二十七年赦，百岁以上下州刺史，妇人郡君⑤；九十以上上州司马，妇人县君；八十以上县令，妇人乡君。天宝七载，京城七十以上本县令，六十以上县丞，天下侍老除官与开元等。国朝之制，百岁者始得初品官封⑥，比唐不侔矣。淳熙三年，以太上皇帝庆寿之故，推恩稍优，遂有增年诡籍⑦以冒荣命者。使如唐日，将如何哉？

[**注释**]①赦宥：指古代遇皇帝登基、庆寿等典礼，为彰显国家恩典，在一定范围内免除犯罪者的罪责和刑罚的制度。 ②耕籍田：指举行籍田礼。古时天子在春耕前，亲率三公九卿等至国都南郊田亩，各执耒耜或扶犁躬耕数步，以示重视农业，称籍田礼。 ③侍老：指国家允许留一丁男在家侍奉的老人。隋唐时称此类丁男为"侍丁"，可以是老人子孙，也可以是亲邻丁男或他人。侍丁可以免除徭役。 ④版授：指不经中央任命而非正式授予官职或封号的制度，因任命文书通常书写在木片上，故称版授。自东汉以后，版授即成为建藩开府或主政一方的高官私辟掾属的手段，而后来版授老人者仅为示恩的虚称。 ④郡君：与下县君、乡君，皆为妇人封号，如河内郡君、兰陵县君、永寿乡君之类。 ⑤初品官封：指品位最低的官职封号。《宋史·仁宗纪》嘉祐五年（1060）十二月："补诸州父老百岁以上者十二人为州助教。"宋代诸州助教为从九品。 ⑥增年诡籍：虚增年龄，假冒族籍。

唐 三 杰

汉高祖以萧何、张良、韩信为人杰,此三人者真足以当之也。唐明皇同日拜宋璟、张说、源乾曜三故相官,帝赋《三杰诗》自写以赐①。其意盖以比萧、张等也。说与乾曜,岂璟比哉②?明皇可谓不知臣矣

[**注释**]①《新唐书·宋璟传》:"(开元)十七年为尚书右丞相,而张说为左丞相,源乾曜为太子少傅,同日拜……帝赋《三杰诗》自写以赐。" ②此处指张说与源乾曜不能与宋璟相比。按:史载宋璟"耿介有大节","风度凝远,人莫涯其量","为宰相务清政刑,使官人皆任职",有助玄宗创业之功;张说为一代文宗,"引文儒之士佐佑王化,当承平岁久,志在粉饰盛时";源乾曜在相位,则"每事皆推让","遂无所参议,但唯诺署名而已"。洪迈所以轩轾三人之间者盖以此。

忠义出天资

忠义守节之士出于天资,非关居位贵贱、受恩深浅也。王莽移汉祚,刘歆①以宗室之隽②导之为逆,孔光以宰相辅成其事,而龚胜③以故大夫守谊④以死,郭钦、蒋诩以刺史、郡守,栗融、禽庆、曹竟、苏章⑤以儒生,皆去官不仕,陈咸⑥之家至不用王氏腊。萧道成篡宋,褚渊、王俭⑦奕世达宦,身为帝甥、主婿,所以纵臾⑧灭刘,唯恐不速;而死节者乃王蕴、卜伯兴、黄回、任候伯⑨之辈耳。安禄山、朱泚⑩之变,陈希烈⑪、张均、张垍⑫、乔琳⑬、李忠臣⑭皆

以宰相世臣为之丞弼⑮;而甄济、权皋、刘海宾、段秀实⑯或以幕府小吏,或以废斥列卿,捐身立节,名震海内。人之贤不肖,相去何止天冠地屦⑩乎!

[注释]①刘歆:参见下条《刘歆不孝》。 ②隽:通"俊",指才智出众。③龚胜(前68-公元11):字君宾,汉哀帝时累官光禄大夫,后辞官归老。王莽秉政时不受征召,绝食而死。 ④谊:通"义"。 ⑤郭钦、蒋诩、栗融、禽庆、曹竟、苏章:皆附见《汉书·王贡两龚鲍传》。郭钦历南郡太守,蒋诩历兖州刺史,王莽篡政时俱托病辞归。 ⑥陈咸:历官尚书,亦辞去,王莽篡位后召为掌寇大夫,不肯应,并令其三子解官。《后汉书·陈宠传》载陈咸"父子相与归乡里,闭门不出入,犹用汉家祖腊"。祖腊,指出行时祭祀路神的祖祭与年终祭祀百神的腊祭。 ⑦褚渊、王俭:褚渊(435-482),字彦回,刘宋武帝外甥、文帝女婿,官至尚书右仆射,助萧道成代宋建齐后为尚书令。王俭(452-489),字仲宝,刘宋文帝外甥、明帝女婿,官至太尉右长史,助萧道成建齐后擢尚书左仆射。 ⑧纵臾:怂恿。 ⑨王蕴、卜伯兴、黄回、任候伯:皆为刘宋末年将领,萧道成篡宋时,附大臣袁粲起兵抵抗,事败被杀。详见《宋书·袁粲传》。 ⑩朱泚(cǐ)(742-784):唐中叶军阀,历陇右、凤翔节度使,建中四年(783年)以泾原兵变被拥立称帝,国号秦,次年改汉,不久兵败,被部将杀死。 ⑪陈希烈(?-758):天宝中官至宰相,及安史之乱起,陷于叛兵,被伪署为宰相,两京收复后被处死。 ⑫张均、张垍(jì):二人为兄弟,垍为玄宗女婿。安史之乱时二人陷于叛兵,皆曾接受伪职。 ⑬乔琳(?-784):德宗继位初官至宰相,以老耄昏庸,仅在位八十余日。朱泚之乱时在寺院出家,被叛兵搜获,署为吏部尚书,事平,被处斩。 ⑭李忠臣(716-784):平定安史之乱时有战功,累官至检校司空,后以曾拥立朱泚被处死。 ⑮丞弼:指辅佐。 ⑯甄济、权皋、刘海宾、段秀实:甄济(?-766),字孟成,初为范阳掌书记,安禄山反叛时誓死不从,肃宗时官至太子舍人。权皋,初从事于安禄山幕中,知其将反,携家逃去,后不受朝廷征召,养母以终。刘海宾,德宗初年为泾原兵马将,以平定叛兵有功,授左骁卫大将军。段秀实(719-783),字成公,出身武臣世家,累官至泾州刺史兼泾原节度使,德宗即位初入朝为司

农卿,及朱泚之乱起,密结刘海宾等欲诛朱泚,伪从召入朱泚军中议事,闻其欲称帝,遂夺其笏板,击其面至流血,旋被害,赠太尉,谥忠烈。 ⑰大冠地屦(jù):以天为冠,以地为屦。犹言天壤之别。

刘歆不孝

事亲孝,故忠可移于君,是以求忠臣必于孝子之门。刘歆①事父虽不载不孝之迹,然其议论每与向异同,故向拳拳②于国家,欲抑王氏以崇刘氏,而歆乃力赞王莽,唱③其凶逆,至为之国师公。又改名秀④,以应图谶,竟亦不免为莽所诛,子棻、女愔皆以戮死。使天道⑤每如是,不善者其知惧乎!

[注释]①刘歆(约前50—公元23):字子骏,汉高祖刘邦四弟刘交五世孙,宗正刘向之子,为西汉末著名学者,王莽篡位后命为右曹太中大夫、羲和(太史令)、京兆尹,号为国师公,倚以为重。后以甄丰得罪王莽自尽,受牵连下狱,与其子刘棻、刘泳并被杀;其女刘愔为王莽儿媳,亦自尽。 ②拳拳:忠诚之貌。 ③唱:通"倡"。《汉书·王莽传中》:"初,甄丰、刘歆、王舜为莽腹心,倡导在位。"指支持王莽摄政。 ④《汉书·刘歆传》:"歆以建平元年(前6)改名秀,字颖叔。"旧注谓谶书《河图赤伏符》有"刘秀发兵捕不道,四夷云集龙斗野,四七之际火为主"之文,故刘歆改名秀。疑此谶书为东汉光武帝刘秀起兵时所造,与刘歆改名无涉,光武帝于公元前5年始出生。 ⑤天道:意指上天彰善罚恶。

汉法恶诞谩

李广以私忿杀霸陵尉①,上书自陈谢罪,武帝报之曰:

"报忿除害,朕之所图于将军也。若乃免冠徒跣②,稽颡③请罪,岂朕之指④哉?"张敞杀絮舜⑤,上书曰:"臣待罪京兆。絮舜本臣素所厚吏,以臣有章劾当免,受记考事,谓臣'五日京兆',背恩忘义。臣窃以舜无状⑥,枉法以诛之。臣贼杀不辜,鞫狱故不直⑦,死无所恨。"宣帝引拜为刺史。汉世法令最恶诞谩罔上⑧,广、敞虽妄杀人,一语陈情,则赦之不问,所以开臣下不敢为欺之路也。武帝待张汤⑨非不厚,及问鲁谒居事,谓其怀诈面欺,杀之不贷,真得御臣之法。

[注释]①霸陵尉:驻守霸陵之兵的校尉。霸陵,汉文帝陵墓区,在今陕西西安东郊白鹿原(灞桥区毛西村一带)。《汉书·李广传》载李广尝带从骑夜行其地,霸陵尉呵止之;后李广调右北平太守,请其人随行,而待其人至军即斩之。李广为此向武帝请罪,武帝不问,反而回话说,这是为将在外"捐(弃)残去杀"的事,正是我所希望于你的。 ②徒跣(xiǎn):打赤脚行走。表示谢罪。 ③稽颡(qǐ sǎng):屈膝下跪、以额头触地的拜礼。 ④指:通"旨",意旨。 ⑤絮舜:张敞为京兆尹时下属的贼捕掾(掌捕盗的吏人)。《汉书·张敞传》载张敞因牵连光禄勋杨恽案受到弹劾,将被免职,其时他正使向来器重的属吏絮舜记录处理一些事务,絮舜对人说:我为此公尽力多了,他最多还能做五天京兆尹,今后再不用为他办事。张敞闻知絮舜之语,以其忘恩负义,即收之下狱,竟在月底的几天之内弃市,还在行刑前让人对他说:"五日京兆"如何?你还能活到下月吗?絮舜家告状,张敞自奏其事请罪,武帝免其杀无辜之过,只以杨恽案的牵连罢其职。此后京师告警,屡出乱子,武帝又使之复为京兆尹。 ⑥无状:行为失检、不成体统之意。 ⑦鞫狱故不直:审判狱案本来就不公正。 ⑧诞谩罔上:言词虚妄忽悠,欺骗蒙蔽皇上。 ⑨张汤(?—前116):武帝时累官至御史大夫,用法严峻,时称"酷吏"。后以其属吏鲁谒居告御史中丞李文图谋不轨等事,为李文及丞相长史朱买臣所罗织,被武帝迫令自杀。

汉 官 名

汉官名有不书于《百官表》而因事乃见者。如行冤狱使者,因张敞杀絮舜而见;美俗使者,因何并①代严诩②而见;河堤使者,因王延世③塞决河而见;直指使者④,因暴胜之⑤而见。岂非因事置官,事已即罢乎?

[注释]①何并:字子廉,西汉末年历长陵令、陇西太守,又代严诩为颍川太守,以治郡严猛著称。 ②严诩:以孝行为官,王莽征为美俗使者。见《汉书·何并传》。 ③王延世:字和叔,汉成帝时治水专家,建始五年(前28),在东郡塞黄河决口成功,授光禄大夫,成帝并于当年改元河平。见《汉书·沟洫志》。 ④直指使者:即直指绣衣使者。《汉书·武帝纪》天汉二年载"遣直指使者暴胜之等,衣绣衣杖斧,分部逐捕"。 ⑤暴胜之:字公子,武帝时累官至御史大夫,巫蛊之变中,因曾放走戾太子,被武帝追查,畏惧自杀。

五 胡 乱 华

刘聪乘晋之衰,盗窃中土,身死而嗣灭,男女无少长,皆戕于靳准;刘曜承其后,不能十年,身为人禽①。石勒尝盛矣,子夺于虎;虎尽有秦、魏、燕、齐、韩、赵之地,死不一年,而后嗣屠戮,无一遗种②。慕容儁乘石氏之乱,跨据河山,亦仅终其身,至子而灭③。苻坚之兴,又非刘、石比,然不能自免,社稷为墟④。慕容垂乘苻氏之乱,尽复燕祚,死未期年,基业倾覆⑤。此七人者,皆夷狄乱华之巨擘也,而不能久如此。今之北虏为国八十年⑥,传数酋矣,未亡,何邪?

[注释]①以上述十六国时期匈奴汉(前赵)政权之事。刘聪为该政权建立者刘渊之子,继父位八年,死于公元318年。其子刘粲继位,荒淫无行,逾月即被其权臣靳准族灭。不数月,刘渊族侄刘曜又拥兵族灭靳准,改国号为赵。曜在位十余年,被后赵石勒攻灭俘杀。禽,通"擒"。 ②以上述羯族后赵政权之事。石勒建后赵,在位十五年死,其子石弘继位。年余,石勒侄石虎杀石弘自立,在位十余年。石虎死后,诸子争立,互相残杀,政权落入石虎养孙冉闵之手,建冉魏。冉魏历2年余,为前燕所灭。 ③以上述鲜卑前燕政权之事。慕容儁灭冉魏后,前燕趋盛,与其子慕容暐共在位二十余年,为前秦所灭。 ④以上述氐族前秦政权之事。苻坚为前秦皇帝时,国势大盛,几至统一中国北方。公元383年,苻坚自恃强大,南攻东晋,淝水之战一败涂地,前秦顷刻瓦解。 ⑤以上述鲜卑后燕政权之事。慕容垂乘前秦之乱建后燕,下至公元396年,在他去世当年,后燕即因北魏大军南下而趋于分崩。期(jī)年,一年。 ⑥北虏为国八十年:北虏,指与南宋并峙的女真金王朝。八十年,疑当作六十年。金太祖完颜阿骨打正式建国于北宋政和五年(1115),《容斋随笔》初编则成于南宋淳熙七年(1180),而此条的撰写又当晚于淳熙三年(上文《老人推恩》条涉及是年),其时上距金人建国只有六十余年。按:《四库全书》本《容斋随笔》缺去此处上下《五胡乱华》与《石宣为彗》两条,当皆因避讳本条"北虏"之语而删。

石宣为彗

石虎将杀其子宣①,佛图澄②谏曰:"陛下若加慈恕,福祚犹长。若必诛之,宣当为彗星,下埽邺宫③。"虎不从。明年虎死,二年国亡,《晋史》书之,以为澄言之验。予谓此乃石氏穷凶极虐,为天所弃,岂一逆子便能上干玄象④,

起彗孛⑤乎？宜杀其弟韬，又欲行冒顿之事⑥，宁有不问之理？澄言既妄，史氏误信而载之，《资治通鉴》亦失于不删也。

［注释］①宣：石宣（？－348）。石虎次子，以前太子石邃叛乱被杀继立为太子，惧为其弟石韬所取代，遂使人暗杀石韬，且抉目、破腹、断其手足，残酷至极。石虎发觉后，命以铁环穿石宣下巴而锁之，又拔其发，抽其舌，以辘轳吊之于下积干柴的高梯上，亦先抉目、破腹、断手足，一如石韬之伤，然后点燃干柴而焚之。 ②佛图澄：西域高僧，西晋末至中原，已年近八十，后赵时被尊为皇帝军师。《高僧传》记其终于公元348年，寿至一百一十六岁。 ③埽邺宫：埽，通"扫"，扫荡之意。邺宫，指石虎建都的邺城宫殿（在今河北临漳西南）。 ④干玄象：干预天象。干，干预。玄象，指天象。 ⑤孛（bèi）：彗星的别称。 ⑥冒顿之事：喻指石宣本欲在杀其弟石韬之后，再伺机杀其父石虎。冒顿（mò dú），秦汉之际匈奴单于，杀其父头曼自立，后世用为弑父的典故。

三公改他官

国初以来，宰相带三公官①居位，及罢去，多有改他官者，范质自司徒侍中改太子太傅、王溥自司空改太子太保、吕蒙正自司空改太子太师是也。天禧以前，唯赵普、王旦乃依旧公、师②，仍复迁秩。天圣而后，恩典始隆，张士逊致仕，至以兵部尚书得太傅云③。

［注释］①三公官：宋承唐制，以太师、太傅、太保为三师，太尉、司徒、司空为三公，为宰相、亲王、使相加官。至宋徽宗时，改三公为太师、太傅、太保，罢司徒、司空、太尉。另有太子太师、太子太傅、太子太保，宋初为东宫官，多

以待前宰相致仕者。按：下述诸人，范质、王溥为宋初太祖朝宰相，赵普为太祖、太宗朝宰相，吕蒙正为太宗朝宰相，王旦为真宗朝宰相，张士逊为仁宗朝宰相。　②此指赵普罢相后仍从原加官为太师，王旦罢相后由太保转太尉仍属三公。　③此指张士逊以门下侍郎、兵部尚书为宰相时，未尝授三师三公，至其致仕而直除太傅，恩典有超越。

带职致仕

　　熙宁以前，待制、学士致仕者，率迁官而解其职；若有疾就闲者，亦换为集贤院学士。盖不以近职处散地也①。带职致仕，方自熙宁中王素②始。后改集贤学士为修撰，政和中又改为右文云③。

　　[注释]①宋代殿阁之官，如观文殿、资政殿有大学士、学士，端明殿有学士，大学士一般非为前宰相不除，学士亦以待前执政或翰林学士之久次者。其余如龙图阁、天章阁、宝文阁等，皆有学士、直学士、待制，以待侍从官，亦入贴职高等。《容斋》此条述熙宁以前，凡侍从官带诸阁学士、直学士、待制职名者，若致仕即解除其职名，而另授以相应的寄禄官；即使因病暂离职休养者，亦换其职名为属于三馆的集贤院学士、直学士等。这是由于诸殿阁职名贵重，故不以其作为无职事而处闲散之地的官员的贴职。　②王素（1007—1073）：字仲仪，宋真宗时宰相王旦季子，官至尚书左丞、工部尚书。《续资治通鉴长编》熙宁四年二月："端明殿学士尚书左丞王素为工部尚书、端明殿学士致仕……故事，致仕者例不带职。王安石以为致仕者，致其职事于君，无落职之理，故皆以本职致仕自王素始。"　③宋初卿、监贴职有集贤院学士，或称集贤殿修撰，居直龙图阁、直秘阁之上为第一等，后统称集贤殿（院）修撰；政和六年（1116）又改称右文殿修撰，居集英殿修撰之下，为当时九等贴职的第二等。

朋友之义

朋友之义甚重。天下之达道五,君臣、父子、兄弟、夫妇而至朋友之交,故天子至于庶人,未有不须友以成者。"天下俗薄"而"朋友道绝",见于《诗》①;"不信乎朋友,弗获乎上",见于《中庸》《孟子》②。"朋友信之",孔子之志也;"车马衣裘,与朋友共",子路之志也;"与朋友交而信",曾子之志也③。《周礼》六行,五曰"任",谓信于友也④。汉、唐以来,犹有范张、陈雷、元白、刘柳之徒⑤,始终相与,不以死生贵贱易其心。本朝百年间⑥,此风尚存,呜呼,今亡矣!

[注释]①引文见《诗经·小雅·谷风》小序。 ②引文见《礼记·中庸》,《孟子·离娄上》有解说。 ③以上引文分见《论语·公冶长》及《学而》。 ④此所述见《周礼·地官·大司徒》。 ⑤范张、陈雷、元白、刘柳:范张,指东汉范式、张劭,二人为生死之交,见《汉书·独行列传·范式传》。陈雷,指陈重、雷义,见《后汉书·独行列传》二人本传。元白、刘柳,分指唐代元稹与白居易、刘禹锡与柳宗元。 ⑥百年间:指北宋建国至仁宗在位时期。

高科得人

国朝自太平兴国以来,以科举罗天下士,士之策名前列者,或不十年而至公辅。吕文穆公蒙正①、张文定公齐贤之徒是也。及嘉祐以前,亦指日在清显,东坡《送章子平序》以谓仁宗一朝十有三榜,"数其上之三人②凡三十有九,其不至于公卿者五人而已"。盖为士者知其身必达,故自爱重而不肯为非,天下公望亦以鼎贵③期之,故相与爱惜成就,以待其用。至嘉祐四年之制,前三名始不为通判,第一人才得评事、签判,代还升通判,又任满始除馆职④。王安石为政又杀其法⑤,恩数既削,得人亦衰矣。观天圣初榜,宋郑公郊、叶清臣、郑文肃公戬、高文庄公若讷、曾鲁公公亮五人连名,二宰相,二执政,一三司使⑥;第二榜,王文忠公尧臣、韩魏公琦、赵康靖公槩连名⑦;第三榜,王宣徽拱辰、刘相沆、孙文懿公抃连名⑧;杨寘榜,寘不幸即死,王岐公珪、韩康公绛、王荆公安石连名⑨;刘辉榜,辉不显,胡右丞宗愈、安门下焘、刘忠肃公挚、章申公惇连名⑩——其盛如此!治平以后,第一人作侍从,盖可数矣。

[注释]①吕蒙正(944或946-1011):字圣功,太平兴国二年(977)状元,八年即由翰林学士擢参知政事,端拱元年(988)拜相。 ②上之三人:指科举考试最后放榜列第一等(一甲)的前三人,即俗所称状元、榜眼、探花。 ③鼎贵:显赫尊贵,此代指公卿地位。古代贵族钟鸣鼎食,故"鼎"字转为尊显、贵盛之意。 ④《续资治通鉴长编》嘉祐三年十二月:"先是,朝议以科举既数(密),则高第之人倍众,其擢任恩典宜损于故,诏中书门下裁之。丁丑诏曰:'……自今制科入第三等与进士第一,除大理评事、签书两使幕职官事,代还升通判,再任满试馆职;制科入第四等与进士第二、第三,除两使幕职官,代还改次等京官;制科入第四等次与进士第四、第五,除试衔知县,代还迁两使职官。'"此擢任之制的分类,以制科(大科、特科)与进士科并举:制科成绩为第三等的(宋代制科无人入第一、第二等),与进士科的第一人为一类,除授同等职官;其次是制科成绩为第四等而较优的,与进士科的第二、第三人为一类;再次是制科成绩为第四等的次级的,与进士科的第四、第五人为一类。 ⑤句意指王安石变法时推行三舍法,又罢试诗赋,以求培养经世人才,已不尽重视进士高科。杀,减损,降低。 ⑥此述天圣二年(1024)榜。宋郊,即宋

庠,官至宰相,见卷三《和〈归去来〉》条注。叶清臣(1000—1049),字道卿,官至三司使。郑戬(992—1053),字天休,官至枢密副使。高若讷(997—1055),字敏之,官至参知政事。曾公亮(998—1078),字明仲,官至宰相。　⑦此述天圣五年(1027)榜。王尧臣(1003—1058),字伯庸,官至参知政事。韩琦,见卷八《〈谈丛〉失实》条。赵槩(996或998—1083),字叔平,官至参知政事。⑧此述天圣八年(1030)榜。句首"第三榜",《容斋》宋刻本原作"第二榜",与上文同,当是误刻,今据《文献通考·选举考四》所引改。王拱辰(1012—1085),字君贶,是年状元,历官三司使、御史中丞、宣徽南院使。刘沆(995—1060),字冲之,官至宰相。孙抃(996—1064),字梦得,官至参知政事。　⑨此述庆历二年(1042)榜。杨寘(1014—1044),字审贤,是年状元,授官未赴任而卒。王珪(1019—1086),字禹玉;韩绛(1012—1088),字子华;王安石(1021—1086),字介甫;三人皆熙宁中宰相。　⑩此述嘉祐四年(1059)榜。刘煇(1031—1065),是年状元,未官而卒。胡宗愈(1029—1094),字完夫,历尚书右丞,官至吏部尚书。安焘(1034—1108),字厚卿,官至知枢密院。刘挚(1030—1097),字莘老,官至宰相。章惇(1035—1105),字子厚,官至宰相。

辛　庆　忌

汉成帝将立赵飞燕为皇后,怒刘辅①直谏,囚之掖廷狱,左将军辛庆忌②等上书救辅,遂得减死。朱云请斩张禹③,上怒,将杀之,庆忌免冠解印绶,叩头殿下,曰:"此臣素著狂直,臣敢以死争。"叩头流血,上意解,然后得已。庆忌此两事,可与汲黯、王章同科④,班史⑤不书于本传,但言其为国虎臣,匈奴、西域敬其威信而已。方争朱云时,公卿在前,曾无一人助之以请,为可羞也。

[注释]①刘辅:西汉河间献王后人,成帝时由县令擢谏大夫,以谏阻成

帝立赵飞燕为皇后被下狱,减死为鬼薪(徒刑的一种),卒于家。 ②辛庆忌(？—前12):字子真,西汉末将领,官至光禄大夫、执金吾、左将军。 ③朱云请斩张禹:朱云,字游,汉元帝时由博士迁杜陵令、槐里令,以得罪宦官,被下狱减死为城旦。成帝时上书求见,请斩张禹,几至被杀,以直声闻。后居家讲学。张禹(？—前5),字子文,成帝时以帝师官至丞相。 ④汲黯、王章同科:汲黯(？—前112),字长孺,武帝时官至主爵都尉,位列九卿,以敢谏著称。王章(？—24),字仲卿,西汉末净臣,元帝初为左曹中郎将,被宦官陷害罢职,成帝时历司隶校尉、京兆尹,以劾奏外戚王凤被杀。同科,即同类。⑤班史:指《汉书》。

楚　怀　王

秦楚之际,楚怀王①以牧羊小儿为项氏所立,首尾才三年。以事考之,东坡所谓"天下之贤主"②也。项梁之死,王并吕臣、项羽军自将之,羽不敢争③;见宋义④论兵事,即以为上将军,而羽乃为次将;择诸将入关,羽怨秦,奋势愿与沛公西,王以羽慓悍祸贼,不许,独遣沛公,羽不敢违;及秦既亡,羽使人还报王,王曰"如约",令沛公王关中⑤。此数者,皆能自制命,非碌碌孱⑥王受令于强臣者,故终不能全于项氏。然遣将救赵灭秦,至于有天下,皆出其手。太史公作《史记》,当为之立本纪继于秦后,待其亡则次以汉高祖可也;而乃立《项羽本纪》,义帝之事特附见焉,是直以羽为代秦也,其失多矣。高祖尝下诏,以秦皇帝、楚隐王亡后⑦,为置守冢,并及魏、齐、赵三王⑧;而义帝乃高祖故君,独缺不问,岂简策脱佚乎？

[**注释**]①楚怀王(？—前205)：指秦汉之际被树立为反秦武装名义首领的熊心，为战国后期楚怀王熊槐之孙，于秦灭楚后流落民间为人牧羊。公元前208年，项梁用范增之计，访之于民间而立之，以便用楚国宗室的名义号召反秦，而仍称楚怀王。始建都于盱台(今江苏盱眙)，稍后徙彭城(今江苏徐州)。项羽大败秦军，自称为西楚霸王，欲废之，乃佯尊之为义帝，迫其西迁于长沙郡郴县(今湖南郴州)，而阴令所封九江王英布杀之于江中。 ②语见《东坡后集·吉林十三首》之第八首，别本作《东坡续集·论项羽范增》。 ③《史记·项羽本纪》载项梁死后，义帝自盱眙迁彭城，"并项羽、吕臣自将之，以吕臣为司徒"，又以刘邦为砀郡长，封武安侯。项梁(？—前208)：原楚将项燕之子，项羽叔父。前209年起兵反秦，次年闻陈胜死，立义帝，自号武信君，统率项羽、刘邦等，兵势称盛，屡败秦军，不久因轻敌，为秦将章邯所败，战死。 ④宋义(？—前207)：原为楚令尹，秦末投项梁，及义帝立，用为上将军，时号卿(庆)子冠军。章邯率秦军围赵时，奉命率次将项羽救赵，以中途待机逗留，造成军心浮动，被项羽斩杀，并夺其军。 ⑤史载楚怀王遣宋义救赵时，曾同时遣沛公刘邦西击秦，并约定谁先占领关中谁即在关中称王。时项羽怨恨秦军杀了项梁，发奋欲与刘邦一起入关中，怀王以其勇猛凶残好为祸害，不许其西进。至项羽大破章邯，乃挥师西进，破咸阳，烧秦宫，杀秦三世子婴，并以灭秦还报怀王。其时刘邦已占领关中，怀王重申仍遵守先前约定，令刘邦王关中。 ⑥碌碌孱：平庸无为柔弱。碌碌，平庸无为之貌。孱，弱。 ⑦楚隐王亡后：楚隐王，即陈胜(？—前208)，又称陈涉，推翻秦王朝的发难者，曾建立张楚政权，汉谥之为楚隐王。亡后，无后嗣。 ⑧《汉书·高帝纪下》载十二年(前195)十二月诏："秦皇帝、楚隐王、魏安厘王、齐愍王、赵悼襄王皆绝亡后，其与秦始皇帝守冢二十家，楚、魏、齐各十家，赵及魏公子亡(无)忌各五家，令视其冢，复亡(无)与他事。"守冢，指专置的守墓民户。

范增非人杰

世谓范增①为人杰，予以为不然。夷考平生，盖出战国从横②之余,见利而不知义者也。始劝项氏立怀王,及羽夺王之地,迁王于郴,已而弑之,增不能引君臣大谊③争之以死。怀王与诸将约,先入关中者王之,沛公既先定关中,则当如约,增乃劝羽杀之,又徙之蜀汉。羽之伐赵,杀上将宋义,增为末将,坐而视之。坑秦降卒,杀秦降王,烧秦宫室,增皆亲见之,未尝闻一言也。至于荥阳之役,身遭反间,然后发怒而去。呜呼,疏矣哉!东坡公论此事伟甚④,犹未尽也。

[注释]①范增(前277—前204):秦末农民战争时为项梁、项羽主要谋士,被尊称为"亚父"。始从项梁,年已七十余,劝项氏立怀王,随宋义救赵时为末将,项羽入关中时,劝项羽趁鸿门宴杀刘邦,不成,又劝移徙刘邦于巴蜀。刘邦被困荥阳时,用离间计,使项羽猜忌之,遂愤而辞归乡里,途中病死。②从横:同"纵横"。　③谊:通"义"。　④苏轼《论项羽范增》称范增为"人杰""毅然大丈夫"。

翰苑故事

翰苑故事,今废弃无余。唯学士入朝,犹有朱衣院吏双引,至朝堂而止;及景灵宫行香,则引至立班处①。公文至三省,不用申状,但尺纸直书其事,右语云"谘报尚书省,伏候裁旨",月日押,谓之谘报②。此两事仅存。

[注释]①此条记宋代翰林学士院尚有存续的优礼故事。首言"双引",指翰林学士入朝时有两名穿红色衣服的阁门吏人传呼引导,引至朝堂;若陪同皇帝朝拜景灵宫,则由双吏引至立班位置。按洪遵《翰苑群书》记载:"翰林学士居深严之地,职任事体与外司不同……学士于内庭出入或曲诏,亦不具

靴简,若同列齐行。前此命朱衣吏双引,抗声言'学士来',直至宫门方止;归院,则朱衣递声呼'学士来'者数四。"又云:"故事,学士在内中,院吏朱衣双引。太祖朝李昉为学士,太宗在南衙,朱衣一人前引而已,昉亦去其一人,至今如此。" ②以上指翰林学士院发往三省的公文,不用下级呈报上级的申状(有规定格式),而只用小幅纸张直接写明事由,末书"谘报尚书省,伏候钧旨"九字,下级月份日期及由当值学士押字(签名),叫做谘报。

唐扬州之盛

唐世盐铁转运使在扬州,尽斡①利权,判官多至数十人,商贾如织。故谚称"扬一益②二",谓天下之盛,扬为一而蜀次之也。杜牧之③有"春风十里珠帘"之句。张祜④诗云:"十里长街市井连,月明桥上看神仙。人生只合扬州死,禅智山光好墓田。"王建⑤诗云:"夜市千灯照碧云,高楼红袖客纷纷。如今不似时平日,犹自笙歌彻晓闻。"徐凝⑥诗云:"天下三分明月夜,二分无赖⑦是扬州。"其盛可知矣。自毕师铎⑧、孙儒⑨之乱,荡为丘墟。杨行密⑩复葺之,稍成壮藩,又毁于显德⑪。本朝承平百七十年,尚不能及唐之什一,今日真可酸鼻也。

[注释]①斡:古同"管"字,通"筦""管",掌握之意。 ②益:益州,治今四川成都。 ③杜牧之:即晚唐诗人杜牧(803—852),字牧之,历官中书舍人。 ④张祜(约782—852):字承吉,仕途阻滞,隐居而终。 ⑤王建(约767—约830):字仲初,历陕州司马、光州刺史。 ⑥徐凝:见卷二《唐重牡丹》条。 ⑦无赖:犹言无奈。此以似嗔之语,言扬州明月夜之美。 ⑧毕师铎(?—887):原为唐末黄巢起义军大将,后降于官军,为诸道行营兵马都统

高骈部将,僖宗末反叛,联合诸将攻陷扬州,杀高骈,旋被杨行密攻杀。 ⑨孙儒(?－892):唐末军阀,横行江淮,后被杨行密击杀。《资治通鉴》记载大顺二年(891),朱温与杨行密约共攻孙儒,"儒悉焚扬州庐舍,驱丁壮及妇女度江,杀老弱以充食"。 ⑩杨行密(852－905):字化源,唐末割据江淮,封吴王,建吴国,都扬州。其子杨溥继位后追尊其为太祖,后徐知诰夺其国而建立南唐。 ⑪毁于显德:此指五代后周显德四年(957)攻南唐时事。《资治通鉴》记载是年后周取濠州,趋扬州,南唐"悉焚扬州官府民居,驱其人南渡江"。

张祜诗

唐开元、天宝之盛,见于传记、歌诗多矣,而张祜所咏尤多,皆他诗人所未尝及者。如《正月十五夜灯》云:"千门开锁万灯明,正月中旬动帝京。三百内人连袖舞,一时天上著词声。"《上巳乐》云:"猩猩血染系头标①,天上②齐声举画桡③。却是内人争意切,六宫红袖一时招④。"《春莺啭》云:"兴庆池南柳未开,太真⑤先把一枝梅。内人已唱春莺啭,花下傞傞⑥软舞来。"又有《大酺乐》《邠王小管》《李谟笛》《宁哥来》《邠娘羯鼓》《退宫人》《耍娘歌》《悖拏⑦儿舞》、《阿𩾃汤》《雨霖铃》《香囊子》等诗,皆可补《开天遗事》⑧,弦之乐府⑨也。

[注释]①句意指上巳节宫廷举行龙舟赛时,猩红如血的绸缎系在表示获得头名的标杆上。染,此字疑误,《张承吉文集》宋刻本及《全唐诗》等皆作"㮰"。 ②天上:代指宫廷。 ③画桡:有画饰的船桨。 ④此二句指宫女争相参加赛事,一时六宫的宫女都被招来。 ⑤太真:杨贵妃之号。 ⑥傞傞(suō suō):轻飏飘动之貌。犹"娑娑"。 ⑦拏:《张承吉文集》宋刻本诗题作"毞(jiā)",即袈裟字。诗的末句作"挐"。 ⑧《开天遗事》:即《开元天宝遗

事》,见卷一《浅妄书》条。 ⑧弦之乐府:意指可以谱曲于乐府管弦,犹言可以作为合乐的声诗。弦,用为动词,犹谱曲。

古人无忌讳

古人无忌讳。如季武子成寝,杜氏之葬在西阶之下,请合葬焉,许之,入宫而不敢哭,武子命之哭①。曾子与客立于门侧,其徒有父死将出哭于巷者,曾子曰:"反哭于尔次。"北面而吊焉②。伯高死于卫,赴于孔子,孔子曰:"夫由赐也见我,吾哭诸赐氏。"遂哭于子贡寝门之外,命子贡为之主,曰:"为尔哭也来者,拜之。"③夫以国卿之寝阶,许外人人哭而葬;己所居室,而令门弟子哭其亲;朋友之丧,而受哭于寝门之外。今人必不然者也。圣贤所行,固为尽礼,季孙宿亦能如是。以古方今,相去何直④千万也。

[注释]①本条所述季武子、曾子、孔子之事,皆见于《礼记·檀弓上》。此季武子之事,旧注无确切解释,疑文意为:季武子的陵寝建成,杜氏家的墓葬就在陵寝西阶的旁边,请求合葬刚去世的家人于此墓,武子答应了,但杜氏家人到墓庙后不敢哭,武子即让他们举行哭礼。季武子,即季孙宿(?－前535),亦称季孙夙,春秋末鲁国正卿。寝,指陵墓附属的祭祀建筑。宫,指杜氏墓庙。 ②此曾子事意谓:曾子与客人站在大门旁边,他的一个弟子要出门,说父亲死了,将在街巷行哭礼,曾子说:"你就返回你的住处哭。"于是曾子在其住处面朝北表示悼念。次,客次,指曾子弟子来求学的住处。 ③此孔子事,《檀弓》原文于"为尔哭也来者,拜之"下,尚有"知伯高而来者,勿拜也"一句。意谓:伯高死于卫国,卫国使人讣告孔子,孔子说:"由端木赐(子贡)来见我,我要哭伯高于端木赐家里。"于是就行哭礼于子贡家庙的门外,而由子贡主持,并对子贡说:"如果来者是你的故人,是因为你为伯高举行哭礼而来

慰问你的,你对来者就要下拜;如果来者是伯高的故人,是专门来哭伯高的,你对来者就不要下拜。"旧谓孔子以此示子贡,"吊生之礼"与"伤死之礼"有别。伯高,相传为卫国贤人,为孔子友人。赴,通"讣"。　④何直:犹言何啻、何止。

宰我不诈

宰我以三年之丧为久,夫子以食稻衣锦问之,曰:"于女安乎?"曰:"安。"①后人以是讥宰我,谓孔门高第②乃如是。殊不知其由衷之言,不为诈隐,所以为孔门高第也。鲁悼公之丧,孟敬子曰:"食粥,天下之达礼也。吾三臣者之不能居公室也,四方莫不闻矣,勉而为瘠,毋乃使人疑夫不以情居瘠者乎哉?我则食食。"③乐正子春之母死,五日而不食,曰:"吾悔之。自吾母而不得吾情,吾恶乎用吾情?"谓勉强过礼也④。夫不情之恶⑤,贤者所深戒,虽孟敬子之不臣,宁废礼食食,不肯不情而为瘠。盖先王之泽未远,故不肖者亦能及之⑥。

[注释]①此所述宰我故事见《论语・阳货》。原文:"宰我问:'三年之丧,期已久矣。君子三年不为礼,礼必坏;三年不为乐,乐必崩。旧谷既没,新谷既升,钻燧改火,期可已矣。'子曰:'食夫稻,衣夫锦,于女安乎?'曰:'安之。''女安则为之。夫君子之居丧,食旨不甘,闻乐不乐,居处不安,故不为也。今女安则为之。'"宰我,即孔子弟子宰予(前522—前458),字子我,亦称宰我。女,第二人称,同"汝"。　②高第:指优异的门生。　③引文见《礼记・檀弓下》,为鲁悼公死后,孟敬子对人问其居丧"何食"的回答。其意为:君主谢世,为之服丧而食粥,是天下通行之礼。我们执政的三家不能臣服公室,这是四方都知道的,如果现在勉强为谢世的君主只食粥而导致人消瘦,岂

不是让人怀疑这样做不是以真情服丧,而是故意搞得消瘦的吗?我不这样做,照常吃饭。孟敬子,孟武伯之子,名捷,又称仲孙捷,谥号敬,春秋末鲁国孟孙氏首领。三臣,指鲁国"三桓",即世执鲁政的季孙氏、叔孙氏、孟孙氏三家贵族。不能居公室,旧注谓指"不能居公室以臣礼事君"。 ④此所述乐正子春事亦见《礼记·檀弓下》。意指乐正子春在母亲去世后五日不食,为此感到后悔,并说:"自我母亲去世后,我不能用真情服丧,以致有五日不食的不合人情的举动,我怎样做才算是以真情服丧呢?"这是说勉强不食,行礼太过。乐正子春,曾子弟子。恶乎,同"乌乎",犹如何。 ⑤不情之恶:不合人情的坏风俗。 ⑥末句意谓上古风俗质朴,诸如居丧仍然照常饮食之类,距先王的提倡还不甚相远,所以就连后世被认为废礼不孝的人还能这样做,而不是专以居丧不食之类不合人情的举动为孝。

李益、卢纶诗

　　李益、卢纶①,皆唐大历十才子之杰者。纶于益为内兄,尝秋夜同宿,益赠纶诗曰:"世故中年别,余生此会同。却将愁与病,独对朗陵翁②。"纶和曰:"戚戚一西东,十年今始同。可怜风雨夜,相问两衰翁。"③二诗虽绝句,读之使人凄然,皆奇作也。

　　[注释]①李益、卢纶:李益(约750—约830),字君虞,唐诗坛"大历十才子"之一,太和初官至礼部尚书。下引其诗见清人张澍辑《李尚书诗集》及《全唐诗》,题《赠内兄卢纶》。卢纶:亦"大历十才子"之一,见卷四《诗中用茱萸字》条。 ②朗陵翁:《文选》卷二十五载西晋傅长虞(即傅咸)《赠何劭、王济》诗一首,其序云:"朗陵公何敬祖(即何劭),咸之从内兄。"唐李善注引臧荣绪《晋书》:"何劭袭封朗陵郡公。"后世因以"朗陵公"用作喻指内兄的典故。 ③此所引卢纶诗,《万首唐人绝句》所录题《酬李益》,"风雨夜"作"歌酒夜",

"相问"作"相对";《文苑英华》所录亦题《酬李益》,"风雨夜"亦作"歌酒夜","两衰翁"作"两悲翁";《全唐诗》所录题《酬李益端公夜宴见赠》,诗与《万首唐人绝句》所录同。

卷十

杨彪　陈群

魏文帝受禅，欲以杨彪①为太尉，彪辞曰："彪备汉三公，耄年被病，岂可赞惟新之朝？"乃授光禄大夫。相国华歆②以形色忤旨，徙为司徒而不进爵。帝久不怿，以问尚书令陈群③，曰："我应天受禅，相国及公独不怡，何也？"群对曰："臣与相国曾臣汉朝，心虽悦喜，犹义形于色。"夫曹氏篡汉，忠臣义士之所宜痛心疾首，纵力不能讨，忍复仕其朝为公卿乎？歆、群为一世之贤，所立不过如是。彪逊辞以免祸，亦不敢一言及曹氏之所以得。盖自党锢祸起，天下贤士大夫如李膺、范滂④之徒，屠戮殆尽，故所存者如是而已。士风不竞，悲夫！章惇、蔡京为政，欲殄灭元祐善类，正士禁锢者三十年⑤，以致靖康之祸，其不为歆、群者几希⑥矣。

[注释]①杨彪(142—225)：字文先，太尉杨震曾孙、杨修之父，东汉末亦

官至太尉,后以曹操杀杨脩,闭门十余年不出。　②华歆(157——231):字子鱼,东汉末累官尚书书令,曹操征孙权时以为军师,曹丕即王位时拜相国,后历司徒、太尉。　③陈群(？—237):字长文,初为曹操掾属,迁御史中丞,曹丕即位后进尚书仆射,明帝时官至司空。下引其回答魏文帝之语,见《三国志·华歆传》裴松之注。　④李膺、范滂:李膺(110—168),字元礼,汉桓帝时累官司隶校尉,执法不挠,党锢之祸中被下狱免归,为一时名士领袖人物。灵帝初党祸复起,再被下狱,拷问死。范滂(137—169),字孟博,亦党锢之祸中名士,历汝南太守功曹,党祸再起时不愿逃亡,死于狱中。　⑤三十年:约指北宋绍圣元年(1094)至靖康二年(1127)的三十余年。其间章惇、蔡京等人先后执国柄,大肆迫害元祐党人,正直之士多被禁锢。旧时多以为北宋之亡国即由于此,但学者或谓元祐党人对王安石变法的否定亦不能逃其责;至于宋徽宗时蔡京等"六贼"的祸国殃民,则又不单是党争问题所能总括。　⑥几希:犹言甚少。希,通"稀"。

袁盎　温峤

赵谈常害袁盎,盎兄子种曰:"君与斗,廷辱之,使其毁不用。"文帝出,谈参乘,盎前曰:"天子所与共六尺舆者,皆天下豪英,陛下奈何与刀锯余人载?"上笑,下谈,谈泣下车。①温峤将去王敦,而惧钱凤为之奸谋,因敦饯别,峤起行酒,至凤,击凤帻坠,作色曰:"钱凤何人,温太真行酒而敢不饮!"及发后,凤入说敦曰:"峤于朝廷甚密,未必可信。"敦曰:"太真昨醉,小加声色,岂得以此便相谗贰?"由是凤谋不行。②二者之智如此。

[注释]①以上文字见《史记·袁盎传》。大意谓宦官赵谈时常谗害袁盎,袁盎之侄袁种劝袁盎当众辱之,使汉文帝弃去赵谈不用。袁盎没有这样

做,而是借文帝出行之机,进谏文帝不当与刑余之人同车,于是文帝即刻让赵谈下车。赵谈,司马迁避父讳作"赵同",洪迈仍从《汉书》用其本名。袁盎,见卷二《汉轻族人》条注。参乘,指立于车厢右边陪乘。六尺舆,古时指帝王所乘的车。刀锯余人,代指受过宫刑的宦官。 ②以上文字见《晋书·温峤传》,有节括。原文谓温峤为王敦左司马,察知其将作乱,遂假装顺从,暗地运作离去,使王敦命他为丹杨尹,但又怕王敦的心腹钱凤背后捣鬼而使之不能成行。于是在王敦为他饯行时,他便率意装醉,借劝酒之机,用手板打掉钱凤的头巾而逼其喝酒。在他出发后,钱凤果然对王敦说他的坏话,指他与朝廷关系密切,不可信任,而王敦以为二人不过是小嫌隙,已不信钱凤的话。温峤一到丹杨,即具奏朝廷,揭露王敦将作乱的阴谋,并要朝廷早作准备。温峤(288—329),字太真,东晋初参与平定王敦、苏峻之乱,官至骠骑将军、散骑常侍。王敦,见卷八《东晋将相》条。钱凤,字世仪,为王敦铠曹参军、谋主,王敦叛乱失败后被捕杀。谗贰,说坏话而有二心。

日饮亡何

《汉书·爰盎传》:"南方卑湿,君能日饮亡何。"颜师古注云:"无何,言更无余事。"而《史记·盎传》作"日饮毋苛",盖言南方不宜多饮耳。今人多用"亡何"字。①

[注释]①此条所辨,按《史记·袁盎传》原载:"(盎)迁为齐相,徙为吴相,辞行,(袁)种谓盎曰:'吴王骄日久,国多奸。今苟欲劾治,彼不上书告君,即利剑刺君矣。南方卑湿,丝(盎之字)能日饮,毋苛,时说王曰毋反而已。如此,幸得脱。'盎用种之计,吴王厚遇盎。"《汉书·爰盎传》照录此文,而改"毋苛"为"亡何"。审《史记》原意,"日饮"是相对于"南方卑湿"而言的,指以饮酒去湿;"毋苛"则是相对于上文"劾治"而言的,指弹劾按治吴王奸行不要苛刻。若苛察太急,则"彼不上书告君(向皇上告您),即利剑刺君(刺杀您)",如此将不得脱;若"日饮"而不苛求,则或可侥幸得脱。这样理解,则"毋苛"二字当点

断,不与"日饮"相接。宋吴仁杰《两汉刊误补遗》校"亡何"云:"亡(无)与毋义训不同,亡者有亡者之亡,而毋则禁止之辞也。彼方戒盎勿有所问,则其字当从《史记》为正。"疑《汉书》原作"亡苟","何"为传抄讹字。

爰盎小人

爰盎真小人,每事皆借公言而报私怨,初非尽忠一意为君上者也。尝为吕禄①舍人,故怨周勃。文帝礼下勃,何豫盎事?乃有"非社稷臣"之语,谓勃不能争吕氏之事,适会成功耳②。致文帝有轻勃心,既免使就国,遂有廷尉之难③。尝谒丞相申屠嘉④,嘉弗为礼,则之丞相舍折困之。为赵谈所害,故沮止其参乘。素不好晁错,故因吴反事请诛之⑤。盖盎本安陵群盗,宜其忮心忍戾⑥如此,死于刺客非不幸也⑦。

[注释]①吕禄(?—前180):吕后侄,吕后病重时被命为上将军,吕后死后被丞相陈平、周勃等捕杀。 ②适会成功耳:此指袁盎非议周勃在吕后主政时不能诤谏,及吕后死而清除诸吕,只不过因恰逢机会而成其功。 ③廷尉之难:指文帝时周勃罢相就封国,有人诬陷其谋反,被下之廷尉狱。按:周勃之罢相本与袁盎之谗言有关,而袁盎在其下狱后又明言其无罪。 ④申屠嘉(?—前155):早年以武士追随刘邦,渐升至都尉。惠帝时为淮阳郡守,文帝时官至丞相。 ⑤此指晁错被袁盎潜杀之事。按:本条所述诸事,皆见《史记》《汉书》袁盎本传。 ⑥忮(zhì)心忍戾:生性嫉妒,残忍凶狠。 ⑦此指袁盎最终被梁王派人刺杀非是不幸。

唐　书　判

唐铨选择人之法有四：一曰身，谓体貌丰伟；二曰言，言辞辩正；三曰书，楷法遒美；四曰判，文理优长①。凡试判，登科谓之入等，甚拙者谓之蓝缕②。选未满，而试文三篇谓之宏辞，试判三条谓之拔萃③，中者即授官。既以书为艺，故唐人无不工楷法；以判为贵，故无不习熟，而判语必骈俪，今所传《龙筋凤髓判》④及《白乐天集·甲乙判》⑤是也。自朝廷至县邑，莫不皆然，非读书善文不可也。宰臣每启⑥拟一事，亦必偶⑦数十语，今郑畋《敕语堂判》⑧犹存。世俗喜道琐细遗事，参以滑稽，目为花判⑨。其实乃如此，非若今人握笔据案，只署一字亦可⑩。国初尚有唐余波，久而革去之，但体貌丰伟用以取人，未为至论。

［注释］①此所称身、言、书、判，指唐代选拔官员的四条标准，时称"四才"；"四才"之外，则还要看"三实"，指德行、才用、劳效。所有这类考核均由吏部主持，先考试书法、判词，再察其体貌、言辞，四者皆合格，然后才进入铨注授官的程序。唐时自进士及第要人仕为官，以至六品以下官员的迁转，皆须经过吏部的考试，五品以上官员不试。判，即通常所称的判词，指政府机构处理制度例则、弹劾事项等疑难问题及判决民事、刑事案件的司法文书，为一种实用文体。　②"凡试判"句：指考试判词分等录取，凡人等者即获得登科资格，不入等者即黜去。蓝缕，亦作"蓝罗"，本指衣服破烂，此喻初次考试不合格，有待下次。　③"选未满"句：指吏部试有博学宏词与书判拔萃两科。吏部注拟官阙，按官职的高下分为若干等，每一等称为一选，不同官职有不同的选数，选满之后才能注阙。如果选数未满而参加吏部试，凡是考试诗、赋、论三篇的叫博学宏词科，考试判词三道的叫书判拔萃科。　④《龙筋凤髓

判》:唐张鷟(约660—740)撰,为其应举书判拔萃科的备用作品集。原有百题,择省台寺监以至州县事体各为判词,依部门分类,厘为十卷。今本分四卷,存六十题。龙筋凤髓,喻难得的珍品。 ⑤《白乐天集·甲乙判》:指《白氏长庆集》卷四十九与卷五十所收的《判》文,共有判词一百道,习称"百道判"或"甲乙判"。旧时科举有甲科、乙科之名,泛称甲科,故有"甲乙判"之称。按:唐时判词皆用骈体文写成,由司法文件向文学作品过渡,白居易所作尤为典范,故人称读之不厌。 ⑥启:文体名称。具体类目不一,与表状书札等类似。 ⑦偶:对偶,指骈体文。 ⑧郑畋《敕语堂判》:郑畋,(825—883),字台文,唐武宗时登进士第,又中书判拔萃科,僖宗乾符中官至宰相。《敕语堂判》,《直斋书录解题》著录为郑畋《敕语堂判集》一卷,已佚。《遂初堂书目》著录《郑畋敕诰集》《郑畋堂判集》二书,"诰"字疑误。《郡斋读书志》著录《郑畋集》五卷,提要云"皆乾符堂判、敕语",则《郑畋集》即《敕语堂判集》,故《文献通考·经籍考》谓之"又名《敕语堂判集》,凡一卷"。《宋史·艺文志》同时著录郑畋《敕语堂判》五卷、《郑畋集》五卷,实为重复著录。《新唐书·艺文志》《崇文总目辑释》又皆著录郑畋《玉堂集》五卷,当亦即其《敕语堂判集》五卷本。 ⑨花判:指夹杂诙谐语言、有滑稽色彩的判词。 ⑩只署一字亦可:指签署所批所判的文件,只用姓名中的一个字,或只画一个"可"字。

古 彝 器

三代彝器①,其存至今者,人皆宝为奇玩,然自春秋以来固重之矣。经传所记,取郜大鼎②于宋,鲁以吴梦寿之鼎③赂荀偃,晋赐子产莒之二方鼎④,齐赂晋以纪甗、玉磬⑤,徐赂齐以甲父之鼎⑥,郑赂晋以襄钟⑦,卫欲以文之舒鼎、定之鞶鉴⑧纳鲁侯;乐毅为燕破齐,祭器设于宁台,大吕陈于元英,故鼎反乎磨室是已⑨。

[注释]①彝器：泛指古代青铜礼器。下述郜大鼎以至卫鼎，皆见于《左传》。 ②郜大鼎：即郜史硕父鼎，原为周天子赐给同姓封国郜国（在今山东武城一带）的铜鼎。鲁隐公十年（前713），齐、郑、鲁三国联合伐宋时灭郜，郜国土地被转让给鲁国，而此鼎为宋国所掠。鲁桓公二年（前710），宋以此鼎贿赂鲁桓公，鲁取之以藏于周公庙。 ③吴梦寿之鼎：原为故吴王梦寿献给鲁国的铜鼎，鲁襄公十九年（前554），吴会盟诸侯，执邾悼公以伐鲁，鲁贿赂晋侯及其六卿，以此鼎献于晋卿荀偃。 ④莒之二方鼎：原为莒国献给晋国的方鼎，鲁昭公七年（前535），晋侯以此二鼎赐给郑国执政者子产。 ⑤纪甗、玉磬：原为齐国灭纪国时所得的铜甗（蒸煮器物）和玉石制作的磬（打击乐器），鲁成公二年（前589），齐、晋鞌之战时，齐军败，曾以此贿赂晋军。 ⑥甲父之鼎：相传原为甲父国的鼎，鲁昭公十六年（前526），齐侯伐徐，徐人被迫讲和，并以此鼎贿赂齐侯。 ⑦襄钟：本为郑国宗庙中的大钟，鲁成公十年（前581），晋国立太子州满为君，会诸侯伐郑，郑以此钟赂晋而修盟。 ⑧文之舒鼎、定之鞶鉴：指春秋时卫文公所铸名为舒的鼎和卫定公所制以铜镜为饰的革带。史载春秋末鲁昭公流亡在外时，卫国曾表示愿以此鼎或革带为抵押品，以使鲁昭公回国。 ⑨末句乐毅事，指公元前284年乐毅率五国兵攻齐时，将齐国的宝器财货等掠回燕国，将其中的祭器放置到宁台上，大吕钟陈设于元英殿，而原被齐国掠去的鼎也返回到名为磨室的宫室。事见《战国策·燕策》及《史记·乐毅列传》。磨室，《战国策》作"历室"。古"磨"字读如"砺"。

玉蕊　杜鹃

物以希见为珍，不必异种也。长安唐昌观①玉蕊，乃今琼花，又名米囊，黄鲁直易为山矾者②。润州鹤林寺③杜鹃，乃今映山红，又名红踯躅者。二花在江东弥山亘野，殆与榛莽相似。而唐昌所产，至于神女下游，折花而去,以践玉峰之期④;鹤林之花,至以为外国僧钵盂中所移,上玄命三女下司之,已逾百年,终归阆苑⑤。是不特土俗罕见,虽神仙亦不识也。王建《宫词》云:"太仪前日暖房来,嘱向昭阳乞药栽。敕赐一窠红踯躅,谢恩未了奏花开。"⑥其重如此,盖宫禁中亦鲜云。

[注释]①唐昌观:唐代道观名,在当时长安城内安业坊南,相传因玄宗女唐昌公主而得名,观中玉蕊花为公主手植。 ②黄庭坚《题高节亭边山矾花二首并引》云:"江湖南野中有一种小白花,木高数尺,春开极香,野人谓之郑花。王荆公尝欲作诗而陋其名,予请名曰山矾。野人采郑花叶以染黄,不借矾而成色,故名山矾。"李时珍《本草纲目·山矾》录其异名有芸香、椗花、柘花、玚花、春桂、七里香,注云"椗"音"定","柘"音"郑","玚"音"畅";又引周必大云:"柘音阵,出《南史》,荆俗讹柘为郑,呼为郑矾,而江南又讹郑为玚也。"周氏之说见《文忠集》卷一百八十四《玉蕊辨证·跋语》 ③鹤林寺:在今江苏镇江润州区鹤林村。 ④此所述神女故事,见《太平御览·女仙十四·玉蕊院女仙》,谓仙女由女仆簇拥,取花数枝,自云"曩有玉峰之期,自此行矣",遂升空而去,余香经月不散。 ⑤此所述鹤林花故事,见南唐沈汾所撰《续仙传·殷文祥》。上玄,即上天。阆苑,传说的昆仑山西王母居处之所。 ⑥引诗见《王司马集·宫词一百首》。太仪,指公主之母。药栽,本为种药栽花之意,用作名词,实指花苗。一窠,同"一棵"。

礼寺失职

唐开元中,封孔子为文宣王,颜子为兖公,闵子至子夏为侯,群弟子为伯。本朝祥符中,进封公为国公,侯为郡公,伯为侯①。绍兴二十五年,太上皇帝御制赞七十五首,而有司但具唐爵,故宸翰所标,皆用开元国邑②。其失于考据如此,今当请而正之可也。绍兴末,胡马饮江,既而自毙③,诏加封马当、采石、金山三水府④。太常寺按籍,系四字王,当加至六字;及降告命至其处,庙令以旧告来,则已八字矣;逐郡为缴回新命,而别易二美名以宠之。礼寺之失职类此。方完颜亮据淮上,予从枢密行府于建康,尝致祷大江,能令虏不得渡者,当奏册为帝⑤。洎⑥事定,朝廷许如约,朱丞相汉章⑦曰:"四渎当一体⑧,独帝江神,礼乎?"予曰:"惩劝之道,人神一也。彼洪河、长淮⑨,受国家祭祀血食不为不久,当胡骑之来如行枕席;唯大江滔滔天险,坐遏巨敌之冲,使其百万束手倒戈而退,此其灵德阴功,于河、淮何如?自五岳进册⑩之后,今蒋庙、陈果仁祠⑪亦称之,江神之帝于是为不忝矣⑫。"朱公终以为不可,亦仅改两字。吁,可惜哉!

[**注释**]①《宋史全文》大中祥符二年(1009):"五月朔,诏追封孔子弟子兖公颜回为国公,费侯闵损等九人为郡公,成伯曾参等六十二人为列侯。"此数项皆升格,如颜回由唐封的兖公进封兖国公、闵损由唐封的费侯进封琅琊郡公、曾参由唐封的郕伯改封瑕邱侯之类。 ②《咸淳临安志》卷十一录有宋高宗《御制宣圣七十二贤赞并序》原文,其所系爵位皆仍唐之旧封,如"闵损,字子骞,鲁人,赠费侯"之类。 ③自毙:指金朝皇帝海陵王完颜亮之死。南宋绍兴三十一年(1161),完颜亮率四路大军进攻南宋而屡受挫,最后在瓜州渡口(今江苏扬州古运河与长江交汇处)征战时,因金朝内乱及部下兵变被杀。 ④三水府:指自五代以来在扬子江上、中、下段所设祭祀江神的神庙,其封爵又称水府三官。上水府在马当山(在今江西彭泽境),中水府在采石山(在今安徽当涂境),下水府在金山(在今江苏镇江)。五代吴国乾贞初自上而下分封三水府为宁江王、定江王、镇江王,南唐保大中加字改封为广佑宁江王、济远定江王、灵肃镇江王,北宋大中祥符二年又改封福善安江王、顺圣平

江王、昭信泰江王。此皆二字、四字封号,至南宋时则又或加至六字、八字。　⑤奏册为帝:指上奏请进封大江之神,由王号加帝号。唐时封江神为广源公,北宋仁宗时晋封为广源王。　⑥洎:及,至。　⑦朱丞相汉章:即朱倬(1086—1163),字汉章,南宋绍兴末官至丞相。　⑧四渎:古人对长江、黄河、淮河、济水的称谓。　⑨洪河、长淮:指黄河、淮河。　⑩五岳进册:指五岳之神的进封。唐开元间封五岳为"王",北宋大中祥符二年皆晋封为"帝",凡东岳称天齐仁圣帝,南岳称司天昭圣帝,西岳称金天顺圣帝,北岳称安天元圣帝,中岳称中天崇圣帝。　⑪蒋庙、陈果仁祠:蒋庙,汉末秣陵尉蒋歆(字子文)的祠庙,相传三国时东吴孙权因其显灵,而为立庙于钟山(今南京紫金山),并改其山名为蒋山。南朝齐、梁之际曾先后封其神为钟山王、灵帝,自此而有"蒋帝"之称。陈果仁祠,隋末将领陈果仁的祠庙。其人生平及死事情节不详,据说曾为江东割据政权的司徒,后世江浙地区民间多有其祠庙。唐僖宗时先后封其神为忠烈公、忠烈王,吴越王钱镠时封福顺王,南唐保大末年封武烈帝。　⑫此句谓长江之神称帝,于五岳及蒋、陈之神皆无愧。

徐　凝　诗

　　徐凝以《瀑布》"界破青山"之句,东坡指为"恶诗"①,故不为诗人所称说。予家有凝集,观其余篇,亦自有佳处。今漫纪数绝于此。《汉宫曲》云:"水色帘前流玉霜,赵家飞燕侍昭阳。掌中舞罢箫声绝,三十六宫秋夜长。"《忆扬州》云:"萧娘脸下难胜泪,桃叶眉头易得愁。天下三分明月夜,二分无赖是扬州。"《相思林》云:"远客远游新过岭,每逢芳树问芳名。长林遍是相思树,争遣愁人独自行。"《瓿花》云:"一树梨花春向暮,雪枝残处怨风来。明朝渐校②无多去,看到黄昏不欲回。"《将归江外辞韩侍郎》云："一生所遇唯元、白，天下无人重布衣。欲别朱门泪先尽，白头游子白身归。"皆有情致，宜其见知于微之、乐天也。但俗子妄作乐天诗，缪为赏激，以起东坡之诮耳③。

[注释]①徐凝原句为"千古长如白练飞，一条界破青山色"，见《唐摭言·争解元》。苏轼有七绝诗，题云《世传徐凝〈瀑布诗〉云'一条界破青山色'，至为尘陋，又伪作乐天诗，称美此句有'赛不得'之语。乐天虽涉浅易，然岂至是哉？乃戏作一绝》，其后二句云："飞流溅沫知多少，不与徐凝洗恶诗。" ②校(jiào)：指计较落花之数。　③宋释惠洪《冷斋夜话·元章瀑布诗》："米芾元章豪放，戏谑有味，士大夫多能言其作止，有书名。尝大字书曰：'吾有《瀑布诗》，古今赛不得，最好是"一条界破青山色"。'人固以怪之。其后题云：'苏子瞻曰，此是白乐天奴子诗'。见者莫不大笑。"

梅花横参

今人梅花诗词多用"参横"①字，盖出柳子厚《龙城录》②所载赵师雄事。然此实妄书，或以为刘无言③所作也。其语云"东方已白……月落参横"，且以冬半④视之，黄昏时参已见，至丁夜⑤则西没矣，安得将旦而横乎？秦少游诗"月落参横画角哀，暗香消尽令人老"⑥，承此误也。唯东坡云"纷纷初疑月挂树，耿耿独与参横昏"⑦，乃为精当。老杜有"城拥朝来客，天横醉后参"之句，以全篇考之，盖初秋所作也⑧。

[注释]①参(shēn)横：指古代天文学上二十八宿之一的参星横斜，古人常以喻夜深。　②《龙城录》：记隋唐时帝王官吏、文人士子、市井人物等佚闻

异事之书,多如传奇小说。今本分上下卷,存四十余条。旧题唐柳宗元撰,后世多以为是宋人伪作。所载赵师雄事,见《赵师雄醉憩梅花下》条。文中有"天寒日暮""时已昏黑"等语,指其时在冬季。　③刘无言:即刘焘,字无言,北宋晚期词人、书法家,元祐进士,宣和末官至秘阁修撰,靖康之变时因擅离职守被劾致仕。按:宋人或又以为《龙城录》为王铚托撰。铚字性之,南宋初曾为湖南安抚司参议官。　④冬半:指夏历仲冬十一月中旬前后。　⑤丁夜:指夜晚四更天。古人将一夜分为五个时段,称一更、二更……五更,又称甲夜、乙夜……戊夜。句意指仲冬季节,参星在黄昏时候出现于东方,至四更时候西落,其时它不可能在早晨出现。　⑥秦观此诗见蔡正孙《诗林广记·后集》卷八,原题《和黄法曹忆建溪梅花》,并附有苏轼《和秦太虚梅花》诗。古代军营画角一般在黎明和黄昏时候吹奏,而秦观诗句的"暗香消尽"当是指夜深时,故洪迈以为所用"月落参横"乃承前人之误。　⑦苏轼此诗见《苏文忠公全集·东坡后集》卷四,题《再用前韵一首》(前诗为《十一月二十六日松风亭下梅花盛开一首》)。　⑧此所引杜甫诗句,见《杜工部集》卷十二《送严侍郎到绵州同登杜使君江楼》。按洪迈的理解,杜诗的"醉后参"亦指夜间,而这应是初秋时候的天象。

致 仕 之 失

大夫七十而致事,谓之得谢①,美名也。汉韦贤、薛广德、疏广、疏受②,或县安车以示子孙③,卖黄金以侈君赐④,为荣多矣;至于龚胜、郑弘⑤辈,亦诏策褒表,郡县存问,合于三代敬老之义。本朝尤重之,大臣告老,必宠以东宫师傅⑥,侍从耆艾⑦若晁迥、孙奭、李柬之⑧亦然。宣和以前,盖未有既死而方乞致仕者;南度⑨之后,故实散亡,于是朝奉、武翼郎⑩以上,不以内外高卑,率为此举。

其最甚而无理者,虽宰相辅臣考终⑪于位,其家发哀即服、降旨声钟给赙⑫既已阅日,方且为之告廷出命⑬,纶书⑭之中不免有亲医药、介⑮寿康之语,如秦太师、万俟丞相、陈鲁公、沈必先、王时亨、郑仲益是已⑯。其在外者,非易簀属纩,不复有请⑰;间千百人中有一二焉,则知与不知,骇惜其死,子弟游宦远地,往往饮泣不宁,谒急奔命,故及无事日,不敢为之⑱。绍兴二十九年,予为吏部郎,因轮对⑲奏言:"乞令吏部立法,自今日以往,当得致仕恩泽之人物故者,即以告所在州,州上省部,然后夷考其平生,非有赃私过恶于式有累者⑳,辄官其后人。若真能陈义引年或辞荣知止者㉑,乞厚其节礼,以厉风俗,贤于率天下为伪也。"太上览奏欣纳,曰:"朕记得此事之废方四十年,当如卿语。"既下三省,诸公多以为是,而首相汤岐公㉒独难之,其议遂寝㉓,今不复可正云。

[注释]①得谢:告老致仕之称。《礼记·曲礼上》:"大夫七十而致事,若不得谢,则必赐之几杖,行役以妇人,适四方乘安车,自称曰老夫。"郑玄注:"谢犹听也。君必有命劳苦辞谢之,其有德尚壮则不听耳。" ②韦贤、薛广德、疏广、疏受:韦贤(约前148—前67),西汉大臣,字长孺,宣帝时官至丞相。薛广德,字长卿,汉元帝时累官御史大夫,位至三公。疏广(?—前45),字仲翁,汉宣帝时太中大夫、太子太傅。疏受(?—前48),疏广之侄,亦位至太子太傅。 ③县安车以示子孙:"县"读作"悬"。安车,古代可以坐乘的一种小车。《汉书·薛广德传》载其晚年把皇帝所赐的安车悬挂起来,留给后世子孙,故"悬车"有荣退之意。 ④卖黄金以侈君赐:《汉书·疏广传》载其致仕后,常以皇帝、皇太子所赐黄金置办酒席,以宴请乡亲和宾客,而不欲广置家产,使子孙坐享其成而养成骄惰之习。 ⑤龚胜、郑弘:龚胜,见卷九《忠义出天资》条。郑弘(?—86),字巨君,东汉明帝时累迁尚书令,章帝时拜太尉。

⑥东宫师傅:指太子太师、太子太傅、太子太保及太子少师、太子少傅、太子少保,前者以待宰相,后者以待执政。　⑦侍从耆艾:指殿阁学士、待制、翰林学士及六部尚书、侍郎等侍从官中的老者。　⑧晁迥、孙奭、李柬之:(948－1031),字明远,宋真宗时以礼部尚书拜太子少保致仕。孙奭(962－1033),字宗古,宋真宗时以礼部尚书拜太子少傅致仕。李柬之(996－1073),字公明,宰相李迪之子,宋英宗时以工部尚书拜太子少保致仕。　⑨度:明刻本及《四库全书》本作"渡"。　⑩朝奉、武翼郎:宋代表示官员等级的阶官名。朝奉郎为北宋末文阶官共三十七阶的第二十二阶,武翼郎为北宋末武阶官共五十三阶的第四十二阶。　⑪考终:指尽天年而正常去世,犹寿终。　⑫发哀即服、降旨声钟给赙:指送丧尽哀及开始服丧,朝廷降旨准许寺院鸣钟以示哀悼,并赐以钱财以助丧。据《宋史·礼志》:"乾道三年七月九日,皇太子薨……禁行在音乐,仍命诸寺院声钟。""其后杨存中薨,孝宗令诸寺院声钟,仍赐水银、龙脑以敛。"又《金史·海陵母大氏传》载大氏崩,"禁乐一月,声钟七昼夜"。赙(fù),以钱物帮助办理丧事之称。　⑬为之告廷出命:指为死者发布致仕的诰命。告廷,本指布告廷臣,即发布文件之意。　⑭纶书:指皇帝诏书。　⑮介:通"丐",求。此用作祝愿之词。《一切经音义》引《通俗文》:"求愿曰丐。"⑯以上六人,秦太师,即秦桧(1090－1155),字会之,南宋高宗朝宰相。万俟丞相,即万俟卨(mò qí xiè)(1083－1157),字符忠,继秦桧为宰相。陈鲁公,即陈康伯(1097－1165),字长卿,高宗末、孝宗初宰相。沈必先,即沈与求(1086－1137),字必先,高宗绍兴初年官至参知政事。王时亨,即王刚中(1103－1165年),字时亨,孝宗初官至同知枢密院事。郑仲益,即郑闻(?－1174),字仲益,孝宗时官至参知政事。　⑰此处意指在地方为官者,不至病危而死则不复请求致仕。易箦属纩,将死或已死的讳称。古时在病人临终之前更换其寝席,称"易箦(zé)";用新丝絮放在其口鼻上,以试其是否还有气息,称"属纩"(zhǔ kuàng)"。　⑱以上意谓在成百上千的官员中,偶有一二人请求致仕,则不论是否知其人者,都惊骇痛惜其死,其游宦远方的子弟往往因此而哭泣不安,急忙告假奔命,所以其人在无病之时,便不敢请求致仕。间,间或,偶尔。谒,请求。　⑲轮对:宋代在京职事官自侍从以下,每五日轮一员上殿面见皇帝,奏对时政及提出建议,称"轮对",又称"次对"。　⑳赃私过

恶于式有累者:即贪污行为或其他罪过、于法令规定有污点牵累者。 ㉑陈义引年或辞荣知止者:指开陈义理,引据为官的年龄规定而主动求退,以辞官为荣而知足知止者。 ㉒汤岐公:即汤思退(1117－1164),字进之,南宋高宗末、孝宗初宰相。 ㉓寝:搁置,停止施行。

南班宗室

南班宗室①,自来只以本官奉朝请②。自隆兴以后,始带宫观使及提举。今嗣濮王、永阳、恩平、安定王以下皆然,非制也③。

[注释]①南班宗室:指皇朝宗室成员为环卫官者。宋承唐制,以左右金吾卫上将军、大将军、将军等十多项称号为环卫官,习称"南班",无职事,无定员,仅用作武臣赠典及安置武职闲散人员,并用以除拜宗室。南宋初多不除授,至孝宗隆兴间复置,许带宫观使、宫观副使及提举宫观等闲职。 ②奉朝请:宋代官员提举京城的某一宫观,或已免去职务而仍守本来寄禄官称者,有些人逢一、五日依旧可以朝见皇帝,称"奉朝请"。 ③此指宗室所封的濮王、永阳郡王、恩平郡王、安定郡王等,其世袭者都兼为宫观官,这不是原有的制度。

省郎称谓

除省郎者,初降旨挥①,但云"除某部郎官",盖以知州资序者当为郎中,不及者为员外郎②。及吏部拟告身细衔,则始直书之③。其兼权者,初云"权某部郎官";洎入衔及文书,皆曰"权员外郎",已是他部郎中则曰"权郎中"④。

至绍兴末,冯方以馆职摄吏部,欲为异,则系衔曰"兼权尚书吏部郎官"。予尝叩其说,冯曰:"所被省札,只言'权郎官',故不敢耳。"予曰:"省札中岂有'尚书'二字乎?"冯无以对,然讫不肯改⑤。自后相承效之,至今告命及符牒所书亦云"权郎官",固已甚野⑥;至于尚左、侍右之名,遂入除目,皆小吏不谙熟故事,驯以致然,书之记注为不美耳⑦。

[注释]①旨挥:同"指挥",公文名称,犹政府指令。 ②以上谓尚书省各部的郎中、员外郎初除时,上面发文只说"除某部郎官",而不具体指出是为郎中还是员外郎,因为人人都知道具有知州资历者即除郎中,低于知州资历者即除员外郎。 ③此二句意思是:等到吏部拟定任命书而需要填写具体官衔时,才直接写出其官衔为某部郎中或员外郎(即不能只省写为"郎官")。 ④以上意谓:其暂时代理者,最初发文亦只说"权某部郎官";及至任命书系衔以及在往来文书中署衔时,也要写明是"权某部员外郎",已经是他部郎中的就称"权某部郎中"。洎,及,至。 ⑤以上指绍兴末冯方以馆职兼权吏部员外郎时,欲使自己的系衔与他人不同,遂自书为"兼权尚书吏部郎官",不但只写"郎官"而不写"员外郎",而且在"吏部"二字上又添加"尚书"二字。洪迈为此提出疑问,冯方对"郎官"二字的解释是,尚书省的札子原只写作"权郎官",所以不敢改动;但对"尚书"二字,他无言以对,却又不肯改动。冯方,字符仲,绍兴十五年(1145)进士及第,三十年为吏部员外郎,转户部,擢兵部郎中。其为郎官与洪迈同时,隆兴北伐时二人又曾同为江淮督府参议官。 ⑥此指后来员外郎的系衔在各种公文中都写成"权郎官",与郎中无别,太俗气。 ⑦以上指郎官的除授,连"尚左""侍右"的称呼也挂到官衔上,都是吏人不熟悉旧规而循从习俗而造成的,写进起居注、时政记等史书材料中就显得不雅观。尚左,指尚书左选郎中,与尚书右选郎中并列,二者皆隶于吏部尚书。尚书左选掌铨注非中书敕授的文臣,尚书右选掌铨注非枢密院宣授的武臣。侍右,指侍郎右选郎中、员外郎,与侍郎左选郎中、员外郎并列,二者皆隶于吏部侍

郎。侍郎左选铨注自初仕至幕职州县官人员,侍郎右选铨注茶、盐、酒税与坑冶等事务官及中下级军官等。按:此处洪迈所称"尚左、侍右之名",实泛指尚书左右选、侍郎左右选诸名目。

水衡都尉二事

龚遂①为渤海太守,宣帝召之,议曹②王生愿从,遂不忍逆③。及引入宫,王生随后呼曰:"天子即④问君何以治渤海,宜曰'皆圣主之德,非小臣之力也'。"遂受其言。上果问以治状,遂对如王生言。天子悦其有让,笑曰:"君安得长者之言而称之?"遂曰:"乃臣议曹教戒臣也。"上拜遂水衡都尉⑤,以王生为丞。予谓遂之治郡,功效著明,宣帝不以为赏,而顾悦其佞词乎?宜其起⑥王成⑦胶东之伪也。褚先生⑧于《史记》中又载,武帝时召北海太守,有文学卒史⑨王先生自请与太守俱,太守入宫,王先生曰:"天子即问君何以治北海令无盗贼,君对曰何哉?"守曰:"选择贤材,各任之以其能,赏异等,罚不肖。"王先生曰:"是自誉自伐功,不可也。愿君对言'非臣之力,尽陛下神灵威武所变化也'。"太守如其言,武帝大笑曰:"安得长者之言而称之,安所受之?"对曰:"受之文学卒史。"于是以太守为水衡都尉,王先生为丞。二事不应相类如此,疑即龚遂,而褚误书也。

[注释]①龚遂:字少卿,汉宣帝时由渤海太守擢水衡都尉,卒于任。②议曹:汉代官署分曹治事的机构之一。俗又称谋曹,主于谋议与谏诤,皆以

儒生为之，无具体执掌。　③逆：指违背其意。　④即：若。　⑤水衡都尉：西汉时掌管上林苑及铸钱等事的官职。　⑥起：引导而致……　⑦王成：宣帝时为胶东相，甚有治声。宣帝最先下诏褒扬，赐爵关内侯，升秩中二千石，未及征用而病卒于任上。后丞相、御史奉诏察问郡国政令得失，或言其浮夸造假以增加政绩邀赏，从此俗吏多为虚名。事见《汉书・循吏・王成传》。⑦褚先生：即褚少孙，汉元帝、成帝时博士，曾因《史记》残缺而补之，所补在现存《史记》中称"褚先生曰"。　⑧文学卒史：吏人职名，以有文学者为之。西汉时郡国卒史初各有十人，后有增至二百人者。

程婴　杵臼

《春秋》于鲁成公八年书晋杀赵同、赵括①，于十年书晋景公卒，相去二年。而《史记》乃有屠岸贾欲灭赵氏，程婴、公孙杵臼共匿赵孤，十五年景公复立赵氏之说②。以年世考之，则自同、括死后，景公又卒，厉公立八年而弑，悼公立又五年矣③。其乖妄如是。婴、杵臼之事，乃战国侠士刺客所为，春秋时风俗无此也。元丰中，吴处厚④以皇嗣未立，上书乞立二人庙，访求其墓，优加封爵。敕令河东路访寻遗迹，得其冢于绛州太平县⑤，诏封婴为成信侯，杵臼为忠智侯，庙食于绛。后又以为韩厥⑥存赵，追封为公，三人皆以春秋祠于祚德庙。且自晋景公至元丰，千六百五十年矣，古先圣帝明王之墓尚不可考，区区二士岂复有兆域⑦所在乎？绛郡以朝命所访，姑指他丘垄⑧为之词以塞责耳。此事之必不然者也。处厚之书进御，即除将作丞，狃于出位陈言⑨，以得宠禄，遂有讦蔡新州十诗之事⑩,所获几何? 贻笑无极,哀哉!

[注释]①赵同、赵括:均为春秋时晋国大夫,前晋卿赵衰之子,赵盾异母弟,赵婴(又称赵婴齐)同母二兄,赵盾嗣子赵朔叔父。据《左传》所载,二人因赵婴私通赵朔之寡妻庄姬,遂放逐赵婴于齐国。至晋景公十七年(即鲁成公八年,前583),由于庄姬之谗害,二人同被杀。 ②《史记·赵世家》记载晋大夫屠岸贾擅与诸将攻赵氏于下宫,杀赵朔、赵同、赵括、赵婴齐,皆灭其族。赵朔妻有遗腹子,得赵朔门客程婴、公孙杵臼保护,得以不死,即后来的赵文子赵武。及赵武年十五,乃与程婴等族灭屠岸贾,复兴赵氏。此即由晋国旧事演化而出的《赵氏孤儿》故事,不合于《左传》所记。 ③按《史记》所载,赵氏下宫之难后十五年,晋景公仍在世;而据信史考证,其时已下及晋悼公五年(前568)。 ④吴处厚:字伯固,北宋皇祐进士。元丰四年(1081),以神宗屡丧皇子,遂上章援引赵氏孤儿故事,请为程婴、公孙杵臼立庙,由此得为将作监丞,后历大理寺丞、知州。 ⑤太平县:其地今入山西襄汾。 ⑥韩厥:即韩献子,春秋时晋国正卿,在赵氏孤儿故事中,被描述为阻止屠岸贾作乱的人物。 ⑦兆域:指墓地。 ⑧丘垄:指坟墓。 ⑨狃(niǔ)于出位陈言:习惯于越位上奏。 ⑩讦蔡新州十诗:指元祐中吴处厚告发诬陷前宰相、知安州蔡确事。蔡确在安州(今湖北安陆),曾作《游车盖亭》诗十首,吴氏以旧怨,指其五首语涉谤讪朝廷,并笺注奏上,制造文字狱,致使蔡确贬斥岭南新州(今广东新兴)。吴氏以此得知卫州,士大夫皆为之不齿。

战国自取亡

秦以关中之地,日夜东猎六国,百有余年,悉禽灭之。虽云得地利,善为兵,故四世①有胜,以予考之,实六国自有以致之也。韩、燕弱小,置不足论。彼四国者,魏以惠王而衰,齐以闵王而衰,楚以怀王而衰,赵以孝成王而衰,本于好兵贪地之故。魏承文侯、武侯之后，表里山河，大于三晋，诸侯莫能与之争；而惠王数伐韩、赵，志吞邯郸②，挫败于齐，军覆子死③，卒之为秦所困，国日以蹙，失河西七百里，去安邑而都大梁④，数世不振，讫于殄⑤国。闵王承威、宣之后，山东之建国莫强焉；而狃⑥于伐宋之利，南侵楚，西侵三晋，欲并二周⑦为天子，遂为燕所屠，虽赖田单之力得复亡城⑧，子孙沮气，孑孑⑨自保，终堕秦计，束手为虏。怀王贪商於六百里，受诈张仪，失其名都，丧其甲士，不能取偿，身遭囚辱以死⑩。赵以上党之地代韩受兵，利令智昏，轻用民死，同日坑于长平者过四十万，几于社稷为墟，幸不即亡，终以不免⑪。此四国之君，苟为保境睦邻，畏天自守，秦虽强大，岂能加我哉？

[注释]①四世：指秦昭王、孝文王、庄襄王及秦王政（秦始皇）四世。②邯郸：战国时赵国都城。　③军覆子死：指魏惠王二十九年（前341），魏、齐马陵之战，魏军大败，大将庞涓被杀，太子申亦被俘死。　④"去安邑"句：指魏国为秦所逼，自安邑（在今山西夏县境）迁都大梁（今河南开封）。今本《竹书纪年》记在周显王四年（前365），当魏惠王五年，下距马陵之战尚有二十余年。　⑤殄：灭。　⑥狃：贪图。　⑦二周：指战国后期由周王室分化而来的西周、东周两个小国。　⑧公元前284年，乐毅率五国兵攻齐时，田单坚守即墨不下，后用火牛阵大破取代乐毅的燕大将骑劫之兵，收复被占领城邑，战后迎立齐襄王，自为国相。　⑨孑孑：孤立无援之貌。　⑩以上楚事参见卷九《陈轸之说疏》条。　⑪以上赵事，指长平之战后，赵国即一蹶不振。

临敌易将

临敌易将，固兵家之所忌。然事当审其是非，当易而不易,亦非也。秦以白起易王龁而胜赵①,以王翦易李信而灭楚②,魏公子无忌易晋鄙而胜秦③,将岂不可易乎?燕以骑劫易乐毅而败④,赵以赵括易廉颇而败⑤,以赵葱易李牧而灭⑥,魏使人代信陵君将亦灭⑦,将岂可易乎?

[**注释**]①秦、赵长平之战前期,秦军主将为王龁,赵军主将为廉颇,两军相持数年。及秦闻赵国以赵括代廉颇,遂秘密以白起代王龁为主将,而使王龁为裨将,一举大破赵兵。 ②秦王政二十三年(前224),不用老将王翦之计,以年轻气盛的李信将兵攻楚,大败。秦王复请王翦出山代李信,持重用兵,次年灭楚。 ③此即信陵君窃符救赵故事。魏安厘王二十年(前257),秦围赵都邯郸,赵求救于魏,魏将军晋鄙率十万大军不敢进。情急之下,信陵君魏无忌窃得兵符,矫王命杀晋鄙,夺取兵权,选兵八万进击秦军,秦军解去。 ④乐毅率五国兵攻齐时,连下七十余城,几至灭齐。后燕王中齐反间计,以骑劫取代乐毅为统帅,终至大败。 ⑤长平之战,赵以只会"纸上谈兵"的赵括取代老将廉颇为主将,其数十万大军旋即被秦人全歼。 ⑥秦王政十八年(前229)以王翦攻赵,赵国老将李牧持重坚守。赵王迁中秦反间计,以赵葱代李牧,李牧以不从命被杀。王翦旋破杀赵葱,虏赵王迁。 ⑦信陵君窃符救赵后,留居赵国十余年。后回国为上将军,联合诸国兵破秦,名动天下。晚年为魏王所疑,被削除兵权,魏亡之势已无可挽回。

司空表圣诗

东坡称司空表圣①诗文高雅,有承平之遗风。盖尝自列其诗之有得于文字之表者二十四韵,恨当时不识其妙。又云:"表圣论其诗,以为得味外味,如'绿树连村暗,黄花入麦稀',此句最善。又'棋声花院闭,幡影石坛高',吾尝独入白鹤观,松阴满地,不见一人,惟闻棋声,然后知此句之工。但恨其寒俭有僧态。"② 予读表圣《一鸣集》,有《与李生论诗》一书,乃正坡公所言者。其余五言句云:"人家寒食月,花影午时天。""雨微吟足思,花落梦无憀③。""坡暖冬生笋,松凉夏健人。""川明虹照雨,树密鸟冲人。""夜短猿悲减,风和鹊喜灵。""马色经寒惨,鹏声带晚饥。""客来当意惬,花发遇歌成。"七言句云:"孤屿池痕春涨满,小栏花韵午晴初。""五更惆怅回孤枕,犹自残灯照落花。"皆可称也。

[注释]①司空表圣:即晚唐诗人司空图(837—908),字表圣,咸通十年(869)进士及第,历官礼部郎中。僖宗时拜知制诰、中书舍人,后避世隐居。昭宗时累召为户部、兵部侍郎,不奉诏。后梁建,召为礼部尚书,亦以老朽辞。及唐哀帝被弑,绝食而死。 ②引文见《东坡志林》。"吾尝独"三字下,原文有"游五老峰"四字,指今江西庐山五老峰。苏轼有《观棋》一诗,述其入寺"不闻人声,时闻落子"。 ③无憀(liáo):今写作"无聊",精神无寄托之意。

汉 丞 相

汉丞相或终于位,或免就国,或免为庶人,或致仕,或以罪死,其复召用者,但为光禄大夫或特进,优游散秩,未尝有除他官者也;御史大夫,则间为九卿、将军。东汉则大不然。始于光武时,王梁①罢大司空而为中郎将;其后三公去位,辄复为大夫列卿,如崔烈②历司徒、太尉之后,乃为城门校尉,其体貌③大臣之礼亦衰矣。

[注释]①王梁(? —38):字君严,东汉云台二十八将之一,建武二年

(26),以不遵诏令罢大司空,旋为中郎将兼执金吾事。 ②崔烈(？－192)：字威考,汉灵帝时幽州名士,以捐金五百万,得为司徒,后改太尉。献帝时,以其子参与讨董卓,被董卓下狱。及董卓被诛,出狱为城门校尉,不久以董卓旧将破长安,战死。 ③体貌：同"礼貌",敬重之意,"体"通"礼"。

册礼不讲

唐封拜后妃王公①及赠官②,皆行册礼。文宗大和四年,以裴度守司徒平章重事,度上表辞册命,其言云："臣此官已三度受册③,有觍面目④。"从之。然则唐世以为常仪,辞者盖鲜⑤。唯国朝以此礼为重,自皇后、太子之外,虽王公之贵,率一章乞免即止⑥,典礼益以不讲,良为可惜。

[注释]①后妃王公：指皇后、皇妃、宗王、国公。 ②赠官：指后妃及王公大臣除拜而追授其父母、祖父母官爵。 ③三度受册：指唐文宗即位后,裴度以元老拥立之功,先是加门下侍郎晋位特进,又加守司徒、同中书门下平章事,及其引退,又特加平章军国重事。 ④有觍面目：语出《诗经·小雅·何人斯》,原指鬼蜮愧对人面,后世用为表示惭愧的典故。觍,同"腼",愧。 ⑤句意指唐代此类册封为常,人不以为重,故少有人推辞不受。鲜,少。 ⑥率一章乞免即止：指大抵一上章示谦请求辞免,朝廷即停止封赠。

卷十一

将帅贪功

　　以功名为心,贪军旅之寄,此自将帅习气,虽古来贤卿大夫,未有能知止自敛者也。廉颇既老,饭斗米、肉十斤,被甲上马,以示可用,致困郭开之口,终不得召①。汉武帝大击匈奴,李广数自请行,上以为老,不许,良久乃许之,卒有东道失军之罪②。宣帝时先零羌反,赵充国年七十余,上老之,使丙吉问谁可将,曰"无逾于老臣者矣",即驰至金城,图上方略,虽全师制胜,而祸及其子卬③。光武时五溪蛮夷畔,马援请行,帝愍其老,未许,援自请曰"臣尚能被甲上马",帝令试之,援据鞍顾眄,以示可用,帝笑曰"矍铄哉,是翁也",遂用为将,果有壶头之厄④。李靖为相,以足疾就第,会吐谷浑寇边,即往见房乔,曰"吾虽老,尚堪一行",既平其国,而有高甑生诬罔之事,几于不免;太宗将伐辽,召入谓曰:"高丽未服,公亦有意乎?"对曰:"今疾虽衰,陛下诚不弃,病且瘳矣。"帝悯其老,不许⑤。

郭子仪年八十余,犹为关内副元帅、朔方河中节度,不求退身,竟为德宗册罢⑥。此诸公皆人杰也,犹不免此,况其下者乎?

[注释]①廉颇事见《史记》本传。公元前245年,赵孝成王卒,悼襄王继位,削除廉颇兵权,廉颇怒而奔魏,时其年寿已八十余。久之,赵王欲复用廉颇,使人探视其状况,廉颇以大饭量、身体强健示之,而赵王信其仇人郭开之谗言,终不召。稍后廉颇至楚,约于前243年死于寿春(今安徽寿县)。 ②汉武帝于元狩四年(前119),发动漠北之战攻匈奴。时李广已六十余岁,屡次请行,遂被命为前将军。出塞后领东道兵,因迷失道路,丧失军机,惧再被治罪受辱,愤愧自杀。事见《史记·李将军列传》。 ③据《汉书·赵充国传》,充国以老年奉命经营西域,功勋卓著,其子赵卬(áng)以右曹中郎将率羽林军勇士等为部属。宣帝末,对充国不满的酒泉太守辛武贤诬陷赵卬漏泄禁中语,致其下狱自杀。 ④马援事见《后汉书》本传。援字文渊,东汉初历官陇西太守、虎贲中郎将、伏波将军,建武二十四年(公元48),以六十二岁高龄,自请领兵平定武陵五溪部族反叛。次年进至壶头山(在今湖南沅陵东北),值暑热,遇疾疫病死。 ⑤以上李靖事皆见新、旧《唐书》本传。贞观九年(635),李靖以六十五岁高龄远征吐谷浑,后曾被因贻误军机而受其责备的利州刺史高甑生诬以谋反。 ⑥《旧唐书·郭子仪传》:"德宗即位,诏还朝,摄冢宰,充山陵使,赐号尚父,进位太尉、中书令……所领诸使、副元帅并罢。"

汉二帝治盗

汉武帝末年,盗贼滋①起,大群至数千人,小群以百数。上使使者衣绣衣持节,虎符发兵以兴击②,斩首大部,或至万余级。于是作沈命法③,曰:"群盗起,不发觉、觉而弗捕满品④者,二千石以下至小吏,主者皆死。"其后小吏畏诛,虽有盗,弗敢发,恐不能得⑤;坐课累府⑥,府亦使不言。故盗贼寖多,上下相为匿,以避文法⑦焉。光武时,群盗处处并起,遣使者下郡国,听群盗自相纠擿⑧,五人共斩一人者除其罪。吏虽逗留、回避、故纵者,皆勿问,听以禽讨为效⑨。其牧守令长,坐界内有盗贼而不收捕者,及以畏愞⑩捐城委守⑪者,皆不以为负⑫,但取获贼多少为殿最⑬,唯蔽匿者乃罪之。于是更相追捕,贼并解散。此二事均为治盗,而武帝之严,不若光武之宽,其效可睹也

[注释]①滋:愈益,更加。 ②兴击:指镇压造反者有如"军兴"(因战争而动用军队)。 ③沈命法:"沈"即"沉"字。汉武帝末年,土地兼并严重,大批失地农民因沦为流民或奴婢而群起反抗,武帝遂下令,凡太守以下大小官吏(即下述"二千石以下"),若对辖区内的造反者不能及时发觉及镇压,则处以死刑,时称沉命法。《汉书·咸宣传》注引应劭曰:"沈,没也,敢蔽匿盗贼者没其命也。"一说"沈"指藏匿,"命"指逃亡,沉命法即指处置隐匿和逃亡盗贼的办法。 ④满品:指各级官吏按品级所应达到的捕获造反者的人数,达到规定捕获人数的称满品,否则即不满品。 ⑤得:捕获。 ⑥坐课累府:指连坐法的考核累及郡国官府。 ⑦文法:指繁琐苛细的法令条文。按:以上文字见《汉书·酷吏·咸宣传》。 ⑧纠擿:检举揭发。 ⑨以禽讨为效:以擒获人数的多少为绩效。 ⑩愞:同"懦"。 ⑪捐城委守:捐、委,意皆同"弃"。 ⑫负:指失职。 ⑬殿最:指优劣等级。最优者为"最",最差者为"殿(后)"。按:此述光武时事,见《后汉书·光武纪下》建武十五年(公元39)。

汉唐封禅

汉光武建武三十年,车驾东巡,群臣上言"即位三十年,宜封禅泰山"。诏曰:"即位三十年,百姓怨气满腹。

吾谁欺？欺天乎？①……何事汙七十二代之编录②！……若郡县远遣吏上寿,盛称虚美,必髡令屯田③。"从此群臣不敢复言。后二年,上斋④,夜读《河图会昌符》,曰"赤刘之九,会命岱宗"⑤,感此文,乃诏梁松等按索《河雒》谶文言九世封禅事者,遂奏三十六事⑥,于是求武帝元封故事⑦,以三月行封禅礼⑧。唐太宗贞观五年,群臣以四夷咸服,表请封禅,诏不许。六年,复请,上曰:"卿辈皆以封禅为帝王盛事,朕意不然。若天下乂安,家给人足,虽不封禅,庸何伤乎？昔秦始皇封禅,而汉文帝不封禅,后世岂以文帝之贤不及始皇邪？且事天扫地而祭,何必登泰山之颠,封数尺之土,然后可以展其诚敬乎？"⑨已而欲从其请,魏郑公独以为不可,发六难以争之,至以谓"崇虚名而受实害"。会河南北大水,遂寝。十年,复使房乔裁定其礼,将以十六年二月有事于泰山,会星孛太微⑩而罢。予谓二帝皆不世出盛德之主,灼知⑪封禅之非,形诸诏告,可谓著明。然不能几时,自为翻覆,光武惑于谶记,太宗好大喜名,以今观之,盖所以累善政耳。

[注释]①二"欺"字句:语出《论语·子罕》,本指未尝欺人、欺天,此借指对于百姓之"怨气满腹"无避讳。　②"何事"句:意指何必有汙于自古以来的封禅大典。七十二代之编录,指传说的封禅记录。《管子·封禅》篇载"古者封泰山、禅梁父者七十二家,而夷吾所记者十有二"。《庄子》逸文亦称"易姓而王,封于泰山、禅于梁父者七十有二代"。汙,同"污"。按诏书之意,天下尚有民怨而未臻于大治,此时行封禅则不免于玷污其礼。　③句意指如果郡县远道派人到朝廷给皇帝祝寿,用虚美不实之词盛称太平,必加以髡刑使之去屯田。髡(kūn),古代剃去男子头发的刑罚。　④上斋:指皇上行礼时的斋戒。　⑤此八字谶文,意谓刘汉政权适逢九世,当封禅泰山。命,犹"封"。岱

宗,指泰山。史称光武帝刘秀为汉高祖刘邦九世孙,故谶书有此附会。　⑥句意指光武帝命梁松等人检索谶纬书中言及九世封禅的文字,凡得三十六条而奏进之。梁松(？—61),字伯孙,光武帝女婿,历虎贲中郎将。光武临终时受遗诏辅政,迁太仆,后以怨望下狱死。《河雒》,指谶纬书《河洛图记》。　⑦元封故事:指汉武帝元鼎七年(前110)四月封禅泰山之事。是年因此而改元元封,自十月为元年。　⑧上述文字皆见《后汉书·祭祀志上》。　⑨此处引文见《资治通鉴·唐纪》贞观六年正月。乂安,治安、安定。庸,岂。下述魏徵谏阻事同见,房乔等事分见贞观十一年、十五年。　⑩星孛太微:指彗星出现在太微垣(古代天文学上称之为"天庭")。　⑪灼知:明知。

汉《封禅记》

　　应劭①《汉官仪》载马第伯②《封禅仪记》,正纪建武东封事,每称天子为国家。其叙山势峭崅、登陟劳困之状极工,予喜诵之。其略云:"是朝上山骑行,往往道峻峭下骑③,步牵马,乍步乍骑且相半。至中观④留马……仰望天关⑤,如从谷底仰观抗峰⑥。其为高也,如视浮云;其峻也,石壁窅窱⑦,如无道径。遥望其人,端如行朽兀,或为白石,或雪久之白者,移过树乃知是人也⑧。殊不可上,四布僵卧石上⑨……亦赖赍酒脯,处处有泉水,复勉强相将⑩。行⑪到天关,自以已至也,问道中人,言尚十余里。其道旁山胁⑫……仰视岩石松树,郁郁苍苍,若在云中。俛视谿谷碌碌⑬,不可见丈尺……直上七里,赖其羊肠透迤,名曰环道,往往有絙索⑭,可得而登也。两从者扶挟,前人相牵,后人见前人履底⑮,前人见后人顶,如画⑯……

初上此道,行十余步一休;稍疲,咽唇燋⑰,五六步一休。牒牒据顿地⑱,不避暗湿;前有燥地,目视而两脚不随。"又云:"封毕,诏百官以次下,国家随后……道迫小⑲……步从匍匐邪上⑳,起近炬火㉑,止亦骆驿㉒。步从触击大石,石声正讙㉓,但讙石无相应和者,肠不能已,口不能默㉔……明日,太医令问起居,国家云:'昨上下山,欲行,迫前人;欲休,则后人所蹈。'道峻危险……国家不劳。"又云:"东山名曰日观㉕,鸡一鸣时见日。始欲出,长三丈所㉖,秦观者望见长安,吴观者望见会稽,周观者望见齐㉗。"凡记文之工悉如此,而未尝见称于昔贤,秦、吴、周"三观"亦无曾用之者。今应劭书脱略,唯刘昭补注《东汉志》仅有之,亦非全篇也。

[注释]①应劭(约153—196):字仲瑗,东汉桓帝时官至司隶校尉,所著《汉官仪》,汇集两汉典章制度,今有清人孙星衍辑本。 ②马第伯:生平不详,仅据所撰《封禅仪记》,知其为东汉初年人,曾为光武帝侍从官。其《封禅仪记》见《后汉书·祭祀志上》刘昭补注,但文字不全,后世所引多残碎。明人所编《文章辨体彙选》及《东汉文纪》录有《补订建武封禅仪记》,每有异字,清孙星衍辑《续古文苑·封禅仪记》又有校订。严可均辑《全上古三代秦汉三国六朝文》所收亦有据己意更定之处。 ③下骑:一作"不骑"。 ④中观:即今泰山中天门处。《封禅仪记》原文下有"去平地二十里,南向极望无不覩"十三字。 ⑤天关:即今泰山南天门。 ⑥抗峰:高峰。抗,通"亢"。 ⑦宫窣:同"窈窱""杳窱",深邃之貌。 ⑧"遥望"以下意思是:远望登山的人,真像是行走的朽木在动,也有的像白色的石头,还有的像下雪时间长了变白的,待其转过树木才知道是人。兀,通"扤",动。为,意同"若"。 ⑨此二句意指实在走不动而不能上攀的时候,就展布四肢僵着身子在石头上躺一会儿。《封禅仪记》原文下有"有顷复苏"四字。 ⑩相将:相随。 ⑪行:将。 ⑫山胁:指山峡。《封禅仪记》原文下有"大者广八九尺,狭者五六尺"十一字。 ⑬碌

碌:多石之貌。　⑭綆(gēng)索:粗绳索。　⑮厎:载籍所录皆作"底"。　⑯如画:《封禅仪记》原文下有"重累人矣,所谓磨胸捏石,扣天之难也"十五字。全句意谓:两人前后相随而互相扶持的,前人牵着后人,后人能看见前人的鞋底,前人能看见后人的头顶,就像绘画中画的重叠的人,所谓胸部擦着山崖,双手捏住石头,真是难如摸天。　⑰咽唇燋:犹言口干舌燥。燋,同"焦"。⑱牒牒据顿地:牒牒,同"迭迭",频频。顿地,可停顿之地。下句"暗湿",他书皆作"湿暗"。　⑲道迫小:此三字上下文,《封禅仪记》原作:"国家随后,数百人维持,行相逢推,百官连延二十余里。道多迫小,深谿高岸数百丈。"下接"步从匍匐"。国家,指天子。逢推,指迎导前面的人,督送后面的人。　⑳匍匐邪上:指手脚并用,匍匐着身子,迤逦上道。邪,古亦作"衺",通"迤"。《说文》:"迻,迻迤,衺去之貌。"《广雅·释训》:"委蛇,迻衺也。""上"字,《续古文苑》校改为"下",未说明依据。　㉑起近炬火:点燃相近的火炬。时已至夜晚。《续古文苑》改"起近"为"近起",依文意可以不改。　㉒止亦骆驿:停下来亦络绎不绝。骆驿,同"络绎"。　㉓触击大石,石声正讙:触碰和敲击大石头,大石发声时,也正是人声喧哗的时候。讙,喧哗。　㉔"但"字下意思是:总是因各种石头的声音没有相互应和的而喧哗,所以羊肠小道走不完,众人之口就不能沉默。按:句中"无"字,《汉官仪》辑本卷下及《东汉文纪》《续古文苑》等皆作"见"。疑《封禅仪记》原作"无见",后人传抄遂各取一字。作"无"字仍是"无见"之意,作"见"字则句意即变成喧哗因石声相互应和而起。　㉕日观:即今泰山日观峰(台)处。古称介丘岩,在玉皇顶东南,因观日出而闻名。　㉖三丈所:即三丈许,"所"通"许"。　㉗此所称"三观"意思是:西望秦地可以看到长安,南望吴地可以看到会稽,向四周瞭望可以看到齐鲁各地。后世所传唯重前两项,谓西可望秦,南可望越,故日观峰又称秦观峰、越观峰。

杨 虞 卿

刘禹锡有《寄毗陵杨给事》诗云:"曾主鱼书[①]轻刺史,

今朝自请左鱼来②。青云直上无多地,却要斜飞取势回。"以其时考之,盖杨虞卿③也。案唐文宗大和七年,以李德裕为相,与之论朋党事。时给事中杨虞卿、萧澣④、中书舍人张元夫⑤依附权要,上干执政,下挠有司,上闻而恶之,于是出虞卿为常州刺史,澣为郑州刺史,元夫为汝州刺史,皆李宗闵客也。他日,上复言及朋党,宗闵曰:"臣素知之,故虞卿辈臣皆不与美官。"德裕曰:"给事中、中书舍人非美官而何?"宗闵失色。然则虞卿之刺毗陵⑥,乃为朝廷所逐耳。禹锡犹以为自请,诗人之言,渠⑦可信哉?

[注释]①鱼书:指古代朝廷任免州郡长官时所赐颁的鱼符和敕书。鱼符,参见卷三《典章轻废》条注。　②左鱼:即鱼符的左片。宋王楙《野客丛书·郡守左符》:"唐故事,以左鱼给郡守,以右鱼留郡库,每郡守之官,以左鱼合郡库之右鱼,以此为信。"　③杨虞卿(?－835):字师皋,唐元和间进士,长庆中历官吏部员外郎,太和中以依附李宗闵,累拜给事中,时与萧澣、张元夫并被指为宗闵党的"党魁"。李德裕知政事,出之为常州刺史。及宗闵再入相,召其为工部侍郎,转京兆尹,不久以朋党贬虔州司马,再贬司户卒。　④萧澣(?－836):元和二年(807)进士第一,历官金部郎中,太和中累拜给事中,出为郑州刺史,再召刑部侍郎,贬遂州司马卒。　⑤张元夫:大和初历兵部郎中、知制诰,迁中书舍人,出为汝州刺史,后事未详。　⑥毗陵:晋以后郡名,治今江苏常州。　⑦渠(jù):通"讵",岂。

《屯》《蒙》二卦

《屯》《蒙》二卦,皆二阳而四阴①。《屯》以六二乘初九之刚,《蒙》以六三乘九二之刚,而《屯》之爻曰"女子贞不字,十年乃字"②,《蒙》之爻曰"勿用取女,见金夫,不有躬"③,其正邪不同如此者。盖《屯》二居中得正,不为初刚所诱,而上从九五,所以为贞;《蒙》三不中不正,见九二之阳,悦而下从之,而舍上九之正应,所以勿用。士之守身居世,而择所从所处,尚监兹哉④!

[注释]①《周易》的《屯》卦之六爻,自下而上,初九(第一爻)、九五(第五爻)为阳爻,其余为阴爻;《蒙》卦则九二(第二爻)、上九(第六爻)为阳爻,其余为阴爻。阳爻性刚,阴爻性柔。按传统称呼,凡阳爻则在位数上加"九",阴爻则在位数上加"六"。如同是第一爻,若是阳爻则称"初九",若是阴爻则称"初六";同是第二爻,若是阳爻则称"九二",若是阴爻则称"六二"。其余可以类推,而最上面一位称"上九"或"上六"。 ②此处引文九字为《屯》卦的六二爻辞,大意谓六二位的阴爻所代表的女子守贞守正,不爱初九位的阳爻所代表的男子,她要过10年走出艰难之后才会有爱。按下文洪迈的理解,这是由于六二爻处于全卦下面三爻的正中,得正位,其目标是经过艰难的运行而从上面的九五爻,而不为初九爻所诱惑,所以爻辞称女子曰"贞"。字,旧时女子出嫁之称。 ③此处引文十字为《蒙》卦的六三爻辞,大意谓六三位的阴爻所代表的女子不庄重,见到初九位的阳爻所代表的有钱的男子就不爱惜自己的身体,这样的女子不能娶。同样是阴爻在阳爻上,而《屯》《蒙》二卦的评价如此不同。按下文洪迈的理解,这是由于后者的六三爻不处在中位、正位,见到九二爻就主动喜欢上,而舍弃了与此爻正对而相应的上九爻,所以爻辞说"勿用取女"。取,通"娶"。 ④洪迈此条的用意,是说士人立身处世也可以此为鉴,要善择所从所处。监,指鉴戒。

汉诽谤法

汉宣帝诏群臣议武帝庙乐,夏侯胜曰武帝"竭民财力,奢泰无度,天下虚耗,百姓流离","赤地数千里","亡德泽于民,不宜为立庙乐",于是丞相、御史劾奏胜非议诏书、毁先帝,不道,遂下狱,系再更冬,会赦乃得免①。章帝时,孔僖、崔骃游太学,相与论武帝始为天子,"崇信圣道","及后恣己,忘其前善",为邻房生告其诽谤先帝,刺讥当世,下吏受讯,僖以书自讼,乃勿问②。元帝时,贾捐之论珠厓事,曰武帝"籍兵厉马",攘服夷狄,"天下断狱万数","寇贼并起,军旅数发,父战死于前,子斗伤于后,女子乘亭障,孤儿号于道,老母寡妇饮泣巷哭……是皆廓地泰大,征伐不休之故也"③。考三人所指武帝之失,捐之言最切,而三帝或罪或否,岂非夏侯非议诏书,僖、骃诽谤,皆汉法所禁,如捐之直指其事,则在所不问乎?

[注释]①夏侯胜反对立武帝庙乐事见《汉书》本传。其上书在宣帝本始二年(前72)五月,时为长信少府(皇太后师傅),与丞相长史黄霸并被下狱。二人在狱中经过两冬,讲学不辍,至四年夏因关东大地震被赦免。 ②孔僖、崔骃议论武帝事见《后汉书·儒林·孔僖传》。孔僖(?—88),字仲和,孔子十九代孙。其被告大逆不道事,以上书自辩得免,后历兰台令史、郎中、临晋县令。崔骃(?—92),字亭伯,少游太学时与班固、傅毅齐名,和帝初年曾在外戚窦宪幕府为主簿,后被疏远,弃官归,恣己,自我放纵。邻房生,指太学邻近学舍的生员。 ③贾捐之论珠厓事见《汉书》本传,参见本书卷二《汉采众议》条。乘亭障,指登上边塞要地戍守的堡垒。饮泣巷哭,指聚集在里巷中哭泣。廓地泰大,扩张土地太广。

谊、向触讳

贾谊上疏文帝,曰"生为明帝,没为明神","使顾成之庙称为太宗①,上配太祖,与汉亡极②","虽有愚幼不肖之嗣,犹得蒙业而安③","植遗腹、朝委裘而天下不乱④";又云"万年之后,传之老母弱子"。此既于生时谈死事,至云"传之老母",则是言其当终于太后之前;又目其嗣为"愚幼不肖",可谓指斥,而帝不以为过,谊不以为疑。刘向上书成帝谏王氏事,曰"王氏与刘氏且不并立","陛下为人子孙,守持宗庙,而令国祚移于外亲,降为皂隶⑤,纵不为身,奈宗庙何"?又云"天命所受者博,非独一姓"。此乃于国存时说亡语,而帝不以为过,向不以为疑;至乞"援近宗室"⑥,几于自售⑦,亦不以为嫌也。两人皆出于忠精至诚,故尽言触忌讳而不自觉。文帝以宽待下,圣德固尔,而成帝亦能容之,后世难及也。

[注释]①此条首数句指贾谊上《治安策》,希望汉文帝因天下大治,生时为英明皇帝,谢世后为显赫神灵,使自己的宗庙成为上配太祖的太宗之庙。顾成之庙,汉文帝即位四年(前176)自作的死后供祭祀的庙室,名曰"顾成"。其遗址当在今陕西长安县东。《汉书·景帝纪》元年冬十月:"丞相臣嘉(申屠嘉)等奏曰:'……世功莫大于高皇帝,德莫盛于孝文皇帝。高皇帝庙宜为帝者太祖之庙,孝文皇帝庙宜为帝者太宗之庙。天子宜世世献祖宗之庙,郡国诸侯宜各为孝文皇帝立太宗之庙……'制曰'可'。" ②与汉亡极:意指文帝美誉与汉祚共存,永无尽时。 ③此二句意指,文帝既已奠立皇朝长治久安的纲纪大法,后来即使有愚昧、年幼或不肖者嗣位,仍然能够守成法继承祖业而安治天下。蒙,继承。 ④此二句意指,即使皇位的传承尚待遗腹子出生,而暂时尚无天子即位,天下也不会乱。植遗腹,指先帝临终无嗣,遗嘱以遗腹子继位。朝委裘,犹言暂无天子即位,朝堂之上权且置放先帝的衣冠供祭奠,以代天子之位。按:此为假设之词,以喻天子传位不可预知的特殊情况。 ⑤皂隶:以官府衙门的差役喻指地位的低下。 ⑥援近宗室:援引和亲近宗室皇亲。 ⑦几于自售:几乎是自己兜售自己(犹自荐)。按:以上指刘向上

书成帝而谏言王莽篡权事,其语皆见《汉书·刘向传》。以人情言之,贾谊、刘向之语均多触避讳。

小 贞 大 贞

人君居尊位,倒持太阿①,政令有所不行,德泽有所不下,身为寄坐②,受人指麾,危亡之形且立至矣。故《易》有"屯其膏,小贞,吉;大贞,凶"之戒③,谓当以渐而正之。说者多引鲁昭公、高贵乡公为比④,予谓此自系一时国家之隆替、君身之祸福,盖有刚决而得志、隐忍而危亡者,不可一概论也。汉宣帝之诛霍禹,和帝之诛窦宪,威宗之诛梁冀,魏孝庄之诛尔朱荣,刚决而得志者也⑤;鲁昭公之讨季氏,齐简公之谋田常,高贵乡公之讨司马昭,晋元帝之征王敦,唐文宗之谋宦者,潞王之徙石敬瑭,汉隐帝之杀郭威,刚决而失者也⑥。若齐郁林王知鸾之异志,欲取之而不能⑦;汉献帝知曹操之不臣,欲图之而不果;唐昭宗知朱温之必篡,欲杀之而不克:皆翻⑧以及亡,虽欲小正之,岂可得也?

[注释]①倒持太阿(ē):倒拿着剑,把剑柄给别人。喻以权柄授人。太阿,古时宝剑名。 ②为寄坐:处客人座位。喻不为主人,无主导权。 ③引文为《周易·屯(zhūn)》卦九五爻辞,大意谓《屯》卦下震上坎,象阳陷阴中,贞卜小事则吉,贞卜大事则凶。按:古人讲"贞"为"正",故下谓"渐而正之",即正其事要由小渐大,循序而进。洪迈即取"纠正""拨正"之意。屯其膏,或从字面作解,指囤聚油膏而不能博施,以喻艰难之时。 ④此句指春秋末鲁昭公急于讨伐执政贵族季孙氏而事败被逐,曹魏末高贵乡公曹髦急于除去权臣

司马昭而事败被弑。 ⑤以上指西汉宣帝诛权臣霍禹,东汉和帝诛外戚窦宪,桓帝诛外戚梁冀,北魏末孝庄帝诛权臣尔朱荣,皆刚毅果决而得以实现其意图。尔朱荣(493—530),字天宝,史载其为"契胡"人,或说即羯人隶属北匈奴者。北魏末为"契胡"酋长,扩张其势力至大军阀,挟制朝廷,残忍凶暴,河阴之变曾滥杀鲜卑宗室及朝廷百官千余人,后被孝庄帝设计杀死。 ⑥以上指鲁昭公讨季氏,齐简公欲诛左相田常,高贵乡公讨司马昭,晋元帝征叛臣王敦,唐文宗谋诛宦官,后唐潞王李从珂(即后唐末帝)欲解除大将石敬瑭兵权而徙其职,汉隐帝刘承祐欲谋杀大臣郭威(即后周太祖),虽皆刚毅果决而最终失败。 ⑦此指南朝齐末郁林王萧昭业在位,明知大将军萧鸾(即齐明帝)欲夺位,而无力胜之。下汉献帝、唐昭宗之事,意同此。 ⑧翻:同"反"。

唐诗戏语

士人于棋酒间,好称引戏语,以助谭笑,大抵皆唐人诗,后生多不知所从出,漫识所记忆者于此。"公道世间惟白发,贵人头上不曾饶",杜牧《送隐者》诗也。"因过竹院逢僧话,又得浮生半日闲",李涉①诗也。"只恐为僧僧不了,为僧得了尽输僧","啼得血流无用处,不如缄口过残春",杜荀鹤②诗也。"数声风笛离亭晚,君向潇湘我向秦",郑谷③诗也。"今朝有酒今朝醉,明日愁来明日愁","劝君不用分明语,语得分明出转难","自家飞絮犹无定,争解垂丝绊路人","明年更有新条在,挠乱春风卒未休","采得百花成蜜后,不知辛苦为谁甜",罗隐④诗也。高骈⑤在西川筑城御蛮,朝廷疑之,徙镇荆南,作《听筝诗》以见意,曰:"昨夜筝声响碧空,宫商信任往来风。依稀似曲才堪听,又被吹将别调中。"今人亦好引此句也。

[注释]①李涉:自号清溪子,唐宪宗时曾为太子通事舍人,文宗时历国子博士。 ②杜荀鹤(约846－约906):字彦之,晚唐时隐居,朱温建后梁,以为翰林学士。 ③郑谷(约851－约910):字守愚,唐僖宗时历都官郎中。 ④罗隐(833－909):字昭谏,唐末屡试不第,曾归依吴越王钱镠为钱塘令,官至给事中。 ⑤高骈(？－887):字千里,晚唐将领,曾镇压黄巢起义,后为部将所杀。参见卷九《唐扬州之盛》条注。

何进　高叡

东汉末,何进①将诛宦官,白皇太后悉罢中常侍、小黄门,使还里舍。张让②子妇,太后之妹也。让向子妇叩头,曰:"老臣得罪,当与新妇俱归私门。唯受恩累世,今当远离宫殿,愿复一入直③,得暂奉望太后颜色,死不恨矣。"子妇为言之,乃诏诸常侍皆复入直。不数日,进乃为让所杀。董卓随以兵至,让等虽死,汉室亦亡。北齐和士开④在武成帝世,奸蠹败国。及后主嗣立,宰相高叡与娄定远白胡太后⑤,出士开为兖州刺史。后欲留士开过百日⑥,叡守之以死⑦,苦言之。士开载美女珠帘赂定远,曰:"蒙王力,用为方伯。今当远出,愿得一辞,觐二宫⑧。"定远许之,士开由是得见太后及帝,进说曰:"臣出之后,必有大变。今已得入,复何所虑!"于是出定远为青州而杀叡。后二年,士开虽死,齐室亦亡。呜呼,奸佞之难去久矣!何进、高叡,不惜陨身破家,为汉、齐社稷计;而张让、士开,以谈笑一言,变如反掌,忠良受祸,宗庙为墟。乃知背胁瘭疽⑨,决之不可不速;虎狼在穿,养之则自贻害。可不戒哉！

[注释]①何进（？－189）：字遂高，东汉灵帝何皇后之兄，官至大将军，及灵帝死，欲废止宦官干政，事泄，反为宦官所杀。随后袁绍等入宫尽杀宦官，董卓又举兵进京控制朝政，从此形成军阀混战局面，东汉王朝已名存实亡。 ②张让（？－189）：东汉桓帝、灵帝时宦官首领，灵帝死后，矫诏杀何进，旋被袁绍等追捕，投河自尽。 ③入直：入宫值班。 ④和士开（524－571）：字彦通，北齐武成帝高湛、后主高纬时佞臣。相传为西域商胡后人，倾巧便僻，又能弹胡琵琶，深为高湛所爱重。河清四年（565），怂恿高湛禅位于其子高纬，官至尚书左右仆射。与胡太后通情，弄权误国，后被高纬之弟高俨等合谋杀死。 ⑤高叡与娄定远白胡太后：高叡（534－569），北齐宗室，神武帝高欢之侄。小字须拔，伟容仪，有治才，高湛、高纬即位时皆为顾命大臣，历官尚书令、司空、太尉。及高湛死，冒死力谏胡太后逐和士开，不见听，被太后及和氏密谋害死于佛寺中。娄定远，高纬在位时官至尚书左仆射、司空，以逐和士开事被黜为刺史，后受南安王高思好反叛牵连，自缢死。胡太后，高湛皇后，高纬生母，荒淫无度，北齐灭亡后被俘至北周，仍以淫秽闻，隋开皇中死。 ⑥百日：指高湛死后百日之祭仪。 ⑦守之以死：指宁死而坚持驱逐和士开。 ⑧二宫：指高纬与胡太后。 ⑨瘭疽（biāo jū）：指皮下组织感染肿胀而化脓的疮毒。

南乡掾史

金石刻有《晋南乡太守司马整碑》①，其阴刻掾史以下姓名，合三百五十一。议曹祭酒十一人，掾二十九人；诸曹掾、史、书佐、循行、干百三十一人，从掾位者九十六人，从史位者三十一人；部曲督将三十六人②。其冗如此。以《晋史》考之，南乡本南阳西界，魏武平荆州始分为郡，至晋泰始中所管八县才二万户耳,而掾史若是之多。掾史既然,吏士又可知矣,民力安得不困哉?整乃宗室,安平王孚之孙也。

[注释]①《晋南乡太守司马整碑》:据欧阳修《集古录·晋南乡太守碑》,此碑原题《宣威将军南乡太守司马府君纪德颂碑》,西晋泰始四年(268)立,为南乡人颂扬前太守司马整的碑刻。南乡,郡名,东汉末曹操夺取荆州后分南阳郡西部置,治南乡(在今河南淅川西南)。司马整,字孔修,司马懿之弟司马孚之孙,曹魏时累拜治书侍御史,咸熙二年(265)出守南乡,加宣威将军;晋泰始三年自南乡徙南阳,加南中郎将,封青泉侯,早卒。 ②洪迈此条所记,本于其兄洪适《隶续》卷二十一原载,所录各类吏人之数,因原碑有缺,故不足351之总数。今本《隶续》有缺页,而仍录有百余人,《湖北金石志》卷三以为即南乡太守碑阴之残文。其吏人称"干"者,他碑或作"直事干""诸曹干",或亦即"待事"之类。欧阳修《集古录·南乡太守碑阴》云:"右南乡太守将吏三百五十人,分为二卷。其磨灭者犹有二十余人,人皆有色姓名字,而无次序。其名号有令有长;有南阁祭酒、门下督、主簿、部督邮、监汀督邮、部劝农五官掾、文学掾、营军掾、军谋掾、府门亭长、主记史、待事掾、待事史、部曲将、部曲督;又有贼曹、功曹、议曹、户曹、金曹、水曹、科曹、仓曹、铠曹、左右兵曹,曹皆有掾;又有祭酒,有史,有书佐,有修(循)行;有从掾位,有从史位,有史,有小史等。魏晋之际,太守官属之制盖如此,他书或时见一二,不能如此之备也。"此类繁复的吏名,可并参《晋书·职官志》郡、县条。

汉景帝忍杀

汉景帝恭俭爱民,上继文帝,故亦称为贤君。考其天资,则刻戾忍杀①之人耳。自在东宫时,因博戏杀吴太子,以起老濞②之怨。即位之后,不思罪己,一旦于三郡中而削其二,以速兵端③。正信用晁错,付以国事,及爰盎之说行,但请斩错而已,帝令有司劾错以大逆,遂父母妻子同产④皆弃市⑤。七国之役,下诏以深入多杀为功,比三百石⑥以上皆杀,无有所置⑦,敢有议诏及不如诏者皆要斩⑧。周亚夫以功为丞相,坐争封匈奴降将事病免,心恶之,赐食不置箸,叱之使起,昧于敬礼大臣之义,卒以非罪置之死⑨,悲哉!光武遣冯异征赤眉,敕之曰:"征伐非必略地屠城,要在平定安集之耳。诸将非不健斗,然好虏掠,卿本能御吏士,念自修敕,无为郡县所苦。"⑩光武此言,视景帝诏书为不侔矣。

[注释]①刻戾忍杀:刻毒暴虐,残忍好杀。 ②老濞:指刘濞(前215—前154),高祖刘邦侄,封吴王,七国之乱时为首谋,兵败被杀。此处句意指汉景帝为皇太子时,因掷骰子赌输赢的游戏而擅杀刘濞之世子刘贤,由此引起刘濞的怨恨。《史记·吴王濞列传》:"孝文时,吴太子入见,得侍皇太子饮博。吴太子师傅皆楚人,轻悍,又素骄,博争道,不恭,皇太子引博局,提吴太子杀之……吴王由此稍失藩臣之礼,称病不朝。" ③此处句意指汉景帝三年(前154),因削减诸王国封地,招至吴、楚、赵、胶东、胶西、济南、菑川七个王国的叛乱。速,招。 ④同产:指同父母的兄弟姐妹。 ⑤弃市:死刑的一种。取"刑人于市,与众弃之"之义而名之。 ⑥比三百石:汉代官秩的一级,属低级官秩,月俸三十七斛,级别在三百石(月俸四十斛)之下,官位次于小县的县长等。 ⑦无有所置:指不得释而不杀。置,释。 ⑧要斩:即"腰斩"。 ⑨此所述周亚夫事,皆见《汉书·周勃传》附《周亚夫传》。亚夫为丞相,以反对景帝废太子及封降汉的匈奴王徐卢为侯等事,为景帝所疏,以至景帝赐之食,但置大块肉而不设餐具以辱之。旋景帝又以他事诬其谋反,下之廷尉狱,亚夫绝食而死。 ⑩引文见《后汉书·冯异传》。安集,犹安定。修敕,同"修饬",即谨重之意,此指约束将士的行为。冯异(?—34),字公孙,东汉开国功臣,"云台二十八将"之一。此所述为其奉命征讨赤眉起义军时事。

燕昭、汉光武之明

乐毅为燕破齐，或谗之昭王曰："齐不下者，两城耳。非其力不能拔，欲久仗兵威，以服齐人，南面而王耳。"昭王斩言者，遣使立毅为齐王，毅惶恐不受，以死自誓①。冯异定关中，自以久在外，不自安。人有章言异威权至重，百姓归心，号为咸阳王，光武以章示异。异上书谢，诏报曰："将军之于国家，恩犹父子，何嫌何疑，而有惧意？"及异破隗嚣②，诸将欲分其功，玺书诮大司马以下③，称异功若丘山。今人咸知毅、异之为名将，然非二君之明，必困谗口矣。田单复齐国，信陵君败秦兵，陈汤诛郅支，卢植破黄巾，邓艾平蜀，王濬平吴，谢安却苻坚，慕容垂挫桓温，史万岁破突厥，李靖灭吐谷浑，郭子仪、李光弼中兴唐室，李晟复京师，皆有大功于社稷，率为谮人所慸④，或至杀身⑤。区区庸主不足责，唐太宗亦未能免，营营青蝇⑥，亦可畏哉！

[注释] ①燕昭王斩言者之事见《资治通鉴》卷四。《史记·乐毅列传》载"齐城不下者，两城耳"云云，为燕昭王谢世、燕惠王初立时齐人行反间计之言，亦不云昭王曾欲封乐毅为齐王。 ②隗嚣(？-33)：字季孟，新莽末、东汉初陇西割据势力首领，后为东汉政权所破，愤恨而死。 ③诮大司马以下：指责备大司马吴汉等人。本条所述冯异事皆见《后汉书》本传。 ④慸(ji)：忌恨，陷害。 ⑤以上所举田单等人，皆为有功之臣被谗害之例：田单破燕兵收复齐地，曾被疑自立为齐王；信陵君窃符救赵，晚年为魏王所疑，抑郁而终；陈汤(？-约前6)，字子公，西汉末将领，曾经营西域，击杀匈奴郅支单于，后遭陷害，被免为庶人；卢植(139-192)，字子干，东汉末曾以北中郎将破黄巾

军,后得罪董卓被黜;邓艾(197—264),字士载,三国曹魏大将,为灭蜀功臣,不久以司马昭之猜忌被害;王濬(？—285),字士治,晋初为益州刺史,率水军平吴,曾被诬以违诏不受节度之罪;谢安在淝水之战大胜前秦后被排斥出朝,二年即去世;慕容垂在前燕末年曾大败东晋大将桓温北伐之兵,前燕宗室忌惮其威名而欲杀之;史万岁(549—600),隋朝大将,遭权臣杨素诬陷,被冤杀;唐贞观中李靖远征吐谷浑,曾被诬以谋反(见前《将帅贪功》条);郭子仪、李光弼皆为平定安史之乱功臣,肃宗时俱遭权宦倾陷,被解除兵权;李晟,字良器,唐代宗、德宗朝名将,德宗初年朱泚之乱时,奋力集兵克复长安,后亦被诋毁削去兵权。　⑥营营青蝇:语出《诗经·小雅·青蝇》,比喻谗人犹如嗡嗡乱叫的苍蝇。

《周南》《召南》

《毛诗序》曰:"《关雎》《麟趾》①之化,王者之风,故系之周公。南,言化自北而南也。《鹊巢》《驺虞》②之德,诸侯之风也,先王之所以教,故系之召公。《周南》《召南》,正始之道③。"据文义,"周公""召公",二"公"字皆合为"南"字,则与上下文相应,盖简策误耳。"王者之风"恐不当系之周公,而"先王之所以教"又与召公自不相涉也④。

［注释］①《关雎》《麟趾》:分别为《诗经·国风·周南》十一篇的首篇与末篇,括指《周南》。　②《鹊巢》《驺虞》:分别为《诗经·国风·召(shào)南》十四篇的首篇与末篇,括指《召南》。　③正始之道:意谓端正王道之始。④《容斋》此条,辨《毛诗序》的"系之周公""系之召公"本当为"系之《周南》""系之《召南》",理由是"王者之风"既不当系之于周公(非王者),而于《周南》又明言其为"诸侯之风",更与"先王"不相涉。依洪迈之意,《周南》《召南》都是指王者之教化自北而南的,而不是指周公、召公之教化。今按:"周""召"之

称,旧时皆谓为地区名,即周人建国前后周公、召公"分陕而治"的封地,亦即《左传》隐公五年所谓"自陕而东者,周公主之;自陕而西者,召公主之"。"南"则当为乐名,与"风"同义,故《周南》《召南》列于"十五国风"之首。统而言之,二《南》盖指周人祖居地区的乐歌,非是指王化"自北而南",传统的解释未可为定论。

《易》中爻

《易·系辞》云:"杂物撰德,辨是与非,则非其中爻不备。"①中爻者,谓二、三、四及三、四、五也。如坤、坎为《师》,而六五之爻曰"长子帅师",以正应九二而言,盖指二至四为震也②。坤、艮为《谦》,而初六之爻曰"用涉大川",盖自是而上,则六二、九三、六四为坎也。《归妹》之六五曰"帝乙归妹",以下配九二而言,盖指震也。而《泰》之六五亦曰"帝乙归妹",固亦下配九二,而九三、六四、六五盖震体云。它皆类此。

[注释]①语出《周易·系辞下》。意谓汇集卦爻所代表的众多事物以拟定卦象的意义,辨别行为的是非,则非注意到初爻与上爻之间各爻的变动结构,所拟定的意义即不能完备。按:此实指旧时《易》学上所称的"互卦",即复合卦除下三爻与上三爻各构成一单卦外,其二、三、四爻与三、四、五爻亦各构成一单卦。下句"中爻者"云云即此意。 ②此例指《师》卦为坎下坤上,而六五爻辞的"长子帅师"与九二爻辞的"王三锡命"相应,则是指二至四爻构成单卦的震而言的。下述各卦的"互卦"之意皆类此。

卷十二

利 涉 大 川

《易》卦辞称"利涉大川"者七,"不利涉"者一;爻辞称"利涉"者二,"用涉"者一,"不可涉"者一。《需》《讼》《未济》指坎体而言①,《益》《中孚》指巽体而言②,《涣》指坎、巽而言③。盖坎为水,有大川之象;而巽为木,木可为舟楫以济川。故《益》之彖曰"木道④乃行",《中孚》之彖曰"乘木舟虚⑤",《涣》之彖曰"乘木有功"。又舟楫之利实取诸《涣》⑥,正合二体以取象也。《谦》《蛊》则中爻有坎⑦,《同人》《大畜》则中爻有巽⑧。《颐》之反对《大过》方有巽体⑨,五去之远,所以言"不可涉";上则变而之对卦,故"利涉"云⑩。

[注释]①《需》卦乾下坎上,《讼》卦坎下乾上,《未济》卦坎下离上,三卦皆有坎,而坎为水,故卦辞或爻辞的"利涉""不利涉"等都是相对于卦体中的坎而言的。　②《益》卦震下巽上,《中孚》卦兑下巽上,二卦皆有巽,而巽为木,故"利涉""不利涉"等辞都是相对于卦体中的巽而言的。　③《涣》卦坎下

巽上,有坎有巽,即有水有木,故"利涉"之辞是相对于坎、巽而言的。 ④木道:即木之为用之道。 ⑤乘木舟虚:即乘坐挖空大木所成之舟。 ⑥《易·系辞下》:"刳木为舟,剡木为楫。舟楫之利,以济不通,致远以利天下,盖取诸《涣》。"刳(kū),挖空。剡(yǎn),削、刮。取诸《涣》,犹言取法于《涣》卦所显示的事物之征象、原理。 ⑦《谦》卦艮下坤上,其二、三、四爻成坎;然《蛊》卦巽下艮上,其二、三、四爻成兑,三、四、五爻成震,皆不成坎,未详洪迈何以言其"中爻有坎"。 ⑧《同人》卦离下乾上,其二、三、四爻成巽;《大畜》卦乾下艮上,其中爻与《蛊》卦同,亦未详洪迈何以言其"中爻有巽"。 ⑨此句指《颐》卦的阳爻皆变为阴爻,阴爻皆变为阳爻,即成《大过》卦,二者互为反体而相对。《颐》卦震下艮上,无巽体;《大过》卦巽下兑上,有巽体。 ⑩"五去"以下由爻变解释《颐》卦的六五、上九爻辞。其六五爻辞云:"拂经,居贞吉,不可涉大川。"按洪迈的理解,因六五以阴爻居阳位,且在主位,违背《颐》卦的颐养之义,距其初、二、三爻变为对卦《大过》的巽体尚远,所以说以不动为吉,"不可涉大川"。其上九爻辞云:"由颐厉吉,利涉大川。"因上九以阳爻居阴位,有变为对卦《大过》之上六阴爻的趋势,所以说励行颐养得其正则吉,"利涉大川"。

光武弃冯衍

汉室中兴,固皆光武之功,然更始①既即天子位,光武受其爵秩,北面为臣矣。及平王郎,定河北,诏令罢兵,辞不受召,于是始贰焉②。更始方困于赤眉,而光武杀其将谢躬、苗曾,取洛阳,下河东,翻为腹心之疾③。后世以成败论人,故不复议。予谓光武知更始不材,必败大业,逆取顺守,尚为有辞④。彼鲍永、冯衍⑤,始坚守并州,不肯降下,闻更始已亡,乃罢兵来归,曰:"诚惭以其众幸富贵⑥。"其忠义之节,凛然可称。光武不能显而用之,闻其言而不悦⑦。永后以他立功见用,而衍终身摈斥,群臣亦无为之言者。吁,可叹哉!

[注释]①更始:即更始帝刘玄(?-25),字圣公,西汉皇族后裔,东汉光武帝刘秀族兄,公元23年被绿林军立为皇帝,年号更始,新莽王朝灭亡时入主长安,两年后在赤眉军与刘秀大军夹击下溃败出降,为赤眉军所杀。 ②以上指刘秀初起兵时尚臣服于刘玄,后在河北积蓄实力,即与刘玄决裂。王郎(?-24),新莽末年河北割据首领,曾在邯郸自称帝,年余,被刘秀击杀。 ③以上指刘秀在河北攻杀更始政权尚书令谢躬及幽州牧苗曾,皆兼并其军兵,又取洛阳,下河东,反而成为刘玄的心腹大患。 ④"予谓"以下指刘玄不能成大业,刘秀以背叛代之,顺人情取天下,尚有理由可说。 ⑤鲍永、冯衍:鲍永(?-42),字君长,初为绿林军将领,又为更始政权尚书仆射、大将军,安集河东、并州、朔方等地,刘玄死后投刘秀,建武中官至司隶校尉。冯衍,字敬通,曾为更始政权立汉将军,后投刘秀,历司隶从事,遭谗毁废于家,有名作《显志赋》传世。 ⑥引语见《后汉书·鲍永传》。原意指鲍永自言曾事更始帝而不能保全之,虽统领部众,而徒然希求富贵,诚为此感到惭愧。 ⑦闻其言而不悦:《鲍永传》原载"帝曰:'卿言大而意不悦'",指刘秀听鲍永之言后,谓之话说得大度而心里不高兴,"不悦"非是指光武帝不悦。

恭、显议萧望之

宏恭、石显议置萧望之于牢狱,汉元帝知其不肯就吏,而讫①可其奏,望之果自杀。帝召显等责问以议不详,皆免冠谢乃已。王氏五侯②奢僭,成帝内衔之,一旦赫怒,诏尚书奏诛薄昭故事③,然特欲恐之,实无意诛也。窦宪恃宫掖声势,夺公主园,章帝切责,有孤雏腐鼠④之比,然竟不绳其罪。三君之失政,前史固深讥之矣。司马公谓元帝"始疑望之不肯就狱,恭、显以为必无忧",其欺既明,终不能治,可谓"易欺而难寤"也⑤。予谓师傅大臣进退罪否,人主当决之于心,何为谋及宦者?且望之先时已尝下廷尉矣,使其甘于再辱,忍耻对吏,将遂以恭、显之议为是耶?望之死与不死,不必论也。成帝委政外家,先汉颠覆;章帝仁柔无断,后汉遂衰;皆无足责⑥。

[注释]①讫:终。 ②王氏五侯:汉成帝河平二年(前27),同日封其诸舅王谭、王商、王立、王根、王逢时为侯,世谓之"五侯"。 ③薄昭(?—前170):汉文帝生母薄太后之弟,封轵侯,历车骑将军,后以擅杀朝廷使者,被文帝逼迫自尽。 ④孤雏腐鼠:失去母鸟的幼鸟和腐烂的死鼠。以猛禽所弃之食喻微不足道。 ⑤引文见《资治通鉴》卷二十八"臣光曰"。寤,通"悟"。 ⑥无足责:意谓二帝皆非贤主,不值得求其有明察之举。

晁错　张汤

晁错为内史,言事辄听,幸倾九卿①,及为御史大夫,权任出丞相右。张汤为御史,每朝奏事,国家用日旰②,丞相取充位,天下事皆决汤。萧望之为御史,意轻丞相,遇之无礼。三人者,贤否虽不同,然均为非谊③,各以他事至死,抑有以致之④邪?

[注释]①幸倾九卿:被皇帝宠幸在朝廷各部门长官中无比。 ②国家用日旰(gàn):指天子至天色晚才进食。 ③非谊:通"非义",指不适宜的表现。 ④抑有以致之:或有其造成致死的原因。

逸《诗》《书》

逸《书》逸《诗》①,虽篇名或存,既亡其辞,则其义不复可考。而孔安国注《尚书》②,杜预注《左传》,必欲强为之说。《书》"《汩作》③",注云"言其治民之功";"咎单作《明居》④",注云咎单"主土地之官,作《明居》民法"。《左传》"国子赋《辔之柔矣》⑤",注云"义取宽政,以安诸侯,若柔辔之御刚马"。如此之类,予顷教授福州⑥日,林之奇⑦少颖为《书》学谕⑧,讲"帝厘下土"数语,曰:"知之为知之,《尧典》《舜典》之所以可言也;不知为不知,《九共》《槀饫》略之可也。"其说最纯明可喜。林君有《书解》行于世,而不载此语,故为表出之。

[注释]①逸《书》逸《诗》:指有标题或文句见于载籍,被认为是《尚书》《诗经》原有的篇章,而传世《尚书》《诗经》中不见载,学者通常称之为逸篇。②孔安国注《尚书》:即今本《尚书》,托名为西汉经学家孔安国所注。 ③《汩作》:今本《尚书·舜典》附逸《书》序云:"帝厘下土,方设居方,别生分类,作《汩作》《九共》九篇、《槀饫》。"意谓舜治理天下土地,各地方皆设官管理,区别其姓族,划分其群体,于是制作完成了《汩作》一篇、《九共》九篇及《槀饫》一篇共十一篇文献。汩,治。槀饫,旧注谓犹言犒赐。 ④咎单(gāo shàn):相传为商初大臣,曾作《明居》以陈述居民之法,又作《沃丁》以发扬祖制。 ⑤国子赋《辔之柔矣》:见《左传》襄公二十六年,指陪同齐侯访问晋国的齐大夫国景子吟诵《辔之柔矣》之诗。辔,马缰绳(及马嚼子)。 ⑥教授福州:指担任福州教授(管理州县学的官员)。 ⑦林之奇(1112—1176):字少颖,号拙斋,南宋初学者,绍兴间历秘书省校书郎,有《尚书全解》传世。 ⑧学谕:宋代学校职事名,掌以经传教授及考核生员。

刑罚四卦

《易》六十四卦，而以刑罚之事著于大象①者凡四焉：《噬嗑》曰"先王以明罚敕法"，《丰》曰"君子以折狱致刑"，《贲》曰"君子以明庶政，无敢折狱"，《旅》曰"君子以明慎用刑而不留狱"。《噬嗑》《旅》上卦为离，《丰》《贲》下卦为离。离，明也，圣人知刑狱为人司命，故设卦观象，必以文明②为主。而后世付之文法俗吏，何邪？

[**注释**]①大象：解释《周易》各卦的卦名、结构及其象征意义的"象曰"之辞，俗称"大象"，每卦一条，合称《大象传》。各爻的象辞则合称《小象传》。②文明：古人治《易》，以离为火、为明，以有明德为文明。《离》卦重叠单卦的离，其象辞云："离，丽（附丽）也。日月丽乎天，百谷草木丽乎土。重明以丽乎正，乃化成天下。"其大象曰："明两作离，大人以继明照于四方。"《容斋》此条，意在展示《易经》明德慎刑的思想。

巽为鱼

《易》卦所言鱼，皆指巽也。《姤》卦巽下乾上，故九二"有鱼"，九四"无鱼"。《井》内卦①为巽，故二有"射鲋"之象②。《中孚》外卦为巽，故曰"豚鱼吉"。《剥》卦五阴而一阳，方一阴自下生，变《乾》为《姤》，其下三爻乃巽体也③；二阴生而为《遯》，则六二、九三、九四乃巽体；三阴生而为《否》，则六三、九四、九五乃巽体；四阴生而为《观》，则上三爻乃巽体；至五阴为《剥》，则巽始亡，故六五之爻辞曰

"贯鱼",盖指下四爻皆从巽来,如鱼骈头而贯④也。或曰《说卦》不言巽为鱼,今何以知之?曰:以类⑤而知之。《说卦》所不该者多矣,如长子、长女、中女、少女见于震、巽、离、兑中,而坎、艮之下不言为中男、为少男之类,他可推也⑥。

[注释]①内卦:指复合卦的下三爻,又称下体。与之相对的上三爻称外卦,又称上体。　②二有"射鲋"之象:二,指九二爻。射鲋,指以弓矢射小鱼。③《剥》卦坤下艮上,只有最上一爻为阳爻,其余皆为阴爻。假如卦变从乾下乾上的纯《乾》卦开始,那么当它的初爻变为阴爻时,《乾》卦也就变成了《姤》卦,其下三爻即成巽体。同理,假如《姤》卦的二、三、四爻再依次变为阴爻时,那么其卦也就依次变为《遯》《否》《观》诸卦,各卦中爻所乘之巽体也依次上移。但到五爻也由阳变阴而成《剥》卦时,其上三爻为艮体,已不能成巽,故谓"巽始亡"。此即本条下文所述。　④鱼骈头而贯:排列鱼头而用竹木小枝条把鱼贯串起来。骈,排列。　⑤类:类例,由同类情形总结出来的规则。　⑥以上谓《说卦传》在分谈卦象时,有震为长子、巽为长女、离为中女、兑为少女等语,而专谈坎、艮,却未有坎为中男、艮为少男之语。以此可知《说卦传》未言巽为鱼,也因其文并非已将所有事象都包括在内。该,通"赅",包括。

三省长官

中书、尚书令在西汉时为少府官属①,与大官、汤官、上林诸令②品秩略等。侍中但为加官,在东汉亦属少府,而秩稍增③。尚书令为千石,然铜印墨绶,虽居几要④,而去公卿甚远,至或出为县令。魏晋以来,浸以华重⑤,唐初遂为三省长官,居真宰相之任,犹列三品,大历中乃升正二品。入国朝，其位益尊，叙班至在太师之上，然只以为亲王及使相兼官，无单拜者⑥。见任宰相带侍中者才五人，范鲁公质、赵韩王普、丁晋公谓、冯魏公拯、韩魏王琦。尚书令又最贵，除宗王外，不以假人，赵韩王、韩魏王始赠真令。韩公官止司徒，及赠尚书令，乃诏自今更不加赠，盖不欲以三师之官赘其称也⑦。政和初，蔡京改侍中、中书令为左辅右弼，而不置尚书令，以为太宗皇帝曾任此官。殊不知乃唐之太宗为之，故郭子仪不敢拜，非本朝也⑧。

[注释]①中书、尚书令在西汉时为少府官属：西汉时中书令、尚书令皆为皇帝秘书机构主管官员，协助皇帝在宫中处理机要事务。汉武帝时曾以宦官为尚书令，改称中书谒者令。少府为汉代宫廷财政机构，掌山海池泽等专归皇室的收入及器物制作等，并掌皇帝衣食住行及其他各种服务事项。　②大官、汤官、上林诸令：太（大）官令掌供应宫廷膳食、瓜果，汤官令专掌供应汤饼（汤煮面食），上林令即上林苑令。　③东汉侍中秩比二千石。　④几要：同"机要"。　⑤浸以华重：浸，渐。华重，荣华贵重。　⑥宋初尚书令虽有亲王以使相兼领，皆不预政事。　⑦句意指不欲以三公的称呼缀于尚书令的职名之后。三师，指太师、太傅、太保，亦泛指三公。　⑧唐代尚书令一职，因太宗曾为之，故后来遂不复置，而只以左右仆射为尚书省长官。

王珪　李靖

杜子美《送重表侄王评事》诗云："我之曾老姑，尔之高祖母。尔祖未显时，归为尚书妇。隋朝大业末，房、杜俱交友。长者来在门，荒年自糊口。家贫无供给，客位但箕帚。俄顷羞颇珍,寂寥人散后。"云云①。"上云天下乱,宜与英俊厚。向窃窥数公,经纶亦俱有。次问最少年,虬髯十八九。子等成大名,皆因此人手。下云风云合,龙虎一吟吼。愿展丈夫雄,得辞儿女丑②。秦王时在坐,真气惊户牖。及乎贞观初,尚书践台斗③。夫人常肩舆,上殿称万寿……至尊均嫂叔,盛事垂不朽④。"观此诗,疑指王珪。珪相唐太宗,赠礼部尚书,然细考其事,大不与史合。蔡絛《诗话》引《唐书·列女传》云,珪母卢氏,识房、杜"必贵",质之此诗,则珪母乃杜氏也⑤;《桐江诗话》云"不特不姓卢,乃珪之妻,非母也"。予按《唐·列女传》元无此事,珪传末只云始隐居时,与房玄龄、杜如晦善,二人过其家,母李窥之,知其必贵。蔡说妄云有传,又误以李为卢,皆不足辨⑥。但唐高祖在位日,太子建成与秦王不睦,以权相倾,珪为太子中允,说建成曰:"秦王功盖天下,中外归心,殿下但以长年位居东宫,无大功以镇服海内。今刘黑闼散亡之余……宜自击之,以取功名。"⑦建成乃请行。其后杨文幹⑧之事起,高祖责以兄弟不睦,归罪珪等而流之。太宗即位,乃召还任用。久之,宴近臣于丹霄殿,长孙无忌曰:"王珪、魏徵,昔为仇雠,不谓今日得同此宴。"上曰:"珪、徵尽心所事,我故用之。"然则珪与太宗非素交明矣。《唐书》载李氏事,亦采之小说,恐未必然⑨。而杜公称其祖姑事,不应不实,且太宗时宰相别无姓王者,真不可晓也。又有杜光庭《虬髯客传》⑩云,隋炀帝幸江都,命杨素留守西京,李靖以布衣往谒,窃其一妓,道遇异人,与俱至太原,因刘文静以见州将之子,言其真英主,倾家资与靖,使助创业之举,即太宗也。按史载唐公击突厥,靖察有非常志,自囚上急变,后高祖定京师,将斩之而止,必无先识太宗之事⑪。且炀帝在江都时,杨素死已十余年矣。此一传大抵皆妄云。

[注释]①杜甫此诗原题《送重表侄王砅(lì)评事使南海》,上录十余句即诗的开头部分。一般认为所说的王评事之高祖即唐初大臣王珪(见本书卷七《佐命元臣》条),则杜甫所称的曾老姑自是王珪之妻。因王珪后来赠礼部尚书,故杜甫称其祖姑为"尚书妇"。其"隋朝大业末"云云,指隋末世乱时,房玄龄、杜如晦曾陪同李世民到王珪家作客,而其时王珪家境尚贫,不但缺少招待客人的酒食,而且连设宴的地方都是临时打扫出来的。但不一会儿酒肴上来后,却颇为珍贵。诗中叙及客去之后,王珪才发现其妻剪掉了头发,原来酒肴是其妻用美发换来的,不禁嗟叹久之。羞,同"馐"。　②以上当都是指王珪妻对丈夫所说的话,所谓"上云""次问""下云"犹言"先说""再问""又说"。大意谓先劝其丈夫当乱世要结交英俊,如今天来的几个人就都满腹经纶;次又问及那个留着络腮胡的少年,说你们要成就大功名,都要靠他来提携;又说大丈夫要有雄心壮志,别留恋儿女情长。"虬髯十八九"指李世民。李世民时为秦王,其随父起事时年十八。下文"真气惊户牖"即喻其有天子气。　③尚书践台斗:指贞观四年(630)王珪始以大臣参与朝政。台斗,古人以三台星(太微垣星官)和北斗星比喻宰辅重臣。　④以上指王珪参政时,其夫人常乘轿子上殿见太宗,太宗和她乃至平等地以嫂子和小叔子相称。　⑤此处指蔡絛《西清诗话》据杜诗考王珪之母为杜氏,非是卢氏。按:《新唐书·王珪传》载王珪早年隐居时,其母李氏谓之"必贵",使所与交游的房、杜等人来作客,见而大惊,因"敕具酒食"。蔡絛据此以为上述杜诗中的"上云""下云"之词即是王珪之母所说的话,故谓王珪之母为杜氏。蔡絛,字约之,蔡京次子,官至领秘书省,北宋亡后被流放。　⑥以上先据《桐江诗话》指出杜诗所称的是王珪之妻而非是其母,且其母姓李而不姓卢,又指出《新唐书·列女传》原无王珪之母的事迹,蔡絛所记皆为妄说。《桐江诗话》,南宋初年作品,未详何人所撰,已佚,今存佚文二十余条。　⑦此处引文见《资治通鉴》卷一百九十。长

年,《通鉴》原作"年长"。刘黑闼,隋唐之际初投农民军首领郝孝德,后归瓦岗军为李密裨将,李密降唐后又辗转归窦建德。武德四年(621)七月窦氏被杀,黑闼当月即起兵反唐,至六年二月被李建成捕杀。 ⑧杨文幹(？－624):原为太子李建成宿卫,出为庆州都督,被告谋反,为李世民所镇压。 ⑨此疑《新唐书》所载王珪之母李氏事不可靠,恐不能用以与杜诗互证。 ⑩《虬髯客传》:唐末传奇小说,相传为杜光庭所撰。光庭(850－933),字圣宾,唐懿宗时科举不第,入天台山修道。后曾追随前蜀王建,历户部侍郎,赐号传真天师。晚年隐居青城山,著述颇多。《虬髯客传》大概曾收入其所编《神仙感遇传》,故后世皆题其名。所记故事出于虚构,大意谓隋末李靖携杨素侍妓红拂女私奔,道遇豪侠异人虬髯客,后经刘文静引荐见到州将之子李世民,虬髯客遂尽以其豪侈家资赠予李靖,使之辅佐李世民成就大业。杨素(544－606),字处道,隋朝大臣,文帝时官至尚书右仆射,炀帝即位初拜尚书令。刘文静(568－619),字肇仁,隋末为晋阳令,协助李渊起兵反隋,为元功谋臣之一,李渊建唐后位至宰相,次年遭诬陷被杀。 ⑪此所述李靖事,见《旧唐书·李靖传》:"初仕隋为长安县功曹,后历驾部员外郎……大业末累除马邑郡丞。会高祖击突厥于塞外,靖察高祖,知有四方之志,因自锁上变。将诣江都,至长安,道塞不通而止。高祖克京城,执靖,将斩之,靖大呼曰:'公起义兵,本为天下除暴乱,不欲就大事,而以私怨斩壮士乎？'高祖壮其言,太宗又固请,遂舍之。太宗寻召入幕府。"上急变,指李靖欲将李渊谋夺天下之事变紧急报告在江都的隋炀帝。

虎 夔 藩

　　黄鲁直《宿舒州太湖观音院》诗云:"汲烹寒泉窟①,伐烛古松根②。相戒莫浪出,月黑虎夔藩。""夔"字甚新,其意盖言抵触之义,而莫究所出。惟杜工部《课伐木》诗序云:"课隶人……入谷斩阴木③……晨征暮返……我有藩篱,是缺是补……旅次于④小安。山有虎知禁⑤,若⑥恃爪牙之利,必昏黑撑突⑦。夔人屋壁,列树白桃馒焉,墙实以竹,示式遏⑧。为与虎近,混沦⑨乎无良宾客⑩。"其诗句有云"藉汝⑪跨小篱","乳兽待人肉"⑫,"虎穴连里间","久客惧所触",乃知鲁直用此序中语。然杜公在夔府,所作诗所谓夔人者,述其土俗耳,本无抵触之义,鲁直盖误用之。又《寺斋睡起》绝句云:"人言九事八为律,倪有江船吾欲东。"按《主父偃传》,上书"言九事,其八事为律令,一事谏伐匈奴"⑬,谓八事为律令而言,则"为"字当作去声读,今鲁直似以为平声,恐亦误也。

[注释]①此句意指汲石窟冷泉之水,用以煮茶。 ②此句意指伐年久之松,用其根干部分制作火炬。 ③阴木:生在山北的树木。 ④于:犹"为"。 ⑤知禁:指老虎知人有防范。 ⑥若:犹"其",指老虎。 ⑦昏黑撑突:昏黑,指黄昏时候及夜间。撑突,同"唐突",形容莽撞,即横冲直撞之意。 ⑧此全句意谓:夔州(今重庆及湖北西部地区)人家房屋的墙壁,都用密排直立的竹材涂泥为之,这种墙用竹材筑实,以示遏止野兽的攻击。白桃,指粗糙未加工的桃竹(一种质地坚硬的竹子),犹言"毛竹"。馒,通"墁",涂抹。式遏,遏止,犹言抵御。按:文中"桃"字,传世本杜甫诗集或作"荀",或作"菊",疑"桃竹"亦写作"荀竹","菊"为误字。杜序上文"是缺是补"下,原有"载伐筱簜,伊仗(杖)支持"之语,"筱簜"亦即小竹大竹,则其藩篱亦以竹为之。又"馒焉墙"三字,或作"馒为墙",作一句读,当亦误。 ⑨混沦:犹言流落。 ⑩无良宾客:犹言处境不善的旅客。 ⑪藉汝:藉,假如。汝,指老虎。 ⑫此句指幼虎待哺,老虎即要食人。"乳"用为及物动词。 ⑬语出《汉书·主父偃传》。

曹操用人

曹操为汉鬼蜮①,君子所不道,然知人善任使,实后世之所难及。荀彧、荀攸、郭嘉②皆腹心谋臣,共济大事,无待赞说。其余智效一官,权分一郡,无小无大,卓然皆称其职。恐关中诸将为害,则属司隶校尉钟繇③以西事,而马腾、韩遂④遣子入侍。当天下乱离,诸军乏食,则以枣祗、任峻⑤建立屯田,而军国饶裕,遂芟群雄。欲复盐官之利,则使卫觊⑥镇抚关中,而诸将服。河东未定,以杜畿⑦为太守,而卫固、范先束手禽戮。并州初平,以梁习⑧为刺史,而边境肃清。扬州陷于孙权,独有九江一郡,付之刘馥⑨,而恩化大行。冯翊困于鄜盗⑩,付之郑浑⑪,而民安寇灭。代郡三单于,恃力骄恣,裴潜⑫单车之郡,而单于詟服⑬。方得汉中,命杜袭⑭督留事,而百姓自乐出徙于洛、邺者至八万口。方得马超之兵,闻当发徙,惊骇欲变,命赵俨⑮为护军,而相率还降,致于东方者亦二万口。凡此十者,其为利岂不大哉?张辽⑯走孙权于合肥,郭淮⑰拒蜀军于阳平,徐晃⑱却关羽于樊,皆以少制众,分方面忧。操无敌于建安之时,非幸⑲也。

[注释]①鬼蜮:本指害人的鬼怪之物,此以旧时对曹操的负面评价而称之。 ②荀彧、荀攸、郭嘉:荀彧(yù)(163-212),字文若,曹操首席谋臣,官至尚书令。荀攸(157-214),荀彧侄,字公达,亦为曹操谋主,官至尚书令。郭嘉(170-207),字奉孝,曹操谋士,官至军师祭酒。 ③钟繇(yáo)(151-230):字元常,曹操当政时累迁司隶校尉,持节都督关中诸军事,说服西部地

区割据首领马腾、韩遂依附曹操。后为曹魏廷尉,位至太傅。为著名书法家,后世与东晋王羲之并称"钟王"。　④马腾、韩遂:马腾(?—211),字寿成,伏波将军马援后人,马超之父,后被曹操诱杀于许昌。韩遂(?—215),字文约,汉末拥兵西凉三十余年,后为曹操所败,病死。　⑤枣祗、任峻:枣祗(?—201),曹操部将,最早为筹划军资兵食,提出屯田之策,遂充屯田都尉。任峻(?—204),字伯达,历迁典农中郎将,继枣祗推广屯田,使军资充裕。　⑥卫觊(155—229):字伯儒,曹操当政时历治书侍御史,曾镇守关中,后拜侍中,迁尚书,于曹魏制度法令多所建树,亦为著名文学家、书法家。　⑦杜畿:字伯侯,为西晋名臣杜预祖父。曹操当政时累迁河东太守,以计擒杀当地豪强吏人卫固、范先,安定一方,以干才称,后官至尚书仆射。河东,古郡名,秦汉时治安邑(在今山西夏县北)。　⑧梁习:字子虞,曹操当政时累迁并州刺史,有政绩。后为曹魏大司农。并(bīng)州,治今山西太原。　⑨刘馥(?—208):字符颖,曹操当政时以司徒府掾迁扬州刺史,实莅九江郡(治今安徽寿县寿春镇),治理有方,保一郡不陷于江东孙权。　⑩冯翊困于鄜盗:冯翊(píng yì),三国时郡名,治临晋(今陕西大荔)。鄜(fū),地名,即今陕西富县一带。　⑪郑浑:字文公,曹操征汉中时以为京兆尹,平乱有功,后屡为郡守,迁将作大匠。　⑫裴潜(?—244):字文行,曹操当政时迁代郡太守,安抚乌桓首领三单于,靖北边有方。后官至大司农、尚书令。代郡,东汉、曹魏时治高柳(在今山西阳高西北)。　⑬詟(zhé)服:畏惧服从之意,犹"慑服"。　⑭杜袭:字子绪,曹操征汉中时以丞相府长史拜驸马都尉,留督汉中军事,后官至尚书、太中大夫。史载其留督汉中时,曾劝导百姓八万余口迁徙洛阳、邺城(今河北临漳)一带。　⑮赵俨(171—245),字伯然,曹操平西凉时为关中护军,曾弭平兵变,使西兵及其族人东迁者二万余口,曹丕即位后累迁尚书,明帝时位至司空。　⑯张辽(169—222):字文远,曹魏大将。建安二十年(215),孙权率十万大军攻合肥,辽拼死固守,城得不失,并追击孙吴退兵,几至擒获孙权。⑰郭淮(?—255):字伯济,曹魏名将。建安二十四年(219),蜀汉刘备亲率大军攻魏,淮与杜袭等收集散卒,共推张郃为帅,于阳平关(在今陕西勉县南)以东坚守,使蜀军不得进。　⑱徐晃(?—227):字公明,曹魏名将。建安二十三年(218),蜀大将关羽破曹军("水淹七军"),进围樊城(今湖北襄阳市樊城区),晃率兵败关羽,迫其撤围退兵。 ⑲幸:侥幸。

汉士择所从

汉自中平黄巾之乱,天下震扰,士大夫莫不择所从,以为全身远害之计,然非豪杰不能也。荀彧少时,以颍川四战之地,劝父老亟避之,乡人多怀土不能去,彧独率宗族往冀州,袁绍待以上宾之礼。彧度绍终不能定大业,去而从曹操,其乡人留者多为贼所杀。袁绍遣使迎汝南士大夫,和洽①独往荆州,刘表以上客待之。洽曰:"所以不从本初②,避争地也。昏世之主,不可黩近③;久而不去,谗慝将兴。"遂南之武陵,其留者多为表所害。曹操牧兖州,陈留太守张邈④与之亲友,郡士高柔⑤独以为邈必乘间为变,率乡人欲避之。众皆以曹、张相亲,不然其言,柔举家适河北,邈果叛操。郭嘉初见袁绍,谓其谋臣辛评⑥等曰:"智者审于量主。袁公多端寡要,好谋无决,难与共济大难,吾将更举以求主,子盍⑦去乎?"评等曰:"袁氏今最强,去将何之?"嘉不复言,遂去依曹操。操召见,与论天下事,出曰:"真吾主也。"杜袭、赵俨、繁钦⑧避乱荆州,俨数见奇于表⑨,袭曰:"所以俱来者,欲全身以待时耳。子若见能不已,非吾徒也。"及天子都许,俨曰:"曹镇东⑩必能济华夏,吾知归矣。"遂诣操。河间邢颙在无终⑪,闻操定冀州,谓田畴⑫曰:"闻曹公法令严。民厌乱矣,乱极则平,请以身先。"遂装⑬,还乡里。畴曰:"颙,天民之先觉者也。"孙策定丹阳,吕范⑭请暂领都督,策曰:"子衡已有大众,岂宜复屈小职?"范曰:"今舍本土而托将军者,欲济世务也。譬犹同舟涉海,一事不牢,即俱受其败。此亦范计,非但将军也。"策从之。周瑜闻策声问⑮,便推结分好。及策卒,权立,瑜谓权可与共成大业,遂委心服事焉。诸葛亮在襄阳,刘表不能起⑯,一见刘备,事之不疑。此诸人识见如是,安得困于乱世哉?

[注释]①和洽:字阳士,初投刘表,后投曹操,曹丕代汉后拜光禄勋,明帝时迁太常。 ②本初:即袁绍,绍字本初。 ③黩(dú)近:轻慢自污以亲近之。 ④张邈(?-195):字孟卓,初与曹操关系甚密,后见曹操残忍而反叛,迎吕布为兖州牧,兵败,为部下所杀。 ⑤高柔(174-263):字文惠,初避地河北,后投曹操,曹魏建国后历廷尉、太常,位至司空。 ⑥辛评(?-204):字仲治,初事冀州牧韩馥,后转辅袁绍,袁绍死后,因其立嗣问题内乱,为袁绍心腹所杀。 ⑦盍:何不。 ⑧繁(pó)钦(?-218):字休伯,曾为曹操丞相主簿,善诗赋,有文集传世。 ⑨数(shuò)见奇于表:屡次以才能被刘表称奇。 ⑩曹镇东:即曹操。曹操以镇东将军挟汉献帝迁都许昌,进大将军。 ⑪邢颙在无终:邢颙(?-223),字子昂,曹操平冀州时回故乡间(河北今县级市),为曹操用兵做向导,累迁丞相掾,曹丕即位后历迁尚书仆射、司隶校尉、太常。无终,秦汉县名,属右北平郡,治今天津蓟州区。 ⑫田畴(169-214):字子泰,初为幽州牧刘虞从事,刘虞死后弃官不仕,曹操征乌丸时,曾献奇计破乌丸,终不受官。 ⑬装:治装,收拾行装。 ⑭吕范(?-228):字子衡,孙吴开国重臣。历吴郡都督、平南将军、扬州牧等,临终拜大司马,印绶未下而卒。 ⑮声问:声誉。 ⑯不能起:不能使之出山为所用。

刘 公 荣

王戎诣阮籍①,时兖州刺史刘昶②字公荣在坐,阮谓王曰:"偶有二斗美酒,当与君共饮,彼公荣者无预焉。"二人交觞酬酢,公荣遂不得一杯,而言语谈戏,三人无异。或有问之者,阮曰:"胜公荣者,不得不与饮酒;不如公荣者,不可不与饮酒;惟公荣,可不与饮酒。"③此事见戎传,而《世说》为详。又一事云,公荣与人饮酒,杂秽非类④,人或讥之,答曰:"胜公荣者,不可不与饮;不如公荣者,亦不可不与饮;是公荣辈者,又不可不与饮。故终日共饮而醉。"二者稍不同。公荣待客如是,费酒多矣,顾不蒙一杯于人乎?东坡诗云:"未许低头拜东野⑤,徒言共饮胜公荣。"盖用前事也。

[注释]①王戎诣阮籍:王戎(234—305);字浚冲,曹魏正始中"竹林七贤"之一,西晋时官至尚书令、司徒。阮籍(210—263),亦"竹林七贤"之一,曾为步兵校尉。 ②刘昶:字公荣,为人通达,史称有知人之鉴,仕至兖州刺史。③以上所述公荣事用《世说新语·简傲》篇所载,下述"又一事"则为同书《任诞》篇之文。两相比较可知,《简傲》篇阮籍所谓"胜公荣者"云云,乃戏用公荣自己的话以为雅谑,意思是:酒量比公荣大的,不得不跟他喝;酒量不如公荣的,也不可不跟他喝;只有公荣的酒量无大无小,可以不跟他喝。此种戏言,本意在显示诸人关系之简率及公荣之雅量,故公荣虽因酒少而不饮亦不以为意。 ④杂秽非类:指与各种人饮酒,夹杂志趣不同的人。秽,义同"杂"。⑤未许低头拜东野:犹言未至友情深厚。"低头拜东野"五字为韩愈《醉留东野》诗句,其诗体现韩愈对诗人孟郊(字东野)的推崇及二人的友情。

元丰官制

元丰官制初成,欲以司马公为御史大夫,又将俟建储时,以公及吕申公为保傅①。元祐初,起文潞公于既老,议处以侍中、中书令,为言者所攻,乃改平章军国重事。自后习以为制,不复除此等官②,以谓前无故事,其实不然也。绍兴二十五年,中批右正言张扶③除太常卿,执政言自来太常不置卿④,遂改宗正;复言之,乃以为国子祭酒。近岁除莫济⑤秘书监,济辞避累日,然后就职,已而李焘、陈骙、郑丙⑥皆为之。均曰职事官,何不可除之有?

[注释]①此句中之司马公,指司马光,吕申公指吕公著。建储,指立太子。吕公著(1007—1073),字晦叔,元祐初官至宰相。 ②此等官:指御史大夫、侍中、中书令等。宋代御史大夫为加官,未曾真掌御史台,御史台长官实为御史中丞。侍中、中书令名义上分为门下省、中书省长官,亦未尝真拜,元丰改制后其职分归于尚书左仆射兼门下侍郎、尚书右仆射兼中书侍郎。 ③张扶:字少持,绍兴中四十五岁时始以乡先生登进士第,历右正言、太常卿,终于国子祭酒。 ④不置卿:宋代太常寺原与太常礼院不相涉,元丰改制前只置判寺而不置卿,元丰改制后,太常寺始兼管礼仪事,元祐中始置卿、少卿为正副长官,而正卿仍极少除授。 ⑤莫济:字子齐,绍兴进士,历官司农、宗正少卿,迁权给事中。淳熙二年(1175)除秘书监,出历州府,以中书舍人兼直学士院致仕。秘书监:宋代秘书省原只掌祭祀祝版,元丰改制后始成为馆阁职事机构,设监、少监为长官。但两宋之际秘书监罕除,率以少监行长官之职,故《南宋馆阁录·官联》所录秘书监仅始于莫济。 ⑥李焘、陈骙、郑丙:李焘(1115—1184),字仁甫,淳熙三年正月除秘书监,九月为权礼部侍郎。陈骙(1128—1203),字叔进,淳熙三年十一月除秘书监,光宗时官至参知政事。郑丙(1121—1194),字少融,淳熙五年九月除秘书监,光宗时官至吏部尚书。

耳、余、袁、刘

张耳、陈余少时为刎颈交,其后争权,相与致死地而不厌①。盖势利之极,其究②必然。韩馥③举冀州以迎袁绍,而终以惧死。刘璋④开门延刘备,坐失益州。翟让⑤提兵授李密⑥,而举族不免。尔朱兆⑦以六镇之众付高欢,而卒毙于欢手。绍、密、欢忘其所自,不足深责,孰谓玄德之长者而忍为此邪?

[**注释**]①不厌:不服。二人争权事见《史记·张耳陈余列传》。司马贞《索隐》述赞:"张耳、陈余,天下豪俊,忘年羁旅,刎颈相信。耳围巨鹿,余兵不进,张既望深,陈乃去印。势利倾夺,隙末成衅。" ②究:终究,结果。 ③韩馥(?—191):字文节,东汉末历御史中丞,董卓控制朝政时遣以为冀州牧,稍后曾随诸侯讨董卓。时为渤海太守袁绍上司,不久为袁绍所逼,让出冀州牧之位,投奔陈留太守张邈。及袁绍遣使联络张邈,惧而自杀。 ④刘璋(?—219):字季玉,东汉末继其父刘焉为益州牧,为对抗汉中割据首领张鲁及北方曹操南下势力,遂迎刘备入益州。旋为刘备所败,出降,被流放荆州。后孙权杀关羽夺取荆州,复以为益州牧,驻秭归,不久病死。 ⑤翟让(?—617):隋末农民起义瓦岗军前期首领,后以权位让于李密,被李密阴谋害死,其全家亦被杀。 ⑥李密(582—619):字玄邃,一字法主,贵族出身,隋末从杨玄感起兵反隋,失败后投奔瓦岗寨,以战功得翟让重用。后杀翟让,自为瓦岗军首领,为王世充所破,遂投奔李渊,继而叛去,被李渊部将击杀。 ⑦尔朱兆:字万仁,北魏末大将军,尔朱荣从子。尔朱荣被孝庄帝诱杀后,尔朱兆囚杀孝庄帝,立长广王元晔,控制朝政,又分原六镇起义二十余万众归晋州刺史高欢统领,后被高欢击败,逃匿穷山中自缢而死。

周、汉存国

周之初诸侯千八百国,至赧王之亡,所存者才八国耳,七战国与卫也①。然赵、韩、魏分晋而立,齐田氏代姜而兴,其有土各不及二百年,俱非旧邦。秦始皇乃吕氏子②,楚幽王③乃黄氏子,所谓嬴、芈④之先,当不歆非类⑤。然则惟燕、卫二姬姓存,而卫至胡亥世乃绝⑥。若以为召公、康叔之德,则周公岂不及乎⑦?汉列侯八百余人,及光武而存者,平阳、建平、富平三侯⑧耳。建平以先降梁王永夺国,平阳为曹参之后,富平为张安世之后。参犹有创业之功;若安世则汤子也,史称其推贤扬善,固宜有后,然轻重其心,杀人亦多矣,独无余殃乎?汉侯之在王莽朝,皆不夺国;光武乃但许宗室复故,余皆除之,虽酂侯⑨亦不绍封,不知曹、张两侯何以能独全也。

[注释]①按:周赧王之亡在公元前256年,其时卫国尚存,故洪迈以其与七国并数之而为八国。七战国,即战国七雄齐、秦、燕、楚、赵、韩、魏。《汉书·地理志上》:"周爵五等而士三等,公侯百里,伯七十里,子、男五十里,不满为附庸,盖千八百国……周室既衰,礼乐征伐自诸侯出,转相吞灭,数百年间,列国耗尽,至春秋时尚有数十国。五伯迭兴,总其盟会,陵夷至于战国,天下分而为七。" ②吕氏子:相传秦始皇之父子楚在赵国为人质时,吕不韦买赵姬,使之怀孕后献予子楚,又使子楚回国为太子,赵姬所生即后来的秦始皇。 ③楚幽王(前268—前228):战国末楚考烈王之子。相传考烈王无子,赵人李园先将自己的妹妹献予春申君黄歇,待其怀孕后又献予考烈王,其所生即后来的楚幽王。 ④嬴、芈:秦国、楚国公室之姓。 ⑤不歆非类:指后人祭祀祖先,不祭祀非同姓、同族的人。 ⑥燕、卫均为姬姓之国,其始封者分为周初召公奭、康叔封。燕国在公元前222年为秦所灭。卫国在前239年秦攻占濮阳时被迁徙于野王(在今河南沁阳),前221年秦统一中国后仍存之,至秦二世元年(前209)始废卫君角为庶人(古时称为"绝祀")。 ⑦此句指周公之恩泽应在召公、康叔之上,而鲁国在前256年即为楚所灭,其"绝祀"更早于燕、卫。 ⑧平阳、建平、富平三侯:皆为汉初所封侯爵。平阳侯,汉初功臣曹参封爵,传至其玄孙曹宗,以有罪夺爵。哀帝时复封曹宗之孙曹本为

平阳侯,至王莽时去世,其子曹宏降于光武帝刘秀,仍袭封平阳侯。建平侯,汉昭帝时大臣杜延年封爵,传至其玄孙杜宪,值梁王刘永起兵反王莽而自称帝,遂降于刘永。及光武帝灭刘永,诏杜宪死后,其爵不得代。富平侯,汉昭帝、宣帝时大臣张安世封爵,传至其玄孙张纯,以恭俭自修,王莽时不失爵,东汉初位至大司空,更封富平之别乡为武始侯。 ⑨酂侯:汉初功臣萧何封爵。其传嗣几度中辍,几度复续,至王莽之败而最后断绝,见《汉书·萧何传》。

曹操杀杨脩

曹操杀杨脩①之后,见其父彪,问曰:"公何瘦之甚?"对曰:"愧无日磾先见之明,犹怀老牛舐犊之爱。"操为之改容②。《古文苑》载操与彪书,数脩之罪,以为"恃豪父之势,每不与吾同怀,将延③足下尊门大累,便令刑之",且赠彪锦裘④二领、八节角桃杖一枝⑤、青牸牛⑥二头、八百里骅骝马⑦一匹、四望通幰七香车⑧一乘、驱使⑨二人,又遗⑩其妻裘、靴、有心青衣⑪二人,钱绢甚厚。卞夫人⑫亦与袁夫人⑬书云:"贤郎有盖世文才,阖门钦敬,明公性急,辄行军法。"以衣服、文绢、房子官锦、香车送之⑭。彪及袁夫人皆答书引愆⑮致谢。是时汉室将亡,政在曹氏,袁公四世宰相⑯,为汉宗臣,固操之所忌,彪之不死其手,幸矣!呜呼,危哉!

[注释]①杨脩(175—219):字德祖,东汉末文学家,初以高才为曹操所赏识,任丞相府主簿,后为曹操所忌,被借故以军法处死。 ②以上皆见《汉书·杨震传》附《杨彪传》。日磾先见之明,指金日磾杀子事。《汉书·金日磾传》载其子年幼,常为武帝所狎弄,又与宫女嬉戏,日磾惧其惹祸,遂杀之。杨

彪以此喻杨脩杀身之祸,故谓日磾有"先见之明"。参见本书卷五《金日磾》条。　③延:引致、招致。　④锦裘:用提花丝织物缝制的皮衣。　⑤八节角桃杖一枝:指用一种优质的被称为"桃枝"的细竹制成的手杖一条,长度有八节。其竹质坚皮滑,有类桃枝,故称桃枝竹,以之为杖则称桃枝杖,简称"桃杖"。载籍谓此种竹产于巴渝之间,尤以今重庆垫江一带所出者为佳,一般每节四寸,汉代以此种竹杖赐公卿、将军及有侯爵者。又,古人称上端弯曲的手杖为角杖,故此称"角桃杖"。一枝,同"一支",犹今言一只、一根、一条。按:《全上古三代秦汉三国六朝文》引此处七字作"八节银角桃杖一枚"八字,疑"银"字为后人臆加,"枚"字亦因与"枝"字形近而臆改。　⑥青犗牛:即黑色的雌牛,用以驾车者。按:"青犗牛二头"五字,《古文苑》卷十《曹公与杨太尉书论刑杨脩》原在下文"七香车一乘"下。　⑦八百里骅骝马:即能够日行八百里的骏马。　⑧四望通幰七香车:即有帷幔而可四面观望的用多种香木制成的华美的车。幰(xiǎn),帷幔。按:此七字上,载籍所引或有"画轮"二字,指车轮亦有五彩装饰。　⑨驱使:指仆从。　⑩遗(wèi):赠。　⑪有心青衣:指善解人意听使唤的丫鬟。　⑫卞夫人:曹操继室,曹丕之母,不即帝位后称皇太后。　⑬袁夫人:即杨彪妻、杨脩母,为袁术姊妹。　⑭此所述诸物,卞夫人致书原作"衣服一笥,文绢百匹,房子官锦百斤,私所乘香车一乘,牛一头"。文绢,带花纹的丝织品。房子官锦,指房子县(今河北临城)所产进贡的白锦,汉魏时号称此种白锦光彩鲜洁,可与蜀锦媲美。　⑮愆:罪过。　⑯袁公四世宰相:袁公,疑当作"杨公","袁"字为误书。此实指杨震(59—124),史籍未见其有"袁公"之称。震字伯起,历涿郡太守、太仆、太常等,官至太尉、司徒,以公正廉明著称。其子杨秉、孙杨赐、曾孙杨彪亦皆官至太尉,居三公之列,故此称"四世宰相"。《后汉书·杨震传论》谓之"累叶载德,继踵宰相"。

古人重国体

古人为邦,以国体为急,初无小大强弱之异也。其所以自待及以之待人,亦莫不然,故执言修辞,非贤大夫不能尽。

楚申舟不假道于宋而聘齐,宋华元止之,曰:"过我而不假道,鄙我也。鄙我,亡也;杀其使者,必伐我,伐我亦亡也。亡,一也。"乃杀之。及楚子围宋既急,犹曰:"城下之盟,有以国毙,不能从也。"①

郑三卿为盗所杀,余盗在宋,郑人纳赂以请之。师慧曰:"以千乘之相,易淫乐之矇,宋无人焉故也。"子罕闻之,固请而归其赂②。

晋韩宣子有环在郑商,谒诸郑伯,子产弗与,曰:"大国之求,无礼以斥之,何餍之有?吾且为鄙邑,则失位矣。""若大国令而共无艺,郑鄙邑也,亦弗为也。"③

晋合诸侯于平丘,子产争贡赋之次,子大叔咎之,子产曰:"国不竞亦陵,何国之为?"④

郑驷偃娶于晋,偃卒,郑人舍其子而立其弟,晋人来问。子产对客曰:"若寡君之二三臣,其即世者,晋大夫而专制其位,是晋之县鄙也,何国之为?"⑤

楚囚郑印堇父献于秦,郑以货请之,子产曰:"不获。受楚之功而取货于郑,不可谓国,秦不其然。若曰郑国微君之惠,楚师其犹在敝邑之城下。"弗从,秦人不予。更币,从子产而后获之⑥。

读此数事,知春秋列国各数百年,其必有道矣。

[注释]①楚不假道事见《左传》宣公十四年(前595)、十五年,即楚庄王十九年、二十年。楚遣申舟到齐国访问,要路过宋国而不借道于宋。及申舟进入宋国境,宋人扣留了他。华元说:"路过我宋国而不借道,是把我国当成

楚国的边境之地了。把我国当成楚国的边地,那么我国就如同已灭亡的国家;如果杀了他们的使者,楚国必派兵来征伐我国,我国亦有亡国的危险。同是亡国,没什么两样。"于是就杀了使者。楚庄王闻之大怒,于是派大军包围了宋国都城。当楚军围宋正急迫的时候,华元夜里到楚军中,把楚军统帅从床上拽起来,仍说:"如果逼我们接受城下之盟,我们宁可同国家一起毙命,也不能听从你们的摆布。"申舟,文氏,名无畏,字子舟,因封于申而称申舟,楚国左司马。华元(? 一前573),为春秋时宋国昭公至平公四朝元老,长期为卿执国政。鄙,边邑,此用作动词,即以为边邑之意。　②事见《左传》襄公十五年(前558)。《左传》原载前563年郑国内乱,贵族司氏等杀子驷、子国、子耳三卿,有人逃亡至宋国。五年后,郑国欲以师慧(盲人乐师)和四十乘马(160匹)换回流亡者。师慧到了宋国,被引至朝堂,竟要在朝堂上小便。引导他的人大惊,阻止说:"这里是朝堂!"师慧说:"反正这里无人。"又说:"如果有人的话,怎么会拿可以做千乘之国的国相的人,来换取一个只供奢侈娱乐用的瞎子乐师呢? 可见宋国无人。"(喻宋国朝中无善谋之人)子罕听说此事后,即固请宋平公退回了师慧和贿赂品。余盗,指杀人后流亡者。矇,盲者。子罕,即司城子罕,乐氏,名喜,字子罕,春秋后期宋国执政者,有廉洁之名。　③事见《左传》昭公十六年(前526)。意谓晋国韩宣子有一只玉环,这玉环原是成对的,而另一只在郑国商人那里,于是他谒见郑国的君主,想得到另一只玉环。郑国的国相子产不给他寻找,说:"大国的要求,如果不依礼该拒绝的就拒绝,他们就会贪得无厌。那样的话,我们就成了晋国的边邑,不成国了。"又说:"如果大国有令即供应无度,郑国即使成了他们的边邑也做不到。"韩宣子,即韩起(? 一前514),春秋后期晋国正卿,谥称宣子。共,通"供"。艺,限度。　④事见《左传》昭公十三年(前529)。晋在平丘会盟诸侯时,子产争名义上向天子进贡物品所需承担的等级(大国贡多,小国贡少),子大(太)叔批评他,他说:"国家不争气亦被欺凌,那样还成什么国家?"子大叔,游氏,名吉,字大叔,郑国卿,后继子产执政。为,语末助词。　⑤事见《左传》昭公十九年(前523)。意谓郑大夫驷偃娶晋大夫之女为妻,驷偃卒时,其子尚幼小,驷氏因立驷偃的叔父为宗主。晋派人来问不立晋女之子事,子产说:"如果郑国诸臣谢世后,其继嗣问题都由晋大夫专擅控制,那么郑国就成了晋国的县邑边地,还像个国家吗?"驷偃,驷氏,名偃,字子游。 ⑥事见《左传》襄公二十六年(前547)。是年秦、楚合兵侵郑,楚人俘获郑大夫印堇父而献于秦,郑国乃使印氏家族出财物以赎回印堇父。子产说:"这不行。秦国受楚献俘而有战功之名,但收取郑国财物就放人,这不是一个国家该做的事,秦国将不会这样。如果说郑国若没有秦君的恩赐,楚国军队还在我们小国的城下,那样秦国就可能放人。"他的意见未被采纳,秦国果然不放人;郑国更遣使携带礼物,用子产的说法,秦国才把印堇父放回来了。印堇父,印氏,字堇父。

卷十三

谏说之难

韩非①作《说难》而死于说难,盖谏说之难,自古已然。至于知其所欲说,迎而拒之,然卒至于言听而计行者,又为难而可喜者也。

秦穆公执晋侯,晋阴饴甥往会盟,其为晋游说无可疑者。秦伯曰:"晋国和乎?"对曰:"不和。小人曰必报雠,君子曰必报德。"秦伯曰:"国谓君何?"曰:"小人谓之不免,君子以为必归。以德为怨,秦不其然。"秦遂归晋侯。②

秦伐赵,赵求救于齐,齐欲长安君为质,太后不肯,曰:"复言者,老妇必唾其面。"左师触龙愿见,后盛气而胥之入,知其必用此事来也。左师徐坐,问后体所苦,继乞以少子补黑衣之缺。后曰:"丈夫亦爱怜少子乎?"曰:"甚于妇人。"然后及其女燕后,乃极论赵王三世之子孙无功而为侯者,祸及其身。后既寤,则言:"长安君何以自托于赵?"于是后曰:"恣君之所使。"长安遂出质。③

范雎见疏于秦，蔡泽入秦，使人宣言感怒雎，曰："燕客蔡泽，天下辩士也。彼一见秦王，必夺君位。"雎曰："百家之说，吾既知之，众口之辩，吾皆摧之，是恶能夺我位乎？"使人召泽，谓之曰："子宣言欲代我相，有之乎？"对曰："然。"即引商君、吴起、大夫种之事。雎知泽欲困己以说，谬曰："杀身成名，何为不可？"泽以身名俱全之说诱之，极之以闳夭、周公之忠圣。今秦王不倍功臣，不若秦孝公、楚越王；雎之功不若三子，劝其归相印以让贤。雎竦然失其宿怒，忘其故辩，敬受命，延入为上客。卒之代为秦相者，泽也。④

秦始皇迁其母，下令曰："敢以太后事谏者杀之。"死者二十七人矣，茅焦请谏，王召镬将亨之。焦数以桀、纣狂悖之行，言未绝口，王母子如初。⑤

吕甥之言出于义，左师之计伸于爱，蔡泽之说激于理。若茅焦者，真所谓劙⑥虎牙者矣。范雎亲困穰侯⑦而夺⑧其位，何遽⑨不如泽哉？彼此一时也。

[**注释**]①韩非（？—前233）：战国末韩国公子，以法家学说备受秦王嬴政赏识，被胁迫至秦国，后遭李斯等人妒忌和谗害，被下狱毒死。传世《韩非子》有《说难》篇。　②此所述概括《左传》僖公十五年（前645）之文。晋侯，指晋惠公，韩原之战为秦所俘，见卷六《〈左氏〉书事》条。阴饴甥（？—前636），即下文所称吕甥（一作吕省），字子金，春秋中叶晋大夫。因其封地曾在阴、吕和瑕，故载籍又称吕饴甥、瑕吕饴甥、阴饴甥、瑕甥，曾拥立晋惠公，及惠公为秦所俘，入秦劝秦穆公报晋以德不以怨，秦遂释回惠公。后晋文公回国即位，吕甥与郤芮等谋害文公，事泄，逃至秦，被秦穆公诱杀。　③此所述见《史记·赵世家》，本于《战国策·赵策》。记战国后期赵惠文王去世、孝成王即位时，秦乘机伐赵，赵求救于齐，赵国老臣触龙说服赵太后出其少子长安君

到齐国为人质,以换取齐国出兵救赵的故事。赵太后,史又称赵威后、孝威太后,惠文王之后,孝成王之母。触龙,《战国策》作"触詟",或谓"詟"字为"龙"、"言"二字之误合。左师,高级官称。胥,通"须",等待。黑衣,王宫卫士的代称,以身穿黑衣而称之。恣,听凭、任由。　④此所述见《史记·范雎蔡泽列传》,本于《战国策·秦策》。大夫种,即文种(？－前472),春秋时越王勾践大臣,越灭吴后不为勾践所容,被赐死。闳夭,相传为商末周西伯(文王)之臣,在西伯被殷纣王囚禁时,曾与散宜生等贿赂纣王而救之。三子,指商鞅、吴起、文种。悚然,惊惧貌。宿怨,向来怨气。　⑤此所述为茅焦谏秦王事,见《史记·秦始皇本纪》。秦王政最初亲政时,杀与其母私通的假宦官嫪毐(lào ǎi),又自咸阳迁其母于雍(今陕西凤翔)。齐人茅焦冒死进谏,数秦王不孝不友之行,秦王遂又迎太后返回咸阳。镬,作刑具用的铜铁大锅或鼎器。亨,古"烹"字,此指投罪人于沸水或沸油中煮死的酷刑。　⑥劘(mó):用同"磨"字,磨。　⑦亲困穰侯:当面为蔡泽所窘。穰侯,蔡泽封爵。　⑧夺:丧失。　⑨遽:遽然,竟然。

韩馥　刘璋

　　韩馥以冀州迎袁绍,其僚耿武、闵纯、李历、赵浮、程涣等谏止之,馥不听,绍既至,数人皆见杀①。刘璋迎刘备,主簿黄权、王累,名将杨怀、高沛止之,璋逐权,不纳其言,二将后为备所杀②。王浚③受石勒之诈,督护孙纬及将佐皆欲拒勒,浚怒欲斩之,果为勒所杀。武、纯、怀、沛诸人,谓之忠于所事可矣;若云择君,则未也。呜呼!生于乱世,至死不变,可不谓贤矣乎?

　　[注释]①事见《后汉书·袁绍传》。　②事见《后汉书·刘焉传》及《庞统传》。　③王浚(252－314):字彭祖,西晋末历大司马、幽州牧,又擢司空,

加乌丸校尉,闻怀帝被掳,曾欲称帝,后不听其督护孙纬等劝说,受石勒诈降,被石勒房至襄国(今河北邢台)斩杀于街市,其部下精兵数万人亦尽被杀。

萧、房知人

汉祖至南郑,韩信亡去,萧何自追之。上骂曰:"诸将亡者以十数,公无所追,追信,诈也。"何曰:"诸将易得,至如信,国士亡双,必欲争天下,非信无可与计事者。"乃拜信大将,遂成汉业①。唐太宗为秦王时,府属多外迁,王患之,房乔曰:"去者虽多,不足吝。杜如晦,王佐才也,王必欲经营四方,舍如晦无共功者。"乃表留幕府,遂为名相②。二人之去留,系兴替治乱如此,萧、房之知人所以为莫及也。樊哙③从高祖起丰沛,劝霸上之还,解鸿门之厄,功亦不细矣,而韩信羞与为伍。唐俭④赞太宗建大策,发蒲津之谋,定突厥之计,非庸臣也,而李靖以为不足惜。盖以信、靖而视哙、俭,犹熊罴之与狸狌⑤耳。帝王之功,非一士之略,必待将如韩信、相如杜公而后用之,不亦难乎?惟能寘萧、房于帷幄中,拔茅彙进⑥,则珠玉无踁而至⑦矣。

[注释]①萧何追韩信,见《史记·淮阴侯列传》。 ②房玄龄荐杜如晦,见新、旧《唐书·杜如晦传》。 ③樊哙(前242—前189):屠狗出身,随刘邦起兵,累功为大将,入汉官至左丞相。下述其"劝霸上之还",指其在刘邦入咸阳后,曾力劝刘邦还军霸上,勿贪秦宫室之奢丽;"解鸿门之厄",指其在刘、项鸿门宴上保护刘邦之事。 ④唐俭(约579—656):字茂约,从李渊起兵,入唐后官至礼部、民部尚书。隋末其曾私下劝说李世民建帝王之业,武德初揭

发工部尚书独孤怀恩在蒲州反叛之谋,贞观初又助太宗定策破突厥。 ⑤狸狌(li shēng):野猫。 ⑥拔茅彙进:语出《周易·泰》卦爻辞:"拔茅茹,以其彙"。意指拔茅草而其类即牵引汇聚,喻同道相互引进聚合。 ⑦珠玉无踁而至:以珠玉无腿脚而走至,喻人才聚集。踁,"胫"字别体,小腿。

俞 似 诗

英州①之北三十里有金山寺,予尝至其处,见法堂后壁题两绝句,遒僧云广州钤辖俞似②之妻赵夫人所书。诗句洒落不凡,而字画径四寸,遒健类薛稷③,极可喜。数年后又过之,僧空无人,壁亦隳圮④。犹能追忆其语,为纪于此。其一云:"莫遣韝鹰⑤饱一呼,将军谁志灭匈奴。年来万事灰人意,只有看山眼不枯。"其二云:"转食⑥胶胶扰扰⑦间,林泉高步未容攀。兴来尚有平生履,管领东南到处山⑧。"盖似所作也。

[注释]①英州:宋代治真阳,即今广东英德。 ②俞似:史载其南宋初为阁门祗候、广西经略司走马承受公事,绍兴三年(1133)罢去,自此走马承受不复置。后来其人只为阁门祗候,此所称广州钤辖或是其为走马承受时加职。 ③薛稷(649—713):字嗣通,唐初书法家,官至礼部尚书,玄宗即位后,以牵连太平公主谋乱事被赐死。 ④隳圮(hui pǐ):毁坏倒塌。 ⑤韝鹰:架在臂套上的猎鹰。韝(gōu),臂套。 ⑥转食:指四处谋职。 ⑦胶胶扰扰:同"搅搅扰扰",忙乱之貌。 ⑧管领东南到处山:喻东南山山水水可任供游历。

吴激小词

先公在燕山①,赴北人张总侍御家集②,出侍儿佐酒③。中有一人,意状摧抑可怜④,叩其故,乃宣和殿小宫姬⑤也。坐客翰林直学士吴激⑥赋长短句纪之,闻者挥涕。其词⑦曰:"南朝千古伤心地,还唱《后庭花》⑧。旧时王、谢,堂前燕子,飞向谁家⑨? 恍然相遇,仙姿胜雪⑩,宫髻堆鸦⑪。江州司马,青衫湿泪,同是天涯⑫。"激字彦高,米元章婿也。

[注释]①先公在燕山:指洪皓出使金朝被扣留时。 ②按:据洪皓《鄱阳集》所载词作《江梅引》小序,此所述之事在绍兴十二年(1142),时洪皓在燕(今北京)。北人:金人。张总,未详。侍御,即侍御史,御史台属官。集,指宴会。 ③侍儿佐酒:侍妾伺候客人饮酒。 ④意状摧抑可怜:意态压抑而有可怜状。 ⑤宣和殿小宫姬:指原为北宋宣和殿小宫女而随徽宗、钦宗被掳掠至金者。 ⑥吴激(1090-1142):字彦高,北宋末户部侍郎吴栻之子,大书画家米芾女婿,初为宣抚使兼燕山知府蔡靖属官,宋亡时陷于金,为金所用,官至翰林待制,出为深州知州,到任三日而卒。按:《金史》本传载其为翰林待制,未载其为直学士。 ⑦其词:《词综》录之,题为《人月圆·宴张侍御家有感》。 ⑧《后庭花》:即南朝陈后主所制曲《玉树后庭花》,亦即唐杜牧诗句"商女不知亡国恨,隔江犹唱《后庭花》"所指。 ⑨以上十二字化用唐刘禹锡诗句"旧时王谢堂前燕,飞入寻常百姓家"。 ⑩仙姿胜雪:载籍或引作"天姿胜雪""仙肌胜雪"。 ⑪宫髻堆鸦:形容女子发黑而美。古人称美发挽于上为"堆鸦",美鬟舞于下为"鸾鬓"。 ⑫以上十二字化用唐白居易诗句"江州司马青衫湿""同是天涯沦落人"。

君子为国

《传》曰:"不有君子,其能国乎?"①古之为国,言辞抑扬②,率以有人无人占③轻重。晋以诈取士会④于秦,绕朝⑤曰:"子无谓秦无人,吾谋适不用也。"楚子反曰:"以区区之宋,犹有不欺人之臣,可以楚而无乎?"⑥宋受郑略,郑师慧曰:"宋必无人。"鲁盟臧纥之罪,纥曰:"国有人焉。"⑦贾谊论匈奴之嫚侮,曰:"倒县如此,莫之能解,犹谓国有人乎?"⑧后之人不能及此,然知敌之不可犯,犹曰"彼有人焉,未可图也"⑨。一士重于九鼎,岂不信然?

[**注释**]①语见《左传》文公十二年,意谓立国要有贤人。国,动词,治国、立国。《东坡易传》卷二《否》卦传:"君子道消,虽有国,与无同矣。" ②言辞抑扬:指外交辞令之轻重高下。 ③占:测度,估量。 ④士会(约前660—前583):春秋时晋大夫,名会,字季,又称随会、随季、范会、随武子、范武子等,晋、楚城濮之战时为戎右将军,晋襄公死后,以立嗣君之争而流亡秦国,一度为秦所用,晋国忌之,用诈谋使之回国,晋景公时为上军主将,位至卿,后让政告老,被晋人称为大贤。 ⑤绕朝:秦大夫,在士会自秦归晋时,曾谏秦君止之,不得,乃赠士会马鞭,又言勿谓"秦无人"。后世因以"绕朝策"为典故,以喻先见之明。 ⑥语见《公羊传》宣公十五年(前594)。所述为楚庄王伐宋时事(参见本书卷十二《古人重国体》条注),以子反主张楚不应欺人,楚军遂退去。子反,楚穆公之子,庄王兄弟,为楚国司马,在晋、楚邲之战(前597)及后来楚人围宋、攻郑时,皆为楚军主帅,后在晋、楚鄢陵之战(前575)中以酗酒致败,自杀。 ⑦臧纥事见《左传》襄公二十三年(前550)。臧纥,即臧孙纥、臧武仲、臧氏,名纥,谥武,臧文仲之孙,臧宣叔之子,矮小多智,号称"圣人",继其父为卿,世袭鲁国司寇之职,后被孟孙氏告发将作乱,遭季孙氏讨伐,犯门斩关出奔邾,又奔齐。闻季孙氏与臧氏盟誓,声讨其犯门斩关之罪,

因言"国有人焉",实指孟孙氏的孟椒为季孙氏出点子。　⑧贾谊之语见《汉书·贾谊传》。意谓匈奴侮慢不敬,常掠夺索取财物,汉朝反而赐予之奉给,以致关系颠倒,不能解套,还能说国家有明智之人吗? 嫚,通"慢",轻视。倒县,读作"倒悬",颠倒之意。　⑨此"犹曰"下八字指人之常语,载籍所见甚多。

兑为羊

兑为羊①,《易》之称羊者凡三卦。《夬》之九四曰"牵羊悔亡",《归妹》之上六曰"士刲羊,无血",皆兑也②。《大壮》内外卦为震与乾,而三爻皆称羊者,自《复》之一阳推而上之,至二为《临》则兑体已见,故九三曰"羝羊触藩,羸其角",言三阳为《泰》而消兑也③。自是而阳上进,至于《乾》而后已④。六五"丧羊于易",谓九三、九四、六五为兑也⑤。上六复"触藩不能退",盖阳方《夬》决,岂容上兑俨然乎⑥?九四中爻亦本兑,而云"不羸"者,赖震阳之壮耳⑦。

[注释]①兑为羊:古人以为单卦的兑,下为两阳爻,上为一阴爻,如体上有两角,故有羊之象。　②《夬(guài)》卦乾下兑上,《归妹》卦兑下震上,皆有兑体,故其爻辞与羊有关。悔亡,消除灾祸的用语。刲(kuī),刺。　③以上是说,《大壮》卦乾下震上,而其三爻辞之所以都言及羊,这是由于从《复》卦(震下坤上)初始的阳爻上推,当它的第二爻也变为阳爻的时候,那么《复》卦就变为《临》卦(兑下坤上),兑体已出现,所以《大壮》卦的九三爻辞说"公羊抵触藩篱,会困住其两角",意谓当第三爻也变为阳爻的时候,《临》卦就变为《泰》卦(乾下坤上),兑体就消失了。羝羊,公羊。羸,通"累(缧)",缠绕,困住。　④此句是说,爻变不停,当第三爻变为阳爻之后,《泰》卦上面的三阴爻

继续依次变为阳爻,一直到全卦变为纯《乾》卦(乾下乾上)才会停止。 ⑤此句是说,《大壮》卦的六五爻辞说"丧羊于易(平易之时)",是由于其九三、九四、六五三爻已是兑体。 ⑥此句是说,《大壮》卦上六爻辞又称"触藩不能退",大概是指当它的六五爻也变为阳爻的时候,《大壮》卦即变为《夬》卦,而《夬》卦是表示决断的,又怎能容许它上面的兑体俨然不可侵犯呢?此言继续上变虽有困难,但"不能退",故《大壮》卦的上六爻辞又云"艰则吉"。《夬》决,其彖辞云:"夬,决也。" ⑦末句是说,《大壮》卦的九四爻辞亦本于中爻的兑体,而云"藩决,不羸,壮于大舆之輹(车厢与车轴之间的垫木)",是由于此卦上面的震体使之壮大刚健。

晏子　扬雄

齐庄公之难①,晏子不死不亡②,而曰:"君为社稷死则死之,为社稷亡则亡之。若为己死而为己亡,非其私昵,谁敢任之?"及崔杼、庆封③盟国人,曰"所不与崔、庆者";晏子叹曰:"婴所不唯忠于君、利社稷者是与,有如上帝!"④晏子此意,正与豫子⑤所言"众人遇我"之义同,特不以身殉庄公耳。至于毅然据正,以社稷为辞,非豫子可比也。扬雄仕汉,亲蹈王莽之变,退托其身于列大夫中,不与高位者同其死,抱道没齿,与晏子同科⑥。世儒或以《剧秦美新》⑦贬之,是不然,此雄不得已而作也。夫诵述新莽之德,止能美于暴秦,其深意固可知矣。序所言"配五帝,冠三王,开辟以来未之闻",直以戏莽尔。使雄善为谀佞,撰符命,称功德,以邀爵位,当与国师公同列,岂固穷⑧如是哉?

[注释]①齐庄公之难:指春秋末齐庄公吕光之死。齐权臣崔杼之妻棠姜美,庄公通之。庄公六年(前548),崔杼托病,庄公前往探视,崔杼之徒闭之于庭院中,持兵器攻之,庄公翻墙坠落,被杀。 ②晏子不死不亡:晏子,即晏婴(前578—前500)。字仲,谥平,又称晏平仲,历灵公、庄公、景公三世,为齐国继管仲之后最著名的国相。史载崔杼发难时,晏婴立于崔氏门外,门开而入,枕庄公尸而哭,又三跳而出,不殉死,不逃走,崔杼以其为"民之望",未加害。 ③崔杼(?—前546):齐国正卿,晚年强娶同宗棠公之妻(棠姜)为妻。灵公死后,立庄公,执国政。及弑庄公,立景公,自为右相,以庆封为左相。两年后,因家族内乱,其二子皆为庆封所杀,被逼自缢死。庆封(?—前538):与崔杼共为齐相,杀崔杼后耽于酒色,以国政付予其子庆舍,为田、鲍、栾、高等贵族势力所攻,出奔鲁,又奔吴,楚灵王伐吴时被族灭。 ④以上意谓齐庄公死后,崔杼、庆封逼国人盟誓,盟书上写着"所不与崔、庆者,有如上帝"(犹言不赞成崔、庆弑君之举者,皆行上帝之令处死);晏婴慨叹说:"我只赞成对那些不忠于君、不利于社稷国家的人,可行上帝之令处死。"与,赞成。上文"所不"句下,省略"有如上帝"四字。 ⑤豫子:即春秋末刺客豫让。初事晋国贵族范氏、中行氏,无所知名;后投靠智伯门下,大得尊宠。公元前453年,赵、韩、魏共灭智氏,他誓为智氏报仇,遂改换姓名,漆身毁容,吞炭变声,伺机刺杀赵襄子。一次暗伏桥下行刺未遂,为赵襄子所捕,乃自求斩其衣服,然后伏剑而死。《史记·刺客列传》载其临死云:"臣事范、中行氏,范、中行氏皆众人遇我,我故众人报之;至于智伯,国士遇我,我故国士报之。"众人遇我,像普通人那样对待我;众人报之,也像普通人那样报答他。"国士"句意同。 ⑥此处意指西汉末扬雄虽经历王莽政变入新朝,隐忍为列大夫而不能殉死,但至死守正道,与晏婴的行为同类。 ⑦《剧秦美新》:见卷七《李习之论文》条。 ⑧穷:困迫。指扬雄既不得为国师,又为王莽的诛杀所连及,自投阁而几乎殒命。

一以贯之

"一以贯之"①之语,圣贤心学也。夫子以告曾子、子贡,而学者犹以为不同。尹彦明②曰:"子贡之于学,不及曾子也。如此,孔子于曾子,不待其问而告之,曾子复深喻之曰'唯'。至于子贡,则不足以知之矣,故先发'多学而识之'之问,果不能知之以为然也,又复疑其不然而请焉,方告之曰'予一以贯之';虽闻其言,犹不能如曾子之唯也。"范淳父③亦曰:"先攻子贡之失,而后语以至要。"予窃以为二子皆孔门高弟也,其闻言而唯,与夫闻而不复问,皆已默识于言意之表矣。世儒所以卑子贡者,为其先然"多学而识之"之旨也,是殆不然。方闻圣言如是,遽应曰"否",非弟子所以敬师之道也,故对曰"然";而即继以"非与"之问,岂为不能知乎?或者至以为孔子择而告参、赐,盖非余人所得闻,是又不然。颜氏之子④、冉氏之孙⑤,岂不足以语此乎?曾子于一唯之后,适门人有问,故发其"忠恕"之言。使子贡是时亦有从而问者,其必有以诏⑥之矣。

[注释]①一以贯之:此语两见于《论语》。一见《里仁》篇:"子曰:'参(曾子)乎,吾道一以贯之哉!'曾子曰:'唯。'子出,门人问曰:'何谓也?'曾子曰:'夫子之道,忠恕而已矣。'"一见《卫灵公》篇:"子曰:'赐(子贡)也,汝以予为多学而识之者与?'对曰:'然。非与(欤)?'曰:'非也,予一以贯之。'" ②尹彦明:即尹焞,见卷二《信近于义》条。 ③范淳父:即范祖禹,亦见《信近于义》条。 ④颜氏之子:指孔子弟子颜渊。 ⑤冉氏之孙:指孔子弟子冉耕。耕字伯牛,在孔子弟子中以德行与颜渊、闵子骞并称,因恶疾早卒。 ⑤诏:告,告诉。以尊者告下而称"诏"。

裴潜　陆俟

曹操以裴潜①为代郡太守,服乌丸三单于之乱。后召潜还,美其治代之功,潜曰:"潜于百姓虽宽,于诸胡为峻。今继者必以潜为治过严,而事加宽惠。彼素骄恣,过宽必弛,既弛又将摄之以法,此怨叛所由生也。以势料之,代必复叛。"于是操深悔还潜之速。后数十日,单于反问②果至。元魏以陆俟③为怀荒镇将,高车④诸莫弗⑤讼俟严急无恩,复请前镇将郎孤⑥。魏使孤代俟,俟既至,言曰:"不过期年⑦,郎孤必败,高车必叛。"世祖切责之,明年,诸莫弗果杀孤而叛。帝召俟问曰:"何以知其然?"俟曰:"高车不知上下之礼,故臣制之以法,使知分限。而诸莫弗讼臣无恩,称孤之美,孤获还镇,悦其称誉,专用宽恕待之。无礼之人,易生骄慢,孤必将复以法裁之,众心怨怼,必生祸乱矣。"帝然之。裴潜、陆俟,可谓知为治之道矣。郑子产戒子大叔曰:"惟有德者能以宽服人,其次莫如猛。"大叔不忍猛而宽,是以致萑苻之盗,故孔子有宽猛相济之说⑧。乌丸、高车,不知礼法,裴、陆先之以威,使其久而服化,必渐施之以宽政矣。后之人读纸上语,专以鹰击毛挚⑨为治,而不思救弊之术,无问华夷,吾见其败也。

[注释]①裴潜(?—244年):字文行,初由曹操丞相府掾累历代郡太守,曾单车至郡,以恩威并行安抚乌桓(乌丸),三单于皆听命。后历沛国相、兖州刺史,曹丕即位后历典农中郎将,明帝时官至尚书令。　②反问:反叛的消息。　③陆俟(392—458):鲜卑族,北魏将领,太武帝时曾为怀荒镇将(治今

河北张北)、长安镇将,文成帝时位至征西大将军、东平王。 ④高车:参见卷一《敕勒歌》条。 ⑤莫弗:古代北方少数民族部落首领的称谓。 ⑥郎孤:仅据《魏书·陆俟传》,知其曾为怀荒镇将,余未详。 ⑦期年:一年。 ⑧《左传》昭公二十年:"子产有疾,谓子大叔曰:'我死,子必为政。唯有德者能以宽服民,其次莫如猛。夫火烈,民望而畏之,故鲜死焉;水懦弱,民狎而玩之,则多死焉。故宽难。'疾数月而卒。大叔为政不忍猛而宽,郑国多盗,取人于萑苻之泽。大叔悔之,曰:'吾早从夫子,不及此。'兴徒兵以攻萑苻之盗,尽杀之,盗少止。仲尼曰:'善哉!政宽则民慢,慢则纠之以猛;猛则民残,残则施之以宽。宽以济猛,猛以济宽,政事以和。'" ⑨鹰击毛挚:指如猛禽的搏击,猛兽的攫取。毛,代指野兽。《史记·乐书》"毛者"集解:"毛,兽也。"

拔亡为存

燕乐毅伐齐,下七十余城,所存者唯莒、即墨两城耳;赖田单之力,齐复为齐,尺寸之土无所失。曹操牧兖州,州叛,迎吕布,郡县八十城皆应之,唯鄄城、范、东阿不动;赖荀彧、程昱之力,卒全三城以待操,州境复安①。古之人拔亡为存②,转祸为福,如此多矣。靖康、建炎间,国家不竞③,秦、魏、齐、韩之地,名都大邑数百,剪而为戎④,越五十年矣,以今准古,岂曰无人⑤乎哉?

[注释]①《三国志·程昱传》:"太祖征徐州,使昱与荀彧留守鄄城。张邈等叛,迎吕布,郡县响应,唯鄄城、范、东阿不动……卒完三城,以待太祖。"鄄城、东阿,山东今县;范,河南今县,三者邻近。程昱(141—220):字仲德,曹操谋士,官至尚书、卫尉。 ②拔亡为存:使将亡之国、之地等脱去险境,得以保存。 ③不竞:不振作。 ④剪而为戎:此指两宋之际江淮以北各地及众多名都大邑都为金人所占领。剪,被割削。 ⑤岂曰无人:难道说当时无人

能坚守?

孙吴四英将

孙吴奄有①江左,亢衡②中州,固本于策、权之雄略,然一时英杰如周瑜、鲁肃、吕蒙、陆逊四人者③,真所谓社稷心膂,与国为存亡之臣也。自古将帅,未尝不矜能自贤,疾胜己者,此诸贤则不然。孙权初掌事,肃欲北还,瑜止之而荐之于权,曰:"肃才宜佐时,当广求其比,以成功业。"后瑜临终,与权笺曰:"鲁肃忠烈,临事不苟,若以代瑜,死不朽矣。"肃遂代瑜典兵。吕蒙为寻阳令,肃见之曰:"卿今者才略,非复吴下阿蒙。"遂拜蒙母,结友而别,蒙遂亦代肃。蒙在陆口④,称疾还,权问:"谁可代者?"蒙曰:"陆逊意思⑤深长,才堪负重。观其规虑,终可大任,无复是过⑥也。"逊遂代蒙。四人相继居西边三四十年,为威名将,曹操、刘备、关羽皆为所挫,虽更相汲引,而孙权委心听之。吴之所以为吴,非偶然也。

[注释]①奄有:全部占有。 ②亢衡:同"抗衡"。 ③四人相继为孙吴典兵都督。周瑜(175—210),字公瑾,鲁肃(172—217),字子敬,二人协力,于赤壁之战大破曹操,奠立孙吴霸业基础。吕蒙(179—220),字子明,袭夺荆州,破杀蜀大将关羽。陆逊(183—245),字伯言,夷陵之战火烧连营,大破刘备征吴之兵。 ④陆口:在今湖北赤壁市西北,为陆水湖出长江口处,三国时为孙吴军事要地,鲁肃、吕蒙、陆逊皆曾驻守于此。 ⑤意思:犹思虑、谋略。 ⑥无复是过:无人再能超过之意。

东坡《罗浮》诗

东坡游罗浮山,作诗示叔党①,其末云:"负书从我盍归去,群仙正草《新宫铭》。汝应奴隶蔡少霞,我亦季孟山玄卿。"②坡自注曰:"唐有梦书《新宫铭》③者,云紫阳真人山玄卿撰,其略曰:'良常西麓,原泽东泄,新宫宏宏,崇轩辚辚。'又有蔡少霞者,梦人遣书碑,铭曰:'公昔乘鱼车④,今履瑞云,躅空仰涂⑤,绮辂轮囷⑥。'其末题云五云书阁吏蔡少霞书。"

予案唐小说薛用弱⑦《集异记》,载蔡少霞梦人召去令书碑,题云"《苍龙溪新宫铭》,紫阳真人山玄卿撰"。其词三十八句,不闻有"五云阁吏"之说。"鱼车""瑞云"之语,乃《逸史》所载陈幼霞事⑧,云"苍龙溪主欧阳某撰",盖坡公误以幼霞为少霞耳。玄卿之文,严整高妙,非神仙中人嵇叔夜⑨、李太白之流不能作。今纪于此,云:"良常西麓,源泽东泄⑩,新宫宏宏,崇轩辚辚⑪。雕珉盘础⑫,镂檀竦棁⑬,碧瓦鳞差,瑶阶肪截⑭。阁凝瑞雾,楼横祥霓⑮,驺虞⑯巡徼,昌明捧闑⑰。珠树规连,玉泉矩泄⑱,灵飚遝集⑲,圣日俯晰⑳。太上游储㉑,无极便阙㉒,百神守护,诸真㉓班列。仙翁鹄立,道师冰洁,饮玉成浆,馔琼为屑㉔。桂旗㉕不动,兰幄牙设㉖,妙乐竞奏,流铃间发。天籁虚徐㉗,风箫泠澈㉘,凤歌谐律,鹤舞会节,三变《玄云》㉙,九成《绛雪》。易迁徒语,童初讵说㉚,如毁乾坤,自有日月。清宁㉛二百三十一年四月十二日建。"

予顷作《广州三清殿碑》㉜,仿其体为铭,诗曰:"天池北阯,越领东鹿㉝,银宫旛旛㉞,瑶殿矗矗㉟。陛纳九齿㊱,闱披四目㊲,楯角储清㊳,檐牙亥缛㊴。雕牖衋闿㊵,镂楹熠煜㊶,元尊端拱㊷,泰上秉篆㊸。绣黼周张㊹,神光晬穆㊺,宝帐流黄,温幨结绿㊻。翠凤干旗㊼,紫霓溜褥㊽,星伯振鹭,仙翁立鹄㊾。昌明侍几,眉连捧蠹㊿,月节下堕,曦轮旁烛㊶。冻雨清尘,乔云散縠㊷,钩籁㊸虚徐,流铃祿续㊹。童初渟瀯㊺,勾漏蓄缩㊻,岳君有衡㊼,海帝维儵㊽。中边何护㊾,时节朝宿㊿,飓母沦威㊶,疟妃谢毒㊷。丹崖罢徼㊸,赤子蒙福㊹,亿龄圣寿,万世宋箓㊺。"凡四十句,读者或许之,然终不近也。

[注释]①苏轼此诗原题《游罗浮山一首示儿子过》。罗浮山,古代道教名山,在今广东博罗县西北。叔党,即苏轼第三子苏过(1072－1123),字叔党,苏轼谪岭南时随行,后随父北归,宣和末历通判卒。 ②此四句诗示苏轼欲归隐而慕"仙人"之意。盍,何不。奴隶,犹言从事于。季孟,以排行表示侪于……之间。 ③《新宫铭》:原题《苍龙溪新宫铭》,为古代占梦之书,其事、其文见下。新宫,新建的道教宫观。 ④鱼车:以鱼皮为饰的车。 ⑤躅空仰涂:足迹在空中,路途须仰视。 ⑥绮辂(lù)轮囷(qūn):指所乘的辂车华贵硕大。轮囷,硕大。 ⑦薛用弱:字中胜,唐长庆间曾为光州刺史,大和初历弋阳太守,所作《集异记》集录隋唐间传奇故事。 ⑧《逸史》:唐卢肇所撰轶事小说集。其中记载陈幼霞、张及甫二人同学,同梦见被道士召去书写《太皇真诀》事,醒后尚记得上文东坡所引"公昔乘鱼车"云云四句。卢氏《逸史》已佚,此故事今见于《太平广记》卷四十九《神仙·张及甫》条。卢肇(818－882),字子发,会昌三年(843)状元,屡为刺史,著述甚丰。 ⑨嵇叔夜:即嵇康(224－263),字叔夜,曹魏正始中名士,"竹林七贤"之一。 ⑩此二句指新宫在良常山西麓、诸水发源汇聚而东流之处。良常,山名,为句曲山之北陲,在今江苏句容县。相传秦始皇曾登此山,称自今以后巡游山海当"良为常",

后人因改称其山为良常。　⑪此二句指新宫建筑的宏伟高敞。巘巘(niè niè),高敞之貌。　⑫雕珉盘础:指以雕刻的玉石为稳固的柱础。　⑬镂檀 棯栥(jié):指以镂空的檀木为耸立的斗拱。棯,通"耸"。栥,斗拱。　⑭瑶阶 肪截:指玉石台阶。瑶,美玉。肪截,喻白色玉石之白润如切开的脂肪。　⑮ 祥霓:象征吉祥的彩虹。　⑯駃虞:传说中的狮首虎身、白皮毛、黑斑纹、长尾 巴的仁兽。此类传说以仙宫喻新宫,疑"駃虞"指仙宫的守卫官。巡徼:犹今 言巡逻。　⑰昌明捧闑:昌明,即道教所称昌明仙人,疑为仙宫门卫官。闑 (niè),门槛、门限。　⑱珠树规连,玉泉矩泄:喻指仙宫如珠宝流光溢彩的树 木之勾连、如玉珠喷发涌动的水泉之布列,皆中规中矩,井然有序。"规""矩" 二字用作副词,为互文。　⑲灵飙遐集:指神灵界的飘风自广远会聚经过。 ⑳圣日俯晣:指神圣的太阳下播光明。晣(zhé),同"晢",明。　㉑太上游储: 太上老君游憩的宫馆。储,储胥,指宫馆。　㉒无极便阙:无极诸神歇息的宫 阙。　㉓诸真:诸真人,即道家所称修真得道(成仙)之人。　㉔饮玉成浆,馔 琼为屑:指仙人以美玉为食,玉成浆而饮,琼为屑而餐。　㉕桂旗:结系芳香 桂枝的旗帜。　㉖兰幄牙设:华美的帷幄陈设乐器。牙,崇牙,本指悬挂编 钟、编磬之类乐器的木架上端所刻的锯齿,此代指架设。　㉗天籁虚徐:天 籁,天然曼妙之音,指天上音乐。虚徐,舒缓不迫之貌。　㉘风箫泠澈:指天 风传播的箫管之音清越明澈。　㉙《玄云》:与下文之《绛雪》皆古人所传仙乐 之名。　㉚句意言二宫馆之壮丽尤不可描述。易迁、童初,即道教所称易迁 馆、童初宫。　㉛清宁:道教杜撰的年号。　㉜《广州三清殿碑》:《广东通志》 及《广州府志》载有洪迈此作原文,题为《修天庆观三清殿记》,下录即其文末 所系诗铭。天庆观在广州城内,唐代原称开元寺,北宋大中祥符间改名天庆 观,元以后称为元妙观。　㉝越领东鹿:《广东通志》及《广州府志》引作"粤岭 东麓",字通。　㉞银宫巘巘:银宫,常与"金阙"连用,均指仙境金银宫殿,俗 间以喻金碧辉煌的宫廷建筑。巘巘,扬起之貌。　㉟瑶殿矗矗:瑶殿,玉殿, 与银宫金阙同意。矗矗,高峻之貌。　㊱陛纳九齿:指宫殿正面的台阶有九 级。齿,梯级。　㊲闉披四目:指城门开放,观望极于四方。闉,闉阇,传说以 指天门。　㊳楯角(shǔn jué)储清:栏杆与椽子之间充满清气。楯,栏杆。 角,通"桷",方木椽子。　㊴檐牙峹缛:翘出如牙状的殿檐宽阔繁缛。　㊵雕牖谽閜(hān kě)：指雕镂的窗户豁落开敞。谽，同"谺"字，如山谷空旷之意。閜，豁口。　㊶镂楹熤煜(yì yù)：刻饰的楹柱熤煜生辉。　㊷元尊端拱：指元始天尊袖手端坐。　㊸泰上秉箓(lù)：指太上老君秉持法箓。箓，道家所称受命于天的神秘文书之称。　㊹绣黼周张：指绣有花纹的道服周遍张设。㊺神光晬穆：指所奉尊像的神采温润端庄。　㊻此二句指各种屏帐或黄或绿，色彩鲜明。　㊼翠凤干旗：指高杆的旗帜上绣着翠凤。干，通"杆"或"竿"。　㊽紫霓溜蓐：指茵席上闪动着紫色的云霓。　㊾此二句指星神如鹭鸶振翅欲飞，仙翁如鸿鹄仰首而立。　㊿此二句指昌明神侍奉几案，眉连仙姑手持舞具。眉连，传说中的女仙，以生而连眉得称。纛(dào)，此指用毛羽做的舞具或车上饰物。　○51此二句指月亮的节律(节气)降到下界，太阳的光辉遍照四方。曦轮，太阳。旁，通"溥"，遍。　○52此二句指冷雨使尘霾变清，三色云如縠纱散开。矞(yù)云，三色云。縠(hú)，有皱纹的纱。　○53钧籁：钧天广乐的自然之音。钧，钧天，天之中央。　○54流铃禄续：指鎏金的火铃之声断断续续。流，同"鎏"，镀金。道教以镀金之铃称火铃，用作法器，以警百魔。禄续，亦写作"录续"，今作"陆续"。　○55童初渟濴：指童初宫立于池水之上。渟濴，池水回旋不进之貌，代指池水。　○56勾漏蓄缩：指小洞天收缩不伸张。勾漏，道家所称小洞天之名，为三十六小洞天之一。　○57岳君有衡：指五岳之主有衡山南岳天尊。　○58海帝维儵(shū)：《庄子·应帝王》称"南海之帝为儵"。　○59中边何护：指内外如何护法。中边，犹内外、表里。　○60时节朝宿：谓四时节令都要朝拜留止道宫。　○61飓母沦威：谓飓风之神沦落其威力。唐李肇《国史补》云："南海人言，海风四面而至，名曰飓风。飓风将至，则多虹蜺，名曰飓母。"　○62疟妃谢毒：谓疟疾之神停止其毒害。疟妃，与"疟母"同意。《脉经》："疟病结为症瘕，名曰疟母。"　○63丹崖罢徼：谓边远之地罢去巡察。喻边地亦平安，无盗贼作乱。丹崖，即珠崖，今海南海口，代指南海边郡。　○64赤子纍福：指海内外子民享受福祉。纍，系。　○65万世宋箓：用道家之语，指称宋皇朝永受上天赐予的符命。

魏明帝容谏

魏明帝时,少府杨阜上疏,欲省宫人诸不见幸者,乃召御府吏问后宫人数。吏守旧令对曰:"禁密不得宣露。"阜怒杖一百,数之曰:"国家不与九卿为密,反与小吏为密乎?"帝愈严惮之①。房玄龄、高士廉问少府少监窦德素:"北门近有何营造?"德素以闻,太宗大怒,谓玄龄等曰:"君但知南牙耳。北门小小营造,何预君事耶?"玄龄等拜谢②。夫太宗之与明帝,不待比儗③,观所以责玄龄之语,与夫严惮杨阜之事,不迨远矣④。贤君一话一言为后世法,惜哉!《魏史》以谓群臣直谏之言,帝虽不能尽用,然皆优容之,虽非谊主,亦可谓有君人之量矣⑤。

[注释]①杨阜事见《三国志》本传。阜字义山,历曹魏武都太守,明帝时累官至少府。　②事见《魏郑公谏录·谏责房玄龄等》及《贞观政要》。高士廉(575—647),名俭,字士廉,以字行,唐开国功臣,贞观间与房玄龄分为尚书左、右仆射。窦德素,唐外戚,太宗时为少府少监,主营造等事。南牙,即"南衙"。唐禁卫军有南衙、北衙,南衙隶宰相府,在宫城之南;北衙直辖皇帝,在宫城之北。此所称"北门"实指北衙。　③比儗:即"比拟"。　④不迨:不逮、不及。　⑤此所述魏明帝优容谏言事,见《三国志·魏书·明帝纪》裴松之注引孙盛曰:"闻之长老,魏明帝……优礼大臣,开容善直,虽犯颜极谏,无所摧戮,其君人之量如此之伟也。"谊主,同"义主",行为合宜之主。

汉世谋于众

两汉之世,事无小大,必谋之于众人,予前论之矣,然亦有持以借口掩众议者。霍光薨后,宣帝出其亲属补吏,张敞言"朝臣宜有明言",霍氏颛制,请罢三侯就第;"明诏以恩不听,群臣以义固争,而后许之";"今明诏自亲其文,非策之得者也"①。哀帝欲封董贤等,王嘉言:"宜延问公卿大夫、博士、议郎,明正其义,然后乃加爵土,不然恐大失众心……暴平其事必有言,当封者在陛下所从,天下虽不说,咎有所分,不独在陛下。前成帝初封淳于长,其事亦议,谷永以长当封,众人归咎于永,先帝不独蒙其讥。"②哀帝乃止。是知委曲迁就,使恩出君上,过归于下,汉代多如此也。

[注释]①张敞上言事见《汉书》本传。原意指霍光死后,宣帝封其子孙有三人为侯,张敞认为霍光专政时贵戚太盛,朝臣当有明言,谏阻三侯之封;若宣帝以前朝大臣有功德而不听谏阻,群臣仍以礼义固加诤谏,然后再赞成封三侯,这样既表示皇上不忘有功德之人,朝臣也尽到了谏诤的义务,霍氏子孙受封也心安;现在陛下亲自起草诏书,未听群臣直言即封三人为侯,不是适当的决策。颛制,同"专制"。 ②以上文字见《汉书·王嘉传》。大意指董贤之封,应公开其事由臣下讨论,当封不当封虽由皇上决定,但若不当封而封,臣下即使不悦,则不当封的过错也由臣下分担,而不是只由陛下承担。以前成帝封淳于长,其事亦经过朝臣议论,大司农谷永以为当封,众人归咎于谷永,而先帝便不独自承受批评。董贤(前22—前1),字圣卿,汉哀帝宠臣,位至大司马,哀帝去世后被王莽免职,当日自杀。王嘉(?—前2),字公仲,哀帝时官至丞相,以谏阻董贤封侯被下狱,绝食二十余日而死。暴平,传世本《汉书·王嘉传》作"暴下"。"暴"即古"曝"字,指公开。"暴下"指公布于臣下讨论,作"暴平"亦指公布平议。

《国朝会要》

　　《国朝会要》①，自元丰三百卷之后，至崇宁、政和间复置局修纂。宣和初，王黼秉政，罢修书五十八所②。时《会要》已进一百十卷，余四百卷亦成，但局中欲节次觊赏③，故未及上。既有是命，局官以谓若朝廷许立限了毕，不过三两月可以投进。而黼务悉矫蔡京所为，故一切罢之，官吏既散，文书皆为弃物矣④。建炎三年，外舅张渊道⑤为太常博士，时礼寺典籍⑥，散佚亡几⑦，而京师未陷，公为宰相言："宜遣官往访故府，取见存图籍悉辇⑧而来，以备掌故。"此若缓而甚急者也，宰相不能用。其后逆豫⑨窃据，鞠为煨烬⑩。吁，可惜哉！

　　[注释]①《国朝会要》：宋代全面汇纂本朝政令故实及典章制度沿革的大型官书，原原本本，巨细无遗，既为当时行政运作的重要检索文献，又为统修本朝国史的重要史料依据。此种官书自仁宗朝始修，由宰臣提举，先是顺次分类编集北宋建国（960）至庆历四年（1144）间事，成书一百五十卷；元丰间又续修至熙宁十年（1077），通前共成书三百卷。北宋末及南宋时又不断接续纂修，下至宁宗朝，前后凡十余次，其成书若包括重修者在内，总数不下三千卷，而有《三朝会要》《五朝会要》《续修国朝会要》等名目。宋亡后陆续散佚，现存《宋会要辑稿》系清人由《永乐大典》中辑出，本为南宋史官所修自宋太祖以至宁宗朝《会要》的缩略本，时称《十三朝会要》，而已缺失甚多。目前通行的《宋会要辑稿》，为清末重抄的一种稿本，厘为三百六十六卷，讹脱衍倒在在皆是，但仍是研究宋史的第一手资料。　②修书五十八所：指宋徽宗时所设大规模纂修各方面官书的书局，如编修《国朝会要》所、详定《九域图志》所等。其中《会要》至政和末，已续成上进者，仅有"吉礼"部分的一百一十卷，其余未及上进与纂修未完者，则皆因宣和元年（1119）罢去诸书局而散乱。　③欲节

次觊赏:指修书官员欲陆续上进以求得奖赏。宋代中央官修书成,依惯例都要上进朝廷,皇帝亲临举行仪式,然后论功行赏。 ④北宋末"六贼"当国,政局混乱不堪。此所述王黼罢书局事,指王黼取代蔡京为首相后,既欲一切废除蔡京之所为以收买人心,又欲千方百计节省费用,声称要联金灭辽,以巨款赎回燕云十六州,遂于宣和元年下令将所有修书局皆罢去。辑本《麟台故事·官联》篇载:"初罢诸局,黼念贵幸恐复造膝开陈,卒不可罢,于是得旨亟行,令局官当日罢,书库官、人吏皆即赴吏部。于是文书草沓,皆散失,乃不知朝廷每有讨论,不下国史院而常下会要所者,盖以事各类从,每一事则自建隆元年以来至当时因革利害,源流皆在,不如国史之散漫简约,难见首尾也。故论者惜其罢之无渐而处之无术也。" ⑤张渊道:即张宗元,字渊道,南宋绍兴间累历广西、福建安抚使,官至兵部侍郎。 ⑥礼寺典籍:指太常寺所存礼书及各种图籍。 ⑦亡几:即"无几"。 ⑧辇:用车载运。 ⑨逆豫:指刘豫(1073—1146),字彦游,建炎四年(1134)被金人立为傀儡皇帝,国号齐,绍兴七年(1137)复被金人废去,流放而死。 ⑩鞫为煨烬:尽为兵火焚毁之意。鞫,穷,尽。

孙膑减灶

孙膑胜庞涓之事①,兵家以为奇谋,予独有疑焉。云"齐军入魏地,为十万灶,明日为五万灶,又明日为二万灶",方师行逐利,每夕而兴此役,不知以几何人给之②,又必人人各一灶乎?庞涓行三日而大喜曰,齐"士卒亡者过半",则是所过之处,必使人枚数之矣,是岂救急赴敌之师乎?又云度其暮当至马陵,"乃斫大树,白而书之曰:庞涓死于此树之下",遂伏万弩,期日暮见火举而俱发,"涓果夜至斫木下,见白书,钻火烛之",读未毕,齐军"万弩俱发"。夫军行迟速,既非他人所料,安能必其以暮至,不差晷刻乎?古人坐于车中,既云暮矣,安知树间之有白书,且必举火读之乎?齐弩尚能俱发,而涓读八字未毕,皆深不可信。殆好事者为之,而不精考耳。

[注释]①孙膑胜庞涓之事:即公元前341年齐、魏马陵之战事,载记见《史记·孙子吴起列传》。原文云:"齐军入魏地,为十万灶,明日为五万灶,又明日为三万灶。庞涓行三日,大喜,曰:'我固知齐军怯。入吾地三日,士卒亡者过半矣。'乃弃其步军与其轻锐,倍日并行逐之。孙子度其行,暮当至马陵。马陵道狭,而旁多阻隘,可伏兵,乃斫大树,白而书之曰:'庞涓死于此树之下。'于是令齐军善射者万弩,夹道而伏,期曰:'暮见火举而俱发。'庞涓果夜至斫木下,见白书,乃钻火烛之。读其书未毕,齐军万弩俱发,魏军大乱相失。庞涓自知智穷兵败,乃自刭,曰:'遂成竖子之名。'"按:《史记》原文所载的"三万灶",洪迈下述引作"二万灶",疑"二"字误刻。 ②以几何人给之:指供修灶的人又要多少。给,给役。

虫鸟之智

竹鸡①之性,遇其俦②必斗。捕之者,扫落叶为城③,置媒④其中,而隐身于后操罟⑤焉。激媒使之鸣,闻者随声必至,闭目飞入城,直前欲斗而罟已起,无得脱者。盖目既闭,则不复见人。鹧鸪⑥性好洁,猎人于茂林间净扫地,稍散谷于上,禽往来行游,且步且啄,则以竿⑦取之。麂⑧行草莽中,畏人见其迹,但循一径,无问远近也。村民结绳为缳⑨,置其所行处,麂足一絓,则倒悬于枝上,乃生获之。江南多土蜂⑩,人不能识其穴,往往以长纸带粘于肉,蜂见之,必衔入穴,乃蹑寻得之,熏取其子⑪。虫鸟之智,自谓周身⑫矣,如人之不仁何?

[注释]①竹鸡:又称竹鹧鸪等,为南方的一种雉科的鸟,其雄性好斗。②俦:同类。　③城:指围成一圈。　④媒:俗称媒子,犹今言"托儿",此指用以引诱野竹鸡而拴系的鸟。　⑤罔:同"网"。　⑥鹧鸪:即今之鹧鸪,亦雉科之鸟。　⑦竿:即䝙(chī)竿,顶端带木胶可以粘住鸟的羽毛的竿。⑧麂(jǐ):俗称麂子,鹿科动物。　⑨缳(huán):绳套。　⑩土蜂:即蜜蜂。　⑪子:卵,实指蜂蜜。　⑫周身:可以周密保护自身。

卷十四

张文潜论诗

前辈议论,有出于率然不致思,而于理近碍者。张文潜①云:"《诗》三百篇,虽云妇人女子、小夫贱隶所为,要之,非深于文章者不能作。如'七月在野'至'入我床下',于七月已下皆不道破,直至十月方言蟋蟀,非深于文章者能为之邪?"予谓三百篇固有所谓女妇小贱所为,若周公、召康公、穆公、卫武公、芮伯、凡伯、尹吉甫、仍叔、家父、苏公、宋襄公、秦康公、史克、公子素,其姓氏明见于大序②,可一概论之乎?且"七月在野,八月在宇,九月在户",本自言农民出入之时耳,郑康成始并入下句,皆指为蟋蟀,正已不然③。今直称此五句为深于文章者,岂其余不能过此乎?以是论诗,隘矣。

[注释]①张文潜:即张耒(1054—1114),字文潜,北宋后期诗人,为苏门四学士之一,官至太常少卿。 ②大序:此二字宜作"小序"。在今而言,上述作者名氏皆见于《诗经》各篇的小序中,而不在学者所称概论全经的大序中。

③《诗经·豳风·七月》原文:"五月斯螽动股,六月莎鸡振羽。七月在野,八月在宇,九月在户,十月蟋蟀,入我床下。"郑玄笺云:"自'七月在野'至'十月入我床下',皆谓蟋蟀也。言此三物之如此,著将寒有渐,非卒(猝)来也。"按:依洪迈的理解,"七月在野,八月在宇,九月在户"三句本指农民出入之时,与"十月蟋蟀"句不相涉,故谓郑玄的理解"不然"。此可存一说,但从韵脚来看,"蟋蟀"亦入韵,似是主语后置,疑以郑说为是。

汉祖三诈①

汉高祖用韩信为大将,而三以诈临之:信既定赵,高祖自成皋度河,晨自称汉使驰入信壁,信未起,即其卧夺其印符,麾召诸将易置之;项羽死,则又袭夺其军;卒之伪游云梦而缚信。夫以豁达大度开基之主,所行乃如是,信之终于谋逆,盖有以启之②矣。

[注释]①此条所述汉高祖"三诈",指其三次以权术突袭韩信的不讲信义的行为。其一即韩信平定赵地以后,高祖突然在一天早晨闯入其军营,就在其卧室中没收其印信兵符,旋命张耳率原汉兵守赵,韩信则率原赵兵攻齐。其二指垓下之战项羽死后,高祖旋即解除韩信兵权,并去其齐王封号,改封为楚王。其三指前201年,有人告发楚王韩信谋反,高祖以出游云梦泽为名,会诸侯于陈地,韩信来迎时即缚执之,复降其爵为淮阴侯。 ②有以启之:此指韩信最终以谋反罪被杀,也有汉高祖好用诈谋的促成因素。

有心避祸

有心于避祸,不若无心于任运①,然有不可一概论者。

董卓盗执国柄，筑坞于郿②，积谷为三十年储，自云"事不成，守此足以毕老"。殊不知一败则扫地，岂容老于坞耶？公孙瓒③据幽州，筑京于易地，以铁为门，楼橹千重，积谷三百万斛，以为足以待天下之变④。殊不知梯冲舞于楼上⑤，城岂可保邪？曹爽⑥为司马懿所奏，桓范⑦劝使举兵，爽不从，曰："我不失作富家翁。"不知诛灭在旦暮耳，富可复得邪？张华⑧相晋，当贾后之难不能退，少子以中台星坼⑨，劝其逊位，华不从，曰："天道玄远，不如静以待之。"竟为赵王伦所害。方事势不容发，而欲以静待，又可嗤也。他人无足言，华博物有识⑩，亦闇于几事⑪如此哉！

[注释]①无心于任运：无心于祸福而听凭命运安排。②《后汉书·董卓传》载其篡政后，"结垒于长安城东以自居，又筑坞于郿，高厚七丈，号曰万岁坞"。坞，坞堡、坞壁，豪强以深沟高墙自保的防卫性建筑。郿，今陕西眉县，董卓自封之地。③公孙瓒（？－199）：字伯珪，东汉末北方割据军阀，据幽州一带，建易京（今河北雄县），后为袁绍所败，自焚而死。④《三国志·公孙瓒传》："瓒军数败，乃走还易京固守。为围堑十重，于堑里筑京（高丘），皆高五六丈，为楼其上；中堑为京，特高十丈，自居焉。积谷三百万斛。瓒曰：'……兵法，百楼不攻。今吾楼橹千重，食尽此谷，足知天下之事矣。'"楼橹，即楼橹，古代用以守城或攻城的高台战具。其顶端设有望楼，以瞭望敌城或敌军。⑤梯冲舞于楼上：此指公孙瓒败亡时，袁绍之兵以云梯与冲车破其城，并装神弄鬼而舞蹈于其城楼上。梯冲，即云梯与冲车，或称冲梯，皆为古代攻城之具。《水经注·易水》："易京楼，即瓒所保也。故瓒与子书云：'袁氏之攻，状若鬼神，冲梯舞于楼上，鼓角鸣于地中。'即此楼也。"⑥曹爽（？－249）：字昭伯，曹魏宗室。齐王曹芳时，与司马懿共执朝政，被司马懿发动政变废罢，自动放弃抵抗，终被屠灭三族。⑦桓范（？－249）：字元则，司马懿发动政变时为曹魏大司农，力劝曹爽挟魏帝至许昌，起兵抵抗，终不见听，后与曹爽同被杀。⑧张华（232－300）：字茂先，晋初重臣，位至司空，永康间

赵王司马伦废贾后时被害。　⑨中台星坼(chè)：古时星占术语，指组成中台星的两星间距加大，有如开裂。《晋书·天文志》记有"占曰"之辞，谓"台星失常三公忧"。　⑩博物有识：指博学多识。张华撰有传世名著《博物志》。⑪几(jī)事：隐微而有预兆之事。

《蹇》《解》之险

　　《蹇》卦艮下坎上，见险而止，故诸爻皆有蹇难之辞①。独六二重言"蹇蹇"，说者以为六二与九五为正应②，如臣之事君，当以身任国家之责，虽蹇之又蹇，亦"匪躬"③以济之。此解释文义之旨也，若寻绎爻画则有说焉。盖外卦一坎，诸爻所同，而自六二推之，上承九三、六四又为坎体，是一卦之中已有二坎也，故重言之④。《解》卦坎下震上，动而免乎险矣⑤。六三将出险，乃有负乘致寇之咎，岂非上承九四、六五又为坎乎⑥？坎为舆、为盗，既获出险而复蹈焉，宜其可丑而致戎也⑦。是皆中爻之义云。

[注释]①《蹇》卦象辞："山上有水，蹇。"彖辞云："蹇，难也，险在前也。见险而能止，知矣哉！"　②正应：古人以六爻卦中的初爻和四爻两位、二爻和五爻两位、三爻和上爻两位为相应的爻位，若相应的两位一为阳爻，一为阴爻，阴阳相应，则称之为正应；若相应的两位同为阳爻或同为阴爻，则称之为非正应。《蹇》卦的六二与九五一阴一阳，故谓之正应。　③匪躬：忠心耿耿、不顾自身之意。九五以阳爻居主位，六二以阴爻居臣位，故以"臣之事君"之"匪躬"以济成君主之事而言之。　④以上指仅就爻画而言，《蹇》卦上三爻为坎体，其六二、九三、六四亦为坎体，是一卦中有两坎，故六二爻辞重言"蹇蹇"，即"蹇之又蹇"之义。　⑤《解》卦上为震、为雷、为动，下为坎、为雨、为险，故其象辞云："雷雨作，解。"彖辞云："《解》，险以动。动而免乎险，解。"

⑥六三爻将要动而走出险境,而其爻辞云"负且乘,致寇至,贞吝",意指六三阴爻既背负九四阳爻,又凌驾于九二阳爻之上,且以阴爻处阳位而不当位,所以此爻表示"柔邪以自媚",会导致有寇盗至,因而贞问不吉,其事难行。洪迈以为对此仍可联系《解》卦的中爻作解释,即其六三、九四、六五又为坎体,还是有险的。　⑦此释"负乘致寇"。因为坎又象征车舆、象征寇盗,而六三本与初六、九二组成坎体,又与九四、六五组成坎体,也是一卦中有两坎,所以六三既出乎险而复蹈乎险。由此也就可以知道,为什么此爻以"负乘"容身是可鄙的行为且导致寇盗。

士 之 处 世

士之处世,视富贵利禄当如优伶之为参军①。方其据几正坐,噫呜诃筮②,群优拱而听命,戏罢则亦已矣。见纷华盛丽,当如老人之抚节物③。以上元、清明④言之,方少年壮盛,昼夜出游,若恐不暇,灯收花暮⑤辄怅然,移日⑥不能忘。老人则不然,未尝置欣戚⑦于胸中也。觌金珠珍玩,当如小儿之弄戏剧⑧,方杂然前陈,疑若可悦,即委⑨之以去,了无恋想。遭横逆机穽⑩,当如醉人之受骂辱,耳无所闻,目无所见,酒醒之后,所以为我者自若也,何所加损哉?

[注释]①优伶之为参军:指戏剧演员所扮演的参军(参谋军事)之职。优伶,古代演艺人之称,多以乐舞谐戏为业。　②噫呜诃筮:怒气冲冲,呵斥筮笞。　③老人之抚节物:老人趁赴观赏季节性的风物景色。抚,趁。　④上元、清明:即元宵节、清明节。　⑤灯收花暮:灯笼收去、春花迟暮。　⑥移日:接连几天。　⑦欣戚:喜乐忧愁。　⑧弄戏剧:玩游戏。　⑨委:弃。　⑩横逆机穽:横祸厄运、算计陷害。机穽,设有机关的陷阱,喻圈套。

张全义治洛①

唐洛阳经黄巢之乱,城无居人,县邑荒圮,仅能筑三小城②,又遭李罕之③争夺,但遗余堵而已。张全义招怀理葺,复为壮藩。《五代史》于《全义传》书之甚略,《资治通鉴》虽稍详,亦不能尽。辄采张文定公④所著《搢绅旧闻记》,芟取其要而载于此。曰:

今荆襄、淮、沔⑤创痍⑥之余,绵地数千里,长民之官用守边保障之劳,超阶擢职不知几何人,其真能髣髴全义所为者,吾未见其人也。岂局于文法讥议⑦,有所制而不得骋⑧乎?全义始至洛,于麾下百人中,选可使者十八人,命之曰屯将,人给一旗一牓,于旧十八县中,令招农户自耕种,流民渐归。又选可使者十八人,命之曰屯副,民之来者绥抚之,除杀人者死,余但加杖,无重刑,无租税,归者渐众。又选谙书计⑨者十八人,命之曰屯判官。不一二年,每屯户至数千。于农隙时,选丁夫教以弓矢枪剑,为坐作进退之法⑩,行之一二年,得丁夫二万余人,有盗贼实时擒捕。关市之赋,迨于无籍⑪。刑宽事简,远近趋之如市,五年之内,号为富庶。于是奏每县除令簿⑫主之。喜民力耕织者,知某家蚕麦善,必至其家,悉召老幼,亲慰劳之,赐以酒食茶䌽⑬,遗之布衫裙袴,喜动颜色。见稼田中无草者,必下马观之,召田主赐衣服;若禾下有草,耕地不熟,则集众决责之。或诉以阙牛,则召责其邻伍曰:"此少人牛,何不众助?"自是民以耕桑为务,家家有蓄积,水旱无饥人。在任四十余年,至今庙食⑭。

呜呼!今之君子,其亦肯以全义之心施诸人乎?

[注释]①张全义(852—926):字国维,初名言,又作居言,唐昭宗赐名全义,后梁朱温赐名宗奭,后唐李存勖又复其全义之名。早年为县吏,为县令所困辱,亡投黄巢起义军,被黄巢委任为吏部尚书充水运使,后投唐将诸葛爽,爽死后与李罕之结盟,为河南尹治洛阳,治绩大著。文德元年(888)袭败李罕之,自为河阳节度使,不久被李罕之围困,以求救于朱温得存。朱温称帝建后梁后封魏王,后唐时改封齐王,官至太尉、中书令。 ②三小城:张齐贤《洛阳搢绅旧闻记·齐王张令公外传》作"三小州城",指张全义初授洛州刺史时,因洛城之中悉遭焚毁,仅能缮治修补唐末以来残存的三座附近的小州城以保聚居民。 ③李罕之(842—899):唐末军阀,曾为河阳节度使,与张全义争夺怀州等地,至数州人烟断绝,至此而洛阳先前缮治的三座小州城亦仅剩断壁残垣。 ④张文定:即张齐贤,文定为其谥号,所作《洛阳搢绅旧闻记》凡二十一篇,皆述唐末五代以来洛阳缙绅旧老事迹。 ⑤荆襄、淮、沔:即荆襄地区及淮水、沔水流域。 ⑥创痍:今多写作"疮痍"。 ⑦局于文法讥议:指被有关繁琐法规的苛刻议论和批评所限制。 ⑧有所制而不得骋:有所牵制而不得发挥其才能。 ⑨谙书计:熟悉文书事务及筹算统计等事。 ⑩坐作进退之法:指军事训练科目。坐作,坐与起,即止与行。 ⑪关市之赋,迨于无籍:指商业流通税几乎没有征收。迨,通"殆",几乎。籍,征收。 ⑫令簿:县令与主簿。 ⑬綵:指丝织品。 ⑭庙食:指被立祠祭祀。

《博古图》

政和、宣和间,朝廷置书局以数十,计其荒陋而可笑者,莫若《博古图》①。予比得汉匜②,因取一册读之,发书捧腹之余,聊识数事于此。

父癸匜之铭曰"爵方父癸",则为之说曰:"周之君臣,其有癸号者,惟齐之四世有癸公③。癸公之子曰哀公,然则作是器也,其在哀公之时欤?故铭曰父癸者此也。"夫以十干为号,及称父甲、父丁、父癸之类,夏、商皆然,编图者固知之矣。独于此器,表为周物,且以为癸公之子称其父,其可笑一也④。

周乂母匜之铭曰"仲姞乂母作",则为之说曰:"晋文公杜祁让偪姞而已次之⑤,赵孟⑥云母乂子贵⑦,正谓杜祁。则所谓仲姞者,自名也⑧;乂母者,襄公谓杜祁也。"夫周世姞姓女多矣,安知此为偪姞?杜祁但让之在上,岂可便为母哉?既言仲姞自名,又以为襄公为杜祁所作⑨,然则为谁之物哉?其可笑二也。

汉注水匜之铭曰"始建国元年正月癸酉朔日制",则为之说曰:"汉初始元年十二月改为建国,此言元年正月者,当是明年⑩也。"按《汉书》,王莽以初始元年十二月癸酉朔日窃即真位,遂以其日为始建国元年正月,安有明年却称元年之理?其可笑三也。

楚姬盘之铭曰"齐侯作楚姬宝盘",则为之说曰:"楚与齐从亲⑪在齐愍王⑫之时,所谓齐侯则愍王也。周末诸侯自王,而称侯以铭器,尚知止乎礼义也⑬。"夫齐、楚之为国各数百年,岂必当愍王时从亲乎?且愍王在齐诸王中最为骄暴,尝称东帝⑭,岂有肯自称侯之理?其可笑四也。

汉梁山锏⑮之铭曰"梁山铜造",则为之说曰:"梁山铜者,纪其所贡之地。梁孝王依山鼓铸⑯,为国之富,则铜有自来矣。"夫即山铸钱,乃吴王濞耳⑰。梁山自是山名,属冯翊夏阳县⑱,于梁国何预焉⑲? 其可笑五也。

观此数说,他可知矣。

[注释]①《博古图》:北宋末由王黼主持官修的著录当时宣和殿所藏古铜器的著作。其书始修于大观初,至政和五年(1115)成初修本二十卷,时称《宣和殿博古录》或《宣和殿博古图》,凡著录古铜器五十九品、五百三十七件,每类有总说,每器皆摹绘图形、款识,记载大小、容量、重量,注明比例,并附释文及考证。此后接续纂修增补,下至宣和元年(1119)王黼罢修书五十八所,遂仓促结绝,并初修本合纂为三十卷,因用宣和年号,总题《宣和重修博古图录》,共著录古铜器八百三十九件。是编原本在靖康之变中被金人掠去,南宋绍兴十一年(1141)复南传而流通至今,仍为三十卷,而已改题《重修宣和博古图录》。现在一般通称为《宣和博古图》,又简称《博古图》。全书编纂谨严,图绘精确,所录器名及形制等多可纠正宋初《三礼图》之误,但对器物铭文的考释往往附会载籍所见人名及史事,大抵不可据。 ②比得汉匜:近时得到汉代匜器。比,近。匜(yí),古代盛水器,为盥洗用具,亦用作礼器,一般有四短足,圆腹,大敞口,后端有把,前端有伸出的瓢形出水口,便于浇水。 ③齐之四世有癸公:西周齐国君主,前五世为太公、丁公、乙公、癸公、哀公,癸公(名慈母)为第四世。 ④此所述古人自夏、商以来以甲乙丙丁等十天干符号为名号的制度,史称日名制,为古代姓从母系的一种特殊的命名风俗。其俗尤其盛行于商代,凡铜器铭文所见父甲、父丁、父癸等称呼不可胜数,其器则率为子祭父之器。齐国早期尚承日名制之俗,然《博古图》仅以齐国有癸公,即判定父癸匜为齐哀公时物,全无凭据,故洪迈谓之"可笑"。 ⑤杜祁让偪姞而己次之:指晋文公的夫人杜祁有谦让之德,使同为夫人的偪姞处于自己之上。杜祁,祁姓,杜国之女。偪姞,姞姓,偪国之女。《左传》文公六年:"杜祁以君故,让偪姞而上之。" ⑥赵孟:指赵盾(前655或前654—前601),春秋时晋国卿。 ⑦母义子贵:《左传》原文及《博古图》所引皆作"母义子爱"。 ⑧此句意指义母匜所称的仲姞为偪姞的自称。按:依金文通例,义母当是仲姞之名,且仲姞为排行第二的姞姓女,皆无由附会仲姞即是偪姞、义母即是杜祁。 ⑨襄公:晋襄公,偪姞之子。依《博古图》的理解,因襄公为偪姞所生,

故杜祁让之在上,而襄公即称杜祁为"义母",则义母匜亦襄公为杜祁所作。实则此"母"字为古代妇女之名的用字,不是指父母之母。 ⑩明年:依《博古图》的理解,此"明年"盖指西汉末孺子婴初始元年之明年。按:《汉书·王莽传》载王莽于初始元年(公元8)十二月建新朝,即"以十二月朔癸酉为建国元年正月之朔",其注水匜既为该日所作,则不当称"明年"。又,王莽称帝时所立年号,当称"始建国",而不应只称"建国"。 ⑪从亲:指联姻。 ⑫齐愍王(?—前284):战国时田齐君主,前301年继位,在位十七年余,为人骄暴,矜夸无谋,当秦、燕、三晋五国联军大举进攻齐国时,被迫辗转逃亡,旋在莒地为楚将所杀。 ⑬此处三句为《博古图》作者对楚姬盘铭"齐侯"称谓的看法,以为齐愍王虽自称王,其所作铜器仍称"齐侯",尚能知道不可僭称"王"的礼义规范。按:此盘的制作者及时代均不能定,则附会为齐愍王之器亦不合理。 ⑭东帝:前288年,秦、齐曾相约共称帝,秦昭王为西帝,齐愍王为东帝。但齐愍王用帝号仅二日即去之,不久秦亦去帝号。 ⑮铜(xuān):一种形制较小的平底盆形器物,腹径与口径相仿,两边有环。 ⑯梁孝王见卷九《汉文失材》条注。《汉书·文三王传》不载其曾"依山鼓铸"。 ⑰"吴王濞"句:《汉书·荆燕吴传》载刘濞封吴王,"吴有豫章郡铜山,即招致天下亡命者盗铸钱"。 ⑱冯翊夏阳县:故治在今陕西韩城南,汉时属左冯翊(京畿政区名)。 ⑲按:《博古图》对梁山铜的解说及洪迈所考均不可据。梁山铜为汉宣帝元康元年(前65)梁山宫所造,为皇室器物,且当时所造不止一器,盖出于皇室铜官机构。梁山宫本为秦始皇行宫,汉时仍为皇家园林宫室,在今陕西乾县西北,其遗址近年发现。

士大夫论利害

士大夫论利害,固当先陈其所以利之实,然于利之中而有小害存焉,亦当科别①其故,使人主择而处之,乃合毋隐勿欺之义。赵充国征先零,欲罢骑兵而屯田,宣帝恐虏闻兵罢且攻扰田者,充国曰:"虏小寇盗,时杀人民,其原未可卒②禁。诚令兵出而虏绝不为寇,则出兵可也;即今同是而释坐胜之道,非所以视蛮夷也③。"班勇乞复置西域校尉,议者难曰:"班将能保北虏不为边害乎?"勇曰:"今置州牧,以禁盗贼,若州牧能保盗贼不起者,臣亦愿以要斩,保匈奴之不为边害也④。今通西域,则虏势必弱,为患微矣;若势归北虏,则中国之费不止十亿。置之诚便⑤。"此二人论事,可谓极尽利害之要,足以为法⑥也。

[注释]①科别:区分。　②卒:通"猝",突然。　③"诚令"下意谓:假如用兵镇压可以使先零羌从此不再为寇,那么用兵是可以的;现在采取屯田的措施,同样可以收到使他们不再寇掠的效果,如果放弃这种可以不用兵取胜的办法而用兵,这不是所以治理蛮夷的策略。视,治。　④班勇之语意谓:现在置州牧以禁捕盗贼,如果州牧都能保证不会有盗贼闹乱子,那么我也甘愿以腰斩之罪,保证匈奴不再为边害。　⑤便:有利。　⑥为法:效法,为范例。

舒元舆文

舒元舆①,唐中叶文士也,今其遗文所存者,才二十四篇。既以甘露之祸死,文宗因观牡丹,摘其赋中桀句,曰"向者如迓,背者如诀②;拆者如语③,含者如咽④;俯者如怨,仰者如悦",为之泣下。予最爱其《玉筋篆志》⑤论李斯、李阳冰之书,其词曰:"斯去千年,冰生唐时。冰复去矣,后来者谁!后千年有人,谁能待之?后千年无人,篆止于斯⑥。呜呼主人,为吾宝之!"此铭有不可名言之妙,而世或鲜知之。

[注释]①舒元舆(791—835):字升远,唐元和进士,文宗时官至宰相,因与李训、郑注等谋诛宦官,事泄,于甘露之变中被杀。其文集已佚,《全唐文》尚录有其文十六篇,以《牡丹赋》为最著。 ②此二句指花朵之向人者如迎迓,背人者如诀别。迓,一作"迎",意同。诀,一作"决",字通。 ③拆者如语:指花朵绽开如诉说。拆,通"坼",裂。或作"折""忻",当皆为误字。 ④含者如咽:指花朵含苞欲放如哽咽。 ⑤《玉筯篆志》:其文今存于宋陈思所撰《书苑菁华》中,乃作者在长安见唐代李阳冰篆书真迹而作,并论秦代小篆创作者李斯及阳冰之书法。下录铭词即其文之末所附赞词。玉筯篆,即小篆,因书法笔画如玉筯(箸)而称之,亦称"铁筋篆"。 ⑥斯:此,指李阳冰之篆书,不是指李斯。

绝唱不可和

韦应物在滁州,以酒寄全椒山中道士①,作诗曰:"今朝郡斋冷,忽念山中客。涧底束荆薪,归来煮白石②。欲持一樽③酒,远慰风雨夕。落叶满空山,何处寻行迹!"其为高妙超诣,固不容夸说,而结尾两句,非复语言思索可到。东坡在惠州,依其韵作诗寄罗浮邓道士,曰:"一杯罗浮春,远饷采薇④客。遥知独酌罢,醉卧松下石。幽人不可见,清啸闻月夕。聊戏庵中人,空飞本无迹。"刘梦得"山围故国周遭在,潮打空城寂寞回"之句,白乐天以为后之诗人无复措词,坡公仿之曰:"山围故国城空在,潮打西陵意未平"。坡公天才,出语惊世,如追和陶诗⑤,真与之齐驱。独此二者,比之韦、刘为不侔,岂非绝唱寡和,理自应尔邪?

[注释]①韦应物此诗为其任滁州刺史时所作,原题《寄全椒山中道士》,所寄者是诗而不是酒。全椒,县名,今属安徽。 ②白石:为道教中人所谓断谷养仙之物。道教经典《真诰》记载有人断谷入山,以石为粮,世号白石生。《抱朴子内篇·杂应》谈及一种药物"引石散",称以方寸之匙的一匙药投于一斗白石子中,加水煮之即立熟,如芋子可食以当谷。后世有白石茶。 ③樽:今存《韦刺史诗集》作"瓢",他书所引亦多作"瓢"。或又引作"杯""壶",皆不如"瓢"字有味。 ④采薇:用伯夷、叔齐不食周粟,避世于首阳山中采薇(一种野菜)而食的典故喻隐居。 ⑤追和陶诗:指《苏文忠公全集》所录《和归去来兮辞》,参见本书卷三《和〈归去来〉》条。

赠典轻重

国朝未改官制以前,从官丞、郎、直学士以降①身没,大氐无赠典②。唯尚书、学士有之,然亦甚薄,余襄公、王素自工书得刑书③,蔡君谟自端明礼侍得吏侍耳④。元丰以后,待制以上皆有四官之恩⑤,后遂以为常典,而致仕又迁一秩。梁扬祖终宝文学士⑥、宣奉大夫,既以致仕转光禄,遂赠特进、龙图学士。盖以为银青、金紫、特进只三官,故增其职,是从左丞得仆射也⑦。节度使,旧制赠侍中或太尉,官制行多赠开府⑧。秦桧创立检校少保之例,以赠王德、叶梦得、张澄⑨,近岁王彦⑩遂用之,实无所益也。元祐中,王岩叟⑪终于朝奉郎、端明殿学士,以尝签书枢密院,故超赠正议大夫。杨愿⑫终于朝奉郎、资政殿学士,但赠朝请大夫。以执政而赠郎秩,轻重为不侔,皆掌故之失也。

[注释]①以降：以下。 ②大氐无赠典：大概死后不赠官。大氐，同"大抵"。赠典，即死后所追赠之官。 ③指余靖、王素由生前原官工部尚书，死后得赠刑部尚书。余襄公，即余靖。 ④指蔡襄生前为端明殿学士礼部侍郎，死后追赠吏部侍郎。蔡君谟，即蔡襄。端明礼侍，端明殿学士礼部侍郎。吏侍，吏部侍郎。 ⑤四官之恩：指赠官迁转四级。 ⑥梁扬祖（？－1151）：北宋末历京西路提刑、信德知府，南宋渡江初为江淮发运使，后历知镇江府、扬州、洪州，官至兵部侍郎。宝文学士：即宝文阁学士。下"龙图学士"即龙图阁学士。 ⑦按北宋大观初所定阶官等级，宣奉大夫为第六阶，自此而上，光禄大夫、银青光禄大夫、金紫光禄大夫、特进分别为第五、第四、第三、第二阶，是梁扬祖自致仕至死后赠特进，其阶官凡增五等。宣奉大夫对应于旧时阶官的尚书左丞，特进则对应于旧时阶官的尚书左右仆射，故洪迈谓"是从左丞得仆射"。 ⑧开府：即开府仪同三司，为阶官的第一等。 ⑩王德、叶梦得、张澄：王德（1088－1155），字子华，南宋初将领，以战功历都统制、总管、侍卫亲军都虞候等，官至清远军节度使，卒赠检校少保。叶梦得，见卷四《鬼宿渡河》条。张澄（？－1143），字如莹，一字达明，北宋末为监察御史，南宋初历中书舍人、御史中丞，官至尚书右丞。 ⑩王彦：南宋前期将领，绍兴末历金州都统制，加保平军节度使，隆兴间为建康诸军统制兼淮西招抚使。 ⑪王岩叟（1043－1093）：字彦霖，嘉祐六年（1061）明经科第一，元祐中官至枢密直学士、签书枢密院事，罢为端明殿学士、知郑州，卒赠正义大夫。按：其阶官自朝奉郎至正议大夫，按元丰三年（1080）所定阶官等级，凡有十二等。正议大夫为当时阶官的第六阶，次于光禄大夫；朝奉郎为第十七阶。 ⑫杨愿（1101－1152）：字原仲，靖康之变时为赵构元帅府属官，绍兴中附会秦桧，官至端明殿学士、签书枢密院事兼参知政事，卒赠朝请大夫。其阶官依大观之制，朝请大夫为第十七阶，对应于旧时阶官的前行郎中；朝奉郎为第二十二阶，对应于旧时阶官的后行员外郎。

《扬之水》

《左传》所载列国人语言书讯①，其辞旨如出一手，说者乃以为皆左氏所作。予疑其不必然,乃若②润色整齐则有之矣。试以诗证之。《扬之水》三篇,一周诗,一郑诗,一晋诗③,其二篇皆曰"不流束薪""不流束楚"。《邶》之《谷风》曰"习习谷风,以阴以雨",《雅》之《谷风》曰"习习谷风,维风及雨"。"在南山之阳""在南山之下""在南山之侧","在浚之郊""在浚之都""在浚之城","在河之浒④""在河之漘""在河之涘","山有枢,隰有榆""山有苞栎⑤,隰有六驳⑥""山有蕨薇⑦,隰有杞桋⑧","言秣其马""言采其蝱⑨""言观其旂""言韔⑩其弓",皆杂出于诸诗,而兴致⑪一也。盖先王之泽未远,天下书同文⑫,师无异道,人无异习,出口成言皆止乎礼义,是以不谋而同尔。

[注释]①书讯:同"书问",即致书问事,犹今言书信。 ②乃若:至于。 ③《诗经》中有三篇《扬之水》,一属《王风》,一属《郑风》,一属《唐风》(唐即晋)。 ④浒:水边。下文中的漘(chún)、涘(sì)意同。 ⑤苞栎:栎树。 ⑥六驳:亦树木名,即梓榆,因树皮斑驳而名之。 ⑦蕨薇:两种野蔬(山菜)。 ⑧杞桋(yí):枸杞和一种类似柞木的树。 ⑨蝱:指贝母草。 ⑩韔(chàng):弓衣(袋)。用作动词指藏弓于弓袋。 ⑪兴致:兴味,所体现的趣味。 ⑫书同文:此指先秦时已有统一文字之举。《周礼·春官·外史》:"掌达书名于四方。"郑玄注:"或曰:古曰名,今曰字。使四方知书之文字,得能读之。"又《秋官·大行人》:"九岁属瞽史谕书名。"宋王昭禹《周礼详解》:"谕书名,所以同其文也。"

李 陵 诗

《文选》编李陵①、苏武②诗,凡七篇。人多疑"俯观江汉流"之语，以为苏武在长安所作，何为乃及江汉？东坡云皆"后人所拟"③也。予观李诗云："独有盈觞酒，与子结绸缪。""盈"字正惠帝讳，汉法，触讳者有罪，不应陵敢用之，益知坡公之言为可信也。

[注释]①李陵(？－前74)：字少卿，汉武帝时将领，李广之孙。天汉二年(前99)奉命出征匈奴，兵败而降，后病死于匈奴中。 ②苏武(前140－前60)：字子卿，武帝天汉初为中郎将，奉命出使匈奴，被扣十九年。历尽艰辛，忍辱负重，昭帝时以汉与匈奴达成和议，得回长安，拜典属国，后以拥立宣帝，赐爵关内侯。按：《文选》所录苏武诗四首、李陵诗三首，相传皆为苏武将自匈奴中回国、李陵置酒为之饯行时所作。或说苏武诗为其出使前赠别从弟之作，李陵诗亦为其时送别苏武之作。 ③语见《东坡志林》卷一。学者一般认为苏、李诗皆为东汉时人所托撰。

大曲《伊》《凉》

今乐府①所传大曲②，皆出于唐，而以州名者五，伊、凉、熙、石、渭③也。凉州今转为梁州，唐人已多误用，其实从西凉府来也。凡此诸曲，唯伊、凉最著，唐诗词称之极多，聊纪十数联，以资谈助。如"老去将何散旅愁，新教小玉唱《伊州》"④；"求守管弦声款逐，侧商调里唱《伊州》"⑤；"钿蝉金雁皆零落，一曲《伊州》泪万行"⑥；"公子邀欢月满楼，双成揭调唱《伊州》"⑦；"赚杀唱歌楼上女，《伊州》误作《石州》声"⑧；"胡部笙歌西部头，梨园弟子和《凉州》"⑨；"唱得《凉州》意外声，旧人空数米嘉荣"⑩；"《霓裳》奏罢唱《梁州》，红袖斜翻翠黛愁"⑪；"行人夜上西城宿,听唱《凉州》双管逐"⑫;"丞相新裁别离曲,声声飞出旧《梁州》"⑬;"只愁拍尽《凉州》杖,画出风雷是拨声"⑭;"一曲《凉州》今不清,边风萧飒动江城"⑮;"满眼由来是旧人,那堪更奏《梁州》曲"⑯;"昨夜蕃军报国雠,沙州都护破梁州"⑰;"边将皆承主恩泽,无人解道取凉州"⑱。皆王建、张祐⑲、刘禹锡、王昌龄、高骈、温庭筠、张籍诸人诗也。

[注释]①乐府:此指古代中央政府所设管理音乐的机构。 ②大曲:指兼有器乐演奏的大型歌舞曲,如汉魏相和歌、六朝清商乐、唐宋燕乐的大曲等。 ③伊、凉、熙、石、渭:作为州名,唐、宋时分治今新疆哈密、甘肃武威、甘肃临洮、青海循化、甘肃陇西。熙,唐属兰州地,宋设熙州。石,指积石,唐、宋设积石军,西夏、金称积石州。 ④此为白居易诗句,原题《伊州》,见《白氏长庆集》。旅愁,文集作"老愁"。 ⑤此为王建诗句,原诗为其《宫词》之一。此所引上句,明刻本《唐诗纪事》作"求首管弦声款逐",《王司马集》则作"新学管弦声尚涩"。款逐,缓缓相随之意。侧商,古曲的一种调式,即在清商调中加变声,以求其流美。 ⑥此为温庭筠诗句,原题《弹筝人》。其上句意指乐伎的零落。钿蝉,镶嵌珍宝的蝉形首饰。金雁,谓筝柱。庭筠字飞卿,晚唐著名诗人,与李商隐齐名。 ⑦此为高骈诗句,原题《赠歌者》。双成,明刻《唐诗纪事》作"佳人"。《汉武帝内传》谓西王母有侍女董双成,善吹笙,后世因以"双成"代指善歌舞的佳丽。揭调,高亢的调子。 ⑧此为施肩吾诗句,原题《望骑马郎》,见洪迈所编《万首唐人绝句》。赚杀,亦作"赚煞",赢得、博得之意。肩吾(780—861)字希圣,元和进士,长庆以后栖心道门,隐居而终。 ⑨此为王昌龄诗句,原题《殿前曲》。西部,《增订王昌龄诗集》作"西殿"。梨园弟子,即宫廷教坊的歌舞演员和器乐演奏者。 ⑩此为刘禹锡诗句,原题《与歌者米嘉荣》。空,《刘梦得文集》作"唯"。米嘉荣,唐歌唱家,西域人,元和、长庆间曾为朝廷供奉。 ⑪此为白居易诗句,原题较长。《霓裳》,即《霓裳羽衣曲》及其舞蹈,为唐代歌舞的集大成之作。 ⑫此为李益诗句,原题《夜上西城听凉州曲》,亦见《万首唐人绝句》。双管逐,一种联结两管的竹笛类乐器。逐,通"篴",古代的一种竹。 ⑬此为熊孺登诗句,原题《奉和兴元郑相

公早春送杨侍郎》,亦见《万首唐人绝句》。儒登,元和进士,与白居易、刘禹锡友善。　⑭此为张祜诗句,原题《王家琵琶》,亦见《万首唐人绝句》。拍,指弹奏。杖,当是"破"字之误,《张承吉文集》作"破"。唐宋大曲每套有十几叠,散序、中序之后的第三大段称破,入破之后乐曲即变为繁弦急响。画,通"划",指手指划过诸弦的演奏方法。拨声,即弹拨之声。　⑮此为张乔诗句,原题《宴边将》,亦见《万首唐人绝句》。　⑯此为高骈诗句,原题《宴犒蕃军有感》,亦见《万首唐人绝句》。　⑰此为薛逢诗句,原题《凉州词》。梁,明刻《万首唐人绝句》作"凉"。逢字陶臣,会昌进士,历侍御史、尚书郎。　⑱此为张籍诗句,原题《凉州词》。籍字文昌,贞元进士,仕终国子司业。　⑲张祐:即张祜。宋刻本原作"祐",当是"祜"字误刻,《万首唐人绝句》作张祜。按:载籍既多作"祜",又多作"祐",以其字"承吉"考之,当以"祜"字为正。祜,福。《诗·小雅·信南山》:"献之皇祖,曾孙寿考,受天之祜。"《大雅·下武》:"于万斯年,受天之祜。"

元次山《元子》

元次山有《文编》十卷,李商隐①作序,今九江所刻是也。又有《元子》十卷,李纾②作序,予家有之,凡一百五篇。其十四篇已见于《文编》,余者大氐澶漫矫亢③;而第八卷中所载宦④方国二十国事,最为谲诞⑤。其略云:"方国之僧⑥,尽身皆方⑦,其俗恶圆。设有问者曰'汝心圆',则两手破胸露心,曰:'此心圆⑧耶?'圆国则反之⑨。言国之僧,三口三舌⑩。相乳国⑪之僧,口以下直为一窍。无手国,足便于手⑫;无足国,肤行如风⑬。"其说颇近《山海经》,固已不韪⑭。至云"恶国之僧,男长大则杀父,女长大则杀母⑮;忍国之僧,父母见子如臣见君⑯;无鼻之国,兄弟相逢则相害⑰；触国之僊，子孙长大则杀之⑱"，如此之类，皆悖理害教，于事无补。次山《中兴颂》⑲与日月争光，若此书，不作可也。惜哉！

［注释］①李商隐（约812或813—约858）：字义山，晚唐著名诗人。②李纾（731—792）：字仲舒，唐代宗时累官礼部侍郎，德宗初由同州刺史擢兵部侍郎，进吏部侍郎，卒于官。　③澶漫矫亢：指行文泛滥而放纵，矫揉造作以自高。　④瞀：字不识。此用作假设的方国集合体之氏称，下述方国、圆国、言国、相乳国、无手国、无足国、恶国、忍国、无鼻国、触国皆即其所属方国。疑"瞀"即"阍"字之变书，暗指宦官。古时指宫门或守门人为"阍"，因门禁多以寺人（宦官）掌之，故常指宦官机构为"阍寺"，后世亦称"阉寺"。　⑤谲诞：诡奇荒诞。　⑥僊：字亦不识。从人从兽，疑暗指宦官为人面禽兽。　⑦尽身皆方：盖拆解"嚚"字而言，指其字皆由方块组成。　⑧心圆："嚚"字中间的"田"字，古时为圆形符，破之则成方形之"田"字符，而非复圆形。　⑨古"员"字为圆口鼎形，本意为圆，故"圆国"之俗与"方国"相反，喜圆而恶方。圆国，疑喻指圆滑之人。　⑩三口三舌：此拆解"言"字。"言"字本从"舌"，为张口弄舌说话之形。隶定以后，点下三横加口即成"三口"；若上面一点分别与三横和"口"符相组合，则即成"三舌"。喻巧舌如簧。　⑪相乳国，疑指古"毓"字。古"毓"字作"㐬"，为生育字，上部似"古"字形，实指母体，下部表示羊水，故此云其字"口"符下只为一窍（阴门）。　⑫无手国，足便于手：无手，疑指"捉"字。捕捉本用手，而其字右旁从足，故此云"足便于手"。　⑬无足国，肤行如风：无足，疑指"跋（bō）"字。《玉篇》："跋，行也。""跋"字去"足"旁为"发"，而"发"字本为射箭之形，故此云"肤行如风"。肤，大。　⑭不韪：不是、不善、过错。　⑮"恶国"之语：疑指"瓜"字。"瓜"加"子"为"孤"，为丧父之称；俗间或又写"孤"字从女从瓜，则为丧母之称，相对而为一字。　⑯"忍国"之语：疑指古"掔（qiān）"字，取"又臣于子"之意。　⑰"无鼻国"之语：疑指"阋"字。"鼻"指祖，门内无祖而有儿，即成"阋"字。盖取"兄弟阋于墙"之意，故云"相害"。　⑱"触国"之语：疑指"觗（zhǐ）"字。"觗"古同"觝"，酒器名。"觗"字去"氏"而加"虫"，即成"触"字。盖"觗"有合义，"触"则抵触，合则有氏有族有

子孙,"氏"变为"虫"则无子孙,故此云"子孙长大则杀之"。按:元结此文不经,传世《元次山集》不载。疑本为简略抄录的游戏文字,皆以字谜的形式讽刺当时宦官政治,如指方为圆、指圆为方,以谗言佞语陷害忠良,手足颠倒,乱伦无后等等。而这些又多为宫廷闱内之事,故总之以"僮"之名,又诡称其种种行为曰"方国"。或其"僮"字实亦用作"廋"字,指廋辞,即谜语。 ⑲《中兴颂》:原题《大唐中兴颂》,为歌颂唐王朝平定安史之乱的四言诗,元结撰于肃宗上元二年(761),颜真卿于代宗大历六年(771)手书刻于湖南祁阳浯溪崖壁上。其文磊落古雅,颜书雄伟遒劲,皆为传世名品。

次山谢表

元次山为道州①刺史,作《舂陵行》,其序云:"州旧四万余户,经贼以来,不满四千,大半不胜赋税。到官未五十日,承诸使征求,符牒二百余封,皆曰'失期限者,罪至贬削'。於戏②!若悉应其命,则州县破乱,刺史欲焉逃罪?若不应命,又即获罪戾。吾将静以安人,待罪而已。"其辞甚苦,大略云:"州小经乱亡,遗人③实困疲……朝飡④是草根,暮食乃木皮。出言气欲绝,意速行步迟。追呼尚不忍,况乃鞭扑之!邮亭传急符,来往迹相追。更无宽大恩,但有迫催期。欲令鬻儿女,言发恐乱随……奈何重驱逐,不使存活为⑤?安人天子命,符节我所持……逋缓⑥违诏令,蒙责固所宜。"又《贼退示官吏》一篇,言贼"攻永破邵⑦,不犯此州",盖蒙其伤怜而已,"诸使何为忍苦征敛"。其诗云:"城小贼不屠,人贫伤可怜。是以陷邻境,此州独见全。使臣将王命,岂不如贼焉?今彼征敛者,迫之如火煎。"二诗忧民惨切如此,故杜老以为"今盗贼未息,知民疾苦,得结辈十数公,落落参错天下为邦伯,天下少安立可待矣",遂有"两章对秋月,一字偕华星"之句⑧。今《次山集》中载其《谢上表》两通,其一云:"今日刺史,若无武略以制暴乱,若无文才以救疲弊,若不清廉以身率下,若不变通以救时须⑨……则乱将作矣。臣料今日州县,堪征税者无几,已破败者实多,百姓恋坟墓者盖少,思流亡者乃众,则刺史宜精选谨择以委任之,固不可拘限官次、得之货贿、出之权门者也。"其二云:"今四方兵革未宁,赋敛未息,百姓流亡转甚,官吏侵刻日多,实不合使凶庸贪猥之徒、凡弱下愚之类,以货赂权势而为州县长官。"观次山表语,但因谢上而能极论民穷吏恶,劝天子以精择长吏,有谢表以来未之见也。世人以杜老褒激之故或稍诵其诗,以《中兴颂》故诵其文,不闻有称其表者,予是以备录之,以风⑩后之君子。次山临道州,岁在癸卯,唐代宗初元广德也。

[注释]①道州:治今湖南道县。其地古称舂陵。 ②於戏:同"呜呼"。 ③遗人:即"遗民",指乱亡后所存的百姓。唐人避讳"民"字而用"人"字。下文"安人""人贫"皆同此。 ④飡:同"餐"。 ⑤为:语末助词。 ⑥逋缓:指缓征以往积累未缴的赋税。逋,逃。 ⑦攻永破邵:攻永州(今湖南永州),破邵州(今湖南邵阳)。 ⑧此所引见杜甫《同元使君〈舂陵行〉并序》。原序"天下少安"下无"立"字。两章,指元结《舂陵行》及《贼退示官吏》。华星,明星。 ⑨时须:同"时需",指当下急务。 ⑩风:通"讽",劝谏。

光武仁君

汉光武虽以征伐定天下，而其心未尝不以仁恩招怀为本。隗嚣①受官爵而复叛，赐诏告之曰："若束手自诣，保无他也。"公孙述②据蜀，大军征之，垂灭矣，犹下诏喻之曰："勿以来歙③、岑彭④受害自疑，今以时自诣则家族全。诏书手记，不可数得，朕不食言。"遣冯异西征，戒其平定安集为急；怒吴汉杀降，责以失斩将、吊民之义④；可谓仁君矣。萧铣举荆楚降唐，而高祖怒其逐鹿之对，诛之于市⑤，其隘如此。《新史》犹以高祖为圣⑥，岂理也哉？

[注释]①隗嚣：见卷十一《燕昭、汉光武之明》条。 ②公孙述（？—36）：字子阳，新莽末割据川蜀，自称辅汉将军兼领益州牧，建武元年（25）称帝，国号成家（一作大成或成），建元龙兴。建武十二年，成都为东汉大司马吴汉所破，述被族诛。 ③来歙（？—35）：字君叔，东汉初将领，官至中郎将，随吴汉攻蜀时，被公孙述遣刺客刺死。 ④岑彭（？—36年）：字君然，东汉初将领，官至征南大将军，随吴汉攻至成都，亦被公孙述遣刺客刺死。 ④参见卷十一《汉景帝忍杀》及《燕昭、汉光武之明》条。吴汉（？—44），字子颜，东汉开国名将，刘秀称帝后为大司马。其率大军平蜀时，既族诛公孙述，焚其宫室，又诛杀降将，纵兵大掠，曾为光武帝怒责。 ⑤萧铣（583—621）：南朝萧梁后人，隋末起兵反隋，据岳阳，自称梁王。唐武德初称帝，迁都江陵，后以兵败降唐，至长安，高祖数其罪，不屈，答以"隋失其鹿，英雄竞逐，铣无天命，故至于此"，竟被处斩于都市。 ⑥按：《新唐书·萧铣传赞》云"（萧铣）抗辞不屈，伪辩易穷，卒以殊死，高祖圣矣哉"！

卷十五

张文潜哦苏杜诗

"溪回松风长,苍鼠窜古瓦。不知何王殿,遗构①绝壁下。阴房鬼火青,坏道哀湍泻②。万籁真笙竽,秋色正萧洒。美人为黄土,况乃粉黛假③。当时侍金舆,故物独石马。忧来藉草坐,浩歌泪盈把。冉冉④征途间,谁是长年⑤者!"此老杜《玉华宫⑥》诗也。张文潜暮年在宛丘⑦,何大圭⑧方弱冠,往谒之,凡三日,见其吟哦此诗不绝口。大圭请其故,曰:"此章乃《风》《雅》鼓吹,未易为子言。"大圭曰:"先生所赋,何必减此?"曰:"平生极力模写,仅有一篇稍似之,然未可同日语。"遂诵其《离黄州》诗,偶同此韵,曰:"扁舟发孤城,挥手谢送者。山回地势卷,天豁江面泻。中流望赤壁,石脚插水下。昏昏烟雾岭,历历渔樵舍。居夷实三载,邻里通假借。别之岂无情,老泪为一洒。篙工起鸣鼓,轻橹健于马。聊为过江宿,寂寂樊山夜。"此其音响节奏固似之矣,读之可默喻也。又好诵东坡《梨花》绝句,所谓"梨花淡白柳深青,柳絮飞时花满城。惆怅东栏一株雪,人生看得几清明"者,每吟一过,必击节赏叹不能已。文潜盖有省于此⑨云。

[注释]①遗缔:指宫殿遗址。杜诗原作"遗构",洪迈避宋高宗讳改"构"为"缔"。 ②坏道哀湍泻:指因道路被山涧急流毁坏而伤感。 ③粉黛假:或说指陪葬的木偶人。 ④冉冉:形容时光渐逝。此寓有人生渐老之意。 ⑤长年:即长寿。 ⑥玉华宫:在今陕西宜君县西北山谷中。唐贞观末依山临溪而建,永徽初废为玉华寺。 ⑦宛丘:即今河南淮阳。句意指张耒晚年闲居宛丘时。 ⑧何大圭:字晋之,北宋政和末进士,工诗词,历迁秘书省著作郎,南宋绍兴间曾因事被放逐,后复除直秘阁。 ⑨有省于此:指对人生易老之叹有省悟。张耒在苏轼死后,曾为之举哀行服,以此被贬谪,晚年得自便。

任安 田仁

任安、田仁①,皆汉武帝时能臣也,而《汉史》载其事甚略。褚先生曰:"两人俱为卫将军舍人,家监②使养恶啮马③。仁曰:'不知人哉,家监也!'安曰:'将军尚不知人,何乃家监也?'后有诏,募择卫将军舍人以为郎。会贤大夫赵禹④来,悉召舍人百余人,以次问之,得田仁、任安,曰:'独此两人可耳,余无可用者。'将军上籍⑤以闻,诏召此二人,帝遂用之。仁刺举三河⑥,时河南、河内太守皆杜周⑦子弟,河东太守石丞相⑧子孙,仁已刺三河,皆下吏诛死。"观此事,可见武帝求才不遗微贱,得人之盛诚非后世所及。然班史言霍去病既贵,卫青故人门下多去事之,唯任安不肯去,又言"卫将军进言仁为郎中"⑨,与褚先生所书为不同。《杜周传》云"两子夹河为郡守","治皆酷暴",亦不书其所终,皆阙文也。

[注释]①田仁(?—前91):先秦田齐后裔,汉武帝时初为大将军卫青舍人,迁郎中,历刺史,累官京辅都尉、丞相司直,巫蛊之祸时以纵戾太子出逃,被下狱死。 ②家监:管家。 ③恶啮马:凶暴咬人的烈马。 ④赵禹:汉武帝时历中都官、令史、丞相府史、御史,官至太中大夫,有才干,以廉洁著称,而用法深刻,《史记》入《酷吏列传》。 ⑤上籍:报上审查文件。 ⑥刺举三河:刺举,刺探举发,由今言检举,指检举违法官吏。三河,即下述河南、河内、河东地区。 ⑦杜周(?—前95):字长孺,汉武帝时历廷尉史、御史,迁廷尉,官至御史大夫,有能名,而亦为酷吏。 ⑧石丞相:即石庆。汉武帝时以太子太傅擢御史大夫,又为丞相。为人忠厚谨慎,在相位如摆设,不与机务,后告老还乡。 ⑨此所述任安事见《汉书·霍去病传》。

杜延年 杜钦

《前汉书》称杜延年①本大将军霍光吏,光持刑罚严,延年辅之以宽,论议持平,合和朝廷;杜钦②在王凤幕府,救解冯野王③、王尊④之罪过,当世善政,多出于钦。予谓光以侯史吴⑤之事,一朝杀九卿三人,延年不能谏。王章言王凤之过,天子感寤,欲退凤,钦令凤上疏谢罪;上不忍废凤,凤欲遂退,钦说之而止。章死,众庶冤之,钦复说凤,以为"天下不知章实有罪,而以为坐言事","宜因章事举直言极谏","使天下咸知主上圣明,不以言罪下,若此则流言消释"矣;凤白⑥,行其策。夫新莽盗国,权舆于凤,凤且退而复止,皆钦之谋。若钦者,盖汉之贼也,而谓当世善政出其手,岂不缪⑦哉!

[**注释**]①杜延年(?—前52):字幼公,杜周子。汉昭帝时累官至御史大夫,宣帝时以给事中预朝政,位居九卿十余年。 ②杜钦:字子夏,深博有谋,汉成帝时为外戚王凤所重,历议郎,多参与政事谋划。晚年不仕,以寿终。③冯野王:字君卿,汉元帝时官至大鸿胪,成帝时为王凤所排斥,被免职,卒于家。 ④王尊:字子赣,元帝时历护羌校尉、益州刺史,擢司隶校尉,以得罪佞臣被罢职。成帝即位,召为京辅都尉行京兆尹事,后出为徐州刺史,迁东郡太守,卒于官。 ⑤侯史吴:姓侯史,名吴,汉武帝、昭帝时大臣桑弘羊故吏。桑弘羊及其子桑迁先后以谋反罪被杀时,吴以曾藏匿桑迁而逃亡,不久遇大赦自出系狱,复引发政争。时霍光专权,竟以纵反罪杀少府、廷尉、左冯翊三卿。⑥白:建白,向皇帝提出建议。按:此条所述杜钦事皆见《汉书·杜周传》附《杜钦传》。 ⑦缪:通"谬"。

范晔作史

范晔在《狱中与诸甥侄书》曰:"吾既造《后汉》……详观古今著述及评论,殆少可意者。班氏最有高名,既任情无例,不可甲乙①……唯志可推②耳。博赡可不及之,整理未必愧也③。吾杂传论,皆有精意深旨……至于《循吏》以下及六夷诸序论,笔势纵放,实天下之奇作,其中合者,往往不减《过秦》④篇。尝共比方班氏所作,非但不愧之而已……赞⑤自是吾文之杰思,殆无一字空设;奇变不穷,同合异体,乃自不知所以称之。此书行,故应有赏音者……自古体大而思精,未有此也。"晔之高自夸诩如此,至以谓过班固,固岂可过哉？晔所著序论,了无可取；列传如邓禹、窦融、马援、班超、郭泰诸篇者,盖亦有数也。人苦不自知,可发千载一笑。

[注释]①不可甲乙:《宋书·范晔传》作"不可甲乙辨"。句意谓班固《汉书》名望虽高,其史料却任意编排,无清晰类例,无法辨别其次序。　②唯志可推:谓班固《汉书》只有志书部分值得推尚。　③此谓范晔自作的《后汉书》,史料之丰富可能不及《汉书》,文字整理却于《汉书》未必有愧。　④《过秦》:指贾谊《过秦论》。　⑤赞:指《后汉书》中的论赞,即议论文字。

唐诗人有名不显者

《温公诗话》云:"唐之中叶,文章特盛,其姓名湮没不传于世者甚众。如河中府鹳雀楼有王之奂、畅诸①二诗,二人皆当时所不数,而后人擅诗名者,岂能及之哉？"予观《少陵集》中所载韦迢、郭受②诗,少陵酬答,至有"新诗锦不如""自得随珠觉夜明"之语,则二人诗名可知矣,然非编之杜集,几于无传焉。又有严恽③《惜花》一绝云:"春光冉冉归何处,更向花前把一杯。尽日问花花不语,为谁零落为谁开？"前人多不知谁作,乃见于皮、陆《唱和集》中。大率唐人多工诗,虽小说戏剧,鬼物假托,莫不宛转有思致,不必颛门④名家而后可称也。

[注释]①王之奂、畅诸:王之奂,即王之涣(688－742),字季凌,历文安县尉,盛唐著名诗人,尤善边塞诗。此指其家喻户晓的《登鹳雀楼》诗:"白日依山尽,黄河入海流。欲穷千里目,更上一层楼。"畅诸,唐开元初进士,历许昌尉,亦有《登鹳雀楼》诗云:"城楼多峻极,列酌恣登攀。迥林飞鸟上,高榭代

人间。天势围平野,河流入断山。今年菊花事,并是送君还。" ②韦迢、郭受:皆唐代宗大历间人,见杜诗《赠韦韶州见寄》《酬郭十五判官》。韦历岭南节度行军司马,郭为衡阳判官。 ③严恽:字子重,吴兴文士,晚唐诗人,与杜牧友善,皮日休、陆龟蒙亦曾造访。其诗原见于皮、陆《松陵唱和集》,洪迈《万首唐人绝句》收之,题曰《惜花》。皮日休,字袭美,唐末历著作佐郎、太常博士、毗陵副使,后参加黄巢起义军,被委任为翰林学士,黄巢败后不知所终。陆龟蒙(?-881),字鲁望,举进士不第,曾为湖州、苏州刺史幕僚,晚年隐居松江,多以讽喻性小品文名世。 ④颛门:同"专门"。

苏子由诗

苏子由《南窗》诗云:"京城三日雪,雪尽泥方深。闭门谢还往,不闻车马音。西斋书帙乱,南窗朝日升。展转守床榻,欲起复不能。开户失琼玉①,满阶松竹阴。故人远方来,疑我何苦心。疏拙自当尔,有酒聊共斟。"此其少年时所作也,东坡好书之,以为人间当有数百本。盖闲淡简远,得味外之味②云。

[注释]①琼玉:指雪。 ②味外之味:苏辙此诗,简朴有味;而于闲淡之中,寄寓雪后夜读的勤可补拙之"苦心",是为"味外之味"。

呼君为尔汝

东坡云:"凡人相与号呼者,贵之则曰公,贤之则曰君,自其下则尔汝之。虽王公之贵,天下貌畏而心不服,则进而君公、退而尔汝者多矣。"①予谓此论特后世之俗如是尔,古之人心口一致,事从其真,虽君臣父子之间,出口而言,不复顾忌,观《诗》《书》所载可知矣。箕子陈《洪范》,对武王而"汝"之②。《金縢》策祝,周公所以告大王、王季、文王三世祖考也,而呼之曰"尔三王",自称曰"予",至云"尔之许我,我其以璧与珪归俟尔命;尔不许我,我乃屏璧与珪",殆近乎相质责而邀索③也。《天保》报上之诗,曰"天保定尔,俾尔戬谷"④;《閟宫》颂君之诗,曰"俾尔富而昌,俾尔昌而炽";及《节南山》《正月》《板》《荡》《卷阿》《既醉》《瞻卬》诸诗,皆呼王为"尔"。《大明》曰"上帝临女",指武王也;《民劳》曰"王欲玉女"⑤,指厉王也。至或称为"小子"⑥,虽幽、厉之君,亦受之而不怒。呜呼!三代之风俗可复见乎?晋武公请命乎天子,其大夫赋《无衣》,所谓"不如子之衣"⑦,亦指周王也。

[注释]①引文出苏轼《墨君堂记》。尔汝之,以你我相称呼。 ②句意指《尚书·洪范》篇中,称呼周武王用"汝"字,即尔、你。 ③质责而邀索:质问责备而要挟索求。此所引《尚书·金縢》之文,原意指武王病重,周公筑坛向曾祖、祖、父三位先王祷告,以保佑武王病愈,并占卜说:如果你们答应我(使我得吉兆而让我以身代武王之死),我就归而以玉璧、玉珪祭祀你们的神灵,等待你们的命令;如果不答应我,我就放弃以玉璧、玉珪祭祀。 ④戬(jiǎn)谷:福禄。戬,福;谷,禄。引语见《诗经·小雅·天保》,意谓上天保佑你们安定,使你们有福有禄。旧谓此篇是为君上祝愿和祈福的诗。 ⑤句中二"女"字皆用为"汝"。 ⑥小子:《尚书·商书》的《汤誓》《说命》篇均有"台(我)小子",分别为商王成汤、武丁自称;《周书·泰誓》篇有"予小子发",为周武王自称;《金縢》篇则周公自称"予小子",成王自称"朕小子";《周书》其余各篇,王自称"小子"之语尚多。 ⑦不如子之衣:为《诗经·唐风·无衣》篇诗

句。此篇小序以为其诗是"美晋武公"的,谓"武公始并晋国,其大夫为之请命乎天子之使,而作是诗"。

世事不可料

秦始皇并六国,一天下,东游会稽,度浙江,撊然①谓子孙帝王万世之固,不知项籍已纵观其旁②,刘季起喟然之叹于咸阳矣③。曹操芟夷群雄,遂定海内,身为汉相,日夜窥伺龟鼎④,不知司马懿已入幕府矣。梁武帝杀东昏侯,覆齐祚,而侯景以是年生于漠北。唐太宗杀建成、元吉,遂登天位,而武后已生于并州。宣宗之世,无故而复河陇⑤,戎狄既衰,藩镇顺命,而朱温生矣。是岂智力谋虑所可为哉⑥?

[注释]①撊(xiàn)然:同"俔然"。"俔然",狂妄自大之貌。 ②《史记·项羽本纪》:"秦始皇帝游会稽,渡浙江,(项)梁与(项)籍俱观,籍曰:'彼可取而代也。'" ③《史记·高祖本纪》:"高祖常繇(服徭役)咸阳,纵观,观秦皇帝,喟然太息曰:'嗟乎!大丈夫当如此也。'"刘季,即刘邦。一说刘邦原名季,一说季为其字。 ④龟鼎:占卜用的大龟板和代表九州的九鼎,喻帝位。 ⑤无故而复河陇:指唐宣宗时因偶然因素而得以收复河西以及陇右地区(今甘肃大部、青海东部、新疆东部)。大中二年(848),沙州(今甘肃敦煌)人张议潮联合当地军民起义,归顺唐朝,驱逐吐蕃守将,自摄州事,修治兵甲,且耕且战,宣宗先后命以为沙州防御使、节度使,终于收复了自安史之乱以后被吐蕃占领百余年的河湟之地。 ⑥此条所举改朝换代之变,有农民战争、权臣篡夺、叛将生乱、宗室相残几种类型,洪迈谓之谋虑不可及,带有历史不可知的倾向。

蔡君谟帖语

韩献肃公①守成都时,蔡君谟②与之书曰:"襄启:岁行甫新③,鲁钝之资,日益衰老,虽勉就职务,其于精力,不堪劳苦。念君之生,相距旬日④,如闻年来补治有方,当愈强健,果如何哉?襄于京居,尚留少时,伫君还轸⑤,伸眉一笑,倾怀之极。今因樊都官西行,奉书问动靖⑥,不一一。襄上子华端明阁下。"此帖语简而情厚,初无寒温之问、寝食之祝、讲德之佞⑦也。今风俗日以偷薄,士大夫之獧浮⑧者,于尺牍之间,益出新巧,习贯⑨自然,虽有先达笃实之贤,亦不敢自拔以速⑩嘲骂。每诒书,多至十数纸,必系衔,相与之际,悉忘其真,言语不情,诚意扫地。相呼不以字,而云某丈,僭絫官称,无复差等,观此其少愧乎!忆二纪之前⑪,予在馆中,见曾监吉甫⑫与人书,独不作札子⑬,且以字呼同舍,同舍因相约云:"曾公前辈可尊,是宜曰丈。余人自今各以字行,其过误者罚一直⑭。"行之几月⑮,从官郎省欣然皆欲一变⑯。而有欲败此议者,载酒饮同舍,乞仍旧,于是从约皆解,遂不可复革,可为一叹。

[注释]①韩献肃公:即韩绛,字子华,宋仁宗嘉祐间以端明殿学士知成都府,神宗朝官至宰相。参见卷九《高科得人》条。 ②蔡君谟:即蔡襄,时为翰林学士。 ③岁行甫新:指又过一岁。 ④相距旬日:指二人同年(1012)出生,生日只相差十来天。按:此处蔡襄言及"勉就职务",疑指其嘉祐八年(1063)以翰林学士兼权三司使事,则此时二人尚仅为五十二岁,而在古代已可言"老"。 ⑤伫君还轸:等待您还车回京。 ⑥动靖:即"动静",犹今言各方面情况。 ⑦佞:此指奉承对方的好话。 ⑧獧(juàn)浮:轻浮、虚浮。

⑨习贯:同"习惯"。　⑩速:招。　⑪二纪之前:指二十年前。　⑫曾监吉甫:指曾几(1085—1166),字吉甫,绍兴二十七年(1157)除秘书少监,时去其北宋末初为馆职已三十八年,须鬓皓白,衣冠伟然,每会同舍,多谈前辈言行、台阁典章,为士大夫所推重。次年为权礼部侍郎,后以通奉大夫致仕。按:洪迈初除秘书省校书郎在绍兴二十八年三月,正当曾几为少监时,时距其淳熙七年(1180)初成《容斋随笔》凡有二十二年。　⑬不作札子:指对下级指示事体,不用官府文书的形式,如称呼官衔等。　⑭罚一直:受罚一次之意。"一直"本指一件或一组、一个单位物品的价钱,"直"同"值",如《汉书·王莽传》谓"更造货错刀(一种货币),一直五千"。后世转为成语,犹言一次。在此实指馆阁同僚平日私下交往凑份子聚会时,若有人在相互称呼上违犯约定,则罚他自掏腰包宴请大家一次。按:宋代馆阁提倡尚年齿、不尚官位之风。《麟台故事》云:"馆中之人,往往前日僚友之旧、道义之交,不专以势利高下为心,故每于是日小集,从容谈笑也。"　⑮几月:指将近一个月。　⑯从官郎省:指兼任馆职的侍从官(侍郎以上)、郎官及秘书省各级职事官等。

孔氏《野史》

世传孔毅甫①《野史》一卷,凡四十事,予得其书于清江刘靖之②。所载赵清献为青城宰③,挈散乐妓以归,为邑尉追还,大恸且怒,又因与妻忿争,由此惑志。文潞公守太原,辟司马温公为通判,夫人生日,温公献小词,为都漕唐子方④峻责。欧阳永叔、谢希深、田元均、尹师鲁⑤在河南,携官妓游龙门,半月不返,留守钱思公⑥作简招之,亦不答。范文正与京东人石曼卿、刘潜⑦之类相结以取名,服中上万言书,甚非"言不文"⑧之义。苏子瞻被命作《储祥宫记》⑨,大貂陈衍干当宫事,得旨置酒,与苏高会,苏阴使人发御史,董敦逸即有章疏,遂堕计中⑩;又云子瞻四六表章,不成文字。其他如潞公、范忠宣、吕汲公、吴冲卿、傅献简⑪诸公,皆不免讥议。予谓决非毅甫所作,盖魏泰《碧云騢》⑫之流耳。温公自用庞颖公辟⑬,不与潞公、子方同时,其谬妄不待攻也。靖之乃原甫⑭曾孙,佳士也,而跋是书云:"孔氏兄弟,曾大父行也。思其人欲闻其言久矣,故录而藏之。"汪圣锡⑮亦书其后,但记上官彦衡⑯一事,岂弗深考云。

[注释]①孔毅甫:即孔平仲,字毅甫,北宋治平进士,元祐中历集贤、秘阁校理,以附会旧党,元符初被贬官,徽宗初年复历户部、金部郎中,以党争再起而罢去,提举宫观卒。传世《孔氏野史》,或说即平仲《孔氏杂说》,又称《珩璜新论》。其书多发当世名人秘辛,带有浓厚的党争痕迹,历来多以为是伪作,不知出于何人。 ②刘靖之:字子和,南宋绍兴二十四年(1154)进士,历赣州府教授,改宣教郎卒。 ③按:此指赵抃早年曾为青城县令,下所称"邑尉"即指青城县尉。《宋史·赵抃传》载其初仕为武安军节度推官后,又"知崇安、海陵、江原三县",江原即青城旧名,其地在今四川成都市西青城山东南,汉代曾于此设江原县。赵清献,即赵抃(1008—1084),字阅道,北宋景祐进士,历殿中侍御史,弹劾不避权幸,人称"铁面御史",累官度支副使、河北都转运使,又屡历州郡,治平初及熙宁中曾两次知成都府,卒谥清献。青城宰,青城县令。 ④唐子方:即唐介(1010—1069),字子方,仁宗朝历侍御史,亦以敢言著称,累迁度支副使、河北都转运使,治平初为御史中丞,熙宁初官至参知政事。 ⑤谢希深、田元均、尹师鲁:谢希深,即谢绛(994或995—1039),字希深,大中祥符进士,历迁秘阁校理、同判太常礼院,仁宗朝官至知制诰。田元均,即田况(1005—1063),字元均,天圣进士,累擢知制诰、陕西宣抚副使,迁翰林学士、三司使,嘉祐中官至枢密使。尹师鲁,即尹洙(1001或1002—1047),字师鲁,天圣进士,历馆阁校勘,庆历间因辩驳对范仲淹的朋党攻击被黜,后起知泾、渭等州,复以事贬官。与欧阳修等提倡古文运动,为文

简练有法度。　⑥钱思公：即钱惟演，字希圣，谥思，见卷八《真宗末年》条。⑦石曼卿、刘潜：石曼卿，即石延年(994－1041)，字曼卿，工诗，善书法，屡举进士不第，后以荐举官至秘阁校理。为人放荡不羁，与原三司使范讽及刘潜等交往，时称"东州逸党"，以酗酒病卒。刘潜，字仲方，举进士，起家为淄州军事推官，与石延年友善，常为酒敌，时号"酒仙"，后知蓬莱县代还，闻母暴卒，亟归，抱母一恸而绝，其妻又抚其尸大号而死。　⑧言不文：此为《孝经》中语，指居丧期间言辞要质朴不修饰。　⑨《储祥宫记》：苏轼所作道教宫观的记叙作品。储祥宫原称太清宫，为宋太宗在位后期费八年时间建成，在京师朝阳门内，凡有各种宅院一千二百四十二所，号称以为民祈福而建。仁宗庆历中遭火灾焚毁，后来成为皇室子孙的重要建宅之地。神宗元丰间命道士居其故地，稍稍修复，赐名太清储祥宫。至哲宗元祐中，宣仁太后听政，乃大规模重建，共成三大殿、九小殿及钟楼、经楼、石坛、斋殿等七百余间，又命苏轼作记并书写立碑，即传世《储祥宫记》。哲宗亲政后，毁去苏轼碑文，而命蔡京重撰。金、元之际曾就其地改建朝元宫，成为道教全真派重地。　⑩以上指苏轼奉诏撰《储祥宫记》时，宫廷宦官首领陈衍奉太后之命为苏轼设宴，苏轼暗地使人到御史台告发(大珰陈衍谋私干政)，因而御史董敦逸即上章奏劾陈衍，正中苏轼之计。陈衍，绍圣间打击元祐党人时被流放海南，元符三年(1100)被广西地方官奉诏杖杀。董敦逸(1031－1101)，字梦授，嘉祐进士，累官工部侍郎、翰林学士，元祐间年事已高，历监察御史，时称"白须御史"，后以敢言屡被贬，元符末召为户部侍郎，加御史大夫，以年老病弱乞归而终。　⑪潞公、范忠宣、吕汲公、吴冲卿、傅献简：即文彦博(1006－1097)、范纯仁(1027－1101)、吕大防(1024－1097)、吴充(1021－1080)、傅尧俞(1024－1091)，元祐中皆官至宰相。彦博为四朝元老；吴充字冲卿，熙宁末官至宰相；纯仁字尧夫，谥忠宣，大防字微仲，封汲郡公，尧俞字钦之，谥献简。　⑫《碧云騢》：相传为魏泰所作，而托名于都官员外郎梅尧臣。杂载权贵轶事，而几乎都是负面的，于名公巨卿多所讥评。碧云騢，仁宗初年刘太后垂帘听政时西域所贡马名，以颈有旋毛，世以为丑，皇家则以为贵。此用作书名，喻虽贵而其病不可去。　⑬按：仁宗至和三年(1056)，庞籍以前宰相出镇河东(治今山西太原)，征聘司马光为并州通判。其事与文彦博守太原及唐介为河东都漕(都转运使)均不在一时,故洪迈斥《孔氏野史》所记文彦博辟司马光为通判等事为谬妄。庞颍公,即庞籍(988—1063),字醇之,仁宗朝官至宰相。辟,辟除,征聘授官。　⑭原甫:即刘敞(1019—1068)。敞字原甫(父),与欧阳修同时,官至集贤院学士,为著名史学家、经学家。按:《清江县志》谓刘靖之为仁宗朝光禄卿刘立德之玄孙,于刘敞为曾孙辈,但各种载籍均未明言刘敞为刘立德之子。立德为宋初秘书丞刘式第四子,其长兄名立本,疑敞即立本之子。　⑮汪圣锡:即汪应辰(1118—1176),字圣锡,绍兴五年(1135)科考状元,历秘书省正字,忤秦桧被贬职,桧死后累官至吏部尚书。　⑯上官彦衡:即上官均(1038—1115),字彦衡,熙宁三年(1070)科考榜眼,累官大理寺少卿,政和中以龙图阁待制致仕。

有　若

　　《史记·有若传》云,孔子没,弟子以若状似孔子,立以为师。他日,进问曰:"昔夫子当行,使弟子持雨具,已而果雨。弟子问何以知之,夫子曰:'《诗》不云乎?月离于毕,俾滂沱矣①。昨暮月不宿毕乎?'他日,月宿毕,竟不雨。商瞿②年长无子……孔子曰:'瞿年四十后,当有五丈夫子③。'已而果然。敢问何以知此?"有若无以应。弟子起曰:"有子避之,此非子之座也。"予谓此两事,殆近于星历卜祝之学,何足以为圣人,而谓孔子言之乎?有若不能知,何所加损,而弟子遽以是斥退之乎?孟子称子夏、子张、子游以若似圣人,欲以所事孔子事之,曾子不可,但言江汉、秋阳不可尚而已④,未尝深诋也。《论语》记诸善言,以有子之言为第二章⑤,在曾子之前,使有避坐⑥之事,弟子肯如是哉？《檀弓》载有子闻曾子"丧欲速贫，死欲速朽"⑦两语，以为"非君子之言"；又以为"夫子有为言之"，子游曰："甚哉！有子之言似夫子也。"则其为门弟子所敬久矣，太史公之书于是为失矣。且门人所传者道也，岂应以貌状之似而师之耶？世所图七十二贤画象，其画有若遂与孔子略等，此又可笑也。

[注释]①月离于毕，俾滂沱矣：语见《诗经·小雅·渐渐之石》，意指月亮运行到二十八宿的毕宿位置，就会有滂沱大雨。古人以为毕宿是阴雨之星。离，通"丽"，附丽。　②商瞿：孔子弟子，姓商，名瞿，字子木。　③五丈夫子：指五个男孩。　④孟子之语见《孟子·滕文公上》，意谓子夏等欲立有若为师，曾子不同意，以为孔子道德学问的洁净光辉如江汉之水与秋日的阳光，非弟子所能仿佛。　⑤《论语》第二章即为"有子曰"，谈孝道为仁德之本。⑥坐：通"座"。　⑦丧欲速贫，死欲速朽，此为《礼记·檀弓》所托曾子转述孔子之语，若依旧注，当是指仕者丧失禄位则欲速贫，贫而死者则欲速朽。盖失位则不富，不富则贫，贫则无所失，故谓"欲速贫"；人死皆欲厚葬而不朽，而贫者不能厚葬，故谓"欲速朽"。有若以为欲贫、欲朽皆非人之常情，故谓之"非君子之言"。

张天觉为人

张天觉①为人贤否，士大夫或不详知。方大观、政和间，时名甚著，多以忠直许之。盖其作相，适承蔡京之后，京弄国为奸，天下共疾，小变其政，便足以致誉，饥者易为食，故蒙贤者之名，靖康初政，遂与司马公、范文正同被褒典②。予以其实考之，彼直奸人之雄尔。其外孙何麒③作家传云:"为熙宁御史则逐于熙宁,为元祐廷臣则逐于元祐,为绍圣谏官则逐于绍圣,为崇宁大臣则逐于崇宁,为大观宰相则逐于政和。"其迹是矣,而实不然。为御史时,以断狱失当,为密院所治,遂撼博州事以报之,三枢密皆乞去,故坐贬④。为谏官时,首攻内侍陈衍,以摇宣仁,至比之于吕、武⑤;乞追夺司马公、吕申公赠谥,仆碑毁楼⑥;论文潞公背负国恩,吕汲公动摇先烈;辩吕惠卿、蔡确无罪。后以交通颍昌富民盖渐⑦故,又贬。元符末除中书舍人,谢表历诋元祐诸贤,云当元祐之八九年,擢党人之二十辈。及在相位,乃以与郭天信⑧交结而去耳。平生言行如此,而得美誉,则以蔡京不相能⑨之故。然皆章子厚门下客,其始非不同也。京拜相之词,天觉所作,是以得执政云。

[注释]①张天觉:即张商英(1043—1121),字天觉,治平进士,徽宗朝官至宰相,为人负气不羁,豪视一世,凡有积憾即攻之,外似忠直而反复无常,平生在官屡黜屡进,意大而才疏。宋人对其评价最为纷然,指斥甚多。 ②同被褒典:指靖康元年(1126)追封范仲淹为魏国公,赠司马光太师,张商英亦得赠太保。 ③何麒:字子应,南宋绍兴间官至宗正少卿。 ④《宋史·张商英传》:"擢监察御史,台狱失出劫盗,枢密检详官刘奉世驳之,诏纠察司劾治。商英奏:'此出大臣私忿……'遂言奉世庇博州,失入囚,因撼院吏徇私十二事,语侵枢臣,于是文彦博等上印求去。诏责商英监荆南税。" ⑤吕、武:指吕后、武则天。史载张商英在元祐时曾作《嘉禾颂》,以文彦博、吕公著比作周公,又为文祭司马光极称其美;后因不得重用,乃追论诸人之罪,至以宣仁太后比作吕、武。 ⑥仆碑毁楼:《宋史·张商英传》作"仆碑毁冢",指仆倒其墓碑,毁其墓冢。疑"楼"字原作"塿",宋本误刻。《广雅·释丘》:"塿,冢也。" ⑦盖渐:人名,为土地主,元祐中以地产纠纷诉至开封府,牵连诸多官员,惊动

大理寺。时张商英为左司郎中,与之交通,欲以其案中伤大臣,被谪授监襄州酒税。　⑧郭天信:字佑之,徽宗时术士、佞臣。徽宗为端王时,其以技艺隶太史局,曾秘密遮拦端王,谓其当有天下。既而徽宗即位,宠昵之,不数年即官至枢密都承旨、节度观察留后。政和初为定武军节度使,与闻外朝政事,见蔡京乱国,托天文以潜去其相位。又与张商英相结,为蔡京党所攻,于张商英罢相后,贬逐广东而死。　⑨不相能:指不能共处。

为文论事

为文论事,当反复致志①,救首救尾,则事词章著,览者可以立决。陈汤斩郅支②而功未录,刘向上疏论之,首言周方叔、吉甫诛狁猃③;次言齐桓公有灭项之罪④,"君子以功覆过"⑤;李广利⑥縻亿万之费,捐五万之师,厪获宛王之首,孝武"不录其过",封为列侯,末言常惠随欲击之乌孙⑦,郑吉⑧迎自来之日逐,皆裂土受爵;然后极言"今康居国强于大宛,郅支之号重于宛王,杀使者罪甚于留马⑨",而"不烦汉士,不费斗粮,比于贰师,功德百之"⑩;又曰:"言威武勤劳则大于方叔、吉甫,列功覆过则优于齐桓、贰师,近事之功则高于安远、长罗,而大功未著,小恶数布,臣窃痛之。"于是天子乃下诏议封。盖其一疏,抑扬援证,明白如此,故以丞相匡衡⑪、中书石显⑫出力沮害⑬,竟不能夺。不然,衡、显之议岂区区一故九卿所能亢⑭哉?

[注释]①致志:致思。　②陈汤斩郅支:指汉元帝建昭三年(前36),西域都护甘延寿、校尉陈汤击匈奴于康居之地(约在今巴尔喀什湖与咸海之间)

而杀匈奴单于郅支之事。参见卷十一《燕昭、汉光武之明》条。　③周方叔、吉甫诛猃狁：指相传的周宣王时大臣方叔、尹吉甫征伐猃狁（xiǎn yǔn 即后世所称匈奴）。诛，征伐。载籍旧注谓《诗经·小雅》的《采芑》篇和《六月》篇所描述者即其事。　④灭项之罪：指《春秋》所载僖公十七年（前643）齐人灭项国（在今河南省沈丘与项城之间）之事。　⑤以功覆过：《公羊传》以为灭项有失"继绝存亡"之义，故《春秋》只书齐人，不书桓公，乃"君子为之讳"。覆过：遮掩过错。按：《左传》载"师灭项"，杜预注以为"师"指"鲁师"，则项为鲁国所灭。　⑥李广利（？－前89）：汉武帝宠姬李夫人长兄，太初年间以贰师将军征大宛，历时四年，耗费财物及死亡士卒无数，终使大宛国杀其王而订盟，得汗血宝马，武帝不计其过，封之为海西侯。征和年间出征漠北，战败而降于匈奴，次年被杀。　⑦常惠随欲击之乌孙：常惠（？－前46），汉武帝末年为苏武副使出使匈奴，被扣留十九年，昭帝时回国，授光禄大夫。宣帝初年出使乌孙，见匈奴入侵乌孙，遂奏请汉廷派遣大军，联合乌孙之兵，大破匈奴，以功封长罗侯，后为典属国、右将军，元帝时去世。随欲击之乌孙，指跟随欲攻击匈奴的乌孙部众。　⑧郑吉（？－前49）：汉宣帝时以侍郎屯田西域，升卫司马，神爵二年（前60），因匈奴日逐王率万余人归汉，遂发渠犁、龟兹诸国五万人迎之，以功封安远侯，并即命为首任西域都护。　⑨杀使者罪甚于留马：指匈奴郅支单于诛杀汉朝使臣的罪过超过大宛保留良马不来进贡之事。按：大宛不贡良马为李广利征大宛以前事。汉武帝初闻大宛有汗血马，遣壮士车令率人求之。及被遣者历尽艰辛至大宛，大宛王以其轻慢，逐而杀之，并劫其金银财物，而终不给汗血马。　⑩功德百之：指甘延寿、陈汤击匈奴之功百倍于李广利。　⑪匡衡：字稚圭，西汉经学大师，早年苦学，以凿壁偷光著称，元帝时迁光禄大夫、太子少傅，建昭三年拜丞相，成帝即位初遭弹劾，被免为庶人。⑫石显：宦官权佞，元帝时以中书令掌机密。　⑬沮害：抑制诋毁。　⑭亢：通"抗"。

《连昌宫词》

元微之、白乐天，在唐元和、长庆间齐名。其赋咏天宝时事,《连昌宫词》①《长恨歌》②皆脍炙人口,使读之者情性荡摇,如身生其时,亲见其事,殆未易以优劣论也。然《长恨歌》不过述明皇追怆③贵妃始末,无他激扬,不若《连昌词》有监戒④规讽之意。如云:"姚崇、宋璟作相公,劝谏上皇言语切……长官清平太守好,拣选皆言由相公。开元之末姚、宋死,朝廷渐渐由妃子。禄山宫里养作儿,虢国⑤门前闹如市。弄权宰相不记名,依稀忆得杨与李⑥。庙谟⑦颠倒四海摇,五十年来作疮痏。"其末章及官军讨淮西⑧、乞"庙谟休用兵"之语,盖元和十一二年间所作,殊得风人⑨之旨,非《长恨》比云。

[注释]①《连昌宫词》:元稹所作长篇叙事诗。诗借一老人之口,叙述连昌宫的兴废变迁,反映出唐自玄宗至宪宗时期的兴衰历程,并言及安史之乱前后朝政治乱的缘由,体现出民众对再现升平、重开盛世的向往和期盼国家长治久安的强烈愿望。连昌宫,又名兰昌宫、玉阳宫,建于隋代,为唐代皇家最大行宫之一,故址在今河南宜阳县西,肃宗时废。②《长恨歌》:即白居易所作叙述唐玄宗与杨贵妃爱情悲剧的名篇。③追怆:追忆悲伤。④监戒:今一般写作"鉴戒"。⑤虢国:指杨贵妃三姐,嫁裴氏,生一子一女而寡,贵妃得宠后接至长安,封虢国夫人,势焰盛极一时,安史之乱中出逃时被逼自杀。⑥杨与李:指杨国忠、李林甫(?—752)。林甫小字哥奴,唐宗室,无才学,善钻营,口蜜腹剑,阴险忌刻,开元中为宰相,时称奸相。⑦庙谟:指朝廷谋略、国家大计。下文"庙谋"同义。⑧讨淮西:即唐宪宗元和年间讨平淮西节度使吴元济叛乱之事。参见卷八《韩文公佚事》条。⑨风人:旧时指采集民歌以观民风之人,此实指讽谏。

二士共谈

《维摩诘经》①言,文殊②从佛所③将诣维摩丈室④问疾,菩萨随之者以万亿计,曰:"二士共谈,必说妙法。"⑤予观杜少陵寄李太白诗云:"何时一尊酒,重与细论文。"⑥使二公真践此言时,得洒扫撰杖屦⑦于其侧,所谓不二法门⑧、不传之妙、启聪击蒙⑨、出肤寸之泽以润千里者⑩,可胜道哉!

[注释]①《维摩诘经》:大乘佛教的早期经典之一,以此经主人公为维摩诘居士而得名,宣传在世俗生活中也能修炼成佛。 ②文殊:梵名音译,即文殊菩萨,又译作文殊师利、曼殊室利等,或意译为妙德、妙吉祥、妙乐、法王子,为佛教四大菩萨之一。 ③佛所:佛陀之处。 ④维摩丈室:维摩诘居士的方丈室。 ⑤此处引文八字,《维摩诘所说经》卷中原作:"今二大士文殊师利、维摩诘共谈,必说妙法。"妙法,佛教用以指义理深远的佛法。 ⑥诗句出杜诗《春日忆李白》。 ⑦洒扫撰杖屦:洒扫庭院,为之持手杖与鞋子。撰,持。 ⑧不二法门:佛教用以指平等而无差异之至道,汉语援称独一无二的门径、方法。 ⑨启聪击蒙:启发聪明,敲去懵懂。即启蒙之意。 ⑩肤寸之泽:指云雨。《公羊传》:"触石而出,肤寸而合,不崇朝而遍雨乎天下者,维泰山尔。"古人以四指宽为肤,一指宽为寸,云气无处不到,故谓之"肤寸而合"。

张子韶祭文

先公自岭外徙宜春,没于保昌道①。出南安时,犹未闻桧相之死。张子韶②先生来致祭,其文但云"维某年月日具官某,谨以清酌之奠,昭告于某官之灵。呜呼哀哉,伏惟尚飨!"其情旨哀怆,乃过于词,前人未有此格也。

[注释]①此指洪迈之父洪皓之死。皓忤秦桧,于绍兴十七年(1147)被安置英州(今广东英德);二十五年复朝奉郎,徙袁州(今江西宜春),行至南雄

州治保昌县(今广东南雄)而病卒。死后数日,秦桧亦死(《建炎以来系年要录》载绍兴二十五年十月壬辰洪皓卒,丙申秦桧薨)。　②张子韶:即张九成(1092—1159),字子韶,绍兴二年(1132)科举状元,累官至刑部侍郎,以反对和议忤秦桧,谪居南安军(今江西大余),秦桧死后起知温州。

京师老吏

京师盛时,诸司老吏类多识事体,习典故。翰苑有孔目吏①,每学士制草出,必据案细读,疑误辄告。刘嗣明②尝作《皇子剃胎发文》,用"克长克君"③之语,吏持以请,嗣明曰:"此言堪为长、堪为君,真善颂也。"吏拱手曰:"内中④读文书不如是,最以语忌为嫌。既克长,又克君,殆不可用也。"嗣明悚然,亟易之。靖康岁,都城受围,御敌器甲刓弊⑤。或言太常寺有旧祭服数十,闲无所用,可以藉甲⑥,少卿刘珏⑦即具稿⑧,欲献于朝。以付书史⑨,史作字楷而敏,平常无错误,珏将上马,立俟之。既至,而结衔脱两字,趣⑩使更写;至于三,其误如初。珏怒责之,逡巡⑪对曰:"非敢误也,某小人窃妄有管见。在《礼》,'祭服敝则焚之'⑫。今国家迫急,诚不宜以常日论,然容台⑬之职,唯当秉礼。少卿固体国⑭,不若俟朝廷来索则纳之,贤于⑮先自背礼而有献也。"珏愧叹而止,后每为人言,嘉赏其意。今之胥徒⑯,虽公府右职、省寺掌故⑰,但能鼓扇亵浮⑱,顾赇谢为业⑲,簿书期会⑳之间,乃漫不之晓㉑。求如彼二人,岂可得哉?

[注释]①翰苑有孔目吏：翰林学士院的吏人头目。翰苑，翰林学士院。孔目吏，吏人头目，有都孔目、孔目，掌官府交办的文书处理等各种具体事务。②刘嗣明：北宋末崇宁进士，累官给事中，党附知枢密院郑居中，攻张商英使罢相，迁大司成，后官至工部尚书。③克长克君：语出《诗经·大雅·皇矣》。此语本意在称颂周人首领季历能为长为君，故刘氏为文用以比皇子。⑤内中：指皇宫内。⑥刓（wán）弊：磨损弊坏。⑦藉（jiè）甲：作铠甲的衬里。⑧刘珏（？－1132）：字希范，北宋末历主客郎中、中书舍人、太常少卿，以支持李纲抗金被罢职。建炎初复为中书舍人，擢给事中、吏部侍郎，以护卫隆祐太后（原哲宗废后）南下，拜同知三省枢密院事。因金人追击时尝兵溃，建炎末被劾罢，责授秘书少监、知衡州，绍兴初以朝散大夫分司西京卒，追赠龙图阁学士。⑧具稿：指起草奏章。⑨书史：指负责抄写的吏人。⑩趣：通"促"。⑪逡巡：从容后退而恭顺之貌。⑫语见《礼记·曲礼上》。⑬容台：古代用作礼署、礼部的别称。太常寺属礼部，故亦用此称。⑭体国：体念国家之急。⑮贤于：好于。⑯胥徒：即胥吏、吏人。⑰公府右职、省寺掌故：指官府重要吏职、中央政府各部门主管档案及书籍等吏人。掌故，又称"掌固"，唐代尚书省各部所辖诸司吏人皆有其职，掌守仓库及办公设施的管理等。宋承唐制，其职不变，而多用他称，如馆阁、国子监的书库官等。北宋末始置六部架阁官，南宋绍兴初又设六部架阁库，其主管官统称掌故，虽不入流品，而以有时望之人为之，可升官学职事官及编修官书的事务官。⑱鼓扇獧（juàn）浮：煽动轻薄风气。⑲顾赇谢为业：从业不过以受贿和请托为事。⑳簿书期会：指文书交往。㉑漫不之晓：糊涂不知。

曹操　唐庄宗

曹操在兖州，引兵东击陶谦于徐，而陈宫潜迎吕布为兖牧，郡县皆叛，赖程昱、荀彧之力，全东阿、鄄、范三城以待操①。操还执昱手曰："微子之力，吾无所归矣。"表为东平相。唐庄宗与梁人相持于河上,梁将王檀乘虚袭晋阳,城中无备,几陷者数四,赖安金全帅子弟击却之于内,石君立引昭义兵破之于外,晋阳获全②。而庄宗以策非己出,金全等赏皆不行。操终有天下,庄宗虽能灭梁,旋踵覆亡,考其行事,概可睹矣。

[注释]①以上参见卷十三《拔亡为存》条。陶谦(132—194),字恭祖,东汉末以破黄巾军,官至徐州牧,割据一方,治民有绩效,后为曹操所败,忧劳死。陈宫(154—198),字公台,东汉末初为县令,弃官从曹操,见曹操残忍而转投张邈,说邈迎吕布为兖州牧,及曹操破吕布,与吕布并被俘死。 ②此所述为后梁贞明二年(916)事。时李存勖攻略河北,梁将王檀乘机袭攻李氏根据地晋阳(今山西太原),其城几陷,赖李氏退闲老将率家众奋命出击及勇将石君立驰援,方得不失。唐庄宗,即后唐建立者李存勖。王檀(866—916),字众美,后梁时以战功封王,及攻晋阳不克而退,徙镇天平(今山东东平),不久部下兵变,为乱兵所杀。安金全,后唐时因李存勖贪功不赏,名位不进,至明宗李嗣源即位,始出为节度使,在任二年卒。石君立(?—923),又名石家才,为李存勖将领,以骁勇著称,后为后梁所俘,不屈,李存勖入汴梁前一日被杀。

云中守魏尚

《史记》《汉书》所记冯唐救魏尚事,其始云魏尚为云中守,与匈奴战,"上功幕府,一言不相应,文吏以法绳之,其赏不行,臣以为陛下赏太轻,罚太重";而又申言之云:"且云中守魏尚,坐上功首虏差六级,陛下下之吏,削其爵,罚作之。"①重言云中守及姓名,而文势益遒健有力,今人无此笔也。

[**注释**]①此条所考《史》《汉》文字,已见于卷二《孟舒、魏尚》条,这里不再重注。

卷十六

文章小伎

"文章一小伎①,于道未为尊。"虽杜子美有激而云,然要为失言,不可以训②。文章岂小事哉?《易·贲》之象言:"刚柔交错,天文也;文明以止,人文也。观乎天文,以察时变;观乎人文,以化成天下。"③孔子称帝尧"焕乎有文章"④,子贡曰"夫子之文章可得而闻"⑤,《诗》美卫武公亦云"有文章"⑥。尧、舜、禹、汤、文、武、成、康之圣贤,桀、纣、幽、厉之昏乱,非《诗》《书》以文章载之,何以传?伏羲画八卦,文王重之,非孔子以文章翼⑦之,何以传?孔子至言要道,托《孝经》《论语》之文而传。曾子、子思、孟子传圣人心学,使无《中庸》及《七篇》之书⑧,后人何所窥门户?老、庄绝灭礼学,忘言去为,而《五千言》与《内外篇》⑨,极其文藻。释氏之为禅者,谓语言为累⑩,不知大乘诸经可废乎?然则诋为小伎,其理谬矣。彼后世为词章者,逐其末而忘其本,玩其华而落其实⑪,流宕自远⑫,非文章过也。杜老所云"文章千古事""已似爱文章""文章日自负""文章实致身""文章开奕奥⑬""文章憎命达""名岂文章著""枚乘文章老""文章敢自诬""海内文章伯""文章曹植波澜阔""庾信文章老更成""岂有文章惊海内""每语见许文章伯""文章有神交有道",如此之类,多指诗而言,所见狭矣。

[注释]①小伎:今写作"小技",小技艺。　②不可以训:犹言"不足为训",意指不足以作为一种常识性的道理对待。　③引文出于《易经·贲》卦的象辞。旧时皆以纹饰解释卦名,故谓观察天文现象可以知道时序的变化,观察社会人文现象可以通过教化致天下大治。"文明"一词的使用可以溯源于此。　④语出《论语·泰伯》,原文"乎"下有"其"字。意谓尧时已有光明璀璨的礼法和典章。文章,本意指错杂的花纹和色彩,后以代指外在表现形式和义理内涵都鲜明昭彰的典章制度。　⑤语出《论语·公冶长》。此"文章"指孔子有关威仪礼法的论说。　⑥语见《诗经·卫风·淇奥》的小序。此"文章"亦就卫武公的礼法修养和处事才能等外在表现言之。卫武公,西周末年、春秋初年卫国君主,前812—前758年在位。按:本条下述所称的"文章",皆指有组织的语言文字而言。　⑦翼:辅助。在此实指《易传》。因相传《易传》十篇为孔子所作,是用来辅助经文的,故谓之"十翼"。　⑧《七篇》之书:指《孟子》。　⑨《五千言》与《内外篇》:指《老子》和《庄子》。　⑩语言为累:佛教禅宗讲求悟道,主张不立文字,不依经卷,传法要靠师徒心心相印、理解契合而授受。　⑪玩其华而落其实:欣赏玩味其花朵而剥落了其果实。犹言华而不实。　⑫流宕(dàng)自远:意谓不受约束而纵意写作,自然会偏离正轨。宕,意近于"荡"。　⑬奕(yào)奥:深邃之意。

三　长　月

释氏以正、五、九月为三长月①,故奉佛者皆茹素②。

其说云：天帝释以大宝镜轮照四天下③，寅、午、戌月正临南赡部洲，故当食素以徼福④。官司谓之断月⑤，故受驿券⑥，有所谓羊肉者则不支⑦。俗谓之恶月⑧，士大夫赴官者辄避之。或人以谓唐日藩镇莅事，必大享军，屠杀羊豕至多，故不欲以其月上事⑨，今之他官不当尔⑩也。然此说亦无所经见⑪。予读《晋书·礼志》："穆帝纳后，欲用九月，九月是忌月。"《北齐书》云高洋谋篡魏，其臣宋景业⑫言"宜以仲夏受禅"；或曰"五月不可入官，犯之终于其位⑬"，景业曰："王为天子，无复下期⑭，岂得不终于其位乎？"乃知此忌相承由来已久，竟不能晓其义及出何经典也⑮。

[**注释**]①三长月：又称"三斋月""善月"等。佛教分一年为三时，即以二月至五月、六月至九月、十月至正月各为一时，而以每时之末的五月（午月）、九月（戌月）、正月（寅月）为三长月。佛教有"六斋"，即农历每月初八、十四、十五、二十三及二十八、二十九日（小月）或二十九、三十日（大月）持斋，逢斋日只中午一食，过午不食，以清净自恬，端肃身心，安禅入道，为修行之法；三长月则自一日至十五皆持斋，谓之"三斋"。其俗盛于唐代。　②茹素：吃素，戒荤腥。　③相传天帝释以大宝镜轮流照耀南赡部洲、西瞿耶尼、北郁单越、东弗于逮（即"四天下"），一时一轮，每轮都从三长月及南赡部洲开始，故一年三轮，周而复始。天帝释，又称"天帝""帝释""帝释天"，即梵语汉译的释迦提桓因陀罗，简称因陀罗，为古印度神话中的忉利天之主（天王），在佛教"二十诸天"中仅次于大梵天。　④徼福：求福。徼，通"邀"，希求。　⑤官司谓之断月：官司，官府。断月，又称"断屠月"。《新唐书·高祖本纪》武德二年正月甲子："诏自今正月、五月、九月，不行死刑，禁屠杀。"《唐律疏议》卷三十《断狱》载律条："诸立春以后、秋分以前决死刑者，徒一年。其所犯虽不待时，若于断屠月及禁杀日而决者，各杖六十。待时而违者，加二等。"《疏议》云："依狱官令，从立春至秋分不得奏决死刑，违者徒一年。若犯恶逆以上及奴婢部

曲杀主者,不拘此令……其所犯虽不待时,若于断屠月(谓正月、五月、九月)及禁杀日(谓每月十直日,月一日、八日、十四日、十五日、十八日、二十三日、二十四日、二十八日、二十九日、三十日),虽不待时于此月日,亦不得决死刑,违而决者各杖六十……故违时日者加二等,合杖八十。" ⑥驿券:古代官员赴各地任职或出差时,官给的可使用驿站及其车马、差役的凭证。 ⑦不支:不开支。此指驿站在三长月不供应肉食,即使驿券注明者亦不供应。古代驿券有时开列途中食宿等补助物品,如《梦溪笔谈·讥谑》云:"旧制,三班奉职月俸钱七百,驿券肉半斤。" ⑧恶月:不吉利之月。《荆楚岁时记》:"五月俗称恶月,多禁忌曝床荐席及忌盖屋。" ⑨上事:即"上官""莅事",均指赴官任事。宋戴埴《鼠璞·正五九三长月》:"唐人于此三月不行死刑,曰三长月,节镇因戒屠宰,不上官。" ⑩今之他官不当尔:现在赴任其他官职不当如此。宋陈元靓《岁时广记·避三长月》引《艺苑雌黄》:"今人泥此,名三长月,如之官赴任之类,一切皆避是月,未知此何理也。" ⑪此说亦无所经见:指忌月不赴任之说亦不见于典籍的记载。 ⑫宋景业:东魏、北齐官员,历北平太守、散骑侍郎,曾以星占之术助高洋篡位,并制定历法。 ⑬犯之终于其位:"终"字上疑脱"不"字,"不终于其位"指在官不能满任期。下句云"岂得不终于其位"即复述此语,且"犯之"二字下亦当接否定词,则此"不"字不可缺。今本《北齐书·方伎·宋景业传》"终"作"卒",《北史·艺术上》同,二书之"卒"字上亦无"不"字;后世载籍引《北齐书》此文,亦大率缺此"不"字,唯清人赵吉士辑《寄园寄所寄·豕渡寄·习语惧》作"犯之不终于其位"。学者或谓《北齐书》的"卒于其位"指老死于其位,然此说又正与下所称天子之事犯忌,且言之"无复下期"亦无所承,是知《北齐书》之本文必当是原作"不卒于其位"。按:今本《北齐书》乃后世据《北史》抄补而成,疑《北史》已误脱此"不"字,而后人照抄,又多未虑及与下文不合。按上下文意,当从赵吉士补此"不"字为是。 ⑭无复下期:指天子不复有下一任期。 ⑮顾炎武《日知录》卷三十《正五九月》条:"愚按正、五、九月不上任,自是五行家言,不缘屠宰,其传已久,亦不始于唐时……考《左传》:郑厉公复公父定叔之位,使以十月入,曰:'良月也,就盈数焉。'而颜师古注《汉书》'李广数奇',以为'命(令)只不耦',是则以双月为良,只月为忌。喜耦憎奇,古人已有之矣。"

兄弟直西垣

秦少游集中有《与鲜于子骏书》①云:"今中书舍人皆以伯仲②继直西垣③,前世以来未有其事,诚国家之美,非特衣冠之盛也。除书始下,中外欣然,举酒相属④。"予以其时考之,盖元祐二年,谓苏子由、曾子开、刘贡甫⑤也。子由之兄子瞻,子开之兄子固、子宣⑥,贡甫之兄原甫,皆经是职,故少游有此语云。绍兴二十九年,予仲兄⑦始入西省,至隆兴二年伯兄⑧继之,乾道三年予又继之,相距首尾九岁。予作谢表云:"父子相承,四上銮坡⑨之直;弟兄在望,三陪凤阁⑩之游。"比之前贤,实为遭际⑪,固为门户荣事,然亦以此自愧也。

[注释]①《与鲜于子骏书》:今秦观《淮海集》作《与鲜于学士书》。鲜于子骏,即鲜于侁(1019—1087),字子骏,北宋景祐进士,历利州路转运判官、副使兼提举常平,熙宁中反对王安石青苗法,迁京东西路转运使,荐刘挚、苏轼等;元丰初知扬州,以事罢;元祐初再起为京东路转运使,出知陈州,卒于任。②伯仲:指兄弟。 ③西垣:中书省的别称。因设于宫中朝堂之西,故俗称西垣,又称西省。宋代以中书舍人判省事,处理日常具体事务,称"直(值)西垣"。 ④举酒相属(zhǔ):指为之宴请庆贺者相连。 ⑤苏子由、曾子开、刘贡甫:即苏辙(1039—1112)、曾肇(1047—1107)、刘攽(1023—1089)。辙为苏轼(子瞻)之弟,元丰中历中书舍人。肇字子开,曾巩、曾布三弟,元祐初历中书舍人,官至吏部侍郎。攽字贡甫(父),刘敞(原甫)弟,元祐初亦历中书舍人。下句言三人之兄皆曾为中书舍人。 ⑥子固、子宣:即曾巩(1019—1083)、曾布(1036—1107)。巩字子固,屡历州郡,元丰中迁史馆修撰,擢中书舍人。布字子宣,曾巩二弟,熙宁中助王安石变法,徽宗初年官至宰相。 ⑦仲兄:洪遵。 ⑧伯兄:洪适。 ⑨銮坡:翰林学士院的别称,以唐代曾移之

于宫中金銮殿旁而称之。　⑩凤阁:指中书省。唐代武则天时曾改中书省为凤阁、门下省为鸾台,后世因用为掌故。　⑪遭际:犹际遇,逢时得恩遇之意。

《续树萱录》

顷在秘阁抄书,得《续树萱录》①一卷,其中载隐君子元撰夜见吴王夫差,与唐诸诗人吟咏事。李翰林②诗曰:"芙蓉露浓红压枝,幽禽感秋花畔啼。玉人一去未回马,梁间燕子三见归。"张司业③曰:"绿头鸭儿咂萍藻,采莲女郎笑花老。"杜舍人④曰:"鼓鼙夜战北窗风,霜叶沿阶贴乱红。"三人皆全篇。杜工部曰:"紫领宽袍漉酒巾,江头萧散作闲人。"白少傅⑤曰:"不因霜叶辞林去,的当山翁未觉秋。"李贺曰:"鱼鳞甃空排嫩碧,露桂稍寒挂团璧。"三人皆未终篇。细味其体格语句,往往逼真。后阅秦少游集,有《秋兴》九首,皆拟唐人,前所载咸在焉。关子东⑥为秦集序,云"拟古数篇,曲尽唐人之体",正谓是也。何子楚⑦云《续萱录》乃王性之⑧所作,而托名他人。今其书才有三事,其一曰贾博喻,一曰全若虚,一曰元撰⑧。详命名之义,盖取诸《子虚》亡是公⑨云。

[注释]①《续树萱录》:《树萱录》为唐末志怪小说集,此云续书,皆未详为何人所作。"树萱"即种植萱草(忘忧草),典出《诗经·卫风·伯兮》:"焉得谖(萱)草,言树之背。"后世用为消忧之词。　②李翰林:李白。　③张司业:张籍。　④杜舍人:杜牧。　⑤白少傅:白居易。　⑥关子东:即关注,名注,字子东,历太学正,南宋绍兴五年(1135)举进士,调湖州教授,曾整理胡瑗遗书,仕至太学博士卒。　⑦何子楚:即何薳(wěi)(1077—1145),字子楚,隐居

不仕,有《春渚记闻》传世,多记奇闻异事。 ⑧王性之:即王铚,字性之,出身书香世家,多藏书,博闻强记。著述有多记北宋遗闻的《默记》传世。或说被指为浅妄之书的《云仙散录》亦出其手。南宋初曾为枢密院编修官,为秦桧所摒斥,避地剡溪山中,以觞咏自娱而终。 ⑧此所述三名,盖寓假称而博喻、全如虚玄杜撰之意。"元"读作"玄"。 ⑨《子虚》亡是公:即西汉司马相如《子虚赋》中假托的人名"亡(无)是公"。

馆 职 名 存

国朝馆阁之选,皆天下英俊,然必试而后命,一经此职,遂为名流。其高者曰集贤殿修撰、史馆修撰、直龙图阁、直昭文馆、史馆、集贤院、秘阁,次曰集贤、秘阁校理,官卑者曰馆阁校勘、史馆检讨,均谓之馆职①。记注官②缺,必于此取之,非经修注,未有直除知制诰者。官至员外郎则任子③,中外皆称为学士。及元丰官制行,凡带职者皆迁一官而罢之,而置秘书省官,大抵与职事官等,反为留滞④。政和以后,增修撰、直阁贴职为九等⑤,于是材能治办之吏、贵游乳臭之子车载斗量⑥,其名益轻。南度以来,初除校书、正字往往召试,虽曰馆职不轻畀⑦,然其迁叙,反不若寺监之径捷;至推排为郎⑧,即失其故步,混然无别矣。

[注释]①《麟台故事·官联》:"国初循前代之制,以昭文馆、史馆、集贤院为三馆,通名之曰崇文院。直馆至校勘通谓之馆职,必试而后命;不试而命者,皆异恩与功伐,或省府监司之久次者。" ②记注官:记录皇帝言行之官,正式名称为修起居注。宋初置起居院,以三馆、秘阁校理以上官充任,元丰改

制后,职归门下省起居郎与中书省起居舍人。宋制,凡馆职或他官加知制诰衔而起草机要诏令者,一般皆须经历修起居注之职。 ③官至员外郎则任子:指担任馆职官员的寄禄官等级达到员外郎的级别(元丰改制以前文臣阶官的朝请郎、朝散郎、朝奉郎),即可享受特许一子入仕或入国子监读书的待遇。 ④留滞:迟滞。《麟台故事·官联》:"元丰官制行,尽以三馆职事归秘书省,省官自监、少至正字皆为职事官。"按:元丰改制后,秘书省官有秘书监、秘书少监、著作郎、著作佐郎、秘书郎、校书郎、正字等,皆为专职,而罢去以他官带职者。宋人在习惯上,仍称此类秘书省官为馆职,但既属职事官,已大大弱化了先前馆职的职称性质。 ⑤贴职为九等:指北宋末年增订的、以他官兼领诸阁学士及三馆职名的九等贴职。旧时此类贴职有集贤殿修撰、直龙图阁、直秘阁三等,政和六年(1116)则增其名目为集英殿修撰、右文殿修撰、秘阁修撰、直龙图阁、直天章阁、直宝文阁、直显谟阁、直徽猷阁、直秘阁九等。 ⑥车载斗量:喻一时攫取馆阁职名者之多。按:北宋末士风沦丧,大批不学无术的纨绔子弟纷纷钻营馆职,据为进身要地,故致有学士之名而无其实,是为宋代馆职最为混乱的时期。《宋会要·职官》一八记政和间馆职之滥,具列其人名,有"术业不修""行义无闻""趣操卑污""专事口吻""才资阘茸""学问肤浅""凭恃门阀""夤缘亲党""傲狠暴戾,尝丽刑书""资望素轻而懦不更事"等目,且其时竟以擅权误国的大宦官梁师成提举三馆秘阁,故洪迈喻之以"材能治办之吏、贵游乳臭之子车载斗量"。 ⑦畀(bì):给予,授予。 ⑧推排为郎:指馆职人员的迁叙不以馆职为重,反而按郎官的资格推排。

南 宫 适

南宫适问羿、奡不得其死,禹、稷有天下,言"力可贱而德可贵"。其义已尽,无所可答,故夫子俟其出,而叹其为君子,奖其尚德,至于再言之①。圣人之意,斯可见矣。然明道先生云:"以禹、稷比孔子,故不答。"范淳父以为:

"禹、稷有天下,故夫子不敢答,弗敢当也。"杨龟山云:"禹、稷之有天下,不止于躬稼而已,孔子未尽然其言,故不答。然而不正之者,不责备于其言,以沮其尚德之志也……与所谓'雍之言然……'则异矣。"②予窃谓南宫之问,初无以禹、稷比孔子之意,不知二先生何为有是言。若龟山之语,浅之已甚。独谢显道云:"南宫适知以躬行为事,是以谓之君子。知言之要,非尚德者不能,在当时发问间,必有目击而道,存首肯之意,非直不答也。"③其说最为切当。

[注释]①此所述南宫适问孔子事,见《论语·宪问》。原文如下:"南宫适问于孔子曰:'羿善射,奡荡舟,俱不得其死。然禹、稷躬稼,而有天下。'夫子不答。南宫适出,子曰:'君子哉,若人!尚德哉,若人!'"旧注引孔安国曰:"贱不义而贵有德,故曰君子也。"南宫适,姓南宫,名适(kuò),字敬叔;或谓名绦,字子容,即春秋末鲁大夫孟僖子之子,又称仲孙说(yuè)、仲孙阅。曾为孔子弟子,有贤名。羿,即传说的有穷氏之君后羿,曾驱逐夏后氏而代夏政,后为逢蒙氏的寒浞所杀。奡(ào),又名浇,相传为寒浞之子,多力,能摇荡大舟而覆之。《竹书纪年》:"浇伐斟鄩,大战于潍,覆其舟,灭之。"寒浞杀羿后封为诸侯,夏后氏少康复国时被攻灭,故南宫适谓之"不得其死"。禹、稷躬稼,指大禹躬亲治水,后稷播殖百谷,二者互言兼赅。 ②以上所引程颢(明道)、范祖禹(淳父)、杨时(龟山)之言,均见于朱熹《论孟精义》卷七下。程、范以孔子不敢自比于大禹、后稷为言;杨时则以为南宫适之言未尽妥当,与《论语·雍也》所载孔子谓"雍之言然"对冉雍之言的肯定不同。南宋戴溪《石鼓论语答问》则别存一说,谓南宫适以羿、奡与禹、稷并提,比拟不当,故孔子不答。③此所引谢良佐(显道)之言,亦见于朱熹《论孟精义》卷七下。其意谓孔子平日对南宫适的尚德必有耳闻目睹,故当他发问时,能以躬行为要,是以孔子虽不答,而称之为君子,其不答即包含对南宫适之言的首肯。洪迈依句意,赞成谢氏之说。

吴　王　殿

汉高祖五年,以长沙、豫章、象郡、桂林、南海,立番君吴芮①为长沙王。十二年,以三郡②封吴王濞,而豫章亦在其中。又赵佗③先有南海,后击并桂林、象郡,则芮所有但长沙一郡耳。按芮本为秦番阳令,故曰番君,项羽已封为衡山王,都邾。邾,今之黄州也,复侵夺其地④,故高祖徙之长沙而都临湘,一年薨,则其去番也久矣。今吾邦犹指郡正厅为吴王殿,以谓芮为王时所居。牛僧孺《玄怪录》⑤载,唐元和中,饶州刺史齐推女因止州宅诞育,为神人击死,后有仙官治其事,云"是西汉鄱阳王吴芮,今刺史宅是芮昔时所居"⑥,皆非也。

[**注释**]①吴芮(?—前201):相传为春秋时吴王夫差后裔,秦末为番(pó)阳令(治今江西鄱阳),以甚得江湖民心,世号番君,后应诸侯起兵反秦,项羽为西楚霸王时封为衡山王,都邾(今湖北黄冈市黄州区),汉高祖五年(前202)改封长沙王,都临湘(今湖南临湘),一年而病死,谥称文王。　②三郡:指秦时东阳郡、鄣郡、吴郡。汉初以此三郡五十三县封刘贾(高祖远房堂兄)为荆王,十二年,因刘贾被杀,复以其地封刘濞(高祖亲侄),改称吴王。　③赵佗(?—前137):原为秦将领,奉命征百越,秦末大乱时据岭南建南越国,都南海番禺(今广州)。汉封之为南越王,吕后时佗曾自称帝,仍臣属于汉,至其去世二十余年后,其国始为汉所灭。　④其地:指番(鄱)阳。　⑤《玄怪录》:传奇小说集,唐牛僧孺撰,宋人、明人或避"玄"字而改称《幽怪录》。　⑥此处引语见《太平御览·神魂》类所引《玄怪录·齐推女》篇,今传《幽怪录·齐饶州》篇不存。齐推,唐宪宗时人,历饶州刺史,工楷书。《太平御览·齐推女》谓其女"适陇西李某",《幽怪录·齐饶州》则称"适湖州参军韦会"。此传奇始于其女在刺史府分娩而为神人所害。

王 卫 尉

汉高祖怒萧何,谓王卫尉曰:"李斯相秦皇帝,有善归主,有恶自予。今相国……请吾苑,以自媚于民,故系治之。"卫尉曰:"秦以不闻其过亡天下,李斯之分过又何足法哉?"①唐太宗疑三品以上轻魏王,责之曰:"我见隋家诸王,一品以下皆不免其蹎顿,我自不许儿子纵横耳。"魏郑公曰:"隋高祖不知礼义,宠纵诸子,使行非礼,寻皆罪黜,不可以为法,亦何足道?"②观高祖、太宗一时失言,二臣能因其所言,随即规正,语意既直,于激切中有婉顺体③,可谓得谏争之大义。虽微④二帝,其孰不降心以听乎?

[注释]①事见《史记·萧相国世家》及《汉书·萧何传》。萧何晚年以上林苑多空地,谏请使民耕种,高祖疑其因受商人财物而请,遂下之狱,以王卫尉(不详其名)之进言而赦之。　②事见《魏郑公谏录·谏魏王不得折辱贵臣》。原文云:"魏王(李泰),文德皇后所生,太宗特所宠异。贵要言三品以上多轻蔑王者,意欲诬毁公等以激怒太宗。太宗大怒,御齐政殿,引三品以上入,作色而言曰:'我有一口语,欲向卿等道。往前天子是天子,今时天子即非天子邪?往前天子儿是天子儿,今天子儿即非天子儿邪?我见隋家诸王,一品以下皆不免其蹎顿。我自不许儿子纵横,卿等何为蔑我儿邪?我若教之,岂不能折辱卿等?'房玄龄以下战栗,流汗拜谢。公正色而进曰:'当今群臣,必无敢轻魏王者……今三品以上列为公卿,并天子大臣,陛下之所敬异,如其小小不是,魏王何得折辱?若国家纲纪替坏,臣所不知,以当今圣明,魏王岂得如此?且隋高祖不知礼义,宠纵诸子,使行无礼,寻皆罪黜,不可为法,亦何足道?'太宗闻之,喜形于色。"蹎顿,失足跌倒,喻挫折。　③婉顺体:委婉温顺的风格。　④虽微:即使不是。

前代为监

人臣引古规戒，当近取前代，则事势相接，言之者有证，听之者足以监。《诗》曰："商监不远，在夏后之世。"①《周书》曰："今惟商坠厥命，我其可不大监！"又曰："我不可不监于有商。"又曰："有商受天命，惟有历年……惟不敬厥德，乃早坠厥命。"②周公作《无逸》，称商三宗③。汉祖命群臣言"吾所以有天下""项氏所以失天下"，命陆贾④著"秦所以失天下"。张释之为文帝"言秦汉之间事，秦所以失，汉所以兴"。贾山"借秦为喻"。贾谊请人主"引商、周、秦事而观之"。⑤魏郑公上书于太宗云："方隋之未乱，自谓必无乱；方隋之未亡，自谓必无亡……臣愿当今动静，以隋为监。"⑥马周云："炀帝笑齐魏之失国，今之视炀帝，亦犹炀帝之视齐魏也。"⑦张元素谏太宗治洛阳宫曰："乾阳毕功，隋人解体。恐陛下之过，甚于炀帝，若此役不息，同归于乱耳。"⑧考《诗》《书》所载及汉、唐诸名臣之论，有国者之龟镜也，议论之臣宜以为法。

[**注释**]①语出《诗经·大雅·荡》。商监，今本《诗经》作"殷鉴"，"监""鉴"通。　②以上所引《尚书·周书》之文，分见《酒诰》《召诰》《无逸》诸篇。引文中的"商"字，今本《尚书》皆作"殷"，"商"为前朝本名，"殷"则为周人称呼（起于周人称商人为"夷"）。　③商三宗：指《无逸》篇所载为周公所称道的三位在位时间长的商王。原文"我闻曰"有云："昔在殷王中宗（太戊），严恭寅畏天命自度，治民祗惧，不敢荒宁，肆中宗之享国七十有五年。其在高宗（武丁），时旧劳于外，爰暨小人（小民），作其即位，乃或亮阴，三年不言；其惟不言，言乃雍，不敢荒宁，嘉靖殷邦，至于小大，无时或怨，肆高宗之享国五十有

九年。其在祖甲,不义惟王,旧为小人,作其即位,爰知小人之依,能保惠于庶民,不敢侮鳏寡,肆祖甲之享国三十有三年。"按:汉代经学家所称的商之"三宗",多以为是分指商之太宗、中宗、高宗,并以为诸称都是商王的谥号,实则商代尚未有专用的谥号。商代甲骨文中的"宗"字尚皆指宗庙,若依商王室的宗庙言之,大概可称太戊为太宗、祖乙为中宗、武丁为高宗,祖甲则未见有此类称谓。今本《无逸》篇指太戊为中宗,"中"字当误,与甲骨文不合。 ④陆贾(约前240—前170):汉初儒臣,历官太中大夫。早年追随刘邦,常以善辩出使诸侯,汉初力倡儒学,著文十二篇,总结秦亡汉兴、天下得失之理,以资借鉴,刘邦称之为"新语"。 ⑤此所引张释之、贾山、贾谊之事,分见《汉书》诸人本传。 ⑥此所引魏徵之言,见《贞观政要·刑法》篇。 ⑦此所引马周之言,见新、旧《唐书》本传。齐魏,指北齐,因北齐篡夺东魏而来,故称齐魏。北齐存国仅二十八年,而隋朝统一至隋炀帝之死亦只有二十九年。马周(601—648),字宾王,唐初谏太宗以隋为鉴,历侍御史、中书舍人,官至中书令。 ⑧此所引张元素之言,见《贞观政要·纳谏》篇及《旧唐书》本传。乾阳,洛阳宫之殿名,《贞观政要》作"乾元"。张元素(?—664),即张玄素,宋人避讳改"玄"字。隋末为基层官吏,有清慎之名,为窦建德所用,入唐累官给事中、东宫少詹事,以敢谏著称,后历刺史,以年老致仕,加官至银青光禄大夫。

治盗法不同

唐崔安潜①为西川节度使,到官不诘盗②,曰:"盗非所由通容③则不能为。"乃出库钱置三市,置牓其上,曰:"告捕一盗,赏钱五百缗;侣者④告捕,释其罪,赏同平人。"未几,有捕盗而至者,盗不服,曰:"汝与我同为盗十七年,赃皆平分,汝安能捕我?"安潜曰:"汝既知吾有牓,何不捕彼以来?则彼应死,汝受赏矣。汝既为所先死,复何辞?"

立命给捕者钱，使盗视之，然后杀盗于市。于是诸盗与其侣互相疑，无地容足，夜不及旦，散逃出境，境内遂无一人为盗⑤。予每读此事，以为策之上者。及得李公择⑥治齐州事，则又不然。齐素多盗，公择痛治之，殊不止。他日，得黠盗，察其可用，刺为兵，使直事铃下⑦。间问以盗发辄得而不衰止之故，曰："此繇富家为之囊，使盗自相推为甲乙，官吏巡捕及门，擒一人以首，则免矣⑧。"公择曰："吾得之矣。"乃令凡得藏盗之家，皆发屋破柱，盗贼遂清⑨。予乃知治世间事，不可泥纸上陈迹。如安潜之法，可谓善矣，而齐盗反恃此以为沉命之计⑩，则变而通之，可不存乎其人哉？

[注释]①崔安潜：字进之，唐宣宗大中进士，僖宗乾符中历迁成都府尹、剑南西川节度使，罢为太子宾客，黄巢起义军入长安时，从僖宗逃往川蜀，为诸道行营副都统，及还京师，累加太子太傅卒。　②诘盗：追究查办劫掠为盗者。　③通容：指相互串通勾结和容留藏匿。　④侣者：指劫盗的同伙。⑤以上文字皆见于《资治通鉴》乾符六年（879）所记，有节略。　⑥李公择：即李常（1027－1090），字公择，北宋皇祐进士，熙宁中以秘阁校理参与王安石变法，而极言青苗法不便，落职为滑州通判，又历知鄂、湖、齐诸州，元祐中累进户部尚书，拜御史中丞，出知邓州，徙成都府而暴卒于行次。　⑦使直事铃下：《宋史·李常传》谓"使在麾下"，意指使之在手下为执杂役的亲兵。直事，同"值事"。铃下，犹仆役。《资治通鉴》卷六十二胡三省注："铃下，卒也。在铃阁之下，有警至则掣铃以呼之，因以为名。"　⑧此处"曰"字下意指：这是由于豪强记盗贼姓名，置于一口袋中，让盗贼自己商量排好顺序，当巡捕来抓人时，就按顺序让一人去自首而被抓去，其余的人即可皆免于被捕。　⑨本条所述李常事，详见于秦观所撰《李中丞常行状》（载杜大珪编《名臣碑传琬琰集》），《宋史》本传略及之。　⑩沉命之计：此指藏匿和保命的办法。参见卷十一《汉二帝治盗》条"沈命法"注。

和诗当和意

古人酬和诗，必答其来意，非若今人为次韵所局也，观《文选》所编何劭、张华、卢谌、刘琨、二陆、三谢诸人赠答可知已①。唐人尤多，不可具载，姑取杜集数篇，略纪于此。高适寄杜公云"媿尔东西南北人"，杜则云"东西南北更堪论"；高又有诗云"草《玄》②今已毕，此外更何言"，杜则云"草《玄》吾岂敢，赋或似相如"。严武寄杜云"兴发会能驰骏马，终须重到使君滩"，杜则云"枉沐旌麾出城府，草茅无径欲教锄"；杜公寄严诗云"何路出巴山……重岩细菊班③，遥知簇鞍马，回首白云间"，严答云"卧向巴山落月时……篱外黄花菊对谁，跂马④望君非一度"。杜送韦迢云"洞庭无过雁，书疏莫相忘"，迢云"相忆无南雁，何时有报章"，杜又云"虽无南去雁，看取北来鱼"。郭受寄杜云"春兴不知凡几首"，杜答云"药裹⑤关心诗总废"。皆钟磬在簴⑥，扣之则应，往来反复，于是乎有余味矣。

[注释]①按：此所述诸人酬和诗，均见《文选·赠答》部分。二陆指陆机、陆云兄弟，三谢指谢灵运及其从兄谢瞻、从弟谢惠连。已：同"矣"。　②草《玄》：用扬雄典故，喻淡于势利，潜心著述。《汉书·扬雄传下》："时雄方草《太玄》，有以自守，泊如也。"　③班：即"班班"，同"斑斑"，色彩鲜明之貌。④跂马：犹"拨马"，指勒马使回转。　⑤药裹：药囊。　⑥簴(jù)：钟架。

稷有天下

"稷躬稼而有天下"①，泰伯"三以天下让"②，"文王一怒而安天下之民"③,皆以子孙之事追言之。是时稷始封于邰④,古公⑤方邑于梁山之下,文王才有岐周之地⑥,未得云天下也。禹未尝躬稼,因稷而称之。

[**注释**]①语出《论语·宪问》。原文"稷"上有"禹"字,洪迈以为乃连带而称之(见条末)。　②语出《论语·泰伯》。泰伯,即周太伯,周太王长子,季历(王季)之兄,周文王伯父。相传其不愿继承王位,而让予幼弟季历,自逃于蛮夷中,遂为后世吴国始祖。　③语出《孟子·梁惠王下》。"一怒"本于《诗经·大雅·皇矣》篇的"王赫斯怒,爰整其旅"。　④邰(tái):相传周人始祖后稷(弃)始封于邰。其地不可考,或说在今陕西武功一带。　⑤古公:即周太王古公亶父。史载其率族人逾梁山,定居于岐山之阳(今陕西岐山北),始奠立周人基业,后世因称其地为周原。　⑥岐周之地:指周人在岐山一带建国后所领有的地域。

一 世 人 材

一世人材,自可给一世之用,苟有以致之,无问其取士之门如何也。今之议者,多以科举经义、诗赋为言,以为诗赋浮华无根柢,不能致实学,故其说常右经而左赋①,是不然。成周之时,下及列国,皆官人以世②。周之刘、单、召、甘,晋之韩、赵、荀、魏,齐之高、国、陈、鲍,卫之孙、宁、孔、石,宋之华、向、皇、乐,郑之罕、驷、国、游,鲁之季、孟、臧、展,楚之斗、蒍、申、屈③,皆世不乏贤,与国终毕。汉以经术及察举,魏、晋以州乡中正,东晋、宋、齐以门第,唐及本朝以进士而参之以任子④,皆足以尽一时之才,则所谓科目,特借以为梯阶耳。经义、诗赋,不问可也。

[注释]①右经而左赋：重视经学而轻视诗赋辞章之学。 ②官人以世：以世袭制度用人为官。 ③以上所述，皆指东周时期周王朝及列国执政集团中的大贵族家族，多世代为卿大夫，袭承不辍。 ④以上分指汉代以经治国及用人的察举制度，魏晋时期的九品中正制，东晋南北朝时期的门阀取人风气，唐宋科举取士而兼恩荫入仕的制度。按：宋代至王安石变法时，大力改革科举制度，始更为重视经义时务，渐轻诗赋考试。然以此与历史上的世袭制度相比拟则不伦，二者是不同的话题，且科举本亦为打破传统的世袭、门阀等藩篱。

王 逢 原

王逢原①以学术、邢居实②以文采，有盛名于嘉祐、元丰间。然所为诗文，多怨抑沉愤，哀伤涕泣，若辛苦憔悴、不得其平者，故皆不克寿。逢原年二十八，敦夫才二十，天畀其才而啬其寿。吁，可惜哉！

[注释]①王逢原：即王令（1032—1059），初字钟美，后改字逢原，原籍元城（今河北大名），五岁而孤，随叔祖寄居广陵（今江苏扬州）。少时勤学而不羁，或为狂诡之行，十七岁始折节自立，以在江淮间讲学于私塾糊口。复奉寡姊，养孤甥，颠沛流离，一贫如洗，曾自称"拘前迫后，失险堕深"，"举头碍天，伸足无地"，"冬燠常寒，昼短犹饥"。二十三岁时得见王安石而师事之，大为安石所重，遂成莫逆之交。弃科举不试，经安石举荐，其诗文得传，一时与名流相唱和，声誉赫然。后安石百般张罗，以夫人女弟妻之，然仅半年余，即遗妻腹一子，在贫病交加中离世。安石为作《王逢原墓志铭》，又曾为其《孟子》讲义作跋，谓之有孟子之风。其诗赋文由其外孙吴说编为《广陵集》二十卷，今有新版《王令集》二十一卷行世。 ②邢居实：字敦夫，邢恕之子。幼称神童，十四五岁时即以诗文见称于苏轼，后与苏门四学士黄庭坚、张耒、秦观、晁

补之及陈师道等皆成忘年交,名声大著。元祐初,其父被谪知随州时侍行,以体羸多病,已至呕血。相传因与一看门老兵争竞而殴击老兵致死,其父大怒,遂付之狱吏,未几病卒,其事约在元祐二年(1087)。其卒年一说十九岁,一说二十岁,一说二十七岁。后江西诗派诗人王直方收拾其诗文残稿为《呻吟集》一卷,已佚,清人所编《宋诗纪事》尚存其成名之作《明妃引》等多首。

吏文可笑

吏文行移,只用定本,故有绝可笑者。如文官批书印纸①,虽宫观岳庙,亦必云不曾请假②;或已登科级,见官台省清要,必云不曾应举若试刑法③。予在西掖时,汉州申:显惠侯神,顷系宣抚司便宜加封昭应公,乞换给制书④。礼寺看详,谓不依元降指挥,于一年限内自陈,欲符下汉州,告示本神知委;予白丞相,别令勘当,乃得改命⑤。淳熙六年,予以大礼恩泽改奏一岁儿,吏部下饶州,必欲保官状内声说被奏人曾与不曾犯决笞、有无髡刺及曾与不曾先经补官因罪犯停废,别行改奏,又令供与予系是何服属⑥。父之于子而问何服属,一岁婴儿而问曾与不曾入仕坐罪,岂不大可笑哉!

[注释]①批书印纸:指宋代主管官府按照规定的格式,为官员批写或填写的有关印纸或付身。印纸包括各种表、簿以及证件等,付身则为吏部发给受差遣官员的功过历,合之即统称"批书"。凡批书的印纸不依条式或有缺漏,须召升朝官两员作保,并罚降两月名次注阙。其中付身文书由受差遣官员随身携带,上级官府在此种文书上批写尤细,如该官员于某年某月某日奉某官司之命,差到何处干办某事,至某年某月某日替罢,有无未结绝的事件,

是否曾在假几月几日或不在职几月几日,以及有无延长或缩短原定磨勘年限的指挥等。　②句意指此类除授本为闲职,仅表示俸禄与资任而已,而其批纸也和任差遣的职事官一样,一定要写明在莅任期间是否曾请假。宫观岳庙,指祠禄官、宫观官,即主管或提举道教宫观及山川神庙的官员。　③此处意指:有些官员已有科举出身,且为现任中央政府各部门职司清要的官员,而其批纸仍必须写明是否曾应科举或参加选拔高级法官的司法考试。科级,即科举录取的等次。见,同"现"。若,或。　④以上指洪迈乾道间为中书舍人时,汉州(治今四川广汉)曾申报:本州所祀的显惠侯神,先前由宣抚司因事制宜而加封为昭应公,请求改换文件,由朝廷颁发给制书。显惠侯神,指当地纪念战国时水利专家李冰的祠庙(在今四川什邡)所供奉的神灵。其庙主在北宋仁宗时封灵应侯神,后屡改封号,徽宗时称昭惠灵显王等,南宋绍兴中加封广佑英惠王,乾道四年(1168)复加封昭应灵公。　⑤以上意谓:礼部太常寺审查汉州的报告后,以为本州没有依据原先颁降的指令,在一年的期限内上奏陈述其事,因而欲下不再由朝廷加封的文书给汉州,使发布告示让本祠庙的神灵知道;我禀告丞相,别为审核议定,于是得以改变礼部的决定而加封。⑥以上意指淳熙六年(1179),朝廷以郊祀大礼推恩于群臣,洪迈不欲家人借此得恩荫,因而奏进一岁小儿(洪迈幼子洪樵是年出生);而吏部下批书于饶州,要求务必在保官状内说明被保奏人是否曾因犯罪被判笞刑,有无被处以削发及刺面的情节,以及是否曾经补官而因犯罪被停废官阶等,重新写一份奏状进上,又令提供洪迈与被保奏人亲属关系的证明。

靖康时事

邓艾伐蜀,刘禅既降,又敕姜维使降于钟会,将士咸怒,拔刀斫石①。魏围燕于中山既久,城中将士皆思出战,至数千人相率请于燕主,慕容隆言之尤力,为慕容麟沮之而罢②。契丹伐晋连年,晋拒之,每战必胜,其后杜重威阴谋欲降,命将士出陈于外,士皆踊跃,以为出战,既令解甲,士皆恸哭,声振原野③。予顷修靖康实录,窃痛一时之祸,以堂堂大邦,中外之兵数十万,曾不能北向发一矢,获一胡,端坐都城,束手就毙,虎旅云屯④,不闻有如蜀、燕、晋之愤哭者。近读朱新仲⑤诗集,有《记昔行》一篇,正叙此时事。其中云:"老种⑥愤死不得战,汝霖⑦疽发何由痊。"乃知忠义之士,世未尝无之,特时运使然耳。

[注释]①《三国志·姜维传》:"邓艾自阴平由景谷道傍入,遂破诸葛瞻于绵竹,后主请降于艾。艾前据成都,维等……寻被后主敕令,乃投戈放甲,诣(钟)会于涪军前,将士咸怒,拔刀砍石。" ②此所述"魏围燕",指公元397年北魏拓跋珪率军围困后燕都邑中山(今河北定县)之事。时中山城内积兵数万,大将慕容隆力请出战,均为欲谋叛的慕容麟所阻止,以致军兵列阵而罢者数四。 ③此所述"契丹伐晋",指公元946年契丹南下伐后晋事。时后晋主帅为杜重威,率十万大军退屯武强(今属河北),与契丹兵夹滹沱河对峙,竟不战而投降契丹。杜重威(?-948),后晋建立者石敬瑭妹夫,后晋亡后复降于后汉,及后汉建立者刘知远死去,旋被后汉诸臣族诛。 ④虎旅云屯:喻指众多勇猛的军队,如风起云涌一般森列聚集。 ⑤朱新仲:即朱翌(1097-1167),字新仲,北宋末政和进士,南宋绍兴中历官秘书少监、中书舍人兼实录院修撰。秦桧恶其不附己,被谪居韶州十九年,桧死后以秘阁修撰起知严州,又徙宣州、平江府,卒赠少师。原有《潜山文集》四十卷,已佚。 ⑥老种:即种师道(1051-1126),原名建中,又名师极,字彝叔,北宋仁宗时名将种世衡之孙,以荫补入仕,历为秦凤路提举常平,后以元祐党籍罢废近十年,后复起为西北边帅,宣和中以力主联金攻辽,被迫致仕;金人南下时,起为京畿、河北制置使,因年事已高,时称"老种";迁同知枢密院事、京畿两河宣抚使,以抗金谋略不得展,愤病而卒。 ⑦汝霖:指宗泽(1060-1128),字汝霖,元祐进士,靖康初历知磁州(今河北磁县),招募义勇,阻金兵南下,康王赵构于相州开府为大元帅,使为副元帅,率军驰援京师,建炎初为东京留守,联络各地人马,又

拔岳飞为将,屡败金兵,先后上书二十余次,力主高宗还都东京,收复中原,以壮志难酬,忧愤成疾而卒,临终仍三呼"过河"。

并 韶

梁武帝时,有交趾人并韶者①,富于词藻,诣选求官,而吏部尚书蔡撙②以并姓无前贤,除广阳门郎。韶耻之,遂还乡里谋作乱。夫用门地族望为选举低昂,乃晋、宋以来弊法,蔡撙贤者也,未能免俗,何哉?

[注释]①并韶:越南史上所称的前李朝人物。梁大同七年(541),交趾豪强李贲起事,逐交州刺史,控制数州之地。至十年(544),李贲自称越帝建国,改元天德,国号"万春",以并韶为相。此后二年间,李贲被梁大将陈霸先等击溃,逃入屈獠洞蛮族中,不久死去。其后李氏势力仍时与南朝抗争,至隋文帝末年始被兼并。 ②蔡撙(467—523):字景节,南朝梁大臣,官至吏部尚书、中书令。按:本条所记并韶求官事盖出于传闻,未详是否实有其事。

谶纬之学

图谶星纬之学,岂不或中,然要为误人,圣贤所不道也。眭孟①觐"公孙病已"之文,劝汉昭帝求索贤人,禅以帝位,而不知宣帝实应之,孟以此诛。孔熙先②知宋文帝祸起骨肉,江州当出天子,故谋立江州刺史彭城王,而不知孝武实应之,熙先以此诛。当涂高之谶③,汉光武以诘公孙述,袁术、王浚皆自以姓名或父字应之,以取灭亡,而其兆为曹操之魏。两角犊子之谶④,周子谅以劾牛仙客,李德裕以议牛僧孺,而其兆为朱温。隋炀帝谓李氏当有天下,遂诛李金才⑤之族,而唐高祖乃代隋。唐太宗知女武将窃国命,遂滥五娘子⑥之诛,而阿武婆几易姓⑦。武后谓代武者刘,刘无强姓,殆流人也,遂遣六道使悉杀之⑧,而刘幽求佐临淄王平内难⑨,韦、武二族皆殄灭。晋张华、郭璞,魏崔伯深⑩,皆精于天文卜筮,言事如神,而不能免于身诛家族,况其下者乎!

[注释]①眭(suī)孟(?—78),即眭弘,眭姓,名弘,字孟,西汉《公羊》学者,以明经为议郎,昭帝时仕至符节令。元凤间以泰山莱芜山南有大石自立、昌邑有社木僵卧复生、上林苑中亦有大柳树断枯倒地复起,又有虫食树叶而成文字曰"公孙病已立",于是其推称"当有从匹夫为天子者","故废之家公孙氏当复兴",言汉帝当"求索贤人,禅以帝位","以承顺天命"。时大将军霍光秉政,奏其"妖言惑众,大逆不道",下廷尉诛之。按:汉昭帝无子,霍光在其死后,先立昌邑王刘贺为帝,旋又废之,改以当时并无名号的刘病已登极,是为宣帝。病已即武帝原太子刘据(戾太子)之孙,巫蛊之祸中幸得不死,流落民间长大。眭孟等虽称善推灾异,实则乃窥测当时政治而为之预言,故诡称"公孙病已立",其以大逆被诛亦咎由自取。 ②孔熙先(?—445),南朝刘宋时人,出曲阜孔氏,历官散骑员外郎,以仕途不得志,宋文帝元嘉中,被人告发密谋立文帝之弟、彭城王刘义康为帝,以谋反罪被处死。《宋书·范晔传》:"熙先素善天文,云太祖必以非道晏驾,当由骨肉相残,江州应出天子,以为义康当之。" ③当涂高之谶:指两汉之际谶纬书《春秋汉含孳》中的谶语"代汉者,当涂高"。最早在东汉初,光武帝刘秀曾以此质问川蜀军阀公孙述,谓之不当此谶(见《华阳国志·公孙述刘二牧志》及《后汉书·公孙述传》)。东汉末,袁术以为其名之"术"字即道路之意,"当涂"即当途、当路,故谓自身当其谶(见《后汉书·袁术传》);其时拥戴曹魏者,则以为"当涂高"指象魏(古代宫城正门两侧的高台建筑),因其当路而魏峨高大,故应谶者为魏(见《三国志·魏

书·文帝纪》裴注)。西晋末,幽州刺史王浚又曾以其父字处道,自谓应验"当涂高"之谶,遂谋称帝号(见《十六国春秋·后赵录二·石勒中》)。 ④两角犊子之谶:唐时谶语。《旧五代史·梁书·太祖纪第二》记载:"天后朝有谶辞云:'首尾三鳞六十年,两角犊子自狂颠,龙蛇相斗血成川。'当时好事者解云:两角犊子,牛也,必有牛姓干唐祚。故周子谅弹牛仙客,李德裕谤牛僧孺,皆以应图谶为辞。然'朱'字'牛'下安'八','八'即角之象也,故朱滔、朱泚构丧乱之祸,冀无妄之福,岂知应之帝(指梁太祖朱温)也。"周子谅弹劾牛仙客在开元二十五年(737),《新唐书·张九龄传》记其事云:"尝荐长安尉周子谅为监察御史,子谅劾奏仙客,其语援谶书,帝怒杖子谅于朝堂,流瀼州,死于道。"李德裕引此谶语诽谤牛僧孺事,见于传世《李文饶集·〈周秦行纪〉论》,学者或以为其文出于后人托撰,非李德裕本人文字。 ⑤李金才:即李浑(? —615),字金才,北周大将、隋初太师李穆之子,历骠骑将军、行军总管,官至右骁卫大将军、光禄大夫,袭封郕国公,因继嗣家业事,为其妻兄左骁卫大将军宇文述所仇视,诬以"桃李子洪水绕杨山"的谶语,炀帝疑李氏有"受命"之符,竟族灭其家,一门死者三十二口。 ⑥五娘子:指唐初将领李君羡(? —648),小名五娘子,河北武安人。隋末初属瓦岗寨李密为部将,后投王世充,又转投李渊,为李世民所用,每战单骑冲锋陷阵,受赏赐无数。太宗即位后,累迁左武卫将军,封武连县公。太宗晚年昏聩,竟附会君羡小名,痴信太史"女主昌"的占辞,又信二十之后当有"女主武王代有天下"的谣言,复以君羡之职名、封号、籍贯皆有"武"字,于是深恶之,出之为华州刺史,继又罗织其谋不轨的罪名而诛之,并籍没其家。 ⑦阿武婆几易姓:指最终应验谶语的却是女主武则天,其篡唐称周几至改朝换代。阿武婆,唐人私下对武后的称呼。 ⑧武则天诛杀流人事在长寿二年(693)。则天登极时,诛斥李氏宗室及诸大臣,被斥者的家人多被流放,即史所称"流人"。其后流人多潜回内地,则天惧生乱,遂因"代武者刘"的谶语,指"刘"为流人,以抚慰为名遣使诸道,暗谕牧守捕杀流人。及杀人已效,又下令禁止滥杀,并处罚滥杀者。 ⑨刘幽求佐临淄王平内难:指唐龙元年(710),朝邑县尉刘幽求(655—715)辅佐临淄王李隆基发动政变诛杀韦后事。时韦皇后欲篡位,毒死唐中宗,改立温王李重茂为帝,临朝听制。幽求与李隆基暗中定计,以禁军控制皇宫,一举诛除韦氏集团与武氏残余势力,扶其父李旦即位,改元景云,唐史从此进入玄宗时期。事后幽求以中书舍人参知政务,实为宰相。洪迈在此反讽的是所谓应验"代武者刘"谶语的,不是流人,反而是刘幽求。　⑩崔伯深:即崔浩(?—450),字伯渊,北魏时历道武、明元、太武三帝,官至司徒,后死于国史之狱,家人及姻亲皆被族灭。按:洪迈在此直书张华、郭璞之名,于崔浩则避父名"皓"字而不称其名,对其字"伯渊"亦用唐人讳作"伯深"。

真假皆妄

　　江山登临之美,泉石赏玩之胜,世间佳境也,观者必曰如画,故有"江山如画""天开图画即江山""身在画图中"之语。至于丹青之妙,好事君子嗟叹之不足者,则又以逼真目之,如老杜"人间又见真乘黄①""时危安得真致此""悄然坐我天姥下""斯须九重真龙出""凭轩忽若无丹青""高堂见生鹘""直讶杉松冷,兼疑菱荇香"之句是也。以真为假,以假为真,均之皆妄境耳②。人生万事如是,何特此耶?

　　[注释]①乘黄:传说中的异兽,状如狐,背上有角,相传乘之可寿二千岁,故或又谓乘黄为神马。　②南宋杨万里《诚斋集·诗话》云:"杜蜀山水图(指杜诗《奉观严郑公厅事岷山沱江画图十韵》)云:'沱水流中座,岷山赴此堂。白波吹粉壁,青嶂插雕梁。'此以画为真也。曾吉父云:'断崖韦偃树,小雨郭熙山。'此以真为画也。"按:所引杜诗四句的后面二句即"直讶杉松冷,兼疑菱荇香",皆状画图之逼真;曾吉父之诗句,则又以真境比之画家所画。曾吉父,即曾几,见上卷《蔡君谟帖语》条注。韦偃,唐画家;郭熙,北宋画家。

参考书目

（按书名音序排列）

B

《白氏长庆集》，[唐]白居易撰，《四部丛刊初编》本，上海：商务应书馆，1922年

《抱朴子内篇》，[晋]葛洪撰，《四部丛刊初编》本

《本草纲目》，[明]李时珍撰，刘衡如、刘山永校注，北京：华夏出版社，2011年

C

《昌黎先生文集》，[唐]韩愈撰，上海：上海古籍出版社，影印本，1994年

《诚斋集》，[宋]杨万里撰，《四部丛刊初编》本

《传家易说》，[宋]郭雍撰，《影印文渊阁四库全书》（下简称《四库全书》）本，台北：商务印书馆，1987年

《春秋左氏传正义》，[晋]杜预注，[唐]孔颖达等正义，《十三经注疏》本，北京：中华书局，1980年

《词综》，[清]朱彝尊、汪森编，李庆甲校点，上海：上海古籍出版社，1978年

D

《大智度论》，[北朝]鸠摩罗什等译，《大正新修大藏经》本，[日]大正一切经刊行会编，1934 年

《道德经解》，[宋]苏辙撰，《四库全书》本

《东汉文纪》，[明]梅鼎祚编，《四库全书》本

《东坡志林》，旧题[宋]苏轼撰，王松龄点校，北京：中华书局，1981 年

《东坡全集》，[宋]苏轼撰，《四库全书》本

《东坡易传》，[宋]苏轼撰，冷成金点校，长春：吉林文史出版社，2002 年

《东斋记事》，[宋]范镇撰，汝沛点校，《唐宋史料笔记丛刊》本，北京：中华书局，1980 年

E

《二程遗书》，[宋]程颐、程颢撰，上海：上海古籍出版社，2000 年

F

《附释文互注礼部韵略》，[宋]佚名撰，《四部丛刊续编》本，上海：商务印书馆，1934 年

G

《高僧传》，[南朝]梁慧皎撰，《中国佛教典籍选刊》本，汤用彤校注、汤一玄整理，北京：中华书局，1992 年

《灌园集》，[宋]吕南公撰，《四库全书》本

《龟山集》，[宋]杨时撰，《四库全书》本

《国语》，[三国吴]韦昭注，上海：上海古籍出版社，2008 年

《古文苑》，[宋]章樵增订，《四部丛刊初编》本

H

《海棠谱》，[宋]陈思撰，《四库全书》本

《汉官仪》，[汉]应劭撰，[清]孙星衍辑，周天游点校，北京：中华书局，1990年

《翰林志》，[唐]李肇撰，《四库全书》本

《汉武帝内传》，旧题[汉]班固撰，《丛书集成初编》本，上海：商务印书馆，1939年

《翰苑群书》，[宋]洪遵撰，北京：国家图书馆出版社，2009年

《珩璜新论》（或说即《孔氏杂说》，亦称《孔氏野史》），旧题[宋]孔平仲撰，《丛书集成初编》本

《横渠易说》，[宋]张载撰，《丛书集成初编》本

《后汉书》，[南朝宋]范晔撰，《二十五史》影印本，上海：上海古籍出版社，1986年

《后山集》，[宋]陈师道撰，《四部备要》本，上海：中华书局，1936年

《后山谈丛》，[宋]陈师道撰，李伟国点校，北京：中华书局，2007年

《皇甫持正文集》，[唐]皇甫湜撰，《四部丛刊初编》本

《淮海集》，[宋]秦观撰，徐培均笺注，上海：上海古籍出版社，2000年

《湖北金石志》，[清]杨守敬撰（一作张仲炘辑），"民国"十年（1921）朱印本（见爱如生《中国基本古籍库》）

J

《建康实录》，[唐]许嵩撰，张忱石点校，北京：中华书局，1986年

《嘉祐集》，[宋]苏洵撰，《四部丛刊初编》本

《荆楚岁时记》，[南朝梁]宗懔撰，长沙：岳麓书社，1986年

《经典释文》,[隋]陆德明撰,《四库全书》本
《金楼子》,[南朝]梁元帝萧绎撰,《四库全书》本
《锦绣万花谷》,[宋]佚名撰,扬州:广陵书社,2008年
《晋书》,[唐]房玄龄等撰,《二十五史》影印本
《旧唐书》,[五代]刘昫等撰,《二十五史》影印本
《寄园寄所寄》,[清]赵吉士辑,合肥:黄山书社,2008年
《郡斋读书志》,[宋]晁公武撰,孙猛校证,上海:上海古籍出版社,
　2011年

K

《开元天宝遗事》,[五代]王仁裕撰,曾贻芬点校,《唐宋史料笔记丛
　刊》本,北京:中华书局,2006年
《刊误》,[唐]李涪撰,吴企明点校,《唐宋史料笔记丛刊》本,北京:
　中华书局,2012年
《孔氏杂说》,见《珩璜新论》
《孔氏野史》,见《珩璜新论》
《困学纪闻》,[宋]王应麟撰,[清]翁元圻等注,栾保群、田松青、吕
　宗力校点,上海:上海古籍出版社,2009年

L

《冷斋夜话》,[宋]释惠洪撰,陈新点校,北京:中华书局,1988年
《了斋易说》,[宋]陈瓘撰,《四库全书》本
《礼记正义》,[汉]郑玄注,[唐]孔颖达等正义,《十三经注疏》本
《麟台故事》,[宋]程俱撰,张富祥校证,《唐宋史料笔记丛刊》本,北
　京:中华书局,2000年
《李尚书诗集》,[唐]李益撰,[清]张澍辑,《丛书集成初编》本
《隶释》《隶续》,[宋]洪适撰,北京:中华书局,2003年

《李太白文集》,[唐]李白撰,影印宋刻本,成都:巴蜀书社,1986年

《李文公集》,[唐]李翱撰,《四部丛刊初编》本

《李文饶文集》,[唐]李德裕撰,《四部丛刊初编》本

《刘梦得文集》,[唐]刘禹锡撰,《四部丛刊初编》本

《龙城录》,旧题[唐]柳宗元撰,《四库全书》本

《龙川别志》,[宋]苏辙撰,俞宗宪点校,《唐宋史料笔记丛刊》本,北京:中华书局,1982年

《论孟精义》,[宋]朱熹撰,《四库全书》本

《论语正义》,[清]刘宝楠撰,《诸子集成》本,北京:中华书局,1954年

《论语集说》,[宋]蔡节撰,《四库全书》本

《洛阳搢绅旧闻记》,[宋]张齐贤撰,丁喜霞校注,北京:中国社会科学出版社,2013年

《吕氏春秋》,[战国]吕不韦等撰,[清]毕沅校,《诸子集成》本

M

《毛诗正义》,[汉]毛亨传、郑玄笺,[唐]孔颖达等正义,《十三经注疏》本

《孟子正义》,[清]焦循撰,《诸子集成》本

《名臣碑传琬琰集》,[宋]杜大珪编,《四库全书》本

《明皇杂录》,[唐]郑处诲撰,田廷柱校点,《唐宋史料笔记丛刊》本,北京:中华书局,1994年

N

《南史》,[唐]李延寿撰,《二十五史》影印本

《南齐书》,[南朝梁]萧子显撰,《二十五史》影印本

《南宋馆阁录、续录》,[宋]陈骙撰,张富祥点校,北京:中华书局,

1998年

《南唐二主词》,[南唐]李璟、李煜撰,王仲闻校订,陈书良、刘娟笺注,北京:中华书局,2013年

P

《彭城集》,[宋]刘攽撰,《四库全书》本
《鄱阳集》,[宋]彭汝砺撰,《四库全书》本
《鄱阳集》,[宋]洪皓撰,《四库全书》本

Q

《钱惟演日记》,[宋]钱惟演撰,顾宏义、李文整理标校,《宋代日记丛编》本,上海:上海书店出版社,2013年
《清江县志》,[明]秦镛纂修,《四库全书存目丛书》本,济南:齐鲁书社,1997年
《曲江集》,[唐]张九龄撰,刘斯翰校注,广州:广东人民出版社,1986年
《全上古三代秦汉三国六朝文》,[清]严可均辑,北京:中华书局,1958年
《全唐文》,[清]董诰等编,北京:中华书局,1983年

S

《尚书正义》,旧题[汉]孔安国传,[唐]孔颖达等正义,《十三经注疏》本
《山谷外集》,[宋]黄庭坚撰,《丛书集成初编》本
《石鼓论语答问》,[宋]戴溪撰,《四库全书》本
《石鼓文研究》,郭沫若撰,《郭沫若全集·考古编》第九卷,北京:科学出版社,1982年

《世说新语笺疏》,余嘉锡撰,北京:中华书局,1983年

《说文解字义证》,[清]桂馥撰,北京:中华书局,1987年

《鼠璞》,[宋]戴埴撰,《四库全书》本

《涑水纪闻》,[宋]司马光撰,邓广铭、张希清点校,《唐宋史料笔记丛刊》本,北京:中华书局,1989年

《书苑菁华》,[宋]陈思撰,崔尔平校注,上海:上海辞书出版社,2013年

《四库全书总目》,[清]永瑢等撰,北京:中华书局,1960年

《松陵唱和集》,[唐]皮日休、陆龟蒙撰,《四库全书》本

《宋史全文续资治通鉴》,[元]佚名撰,北京:北京图书馆出版社,2006年

《宋刑统》,[宋]窦仪等修,薛梅卿点校,北京:法律出版社,1999年

《粟香随笔》,[清]金武祥撰,《续修四库全书》本,上海:上海古籍出版社,2002年

T

《唐会要》,[宋]王溥撰,北京:中华书局,1955年

《唐六典》,[唐]李林甫等撰,陈仲夫点校,北京:中华书局,1992年

《唐文粹》,[宋]姚铉编,上海:上海古籍出版社,1994年

《唐诗纪事》,[宋]计有功编,王仲镛校笺,成都:巴蜀书社,1989年

《唐摭言》,[五代]王定保撰,上海:上海古籍出版社,2012年

《通典》,[唐]杜佑撰,王文锦等点校,北京:中华书局,1988年

W

《王司马集》,[唐]王建撰,《四库全书》本

《万首唐人绝句》,[宋]洪迈编,《四库全书》本

《韦刺史诗集》,[唐]韦应物撰,《四部丛刊初编》本

《魏书》,[北齐]魏收等撰,《二十五史》影印本

《魏郑公谏录》,[唐]王方庆撰,《四库全书》本

《文昌杂录》,[宋]庞元英撰,《四库全书》本

《文章辨体汇选》,[明]贺复征编,《四库全书》本

《温国文正公文集》,[宋]司马光撰,《四部丛刊初编》本

《瓮牖闲评》,[宋]袁文撰,李伟国校点,上海:上海古籍出版社,1985年

《六臣注文选》,[唐]李善等注,北京:中华书局,1987年

《武溪集》,[宋]余靖撰,黄志辉校笺,天津:天津古籍出版社,2000年

X

《西清诗话》,[宋]蔡絛撰,《稀见本宋人诗话四种》本,张伯伟编校,南京:江苏古籍出版社,2002年

《咸淳临安志》,[宋]潜说友撰,杭州:浙江古籍出版社,2012年

《消暑录》,[清]赵绍祖撰,赵英明、王懋明点校,《学术笔记丛刊》本,北京:中华书局,1997年

《新书》,[汉]贾谊撰,阎振益、钟夏校注,北京:中华书局,2000年

《新唐书》,[唐]欧阳修、宋祁等撰,《二十五史》影印本

《玄怪录》(一称《幽怪录》),[唐]牛僧孺撰,程毅中点校,北京:中华书局,1982年

《宣和重修博古图录》,[宋]王黼等撰,《四库全书》本

《学林》,[宋]王观国撰,田瑞娟点校,《学术笔记丛刊》本,北京:中华书局,1988年

《续古文苑》,[清]孙星衍辑,《丛书集成初编》本

《续仙传》,[南唐]沈汾撰,《四库全书》本

《续玄怪录》,[唐]李復言撰,程毅中点校,北京:中华书局,1982年

《续资治通鉴长编》,[宋]李焘撰,标点本,北京:中华书局,1986年

Y

《演繁露》,[宋]程大昌撰,《四库全书》本

《演山先生文集》,[宋]黄裳撰,《四库全书》本

《野客丛书》,[宋]王楙撰,《学术笔记丛刊》本,北京:中华书局,1987年

《伊川易传》,[宋]程颐撰,《二程集》本,北京:中华书局,1981年

《幽怪录》,见《玄怪录》

《游廌山集》,[宋]游酢撰,《四库全书》本

《元氏长庆集》,[唐]元稹撰,《四部丛刊初编》本

《韵补》,[宋]吴棫撰,《四库全书》本

《云麓漫钞》,[宋]赵彦卫撰,傅根清点校,《唐宋史料笔记丛刊》本,北京:中华书局,1996年

《云仙散录》,旧题[后唐]冯贽编,张力伟点校,《古体小说丛刊》本,北京:中华书局,2008年

Z

《张承吉文集》,[唐]张祜撰,《影印宋蜀刻本唐人集丛刊》本,上海:上海古籍出版社,1979年

《真诰》,[南朝]陶弘景撰,《四库全书》本

《直斋书录解题》,[宋]陈振孙撰,徐小蛮、顾美华点校,上海:上海古籍出版社,2015年

《周礼句解》,[宋]朱申撰,《四库全书》本

《周礼详解》,[宋]王昭禹撰,《四库全书》本

《周礼注疏》,[汉]郑玄注,[唐]贾公彦疏,

《周易正义》,[魏]王弼、[晋]韩康伯注,[唐]孔颖达等正义,《十三

经注疏》本

《周易举正》,[唐]郭京撰,《四库全书》本

《增订王昌龄诗集》,[唐]王昌龄撰,和刻明本(见爱如生《中国基本古籍库》)

《资治通鉴》,[宋]司马光撰,[元]胡三省音注,上海:上海古籍出版社,影印本,1987年

近期国学读物要目

国学新读本

诗经　梁锡锋　注说
论语　臧知非　注说
尚书　姜建设　注说
国语　曹建国　张玖青　注说
孔子家语　杨朝明　注说
山海经　郑慧生　注说
墨子　苏凤捷　程梅花　注说
孟子　何晓明　周春健　注说
庄子　曹础基　注说
荀子　杨朝明　注说
韩非子　赵沛　注说
孙子兵法　赵国华　注说
楚辞　李中华　邹福清　注说
潜夫论　王健　注说
文心雕龙　戚良德　注说

礼记　杨天宇　注说
老子　曹峰　注说
吕氏春秋　张富祥　注说
商君书　徐莹　注说
战国策　张彦修　注说
淮南子　杨有礼　注说
春秋繁露　曾振宇　注说
世说新语　赵成林　注说
史通　李振宏　注说

周易　龚留柱　注说
新语　李振宏　注说
新书　徐莹　注说
新论　臧知非　注说
说苑　赵国华　范正娥　注说
搜神记　王利锁　注说
颜氏家训　郭宝军　注说

文中子　王路曼　池　桢　注说
潜书　池　桢　王路曼　注说
六祖坛经　姚彬彬　注说
韩愈集　刘真伦　注说
柳宗元集　岳　珍　注说
贞观政要　苏士梅　注说
通书　张文瀚　注说
正蒙　李　峰　注说
王弼集　党圣元　注说
欧阳修集　杨　亮　注说
王安石集　张富祥　李玉诚　注说
容斋随笔　张富祥　注说
论语集注　梁振杰　注说
大学中庸集注　梁振杰　注说
孟子集注　赵庆伟　注说
近思录　路新生　注说
传习录　岳淑珍　注说
焚书　李竞艳　注说
明夷待访录　赵轶峰　注说
闲情偶寄　惠　萍　注说
龚自珍集　曹志敏　注说
校邠庐抗议　刘克辉　戴宁淑　注说
劝学篇　马小泉　注说

百年河大国学旧著新刊

河洛方言诠诂　王广庆　著
三统历表　邵瑞彭　著
中国戏剧概论　卢　前　著
晚明思想史散论　嵇文甫　著
论语新探　赵纪彬　著
天问研究　孙作云　著
汉魏六朝文学史　李嘉言　著
金艺文志　金登科记考　万　曼　著
唐集叙录　万　曼　著
中国文学史新编　张长弓　著
汉碑集释　高　文　著
袁中郎研究　任访秋　著
东夷杂考　李白凤　著
宋会要辑稿考校　王云海　著
长江集新校　李嘉言　著

高适岑参选集　高　文　王刘纯　选著
花间集注　华锺彦　著
庆湖遗老诗集校注　王梦隐　著
曾瑞散曲集校注　李春祥　著
辛弃疾选集　佟培基　选著
汉魏六朝韵谱　于安澜　著
毡推闲话　武慕姚　著
中国救荒史　邓云特　著
红学二百年　李春祥　著
文心雕龙选讲　温绎之　著

于安澜书画学四种
画论丛刊
画史丛书
画品丛书
书学名著选

元典文化丛书
中华第一经——《周易》与中国文化　宋会群　苗雪兰　著
教化百科——《诗经》与中国文化　孙克强　张小平　著
经国治民之典——《周礼》与中国文化　郝铁川　著
哲人的智慧——《老子》与中国文化　高秀昌　龚　力　著
圣人箴言录——《论语》与中国文化　李振宏　著
武学圣典——《孙子兵法》与中国文化　龚留柱　著
亚圣思辨录——《孟子》与中国文化　何晓明　著
逍遥之祖——《庄子》与中国文化　白本松　王利锁　著
外王之学——《荀子》与中国文化　张曙光　著
中国帝王术——《韩非子》与中国文化　王宏斌　著
史家绝唱——《史记》与中国文化　邓鸿光　著
诸经总龟——《春秋》与中国文化　涂文学　周德钧　著
管理宝典——《管子》与中国文化　袁　闯　著
纵横家书——《战国策》与中国文化　张彦修　著
人仙之间——《抱朴子》与中国文化　徐仪明　冷天吉　著
医学圣典——《黄帝内经》与中国文化　王庆宪　梁晓珍　著
礼乐渊薮——《礼记》与中国文化　黄宛峰　著
词章之祖——《楚辞》与中国文化　李中华　著
星学宝典——《历书天官书》与中国文化　郑慧生　著
天人衡中——《春秋繁露》与中国文化　曾振宇　范学辉　著
王政全书——《吕氏春秋》与中国文化　张富祥　著
神话之源——《山海经》与中国文化　高有鹏　孟　芳　著

新道鸿烈——《淮南子》与中国文化　杨有礼　著
史家龟鉴——《史通》与中国文化　曾凡英　著
政事纲纪——《尚书》与中国文化　姜建设　著
春秋弦歌——《左传》与中国文化　龚留柱　著
平民理想——《墨子》与中国文化　苏凤捷　程梅花　著
人伦本原——《孝经》与中国文化　臧知非　著
法典之王——《唐律疏议》与中国文化　徐永康　吉霁光　郑取　著
文论巨典——《文心雕龙》与中国文化　戚良德　著

宋代研究丛书

北宋诗学　张海鸥　著
宋代东京研究　周宝珠　著
宋代地域经济　程民生　著
宋代监察制度　贾玉英　著
宋代官员选任和管理制度　苗书梅　著
宋代地域文化　程民生　著
宋代文学通论　王水照　主编
宋代司法制度　王云海　主编
宋代教育　苗春德　主编
清明上河图与清明上河学　周宝珠　著
宋代文化史　姚瀛艇　主编
黄庭坚与宋代文化　杨庆存　著
宋代交通管理制度研究　曹家齐　著
岳飞和南宋前期政治与军事研究　王曾瑜　著
成圣之道——北宋二程修养工夫论之研究　温伟耀　著
宋代绘画研究　邓乔彬　著

汉语史专书语法研究丛书

《三朝北盟会编》语法研究　刁晏斌　著
《荀子》虚词研究　黄珊　著
《晏子春秋》词类研究　姚振武　著
《聊斋俚曲》语法研究　冯春田　著
《孟子》词类研究　崔立斌　著
《朱子语类辑略》语法研究　吴福祥　著
敦煌变文12种语法研究　吴福祥　著
《吕氏春秋》句法研究　殷国光　著
《尚书》语法论稿　钱宗武　著
《左传》语法研究　何乐士　著
《元典章·刑部》语法研究　李崇兴　祖生利　著
汉语语法史断代专书比较研究　何乐士　著

图书在版编目(CIP)数据

容斋随笔/张富祥注说. —郑州:河南大学出版社,2018.6

(国学新读本)

ISBN 978-7-5649-3375-3

Ⅰ.①容… Ⅱ.①张… Ⅲ.①笔记-中国-南宋-选集②《容斋随笔》-注释 Ⅳ.①Z429.442

中国版本图书馆CIP数据核字(2018)第121134号

责任编辑	陈广胜
责任校对	苗书梅
封面设计	马 龙

出 版	河南大学出版社
	地址:郑州市郑东新区商务外环中华大厦2401号 邮编:450046
	电话:0371-86059701(营销部) 网址:www.hupress.com
排 版	郑州市今日文教印制有限公司
印 刷	开封智圣印务有限公司
版 次	2018年6月第1版 印 次 2018年6月第1次印刷
开 本	650mm×960mm 1/16 印 张 28.5
字 数	410千字 定 价 68.00元

(本书如有印装质量问题请与河南大学出版社营销部联系调换)